무역학 오디세이

Trade Odyssey

강흥중

박영사

무역학의 세계로 여러분을 초대합니다.

이제 여러분은 자유입니다.

그 지겨운 입시공부로부터 자유를 얻었습니다. 힘든 과정을 거쳐 대학생이 되었습니다. 그러나 막상 무엇을 어떻게 해야 할지 도무지 생각이 나지 않을지도 모르겠습니다. 일단은 그저 쉬고 싶을 것입니다.

이제는 연애도 하고, 여행도 가고 싶을 것입니다.

여러분은 이제 인생 최대의 황금기인 대학생활을 시작하려 합니다.

21세기가 시작된 지 어언 20여 년이 흐르고 있습니다.

인류문명의 역사를 약 6천 년으로 본다면 이제 지난 6천 년을 돌아보면서 앞으로 4차 산업혁명시대인 21세기를 어떻게 살아가야 할지를 고민해 보아야 합니다. 무역에는 지나간 인류문명 6천 년의 기록이 담겨 있습니다.

그리고 제 자신의 지난 40년간의 기록도 담겨 있습니다.

이제 여러분과 함께 무역을 공유하고자 합니다.

인류문명은 수렵과 채취의 원시시대를 지나 불의 발견으로 인해 씨족사회와 부족사회를 거치면서 정착생활이 가능해졌고 농업이 가능해졌습니다.

인류의 경제생활도 물물교환시대에서 항해술의 발달과 상업의 발전으로 인한 봉건국가의 탄생으로 중앙집권적 국가가 탄생하였고, 자본주의가 탄생하였습니다.

그러나 자본주의는 분배의 문제로 인해 공산주의를 불러왔습니다.

불완전한 인간이 만든 제도인 자본주의와 공산주의는 인류의 문제를 해결하지 못하고 있습니다.

이제 무역을 통해서 이를 해결하고자 합니다.

21세기의 주역이 될 여러분에게 진정한 대학생활에 대해, 학문에 대해, 그리고 여러분의 진로와 삶에 대해 얘기해 보고자 합니다.

무역을 이해하기 위한 첫걸음은 인간 자체, 그리고 인간의 생과 사의 문제로부터 시작해야 합니다. 그 다음으로 학문과, 무역과 나, 그리고 세계와의 관계에 대해 알아야 합니다.

2019년은 21세기가 시작된 지 19년이 되는 해입니다.

더구나 최근 들어서는 4차 산업혁명이라는 용어가 인구에 회자되고 있습니다. 그러나 우리는 4차 산업혁명이 가져올 변화에 대응해서는 아직 방향을 잡지 못하고 있는 실정입니다.

우리가 대학에서 공부하는 가장 큰 이유는 많은 지식을 습득하여 원하는 일자리를 얻어 행복하게 사는 것입니다. 그러나 우리를 둘러싸고 있는 4차 산업혁명 시대의 대내외적 환경은 그리 녹록하지 않습니다.

이러한 위기의 시대, 미래가 불확실한 시대를 살아가려면 우리 모두는 확실한 목표를 설정하고 이에 매진하는 것이 최선입니다. 그러나 과연 확실한 목표를 어떻게 가질 것이며, 또 어떻게 실천할 것인지에 대해서는 아무도 대답해 주지 못하고 있습니다. 그저 "열심히 하면 돼"라고 말할 수는 없습니다.

내가 누구이며, 어디를 향해 가고 있으며, '나'가 아닌 다른 사람들은 어떻게 살고 있으며, 우리가 숨 쉬고 사는 동시대의 사회와 국가와 세계는 어떠한 관계에 놓여 있는지를 알아야 합니다.

이제 이러한 문제들을 무역을 통해 풀어 가고자 합니다.

그래서 독자들께 새롭게 「무역학 오디세이」라는 책을 내어 놓습니다.

평소 학생들을 가르칠 때마다 대학에서의 교육은 고등학교를 졸업하고 대학에 갓 들어온 신입생들에게 미래를 준비할 수 있는 내용을 강의해야 한다고 생각하고, 6년 전에 「무역학개론」이라는 책을 내놓았습니다. 그러나 졸저 「무역학개론」은 이러한 목적을 충실히 달성하지 못했다는 판단 아래 최신의 자료를 보완하고 수정하여 이제 독자들께 새롭게 「무역학 오디세이」라는 서사시를 내어놓습니다.

이 책은 시시각각으로 변하고 있는 세계의 무역현장을 담아 내야 할 필요성을 절감하고 오늘날과 같은 4차 산업혁명 시대에 세계사의 관점에서 무역학을 새롭게 조망하였습니다.

이 책은 6부로 구성되어 있습니다. 제1부에서는 학문으로서의 무역에 대해 철학적 의미를 살펴보고, 제2부에서는 왜 무역을 하는가에 관한 경제학적 의미를, 제3부에서는 무역정책을, 제4부에서는 과거에는 어떻게 무역을 했는지 그 역사학적 의미를, 제5부에서는 어떻게 무역을 하는지 그 상학적 의미를, 그리고 제6부에서는 앞으로는 어떻게 무역을 할지 그 미래학적 의미를 살펴보고자 합니다.

이 책은 무역환경의 변화가 앞으로도 지속될 것이기에, 보다 다양한 국가와의 국제무역거래에 필요한 내용을 담고자 하였으며, 현재를 중시하며 앞을 바라보는 마음으로 국제무역에 지속적으로 기여할 수 있는 밑거름이 되길 기대해 봅니다.

이 책에서 부족한 부분은 앞으로 개정을 통해 그 완성도를 높여 갈 것을 약속드리며 이 책이 무역을 이해하는 데 조금이라도 도움이 되기를 기대합니다.

이 책의 출간을 위해 애써 주신 도서출판 박영사의 모든 직원분께 감사의 말씀을 드립니다.

아무쪼록 이 책을 통하여 독자들께서 무역에 대한 통찰력을 기르고 무역을 올바르게 이해함으로써 세계에 대한 이해의 폭을 넓히고 자신의 진로에 도움이 된다면 좋겠습니다.

2019년 3월
允谷齋에서
允谷 姜 興 中

● 교수자는 강의에 앞서 수강학생의 수강능력을 알아야 합니다.
  – 현재의 대학신입생들 대부분은 고등학교에서 경제를 선택한 학생이 극히 적다는 사실을 알아야 합니다.
  – 현재의 대학신입생들 중 무역학을 전공하려는 학생들 대부분은 기본적으로 알아야 하는 수요와 공급 등에 대해 전혀 모르는 학생들입니다.
  – 따라서 교수자는 경제학원론까지도 강의해야 한다는 생각으로 강의를 진행해야 합니다.

● 교수자는 학생들의 변화를 알아야 합니다.
  – 학생들은 과거와 많이 다릅니다.
  – 활자에 의한 학습보다는 영상에 의한 학습효과가 훨씬 수월합니다.
  – ppt. 강의는 교수가 들이는 수고에 비해 학습효과가 뚜렷하지 않습니다.

● 교수자는 수강환경에 따라 교재의 일부분을 생략하거나 추가할 수 있습니다.
  – 각 부의 참고자료를 잘 활용해 주시기 바랍니다.
  – 제1부를 생략하는 경우에는 반드시 영상자료를 시청하도록 합니다.
  – 제2부 강의에 앞서 자본주의에 대한 영상자료를 시청하도록 합니다.
  – 제5부 이해를 위해서 영상자료를 활용할 수 있습니다.

● 학습자는 제2부를 학습하기 이전에 경제학 지식의 습득이 필요합니다.
  – 경제학에 대한 지식이 없으면 무역이론을 이해할 수 없습니다.
  – 무역학개론을 수강하기 이전에 경제학원론 수강이 바람직합니다.

● 사람의 이름과 책의 명칭이 같을 경우에 사람이름은 고딕체로, 책의 명칭은 「 」로 표시하였습니다(예: 맹자, 「맹자」).

● 표 및 그림자료, 수학공식 등은 일부 인터넷 자료를 이용하였습니다.

차 례

제1부 학문으로서의 무역

제1장 인간과 학문

제2장 학문의 발전과정

제 6 장 ▶ 무역이론 이해를 위한 준비

제 7 장 ▶ 무역이론의 분석방법과 도구

제 3 부 | 무역정책

제 11 장 〉 무역정책의 발전과정

제 12 장 〉 관세정책

제 13 장 〉 비관세정책

제5부 무역상무

제17장 > 무역거래와 실정법

제 32 장 ﹥ 우리나라무역의 과제와 전망

○ ● 표 차례 ● ○

∘● 그림 차례 ●∘

PART

01

학문으로서의 무역

무역학의 세계에 오신 것을 환영합니다.

학문(學問)의 단어적 의미는 '배워 익힘 또는 배워 닦은 학식 그리고 체계가 선 지식'이라고 풀이하고 있습니다.

한글로 사용하면 같은 글자이지만 한자를 사용하면 다른 글자인 학문(學文)은 중국고전 시서(詩書)인 '육예의 글을 배우는 것'을 말합니다.

또한 학문을 연구하는 사람 또는 학문에 능통한 사람을 학자(學者)라고 부릅니다. 그리고 학문에서 주장 또는 사상, 철학 등을 달리하는 갈래 또는 그러한 것을 연구하는 사람들의 모임을 학파(學派)라고 부릅니다.

제가 지난 40년간 무역을 연구해 오면서 경험들을 통하여 얻은 결론은 무역학은 철학이며, 인문학이며, 현장중심의 실천학문으로서 융·복합학문이며, 미래학문이라는 사실입니다.

따라서 동·서양의 철학적 사고체계와 역사 그리고 끊임없이 변화하는 세계무역의 현장을 제대로 이해해야만 무역을 올바르게 알 수 있다고 생각합니다. 그러나 무엇보다 중요한 것은 무역과 세계가 나 자신과 어떤 관계에 있는가를 알아야 한다는 것입니다.

우리가 앞으로 연구하려는 무역학은 크게 왜? 무역을 하며, 어떻게? 무역을 하는가의 문제를 다루게 됩니다.

무역을 하는 진정한 이유는 이 세상에서 인간이 인간다운 삶을 지속하기 위해서는 인간의 필요를 충족시키는 재화와 용역을 생산하고 유통하고, 이를 소비해야 하기 때문입니다.

그런데 생산요소는 각 국가에 동일하게 존재하지 않고 있습니다.

뿐만 아니라 그 생산요소조차도 각 국가에 편재되어 있다는 사실과 유한하다는 사실은 이 세상에 존재하는 모든 국가들이 무역을 할 수도 있고 안 할 수도 있는 것이 아니라 필연적으로 할 수밖에 없다는 사실을 말해 주고 있습니다.

제1부에서는 다음과 같이 인간과 학문, 그리고 무역학에 대해 살펴봅니다.

Chapter

1

인간과 학문

제 1 절 인간의 특성

인간이 동물과 다른 점은 인간만이 가지는 고유의 특성 때문입니다. 인간만의 고유한 특징으로는 영혼·사유·노동·유희·소비·도덕 등이 있습니다. 이러한 특성 중 인간을 대표하는 가장 중요한 특성은 인간에게는 영혼이 있다는 사실입니다. 신화적·종교적 세계관에서는 영혼이 하늘에서 물질세계로 내려와 육체에 머물러 있지만 참된 것이라고 보았으며 여기서부터 이원론적 사고가 시작되었습니다.

동서양을 막론하고 철학은 세계와 우주의 본질을 탐구했는데 이러한 존재 질서에서 인간은 항상 중심 위치를 차지하고 있습니다. 동양철학자들은 인간과 우주를 하나로 보았지만 서양철학자들은 자연철학에서 벗어나 인간에 대해 본격적으로 사유하기 시작했으며, 인간을 세계의 보편법칙인 로고스를 지닌 존재로 보는 데 반대하고 인간을 만물의 척도로 삼았습니다.

이제 인간에 대해 자세히 알아봅니다.

인간이란 무엇인가? 인간은 어디서 와서 어디로 가는가? 이러한 인간의 사유방식과 가치관을 전제하지 않고는 인간에 의해 이루어지는 무역활동을 제대로 이해할 수 없습니다. 우리는 이러한 의문을 해결하기 위해 인간에 대해 살펴봅니다.

1 생물학적 인간

진화론에 의해 인간을 생물학적 견지에서 보면, 영장류의 인간과에 속하는 동물로, 진원류라는 아목에 속합니다. 현생의 인간은 유인원으로 시작하는 호모 사피엔스(homo sapiens)의 일종으로 분류되며, 인간과 가장 가까운 유인원과 비교해 보면, 해부학적으로는 두개골의 형태에서 차이가 있으며, 기타 체구 및 사지에도 그 특징이 있는데, 이것들은 직립보행에서 유래한다고 합니다.

그러나 창조론에 의하면 인간은 다른 생물과 구별되는 '특별한 존재'로 창조되었음을 말하고 있습니다.

2004년 발표한 5개국 공동연구를 통해 침팬지는 아무리 고도의 훈련을 시켜도 3세 어린이의 지능을 넘지 못한다고 합니다. 사람과 침팬지의 유전체(게놈)

염기서열은 98.77%나 같지만 사람과 침팬지는 완전히 다른 개체입니다. 침팬지 22번 염색체와 사람 21번 염색체의 비교분석을 통해 얻은 결론이라고 합니다. 특히 사람에게만 존재하는 유전자 2개와 침팬지에 존재하는 유전자 3개를 발견했고, 사람과 침팬지 모두 존재하지만 사람에게서는 기능을 상실하고 침팬지에서는 기능을 유지하는 유전자도 1개 발견했으며, 그 반대의 유전자도 4개가 발견되었다고 합니다.

이러한 사실은 사람과 침팬지 간의 염색체 염기서열 차이가 1%에 불과함에도 불구하고 유전자 구조와 기능에서 더 큰 차이를 나타내고 이것이 사람과 침팬지의 지능과 정서, 생김새의 차이, 특정 질병발생 유무 등을 초래했다고 합니다.

유전체 구조의 변화를 만드는 결정적인 역할은 전이성 인자인 '레트로바이러스'이며, 이것의 위치와 유전체 염기서열이 사람과 침팬지에서 달랐다는 사실은 사람과 침팬지가 서로 다른 종이며, 사람과 침팬지의 진화가 서로 다르게 진행된 것임을 알려줍니다.

물론 진화론이 창조론을 반드시 부정하는 것이라고 보기 어려우며, 진화를 이해하면 할수록 인류의 위치가 숭고하고 신비하다는 점을 깨닫게 됩니다.

이러한 사실들을 종합해 볼 때 인간은 지구상에 존재하는 생물의 발전에서 최고의 단계에 있습니다. 이전에는 인간의 종류에 대하여 다원설이 대두되었지만, 현재에는 일원설로 확립되어 있습니다.

인간은 그 심리적 작용 및 언어를 가지고 있다는 점에서 가장 발달된 동물들과도 구별됩니다. 인간의 행동은 사고 · 감정 · 의지 및 나아가 자연 · 사회 · 자신 스스로에 대하여 많든 적든 그것이 가지고 있는 법칙에 대한 지식을 토대로 이루어지지만, 동물의 행동은 본능과 환경에 대한 반응으로만 규정됩니다.

실제로 인간과 동물의 차이는 동물이 단지 자연조건에 스스로를 적응시키는 데 지나지 않는 반면 인간은 도구를 만들고 자연에 작용하여, 그것을 자신에게 적응시키는 데 있습니다. 즉 인간이 노동력을 통해 자연을 변화시키는 데서 그 본질을 발견할 수 있는 것입니다. 이 활동을 결정하는 것은 궁극적으로는 자신의 생활을 유지하는 물질적 조건에 근거하여 그것에 의해 자신의 활동 동기가 객관적으로 규정되는 데 있습니다.

따라서 인간의 특징이 되는 의식주 활동, 정신생활, 갖가지 도구를 만들고 이를 사용하는 능력 등은 자신의 생존을 위한 사회적 노동으로부터 발전되는 것입니다.

② 사회학적 인간

철학적으로는 인간이 사회적으로 되지 않을 수 없다고 합니다. 사회학에서 전개되는 사회적 인간의 이론은 사회집단의 이론과 밀접한 관계를 가집니다.

실제로 사회학적으로 보면, 인간은 집단 속에서 태어나 여러 집단에 소속되고 여러 집단을 형성하면서 그 생애의 궤적을 그려 나갑니다. 이는 가족·학교·친구·회사·정당·단체 등의 여러 사회집단과 개인과의 관계를 통해 알 수 있습니다.

또한 개인은 태어나면서부터 어떤 국가의 일원이며, 계급사회에 있어서는 어떤 계급의 일원이기도 합니다. 현대사회에서는 핵가족화로 인한 가족 기능의 단순화에 의하여 개인이 어떤 특정한 가족 가운데 태어나는 것은 그의 운명이라고 하더라도 그것으로부터의 해방은 비교적 용이해졌으며, 성인이 된 개인은 그의 의지만으로도 오래된 가족에서 이탈하거나 새 가족을 만들 수도 있습니다. 그러나 국가의 일원이나 계급의 일원이기를 그만두기는 어렵게 됩니다.

철학자들은 예로부터 사회적 인간을 '인간성'이라는 것으로 규정해 왔습니다. 이는 일반적인 것이 아니라 사회의 일정한 조직에 의해 규정되는 구체적인 인간본성을 말합니다. 그러나 동시에 각각의 사회 발전단계에 있는 일정한 조직의 인간은 인류역사를 통해 만들어진 것이며, 인류가 종래에 완성시켰던 지식을 받아들이고 문화를 기초로 하여 형성되고 있으며 더욱 발전해 나아갈 것입니다. 즉 모든 인간은 그들이 각자 가지고 있는 재능과 그 특성을 살리고 과거 인간이 만들어 냈던 문화적 재산을 수용하고, 개성을 자유롭게 발전시키고, 인간으로 살아가기 위해서는 계급사회라는 생산양식을 극복하지 않으면 안 되며, 그렇게 함으로써 인간의 발전이 보장될 수 있는 것입니다.

③ 동양의 인간관

동양, 특히 중국에서는 인간은 살아 움직이는 생명체이며 영성을 부여받은 존재로 여깁니다. 일찍이 상고시대(우리나라로 보면 원시 부족국가시대로부터 삼국이 정립되기 전에 해당하는 시기)의 서적인 「태서」에는 "오직 사람만이 만물의 영장이다."라고 했습니다. 사람이 만물의 영장이라는 사상은 중국 인간학의 이론적 기초가 되었습니다. 비록 중국 고대 서적 중에 인간에 대해 직접적으로 정의를 내린 것은 드물지만 인간학 사상은 매우 풍부합니다. 이를 자세히 살펴봅니다.

1) 유가

일부 철학자들는 유학을 인간학이라고 부르기도 합니다. 이렇게 부르는 이유는 유학의 창시자인 **공자**가 자신을 닦고, 남을 편안케 하는 것을 핵심 문제로 삼았기 때문입니다. **공자**는 「중용」을 통해 "仁者, 人也."라는 유명한 논제를 제시했습니다. 이 명제는 인간의 본질이 '인'임을 제시한 것인데, '인'은 차별을 둔 사랑으로 예악의 정신을 고도로 개괄한 것입니다.

공자의 자신을 닦는 도(修己之道)는 바로 인을 구하는 도(求仁之道)이며 극기복례(克己復禮)의 도를 말합니다. **맹자**도 존심, 양성, 반신이성 등 자아 확충의 수양법을 제시하여 자신을 닦아 '인'을 구하는 도의 자율적인 측면을 강조했습니다. 반면에 **순자**는 화성기위, 예의법도, 도관 등 외부 제약에 의한 개조법을 제시하여 자신을 닦아 인을 구하는 도의 타율적인 측면을 강조했습니다. 인성문제에서 **맹자**는 '성선설'을, **순자**는 '성악설'을 통해 인간의 본성을 강조하였습니다.

2) 도가

중국철학을 대표하는 도가는 '道(天道, 人道)'를 핵심으로 하는 사상 체계를 수립했습니다. '人道'는 人性, 人倫, 人生 및 天人關係를 포괄합니다. **노자**는 인간을 天, 地, 道와 함께 '四大' 중의 하나로 보았습니다. 인간은 '도'로부터 생겨났으므로 당연히 자연의 '도'에 순응해야 하고, 그 방법은 척제현람, 치허극, 수정독, 포일, 수충' 등이라고 합니다. **장자**는 '도'를 우주 운동의 과정이라 여겼고 '無'를 우주 만물의 본체라고 여겼으며, 인간은 無와 道의 상호 작용에 의해 형성된 산물이므로 인간과 天은 하나이고, 인간과 사물은 동등하다고 보았습니다. 우주천지는 큰 용광로이고 자연의 조화는 큰 대장장이이며, 인간은 큰 용광로 속에서 제련된 금속에 불과하다고 보았습니다. 이렇게 **노자**와 **장자**는 인성은 반박귀진, 순정자연해야 함을 주장하였으며, 지육인덕을 반대했습니다.

3) 주역

　「周易」은 선진(先秦)시대(중국의 춘추 시대와 전국 시대를 아우르는 말이며, 기원전 770년 주(周)왕조의 천도 후부터 기원전 221년 시황제(始皇帝)가 통일한 시기)의 유가와 도가의 天人學을 집대성해 놓은 것입니다.

　「周易」은 天道와 人道를 논술하였는데, 인간의 생성과 인간의 본성, 인간의 도덕 등의 문제를 항상 天道, 地道와 연계하여 언급했습니다.

　「周易」 설괘전(說卦傳)에는 이런 말이 있습니다.

　"하늘의 도를 세워 음과 양이라 규정하고, 땅의 도를 세워 유와 강이라 규정하고, 사람의 도를 세워 인과 의라 규정했다(立天之道曰陰與陽, 立地之道曰柔與剛, 立人之道曰仁與義)."

　또한 「周易」 계사전(繫辭傳)에는 이런 말도 있습니다.

　"易의 글됨은 넓고 커서 이치를 다 갖추고 있으니, 하늘의 도가 있고 땅의 도가 있으며 사람의 도가 있다. 아울러 하늘, 땅, 사람 (三才)을 둘로 나누었다. 그런 연유로 六이다, 六은 다른 것이 아니라 三才의 도다(易之爲書也, 广大悉備, 有天道焉, 有地道焉, 有人道焉, 兼三才而兩之, 故六, 六者, 非ㄷ也, 三才之道也)."

　중국의 「周易」철학은 실제로는 생명철학으로, 天道와 人道가 生化하고 變易하는 규율을 밝힌 철학입니다. '易'이란 낳고 또 낳아서 쉼이 없는 것을 말합니다. '易'은 어떻게 만물을 낳고 또 낳는가?

　「周易」에서는 인간과 만물을 화생하는 근본이 건곤(乾坤)과 음양(陰陽)이라고 보았습니다. "한 번 陰하고 한 번 陽하는 것을 '도'라고 봅니다(一陰一陽之謂道)". 따라서 건양(乾陽)과 곤음(坤陰)이 바로 만물을 생성하는 문호이며, 거대한 생식기로 이 두개의 거대한 생식기가 교합하여 만물을 생성한다고 보았습니다.

　乾의 기능에 대해서는 "고요할 때는 한결같고 움직일 때는 곧으니 이로써 큼이 생한다(其靜也專, 其動也直, 是以大生焉)"라고 했고, 坤의 기능에 대해서는 "고요할 때는 닫히고 움직일 때는 열리니 이로써 넓음이 생한다(其靜也翕, 其動也闢, 是以廣生焉)"라고 했습니다.

　「周易」 서괘전(序掛傳)에서는 또 이렇게 말했습니다.

　"天地가 있고 나서 만물이 있고, 만물이 있고 나서 남녀가 있고, 남녀가 있고 나서 부부가 있고, 부부가 있고 나서 부자가 있고, 부자가 있고 나서 …(有天地然後有萬物, 有萬物然後有男女, 有男女然後有夫婦, 有夫婦然後有父子, 有父子…)." 이와 같이 「周易」은 인간과 만물의 본원을 건곤, 천지, 음양 등으로 귀납하였는데, 이들은 모두 "-"와 "—"의 두 부호로 표시할 수 있습니다. "-"와 "—"는 "氣"의 부호이자 "象"의 부호이며 "理"의 부호입니다. 이로부터 「周易」은 후세에 기본론(氣本論), 상본론(象本論), 이본론(理本論)등의 학파가 출현했습니다.

「周易」은 人性과 人德의 문제를 언급하였는데, 인성과 인덕은 天性, 天德과 일치하는 것이며 천성과 천덕은 다시 天道와 같은 의미의 말이라고 보았습니다. 따라서 인성과 인덕의 문제는 곧 人道와 天道의 문제입니다.

앞서 「周易」에서 "한 번 陰하고 한 번 陽하는 것을 道라고 이르니, 이를 잇는 것이 善이요, 이를 이루는 것이 性이다(一陰一陽之謂道, 繼之者善也, 成之者性也)"라고 하였는데, 이는 사람이 음양의 도를 계승하여 선량하고 아름답게 변한다면 음양의 도를 성취하고 인간의 본성을 간직할 수 있다는 말입니다.

「周易」에서는 범도덕주의적인 관점에서 천지 만물과 인간을 바라보았고, 만물이 나날이 새롭게 변화하는 것은 음양이 서로 번갈아 나고 들며 서로 전화(轉化)하는 것을 체현한 것으로 보고 있습니다.

4) 황제내경

「黃帝內經」은 선진(先秦), 양한(兩漢) 시기의 경전입니다. 비록 의학이 위주이긴 하지만, 당시의 철학과 인문학, 천문학, 기후학, 역법학, 음률학 등의 내용을 망라하여 도가와 유가의 사상을 체현했습니다.

인간의 생명화동(생리, 심리, 병리 등을 포괄)을 주로 논술하였는데, 인간의 본원과 인체 생명의 규율, 인간과 자연의 관계 등의 방면에서 심오하고 독특한 관점을 가지고 있습니다. 따라서 「황제내경」은 인간학 분야에서 상당히 뛰어난 저서라 할 수 있습니다.

「黃帝內經」은 소문(素問)편과 영추(靈樞)편으로 구성되어 있습니다. 소문편의 보명전형론(寶命全形論)에서 "인간은 천지의 기운에 의해 생성되고 사시의 법에 따라 완성된다(人以天地之氣, 四時之法成)"라고 했습니다. 인간은 천지의 기운을 받아 생성되고, 또 태어나서는 변화의 규율에 따라 완성된다는 말입니다. 천지의 기운이 先天이라면 사시 변화의 법칙은 後天이라 할 수 있습니다. 선천인 천지의 기운이든 후천인 사시 변화의 법칙이든 모두 음양을 벗어날 수는 없습니다. 그래서 「黃帝內經」 소문편의 생기통천론(生氣通天論)에서는 "생명의 근본은 음양에 근원한다(生之本, 本於陰陽)"라고 하였으니 陰陽은 우주만물과 인간의 본원입니다.

또한「黃帝內經」소문(素問)편의 음양응상대론(陰陽應象大論)에서는 "음양은 천지의 도이고 만물의 강기이고 변화의 부모이고 생살의 근본이고 신명의 집(陰陽者, 天地之道也, 萬物之綱紀, 變化之父母, 生殺之本始, 神明之府也)"이라고 했습니다.「黃帝內經」에서는 음양을 인체 생명의 구조를 설명하는 데 사용하기도 했습니다. 인체의 복부(腹部)와 배부(背部), 손과 발, 내장 조직을 모두 음양으로 구분하였는데, 가장 전형적인 것이 오장육부(五臟六腑)와 십이경락(十二經絡)」입니다.

음양은 사실 음기와 양기이며, 음양이 인체 생명의 본원이라는 것은 결국 '기(氣)'가 인간의 본원이라는 말입니다.「黃帝內經」에서는 인체가 氣로 구성되므로 氣가 생명의 본질이라고 보았습니다. 이 氣는 정미로운 것, 특수한 생명력을 갖춘 것, 물질과 에너지가 합일된 것을 말합니다.

氣의 생명력은 인체 생명이 생성되는 순간뿐만 아니라 인체가 생성된 이후의 모든 생명활동 과정에서도 표현됩니다. 그것은 인체의 강약, 건강과 질병, 수명의 장단, 생명의 운동 과정 등을 포괄하고 있습니다.

「黃帝內經」이 다른 저서와 다른 점은 선진(先秦)시기 유가와 도가의 철학사상을 기초로 원기(元氣), 진기(真氣), 종기(宗氣), 영기(營氣), 위기(衛氣), 정기(正氣), 사기(邪氣), 오장육부(五臟六腑)의 氣 등의 개념을 제시하여 '氣化生命學說'을 창설함으로써 氣이론을 매우 풍부하게 했다는 점입니다.

「黃帝內經」은 인간과 天地의 관계에 대해서 "人興天地相參", "人興天地相應"의 관점을 제시했습니다. 이는「周易」이나 선진(先秦)시기 여러 학파의 기본 사상과 일치하는 것입니다.

「黃帝內經」은 이를 발전시켜 인간이 天地와 어떻게 상응하는지에 대해 하나의 완전한 이론 체계를 수립하였는데, 이른바 '사시오장음양오행학설(四時五臟陰陽五行學說)'입니다. 이는 天地를 三陰三陽의 육기(六氣), 오행(五行)의 기운 등으로 나누고 인체를 육경(六經)의 기운, 오장(五臟)의 기운 등으로 나눈 다음 이들을 일대일로 대응시키고 있습니다. 이를 살펴보면 다음의 표와 같습니다.

| 표 1-1 | 천지와 인체 |

천지(天地)	인체(人體)
음양육기(陰陽六氣)	육경(六經)의 기(氣)
사시오행(四時五行)의 기(氣)	오장(五臟)의 기(氣)
12월	십이맥(十二脈)
365일	365마디
구주(九州)와 구야(九野)	구규(九竅)와 구장(九臟)
십이경수(十二經水)	십이경맥(十二經脈)
일월(日月)	두 눈
동서남북(東西南北)의 사해(四海)	수(髓), 기(氣), 혈(血), 수곡(收穀), 사해(四海)
동서남북(東西南北)의 사방(四方)	수족이목(手足耳目)

5) 동양철학자들의 인간관

동양철학에서 대표적인 사상가들이 인간에 대해 어떻게 생각하고 있는가를 자세히 살펴봅니다.

(1) 공자

공자는 유가의 창시자입니다(실제로 유가를 만들었다기보다는 유가를 집대성한 사람). 인과 예를 강조했습니다. 인이란 내면적인 도덕성으로서 사람으로서 확충해 나가야 할 가장 근본적인 것으로 쉽게 말하면 사랑의 마음이라고도 하며, 사회적으로 완성된 인격체를 의미하기도 합니다. 그리고 이러한 내면적 도덕성과 함께 외적으로는 예를 강조하고 있습니다.

(2) 맹자

맹자의 가장 중요한 학설로는 성선설이 있습니다. 인간은 선천적으로 선한 본성을 타고났다는 것입니다. 인간이 선하다는 증거로서 사단(四端)을 말하고 있습니다. 사단이란 인간의 가장 기본이 되는 마음을 말하는데 측은지심, 수오지심, 시비지심, 사양지심 이렇게 네 가지를 말합니다. 인간이 이러한 사단을 잘 확충해 나가면 '인의예지'라는 사덕을 갖출 수 있다고 보았습니다.

(3) 순자

순자는 **맹자**와는 다르게 성악설을 내세우고 있습니다. 인간이란 태어날 때부터 악한 존재라는 겁니다. 하지만 인간은 배우고 익힘으로써 선하게 될 수 있다고 합니다. 이를 '화성기위'라고 합니다. 화성기위란 인간은 본래 악한 존재로 태어났지만 외적인 수양과 공부를 함으로써 선한 존재가 될 수 있다는 것입니다.

(4) 묵자

묵자는 묵가의 대표학자입니다. 유가와는 다르게 평민 계층에 많은 영향을 준 사상이라고 할 수 있습니다. **묵자**는 무사출신 계층이었으므로 함께 사는 공동생활을 중요시 여겼습니다. **묵자**는 유가의 '별애사상'을 비판하면서 '겸애사상'을 내세웠습니다. 이는 너와 나의 구별이 아닌 모든 사람들을 똑같이 사랑하자는 것입니다.

(5) 양주

직접적으로 **양주**를 도가사상이라고 할 수 없지만 도가사상에서 말하는 이유는 **양주**의 '위아주의'가 도가사상에 많은 영향을 주었으며, 도가 사상의 원류가 된다고 보는 철학자들이 많기 때문입니다.

(6) 노자

노자의 사상 중 중요한 사상은 '무위자연' 사상입니다. 무위자연이란 아무것도 하지 않고 그냥 있는 것이 아니라 자연의 흐름에 맡기고 인위적으로 무엇인가를 변화시키려고 하지 말아야 한다는 것입니다. **노자**는 사회가 혼란해진 원인을 인간의 인위적인 행동들 때문이라고 보았으며, 그러한 인위적인 행동을 없애야 한다고 보았습니다.

(7) 장자

장자는 **노자**의 사상을 좀 더 심화시킨 사람이라고 할 수 있습니다. **노자**는 모든 차별을 없애야 한다고 보았습니다. 너와 나, 이것과 저것 모든 것들은 그 나름대로의 존재이유가 있기 때문에 인간의 기준에 맞춰서 판단해서는 안 된다는 것입니다. 그리고 **장자**는 **노자**의 무위자연을 뛰어넘어 자연과 하나가 되는 '물아일체'의 경지를 추구했습니다.

(8) 부처(석가모니)

부처의 사상 중 가장 중요한 사상은 '연기설'이라고 할 수 있습니다. 모든 존재하는 것들은 서로 간에 인연관계로 얽혀 있으며 지금 살아가는 우리의 삶은 영원한 세상이 아니라는 것입니다. **부처**는 지금 우리가 살고 있는 이 세상은 영원하지 않은 것인데 우리 인간들이 그러한 것을 알지 못하고 지금 현재의 삶에 집착을 하게 된다는 것입니다. 이러한 것을 '무명'이라고 합니다. 그럼으로써 인간은 고통을 느끼게 된다고 하였습니다.

이러한 고통에서 벗어나고 해탈해 가는 과정을 '4성제'라고 합니다. 4성제는 '고집멸도(苦集滅道)'를 말합니다. '고'는 고성제라고 하며 인간이 현실세계에서 고통을 받고 있는 모습을 말하는 것이며, '집'은 집성제 즉 집착을 말하는 것입니다. 인간이 고통을 받게 되는 원인으로서 집성제를 말하고 있습니다. '멸'은 멸성제로서 모든 고통이 사라지고 열반하여 해탈하는 것을 말합니다. '도'는 도성제로서 열반에 이르는 방법을 말합니다.

4 서양의 인간관

현대 서양 철학자들은 철학연구의 방법을 다원주의와 상대주의를 통해 과거의 일원주의와 결정론을 대체하였고, 철학연구의 대상도 본체론이나 인식론에서 인간론으로 전환했습니다. 이에 따라 인간은 현대 철학연구의 중심이 되었고, 인간의 본질에 대한 학파나 학자마다 의견이 분분하여 절충점을 찾기가 어렵게 되었습니다.

서양 과학자들은 인간을 핵산과 효소의 상호작용물, 단백질의 존재방식, 분자생물구조, 엔트로피의 산물 등으로 인식합니다.

인간은 도대체 무엇인가?

이에 대해 서양 학자들의 답을 통합하기란 매우 어렵습니다. 그렇다고 이들을 일일이 나열한다면 혼란스럽기만 할 뿐 어떠한 결론도 내릴 수 없을 것입니다. 이들 서양철학자들을 정리해 보면 인간에 대한 서양의 인식은 크게 두 가지 각도임을 알 수 있습니다.

첫째로는, 인간을 자연적 속성과 생물적 속성의 각도에서 인간과 동물의 구조와 기능의 차이를 비교하여, 인간을 하나의 특수한 동물로 인식하는 것입니다.

진화론의 관점에서 볼 때 인간과 동물은 뿌리가 같다고 생각합니다.

많은 서양 학자들이 인간에 대한 동물적 해석에 열중했습니다. 미국의 인류학자 **데스몬드 모리스(Desmond Morris)**는 인류의 기원, 성, 양육, 탐색, 투쟁, 식사, 안정 등의 여러 방면에서 인간이 가지고 있는 동물적 속성의 행위를 연구하였습니다. 그는 인류의 지식이 상당히 깊고 넓어지기는 했지만, 인류는 여전히 발가벗은 꼬리 없는 원숭이이며 결코 자신의 오래되고 저급한 본능을 잃지 않았다고 보았습니다.

오스트리아의 동물학자 **로렌츠(Konrad Lorenz)**는 동물의 본능 행위에 대한 연구를 통해 인간의 폭력 행위나 공격 행위가 동물과 그 근원이 다르지 않으며 인간에게도 동물과 마찬가지로 원시본능이 존재함을 밝혔습니다.

인간이 동물과 구별되는 부분은 생체 조직의 메커니즘과 능력의 차이뿐이라고 주장하는 학자들도 있습니다. 활동이나 자율성 측면에서 보면, 동물의 활동은 유전자에 따른 본능적 활동이지만, 인간의 경우는 목적이 있는 자각적인 활동이라고 봅니다. 동물은 단지 그가 속한 종(Species)의 척도와 소요에 의해서 무언가를 만들지만, 인간은 모든 종의 척도를 사용하여 생산할 수 있다고 했습니다.

그러나 인간은 '아름다움'이라는 기준에 따라 물체를 '정리'할 뿐입니다. 인간은 도구를 만들고 아울러 도구를 사용할 수 있습니다. 의식의 유무를 가지고 볼 때, 인간은 외부 세계에 대한 의식을 가지고 있을 뿐만 아니라 자아의식을 가지고 있습니다. 그러나 동물은 자신과 자신의 생명활동 사이에 구별이 없습니다. 인간은 자신에 대한 의식과 의식하는 대상이 있고 이성과 지혜가 있어서 외부세계를 인식하고 평가할 수 있음은 물론, 자신을 돌이켜보아 자신을 조절하고 통제할 수 있지만, 동물은 불가능합니다.

이러한 시각과 유사한 것으로, 서양의 일부 학자는 신령, 정신, 의식 방면에서 인간의 본질을 탐구했습니다. 그들은 인간이 동물과 구별되는 것은 인간이 영혼이나 정신, 의식을 소유하고 있는 것이라고 보았습니다. 영혼의 유무에 대한 논쟁은 동서고금을 막론하고 모두 존재하는데, 종교와 과학 그리고 미신과 이성의 경계선이 되고 있습니다.

영혼의 유무 문제는 곧 영혼이 육체를 벗어나 존재할 수 있는가? 영혼은 초자연적인 능력을 갖추고 있는가?를 따지는 것입니다. 이 문제를 제쳐두고 단지 인간정신의 실질만 가지고 말한다면, 인간을 제대로 이해할 수가 없습니다.

　　서양의 많은 학자들이 이 문제를 언급했습니다. 데카르트(Rene Descartes)
는 "나는 생각한다. 고로 나는 존재한다."라고 했고, 헤겔(Georg Wilhelm Friedrich
Hegel)은 "인간은 심령이다."라고 했습니다.

　　현대 서양 학자들은 보편적으로 의지, 본능, 잠재의식, 생명충동, 인격 등의
비이성적 요소가 인간의 본질이라고 봅니다.

　　쇼펜하우어(Arthur Schopenhauer)와 니체(Friedrich Nietzsche)는 생존의식과 권
력의지라는 '본체론' 사상을 제시했고, 프로이드(Sigmund Freud)는 의식, 전의식,
무의식의 '3단계 심층심리학'을 창립하여 인간의 모든 행위의 동력을 성본능을
핵심으로 하는 무의식 심리본능으로 귀결했습니다.

　　아들러(Alfred Adler)는 인간의 행위동력을 '향상의지'와 '우월성'의 추구로 귀
결하였고, 융(Jung, Carl Gustav)은 '집단 잠재의식(Archetype)'으로 귀결했습니다.
아키타이프란 어느 민족 또는 인종이 같은 유형의 경험을 반복하면 일정한 정신
적 반응을 나타내게 되어 특유의 집단적 무의식적 경향을 지니게 되는데 그것을
구체화한 것을 말합니다. 이들은 인간의 본질이 주관의식과 정신에 있음을 강조
했습니다. 혹자는 인간이 '영성', '신성'을 갖추고 있다고 말합니다.

　　둘째로는, 인간의 사회적 속성과 문화적 속성의 각도에서 인간이 사회적 존
재이고 문화의 산물임을 강조한 것입니다. 마르크스(Karl Marx)나 엥겔스(Friedrich
Engels)는 인간의 본질이 '사회적 관계의 총화'라고 했습니다. 그들은 인간의 사회
적 본질에 근거하여 인류의 노동과 인류 사회의 모순, 인류 발전의 역사 규율을
탐구했습니다.

　　일부 서양학자는 주객관계를 바탕으로 하여 인간은 주체와 객체의 통일체로
서, 인간은 사회 역사 활동의 주체이자 동시에 사회 역사 조건의 제약을 받는 객
체이며, 인식하고 개조하는 주체이자 인식을 당하고 개조를 당하는 객체라고 보
았습니다. 인간은 외부 사물 가운데에서 자신을 대상화하고 외화(外華)한 것이라
고 봅니다. 이것이 바로 '인간의 자연화'입니다.

　　전자는 인간 본질의 대상화를 가리키고, 후자는 자연이 인간에 의해 인간의
무기질 조직으로 개조되는 것을 가리킵니다. 헤겔(Georg Wilhelm Friedrich Hegel)
과 마르크스(Karl Marx)는 이런 통일관계에 대해 심도 있게 논하였습니다.

　　몇몇 서양학자들은 인간에 대한 계통적이고 심층적인 문화 해석을 통해 정
체적인 인간학 체계를 수립하는 데 열중하고 있습니다. 그들은 인간이 문화의

산물이며 인간은 문화에 의지해야 비로소 동물계를 초월하여 사회성을 띤 인류가 될 수 있다고 보았습니다. 그렇다면 그것이 영국의 **타일러**(Edward B. Tylor)가 말한 정신적 관념의 산물이나 급속 혹은 능력이든, 아니면 미국의 **크로버**(Alfred Louis Kroeber)가 말한 모식이나 문화학습, 인공제품, 가치핵심, 인간과 문화의 관계든, 혹은 미국의 **클럭혼**(Clyde Kay Maben Kluckhohn)이 말한 생존양식의 계통과 생활방식이든 상관없이 그들 사이에 공통으로 인정하는 기본 사실이 있습니다.

즉, 문화는 인간이 만든 것이고 또 인간을 위한 것이라는 점입니다. 문화는 '자연'에 상대되는 말입니다. 문화는 달리 말하면 인간화입니다. 인간이 문화를 창조하지만 역으로 문화가 인간을 제약하고 통제하기도 합니다. 문화발생학적으로 본다면, 문화가 처음 생겨날 때는 인간을 위한 객관적인 창조물로서 존재하지만, 문화가 일단 형성되고 나면 곧바로 하나의 완전히 독립된 인간 밖의 객관적 존재물이 되어 버립니다.

이와 같이 인간에 의해 이루어지는 무역활동도 또 다른 하나의 문화라고 볼 때 이러한 사고는 매우 유의미하다 할 것입니다.

위와 같은 사고 속에서 서양에서의 인간관을 시간의 흐름에 따라 역사적으로 살펴보면 다음과 같습니다.

5 서양철학자들의 인간관

1) 고대

그리스의 아폴로 신전의 기둥에는 '너 자신을 알라'라고 새겨져 있습니다. 이후 기원전 6세기부터 서양의 철학자들은 인간 스스로를 알아가는 여정을 시작 했습니다. 그들은 인간에 대해 다음과 같이 정의를 내리고 있습니다.

프로타고라스 : 인간은 만물의 척도다.
데모크리토스 : 인간은 원자로 구성된 생물이다.
소크라테스 : 인간은 이성적 문제에 대해 이성적 대답을 할 수 있는 존재다.
플라톤 : 인간은 두 다리가 길고 깃털이 없는 동물이다.
아리스토텔레스 : 인간은 정치적 동물이다.
라메트리 : 인간은 기계다.

엘베시우스 : 인간은 단지 감성의 실체다.

칸트 : 인간은 자신의 이성에서 비롯된 절대명령에 복종하는 존재다.

헤겔 : 인간은 이성적 자아의식이다.

포이에르바하 : 인간은 감성적인 존재이며 자연의 본질이다.

서양철학의 아버지 **소크라테스(Socrates)**는 이성적 존재인 인간은 감각세계의 변화를 넘어서 영원하고 변치 않는 이성적 진리를 알 수 있다고 했습니다. 그는 보편적인 도덕적 가치와 규범을 인정함으로써 소피스트의 상대주의를 극복했습니다.

소크라테스의 제자 **플라톤(Platon)**은 인간의 영혼은 변화하는 세계를 초월하여 불변하는 이데아의 세계에 속해야 한다고 했고, 감각적인 가상세계를 넘어서는 지적인 정신세계를 실재라고 보았습니다.

플라톤의 제자 **아리스토텔레스(Aristoteles)**도 인간은 이성을 지니므로 다른 존재보다 우월한 것으로 보았으며, 인간의 영혼을 육체의 형상으로 보고 영혼과 육체의 결합을 추구했습니다.

2) 중세

중세시대에는 그리스도교에 기초하여 인간을 신적질서의 일부로 이해했습니다. 인간은 신이 창조한 인격이며 신을 추구함으로써만 그 의미를 갖는 것으로 이해되었습니다. **아우구스티누스(Aurelius Augustinus)**는 사랑 안에서 완성되는 자유의지를, **토마스 아퀴나스(Thomas Aquinas)**는 자유와 사랑보다 지성을 강조했습니다.

그러나 종교개혁 이후 신앙이 부여한 통일이 무너지고 인간은 세계의 중심에서 주변으로 떨어져 방향과 안식처를 잃은 존재가 되었습니다.

3) 중세 이후

근대에 들어와 인간은 객관적인 존재질서의 중심이 아니라 주관적 인식의 중심이 되었습니다. 근대철학의 아버지 **데카르트(Rene Descartes)**는 의식의 순수한 자기 확실성을 확고부동한 출발점으로 삼았습니다. 모든 사물에 앞서 자신을 사고하는 자아는 구체적인 인간이 아니라 순수한 이성이라고 했습니다. **데카르**

트는 정신과 물질, 사유하는 의식과 연장(延長)을 지닌 육체는 아무런 공통점이 없는 실체라고 보았습니다. 이러한 영혼과 물질의 단절은 근대 철학을 일면적으로 만들었습니다. 정신만을 강조하는 합리주의는 인간의 이성을 사유하는 주관으로 축소시켰고 경험론은 경험과 물질에만 매달리게 되었습니다.

이에 대해 철학사를 통틀어 가장 위대한 철학자 중 한 사람으로 일컬어지고 있는 **칸트**(Immanuel Kant)는 양자의 대립을 넘어서고자 했습니다. 그런데 대상적 인식을 가능하게 하는 순수이성을 추구하는 칸트의 선험철학은 인간의 통일과 전체성을 이루는 데 실패했습니다. 그는 감각적 직관과 개념적 사유, 이론적 인식과 실천적 행위, 지식과 신앙의 대립을 통일하지 못했습니다. **칸트**는 "나는 무엇을 알 수 있는가?", "나는 무엇을 해야 하는가?", "나는 무엇을 바랄 수 있는가?", "인간이란 무엇인가?"라고 묻게 됩니다. 이러한 질문은 형이상학 · 도덕 · 종교에 기초해서 인간학을 확립하려는 것입니다.

이후 18세기 프랑스의 유물론자인 **라 메트리**(Julien Offroy De La Mettrie), **디드로**(Denis Diderot), **달랑베르**(Jean Le Rond D'Alembert), **홀바흐**(Paul Heinrich Dietrich von Holbach) 등은 인간의 정신적 본질을 부정하고 인간을 물질 체계의 한 현상으로 보았습니다.

19세기 실증주의의 창시자 **콩트**(Comte)는 인류가 신학적 · 형이상학적 단계를 거쳐 실증적 단계로 발전한다고 보았습니다. 실증적 단계에서는 세계를 실증적 · 과학적으로 탐구하여 실재에 대한 객관적 지식을 추구하는데, 이때 인간은 자연과학 · 경험심리학 · 사회과학의 대상이라고 하였습니다.

또한 공산주의의 창시자인 **마르크스**(Karl Marx)는 역사를 유물론적으로 해석했습니다. 그는 인간을 노동하는 존재로, 물질적 생산을 통해 세계를 만드는 존재로 보았습니다. 인간은 사회공동체 안에서 다른 인간과 더불어 살면서 의식을 갖추고 물질적 · 신적 활동을 하는 사회적 존재이며, 계급사회의 인간의 생활은 생산수단에 대한 사적 소유와 거기에서 생기는 착취자와 피착취자의 적대적인 계급으로 분열된다고 보았습니다.

반면에 인간을 보편적인 존재로 보기를 거부하는 실존주의 철학의 창시자 **키에르케고르**(Soren Aabye Kierkegaard)는 실존을 문제 삼고 있습니다. 이것은 자기의 고유한 경험, 유일성과 독립성, 자유와 책임에서 개별적인 인간을 보는 것입니다. 인간은 무기력과 좌절, 죄와 불안 속에서 자기를 경험하는데 신과 마주

섬으로써 자기 실존의 의미를 찾을 수 있다고 주장합니다.

이와 반대로 **니체**(Friedrich Wilhelm Nietzsche)는 자연적 인간과 그 생명력을 중시하면서 그리스도교를 비판하고 있습니다. 그는 삶을 고양시키기 위해 그리스도교의 '노예도덕'을 버리고 '신은 죽었다'고 선언했습니다. 생(生)철학자인 **베르그송**(Henri Louis Bergson)은 실증주의와 유물론에 반대해서 끊임없이 운동하고 성장하는 삶에 주목합니다. 이것은 생명의 약동에 의해 창조적으로 진화하며, 그것은 합리적으로는 파악할 수 없고 직관으로 체험해야 한다고 했습니다. 이런 흐름은 실존주의에 연결되어 **야스퍼스**(Karl Jaspers)는 실존의 해명을 통한 초월을, **하이데거**(Martin Heidegger)는 현존재의 실존론적·존재론적 해석학을, **사르트르**(Jean Paul Sartre)는 의식의 현상학을 펼치게 됩니다.

4) 현대

현대철학에서 인간학은 **셸러**(Max Ferdinand Scheler)에 의해 기초가 마련되었는데, 그는 「우주에서 인간의 지위」라는 저서를 통해 인간과 동물의 행동을 비교하고 인간의 '세계개방성'을 동물의 '환경에 구속됨'과 구별하여 인간의 지위를 정신에서 찾고 있습니다.

아르놀트 겔렌(Arnold Gehlen)은 경험과학을 인간학 관점에서 종합하여 동물이 고도로 전문화되어 있고 확고한 본능을 지닌 데 비해 인간은 전문화되어 있지 않은 '결핍 존재'임을 밝히려고 했습니다. 인간은 자신의 행위로 그 결핍을 보충해야 했고 그리하여 높은 정신적·문화적 성취를 이루었다고 봅니다.

이와 달리 **포르트만**(Adolf Portmann)은 생물학과 비교행동 연구에서 인간이 이미 생물학적으로 정신적·문화적 성취와 인격적·사회적 관계, 즉 '인간적인' 것을 목표로 삼고 있으며 고도로 '전문화'되어 있다고 합니다. 또한 **플레스너**(Helmuth Plessner)는 인간이 자기 삶의 중심을 거듭 반성하고 이를 초월해서 '탈중심'으로 존재하기 때문에 동물의 '중심성'과는 다르다고 보았습니다.

⑥ 동양과 서양의 인간관 비교

1) 현재의 문제

앞에서의 동양과 서양의 인간에 대한 해석을 비교해 보면 다음과 같은 관점의 차이를 쉽게 발견할 수 있습니다.

서양철학에서는 인간의 본질을 탐구할 때 흔히 생물학적 속성과 사회문화적 속성 사이에서 찾고 있습니다. 인간의 육체와 정신에 대해서도 이 둘이 완전히 분리된 것으로 보고, 어느 한쪽만을 택하는 관점을 취한 결과, 전자를 연구한 사람들은 생명과학의 발전을 불러왔고, 후자를 연구한 사람들은 생명철학의 발전을 불러왔습니다.

이와 달리 동양철학 – 특히 중국-에서는 인간의 생명활동을 탐구할 때 생명학적 속성과 사회문화적 속성을 함께 살폈습니다. 또 육체와 정신을 아울러 살폈습니다. 다만, 그중에서 비교적 후자에 편향되어 있는 것도 사실입니다. 따라서 고대 중국에는 결코 엄격한 의미의 과학-생명과학-이 없었습니다. 한의학 역시 엄격한 의미의 생명과학은 아닙니다. 한의학은 상당히 많은 철학적 · 문화적 색채를 담고 있습니다. 그럼에도 불구하고 한의학이 수립한 인체 생명은 일종의 부호모형체계(음양)이며 물질의 실체계가 아닙니다, 따라서 한의학 이론은 본질상 과학이라기보다는 철학이라고 보는 편이 올바를 것입니다.

이렇게 동양철학에서는 인간을 우주와 같이 보고 있습니다. 인간이란 거대한 우주의 프랙탈(닮음꼴)이라고 합니다. 즉, 인간은 이 우주를 닮음꼴로 한 존재이기 때문에 이 우주의 원리와 이치를 통해 인간을 이해하려고 합니다. 그러나 이러한 동양철학은 전수과정의 특수성으로 인해 동양 정신세계의 심오한 진리는 소수의 몇 사람을 제외하고는 알지 못했습니다. 그 결과 음양오행의 참진리는 숨어 버리고 동양철학은 신비와 미신으로 전락하게 되었던 것입니다.

동양철학은 흔히 자연과 인간의 심신, 내부, 그리고 인간과의 관계 등에 중점을 둡니다. 자연이라는 면에서 보면 동양철학은 자연속에서 큰 이치나 사상을 발견해 내고 자연 그대로의 아름다움으로 풍류를 즐기고 그 속에서 많은 깨달음을 얻습니다. 이렇게 동양철학자들은 자연을 사랑하고 아끼면서 거대한 자연에 대해서 숭배하기도 했고 그 자신 또한 자연에서 태어났으므로 자연 속에서 살아가고자 했고 그 속에서 많은 지식과 깨달음을 얻었습니다.

2) 미래의 문제

오늘날 인류문명의 미래는 불투명합니다. 미래에는 과학기술의 눈부신 발달로 새로운 에너지원이 개발되고 환경문제도 해결되며 더 많은 문명의 이기와 편의시설로 물질적으로도 더욱 풍요로울 뿐만 아니라, 많은 인류가 서로 화합하며 자유와 평등이 실현되는 이상사회를 건설할 수 있을 것이라고 전망하는 사람도 있습니다. 그러나 많은 사람들, 특히 환경전문가들은 대량생산과 대량소비를 강조하는 지금의 자본주의 문명이 근본적으로 변혁되지 않는 한 인류는 환경오염으로 인한 이상기온 현상, 그로 인한 물과 식량의 고갈, 아울러 오존층의 파괴와 천연림의 감소로 인한 산소의 부족과 같은 문제에 부딪혀 심각한 위기에 처할 것이라고 우려하고 있습니다. 그리고 빈부 격차나 종교 간의 갈등과 같은 문제들 또한 인류평화를 크게 위협하는 요소가 될 것이라고 경고하고 있습니다.

지금 인류문명은 갈림길에 서 있습니다. 현대의 서양문명은 인간의 정신을 인류의 정신적 능력을 향상시켜 주고 사회를 통합하는 데 큰 역할을 했던 종교가 급작스러운 물질문명의 발달을 좇아가지 못하고 답보상태에 머물러 있습니다. 사람들에게 물질적 탐욕을 넘어서는 진정한 삶의 가치를 탐구하게 해야 하는 종교는 아직도 맹신과 기복의 차원에 머물러 있습니다. 그리고 여러 개로 나누어져 있던 문명권들이 하나로 통합되는 지구촌시대라는 새로운 환경에 걸맞은 공존과 화합의 장을 제공하기는커녕 배타적 교리로 인해 갈등과 분열을 조장하고 있습니다.

이제 동서양의 문명이 화합하여 지금보다 더 나은 세계로 나아가기 위해서는 인간중심의 문명을 이루어 나아가야 할 때입니다.

제 2 절 인간의 삶과 죽음

"인생은 B(Birth)와 D(Death) 사이의 C(Choice)이다." 프랑스 실존주의 철학자 **사르트르(Jean Paul Sartre)**가 한 말입니다. 우리는 인간의 삶과 죽음을 통해 다시 한번 인간을 살펴봅니다.

1 인간의 탄생

옛날 사람들은 최초의 인간이란 고운 진흙으로 만들어진 인형에 생기를 불어넣은 존재라고 생각했습니다. 그러나 현대인들은 인간이란 세포로 이루어진 존재이며, 세포의 여러 가지 특성이 인간을 구성하는 특징들을 만들어 냄을 알고 있습니다.

옛사람들이나 현대인들이나 인간이 무엇으로 만들어져 있는지에 대해 궁금해 했던 것은 마찬가지입니다. 다만 한쪽은 이를 신화로, 다른 쪽은 과학으로 풀어 낸 방법이 다를 뿐입니다. 이처럼 때로 과학은 신화가 상상만 하던 것들을 설명하고, 때로는 현실화시키는 역할을 하기도 합니다.

기원전 헬라철학자 중 한 사람이었던 **플라톤(Platon)**은 인간은 태어나기 전부터 영혼(정신)이 존재하며, 죽은 뒤에도 영원히 존재한다고 생각했습니다. 그리고 사람의 영혼은 욕구와 이성과 격정의 3가지 요소로 구성되었다고 합니다. 반면 **아리스토텔레스(Aristoteles)**는 인간의 영혼은 육체 없이는 존재할 수 없다고 보았습니다. 왜냐하면 영혼은 살아 있는 육체들의 복합적 특성이기 때문이라고 합니다.

한편 불교에서는 인간은 5가지의 요소 또는 기능이 모여서 이루어진 존재라고 하며, 이를 '오온(五蘊)'이라고 부릅니다. 즉 사람은 물질적 양상인 색(色: 육신)과 정신적 양상인 수(受: 감정), 상(想: 표상작용), 행(行: 의지작용), 식(識: 인식작용)이 쌓여 존재하며, 정신적 요소들을 총괄하여 명(名)이라고 합니다. 따라서 5온을 명색(名色)으로 부릅니다. 그리고 이 '5온'은 무상하기 때문에 사람에게 불멸의 자아나 영혼은 없다고 주장합니다.

1) 신화 속의 인간 탄생

거인족 출신으로 손재주가 뛰어났던 **프로메테우스**(그리스 신화에 나오는 티탄족(族)의 이아페토스의 아들)는 어느 날 진흙을 빚어 하나의 형상을 만들었습니다. 이 진흙 형상에 **아테나**(그리스 신화에 나오는 올림포스 12신 중 하나) 여신이 생명을 불어넣자, 생명이 없던 진흙덩어리는 스스로 움직이며 살아가는 존재로 탈바꿈되었습니다. 다른 동물들과 달리 두 발로 걷고 머리를 들어 똑바로 하늘을 바라볼 수 있는 존재, 이들의 이름은 '인간'이었습니다.

하지만 인간은 다른 동물들을 공격할 만한 날카로운 발톱이나 이빨도 없었고 위험에서 자신을 보호할 단단한 갑옷이나 등딱지도 없어 매우 약한 존재였습니다. **프로메테우스**는 자신이 만들어 낸 인간의 연약함을 불쌍히 여겨, 몰래 신들만이 사용할 수 있었던 불을 훔쳐 내 인간에게 주었습니다. 이후로 인간은 이

땅에 사는 동물 중 가장 강력한 힘을 가지게 되었습니다.

그리스 신화뿐 아니라 많은 부족들의 신화에서 인간은 '신이 자신의 형상을 본떠 만든 진흙 피조물'로부터 출발했다고 합니다. 그러나 인간이 단지 진흙덩이에만 머물지 않았던 것은 신이 부여한 생명, 혹은 생기(生氣), 영혼 등이 더해졌기 때문이라고 말합니다. 인간이 무엇으로 구성되어 있는지 알지 못했던 시절에는 인간을 진흙을 빚어 만든 토기에 비유해서 이해할 수밖에 없었을 것입니다. 하지만 현대 과학은 인간이 무엇으로 만들어져 있는지를 다른 방식으로 설명하고 있습니다.

2) 과학 속의 인간 탄생

옛날 사람들이 인간을 구성하는 가장 기본적인 단위가 무엇인지 알지 못했던 것은 어쩌면 당연합니다. 왜냐하면 인간을 비롯한 생물을 구성하는 기본 단위는 '세포'인데, 세포는 매우 작아서 육안으로는 구별할 수 없었습니다. 사람들이 세포의 존재를 알아내는 데에는 광학적 발전이 선행되어야 했습니다. 렌즈 가공 기술의 발달로 배율이 높은 현미경이 만들어진 이후에야 사람들은 세포를 볼 수 있었습니다. 처음으로 코르크 조각에서 벌집처럼 생긴 구조물을 발견하고, 이에 '다닥다닥 붙은 작은 방'이라는 뜻의 셀(cell)이라는 이름을 처음 붙여 준 과학자는 영국인 **로버트 훅(Hooke)**으로 알려져 있습니다.

영어의 cell이 우리말로는 '세포'를 뜻하기에 최초로 세포를 발견한 이를 **훅**이라고 말하곤 하지만, 엄밀하게 말하자면 **훅**은 살아 있는 '진짜 세포'가 아닌 죽은 식물세포의 세포벽만을 보았을 뿐입니다. 살아 있는 세포는 텅 빈 방이 아니라, 오히려 내부가 꽉 찬 주머니를 닮았습니다.

죽은 세포 대신 살아 움직이는 세포를 처음 본 사람은 네덜란드의 **레벤후크(A.van Leeuwenhoek)**로, 그는 현미경 관찰을 통해 우리 주변은 단지 '너무 작아 눈에 보이지 않는 생물'들로 가득 차 있으며, 인간이 몸 역시 예외가 아니라는 사실을 알아냅니다. 특히 **레벤후크**는 정액 속에 작지만 재빠르게 움직이는 정자가 들어 있음을 알아낸 사람이기도 합니다. **레벤후크** 이후 현미경을 통해 많은 사람들에 의해 지구상에 살아 있는 생명체를 구성하는 기본단위는 '세포'라는 것을 알게 됩니다. 각각의 생명체를 이루는 세포의 개수와 특성들은 저마다 달랐지만, 세포질을 둘러싼 원형질막을 가진 작은 주머니가 생명체의 기본 구성단위라는 사실은 동일했습니다. 세포는 처음 지구상에 생명체란 것이 처음 등장하던 시기부터 생명체를 구성하는 기본이었습니다. 하지만 그 크기가 너무 작았기에 오랫동안 사람들에게 인식되지 못했던 것입니다.

대개 세포의 크기는 겨우 20~30㎛(마이크로미터; 백만분의 1미터)에 불과합니다. 과학자들은 세포가 이렇게 작은 크기로 존재하는 것은 세포가 생존하기 위해서 끊임없이 외부와 소통해야 할 필요성이 있기 때문으로 파악합니다. 세포는 생명활동을 수행하기 위해 지속적으로 외부와 소통합니다. 간단히 말하자면, 세포는 생명활동을 수행하기 위해 영양분과 산소 등의 물질을 외부에서 받아들이고 노폐물을 배출하면서 살아갑니다. 세포에서 외부와의 소통은 세포막에서 일어나기 때문에, 세포막의 면적이 매우 중요합니다. 이 경우, 세포가 작으면 작을수록 세포의 단위 체적당 표면적의 비율이 커지게 됩니다.

체적이 같은 경우, 이를 구성하는 단위들의 크기가 작을수록 동일 체적에 비해 표면적이 넓어지고, 표면적이 넓으면 그만큼 외부와의 소통이 수월해지고 생명활동에 필요한 물질의 교환 역시 좀 더 수월하게 일어날 수 있습니다.

또 하나 세포가 작아야 하는 이유는 세포는 외부의 충격이나 질병 등에 의해 사멸할 수 있는 존재이기 때문입니다. 특히 이는 다세포생물에게서 중요한데, 만약 세포가 주먹만큼 크다면, 사고나 질병 등으로 인해 세포 하나가 죽는 경우 우리 신체는 주먹만한 부위의 손실을 입게 됩니다. 이 때문에 세포 한두 개를 잃는 것으로 인해 생명에 큰 타격을 입을 수도 있습니다. 이 경우, 세포의 크기가 작으면 작을수록 손실 부위를 줄일 수 있어서 생존하는 데 더욱 유리합니다. 이런 이유 등이 합쳐져 세포는 눈에 보이지 않을 정도로 작게 되었고, 우리는 세포로 이루어져 있으면서도 그 존재를 알지 못했던 것입니다. 세포는 이처럼 작아야 생존에 유리하기 때문에 육안으로는 확인이 불가능할 정도로 작습니다. 그래서 인간의 몸 하나에 존재하는 세포의 숫자는 조 단위를 넘게 됩니다(인간은 약 100조-120조 개). 이 엄청난 숫자의 세포가 모두 처음에는 단 한 개의 세포에 불과했던 수정란에서 시작되었다는 사실을 생각해 보면, 세포가 지닌 엄청난 분열 능력에 새삼 놀라게 됩니다.

보통의 세포들은 분열 방식을 통해 숫자를 늘립니다. 세포의 분열 능력은 매우 왕성하기는 하지만, 그렇다고 무한하지는 않습니다. **헤이플릭**(Leonard Hayflick)이 발견한 것처럼, 인간의 세포는 약 70-100회 정도 분열한 뒤에는 더 이상 분열하지 못하고 스스로 사멸한다고 합니다. 이는 인간의 세포 속에 들어 있는 DNA의 구조와 DNA 복제효소의 방향성 때문입니다. 세포가 분열할 때마다 세포 안에 든 DNA도 나뉘어져야 합니다. 따라서 세포는 분열 전에 원래 가지고 있던 DNA를 주형으로 삼아 같은 DNA를 복제해서 세포 분열 시 한 세트씩 나눠 가지게 됩니다.

인간의 DNA는 막대 모양이고, DNA 복제효소의 특성상 한 번 복제할 때마다 DNA의 끝 부분이 조금씩 닳게 됩니다. 한두 번 분열했을 때야 DNA의 끝이 조금 닳는 것 정도는 문제되지 않지만, 분열을 거듭하다 보면 DNA의 끝 부분의 소실량은 점점 많아지게 됩니다.

물론 인간의 DNA에는 이렇게 세포 분열 시마다 DNA가 닳아서 생존에 영향을 미치는 것을 방지하고자 DNA 양쪽 끝에 '텔로미어(telomere)'라고 하는 DNA 보호용 구간을 두기 마련이지만, 세포 분열이 반복되면 텔로미어가 더 이상 DNA를 보호할 수 없는 지경에 이르게 되고, 이 순간이 되면 세포는 이를 감지해서 스스로 사멸하여 DNA 손상으로 인한 발생 이상으로 개체 전체에 이상을 미치는 것을 방지합니다.

그러나 아무리 세포 성장에 완벽한 조건을 갖추더라도 세포는 이처럼 내적인 한계로 인해 분열에 일정한 한계를 갖습니다. 그리고 이는 인간의 육체가 모든 환경 변수들을 완벽하게 통제하더라도 왜 인간이 영원불멸할 수 없는지를 설명해 주기도 합니다. 인체를 구성하는 세포들의 수명에 한계가 있으니, 그 세포들로 이루어진 인체 역시 생의 한계를 가질 수밖에 없습니다.

② 인간의 성장

인간이 태어나서 어떻게 성장하고 발달하는가에 대해서는 아마도 인간과 관련된 학문 분야에 조금이라도 관심이 있는 사람이라면 예외 없이 가져 보았고 또 대답해 보고 싶은 질문일 것입니다. 인간발달은 생애발달적 접근을 갖는 발달심리학의 대상으로서, 인간의 전 생애에 걸친 모든 발달적 변화 양상과 과정을 의미합니다.

이러한 인간발달의 모든 연령과 시기는 서로 밀접하게 관련되어 있습니다. 4세 유아의 놀이장면에서 나타나는 성역할 특성은 청소년기에 원만한 이성관계의 형성과 성인기 가족 내에서의 성역할을 예견할 수 있게 하는 주요 요인이 됩니다. 또한 청년기와 성인기에 나타나는 다양한 특성들은 영아기와 유아기의 성장 과정을 이해하지 않고는 그러한 특성이 형성된 원인과 배경을 찾아내기 어렵습니다. 이러한 점에서 영·유아기, 아동기, 청년기 등 모든 단계의 발달연구는 궁극적으로 생애발달적 접근의 '인간발달'이라는 틀 속에서 이해되어야 합니다.

삐아제(Piaget)는 특히 청소년기 이전의 인간의 인지발달에 대해서 다음과 같은 몇 개의 단계로 구성되어 있다고 보았습니다.

1) 감각운동기(0~2세)

손을 내밀거나 빠는 것과 같이 사물을 대상으로 하는 운동행위에 대해 단순한 감각운동적 표상 형성에 중점을 둔다.

2) 전조작기(2~7세)

제스처나 언어 등 상징적 표상을 정교하게 다듬어 기초적 인과성 및 물리적 현실에 대한 개념을 형성한다.

3) 구체적 조작기(7~11세)

실제로 일어난 일을 머릿속에서 거꾸로 되돌려보는 것과 같이 보다 더 융통성 있는 정신적 조작이 가능하다.

4) 형식적 조작기(11~15세)

어른에게서 볼 수 있는 추상적이고 융통성 있으며 논리적이고 과학적인 사고가 등장하기 시작한다.

이후 청소년기는 어린이에서 성인으로 성장하는 과도기입니다. 우리나라에서는 10~18세를 가리키나 세계보건기구나 외국은 19세, 21세 혹은 그 이상의 나이까지 포함시키기도 합니다. 이 시기에 청소년에게 일어나는 가장 큰 변화는 사춘기를 겪는 것입니다. 청소년기에는 사춘기를 통하여 급격한 신체 성장과 발달이 일어날 뿐만 아니라 인지 발달 및 정신적, 정서적, 사회적 발달이 급속하고 폭넓게 같이 이루어진다는 것이 독특한 특징입니다.

이로 인해 소아기에 사회로부터 받던 보호 요소들이 없어지고 사회의 구성 요소로서 변화가 많아집니다. 현대 사회의 특성상 청소년이 약물, 폭력, 사고, 성, 가정 붕괴, 경제적 불안 같은 사회문제에 노출되는 기회는 증가하고 있으나 청소년은 이에 대처할 능력은 미비한 상태이므로 이와 관련한 문제가 많이 발생할 수 있습니다.

바로 여러분이 지금 이 시기에 있는 것입니다. 이러한 변화 때문에 청소년기를 혼돈과 격정의 시기, 스트레스와 폭풍의 시기라는 부정적인 시각으로 볼 수도 있으나, 한편으로는 성숙해지는 과정을 지나 조화를 이루고 안정을 가지는 성인으로 나아가는 긍정적인 시기로 볼 수 있습니다.

1) 청소년기의 주요 변화

청소년기의 주요 변화를 생물학적으로 보면 남자는 남자로서 여자는 여자로서 생물학적 성의 특징이 신체에 나타나면서 성욕이 생기고 생식능력을 갖게 됩니다. 몸의 모양이나 크기, 신체 구성이 극적으로 변합니다. 정신적 변화로는 사고방식이 발달하여 좀 더 복잡하게 나아갑니다. 자아에 대한 기존 관념이 변하고 신체와 역할에 대한 통합과 자아에 대한 정의를 다시 하게 됩니다. 개인 가치관을 확립하고 자기중심 사고에서 벗어나 다른 사람을 존중할 줄 알게 됩니다. 사회적으로는 가족에게서 멀어지는 한편 친구, 또래와 가까워지고 어울리게 됩니다. 무리를 지어 몰려다니다가 개인적인 친분을 맺는 방향으로 바뀌어 갑니다. 단계적으로 상급 학교에 입학하면서 새 역할을 찾아가게 되고 다른 사람들의 기대치에 따라 변화하기도 합니다.

이 시기에는 부모와 갈등이 커지며, 이성에 대한 행동 또는 성적 행동을 취하고, 성적이 떨어지기도 합니다. 사춘기의 관심사는 남자와 여자, 개인에 따라 다릅니다.

2) 청소년기에 대한 오해

어른의 관점에서 볼 때 대다수 청소년에게 나타나는 정신적 이상으로 보이는 소견이 실제로 정신병리학적 문제가 있는 것은 아닙니다. 청소년 발달에 있어 정상과 비정상을 구분하기는 어렵습니다. 청소년의 일탈처럼 보이는 행동은 대부분 단기간 동안만 나타나며 시간이 지나면 스스로 하지 않습니다.

청소년기의 생리적, 정신적, 사회적 변화가 반드시 부정적인 결과나 불안정을 초래하는 것은 아닙니다. 청소년기의 본질이 거칠고 혼란스러운 것은 아닙니다. 실험과 시도는 청소년의 정상적인 부분이며 일부 탐구 행동과 관련하여 부작용이 있기도 하지만 그만큼 유익하기도 합니다. 정상적인 청소년은 적응력이 있습니다.

③ 어떻게 살아야 하는가

역지사지(易地思之)

저는 이 말을 무척 좋아합니다. 역지사지라는 말은 「맹자」의 이루(離婁)편 상(上)에 나오는 '역지즉개연(易地則皆然)'이라는 표현에서 비롯된 말로 다른 사람의 처지에서 생각하라는 뜻입니다. 무슨 일이든 자기에게 이롭게 생각하거나 행동하는 것을 뜻하는 '아전인수(我田引水)'와는 대립된 의미로 쓰입니다.

우(禹)는 중국 하(夏)나라의 시조로 치수에 성공한 인물로 알려져 있습니다. **후직(后稷)**은 **신농(神農)**씨와 더불어 중국에서 농업의 신으로 숭배되는 인물로 **순(舜)**임금이 나라를 다스릴 때에 농업을 관장했다고 전해집니다. **맹자**는 **우** 임금과 후직이 태평성대에 세 번 자기 집 문 앞을 지나면서도 들어가지 못해 **공자**가 그들을 어질게 여겼으며, **공자**의 제자인 **안회(顔回)**는 난세에 누추한 골목에서 한 그릇의 밥과 한 바가지의 물로 다른 사람들은 감내하지 못할 정도로 가난하게 살면서도 안빈낙도(安貧樂道)의 태도를 잃지 않아 **공자**가 그를 어질게 여겼다고 하였습니다.

그러면서 **맹자**는 "**우**와 **후직**, **안회**는 모두 같은 길을 가는 사람으로 서로의 처지가 바뀌었더라도 모두 같게 행동했을 것(禹稷顔回同道 … 禹稷顔子易地則皆然)"이라고 평하였습니다. 곧, **맹자**는 **안회**도 태평성대에 살았다면 **우** 임금이나 **후직**처럼 행동했을 것이며, **우** 임금과 **후직**도 난세에 살았다면 **안회**처럼 행동했을 것이라며 "처지가 바뀌면 모두 그러했을 것"이라는 뜻으로 '역지즉개연(易地則皆然)'이라는 표현을 사용한 것입니다.

이처럼 '역지즉개연(易地則皆然)'이라는 표현은 오늘날 쓰이는 '역지사지(易地思之)'의 의미와는 다르게 태평한 세상과 어지러운 세상을 살아가는 삶의 태도를 나타내는 의미로 쓰였습니다.

그런데 **맹자**는 같은 문장에서 **우** 임금과 **후직**에 대해 논하면서 "**우** 임금은 천하에 물에 빠지는 이가 있으면 자기가 치수를 잘못해서 그가 물에 빠졌다고 생각했고, **후직**은 천하에 굶주리는 자가 있으면 자기의 잘못으로 그가 굶주린다고 생각해서 이처럼 백성 구제를 시급하게 여겼다(禹思天下有溺者 由己溺之也 稷思天下有飢者 由己飢之也 是以如是其急也)"고 말하였습니다.

여기에서 '다른 사람의 고통을 자기의 고통으로 생각한다'는 뜻의 '인익기익(人溺己溺)', '인기기기(人飢己飢)'라는 말이 나왔는데, 그와 유사한 의미를 '역지즉개연'이라는 표현을 변형하여 '다른 사람의 처지에서 헤아려 보아야 한다'는 뜻의 '역지사지(易地思之)'라는 말로 나타낸 것으로 추정됩니다.

한편 「맹자」 이루(離婁)편에는 "남을 예우해도 답례가 없으면 자기의 공경하는 태도를 돌아보고, 남을 사랑해도 친해지지 않으면 자기의 인자함을 돌아보고, 남을 다스려도 다스려지지 않으면 자기의 지혜를 돌아보라(禮人不答反基敬 愛人不親反基仁 治人不治反基智)"는 말도 나옵니다. 이 말도 자기중심의 시각이 아니라 상대의 시각에서 헤아려 보라는 삶의 지혜를 나타내는 말입니다.

이러한 고전들을 통해 저는 무역을 접목하여 삶의 지혜를 배우곤 합니다. 같은 민족임에도 불구하고 서로의 입장을 이해하지 못하면서 우리나라는 분단된 지 70년을 넘기며 남북 간에 갈등을 거듭하고 있습니다. 그러니, 언어는 물론이고 종교와 인종과 관습과 문화가 다른 나라와 무역을 한다는 것이 얼마나 어렵겠습니까?

④ 어떻게 죽어야 하는가?

우리는 언젠가 죽습니다. 태어난 순간 죽음은 시작됩니다. 삶을 받아들여야 하듯 죽음도 받아 들여야 합니다.

2017년 한국영화 중 가장 많은 관객이 본 영화는 "신과 함께"였습니다. 2018년에는 "신과 함께 2"가 개봉되었습니다. 이 영화들은 죽음에 대하여 동양적인 가치관(불교)을 통해 사후세계를 관찰한 영화입니다.

이와는 달리 인생을 해석한 영화도 있습니다. 2018년 1월 개봉한 "코코"도 사후세계를 소재로 하는 애니메이션이었습니다. "코코"의 사후세계는 서양적인 가치관(기독교)을 통해 사후세계를 관찰한 영화입니다.

이렇게 볼 때 죽음을 의식하고 그것을 문화 속에 받아들이고 있는 점에서 인간은 특이한 존재입니다. 어쨌든 죽음을 개인 인격의 완전한 무화(無化)로 보고, 그 무화에 대한 대상(代償)을 전혀 준비를 하지 않고 있는 문화는 존재하지 않습니다. 그것은 사후에도 존속하는 영혼과 다른 세계에서의 '제2의 생'이라는 직접적인 형태를 취하는 경우도 있는 반면, 죽음 후에 이 세상에 남는 자손이나 명성, 또는 생전에 이룬 사적 등의 물상에 의지하는 경우도 있으며, 또한 살아남은 사람들이 죽은 자를 위해서 행하는 기념행사인 경우도 있는데, 인간의 문화는 반드시 물리적 죽음을 초월하는 어떤 것을 제공하고 있습니다.

중국의 **공자**는 죽음을 미경험의 영역으로 보았고, 인도의 **부처**는 죽음을 열반으로 보고 영원한 생명에 이르기 위한 출발점으로 생각했습니다. 이에 대해 **예수 그리스도**는 십자가 위에서 희생되고, 죽어서 다시 살아났습니다.

즉, **공자**는 죽음을 불가지(不可知)의 대상으로 보고, **부처**는 그것을 생의 충실로 생각했습니다. 그리고 **그리스도**의 마지막은 죽음을 새로운 생에 이르기 위한 단절로 보았습니다. 이런 죽음에 대한 세 가지의 태도는 시대를 초월해서 지역을 초월해서 공통적으로 발견되는 특징이며, 신화나 예술, 문화나 철학 등의 각종 관념이나 발상의 모태가 되었습니다.

죽음은 태어나 살아가는 이상 그 누구도 피할 수 없습니다. 동물도, 식물도, 인간도 언젠가는 다 죽습니다. 물질로 이루어진 생명체로 태어난 이상 예외는 없습니다. 시작이 있으면 끝이 있다는 것은 지극히 자연스러운 진리임에도 사람들은 무조건 죽음을 두려워하고 회피하려 합니다. 아니 아예 생각조차 하지 않으려고 합니다.

"삶은 즐겁고 좋은 것, 죽음은 두렵고 싫은 것"

이렇게 삶과 죽음을 이분법적으로 나누고, 나이가 들어 죽음이 가까워져 오지 않는 이상, 죽음에 대해 깊이 생각하려 들지 않습니다. 죽음은 왜 우울한 걸까요? 한번 생각해 보신 적 있나요? 단지 사랑하는 사람을 더 이상 볼 수 없어서…? 고통스러울 거라는 추측 때문에…? 우리에게 죽음이 어둡고 고통스러운 이미지로 각인된 이유가 무엇일까요?

우리가 흔히 뉴스에서 접하는 고독사, 사고사, 자살, 살인과 같은 그런 고통스럽고 갑작스런 죽음의 이미지가 강해서 그런 건 아닐까요?

죽음을 편안하고 자연스럽게 맞거나 고통 또한 크게 느끼지 않는 사람들도 분명 있습니다. 우리는 공포스러운 죽음의 이미지에서 벗어나 평온하게 죽음을 받아들이는 사람들도 눈여겨볼 필요가 있습니다. 물론 우리의 운명이 어떨지 그 누구도 장담할 수는 없습니다. 죽음이 끝이 아닐지도 모르며 죽음 이후의 세계는 죽은 자들만 알 수 있을 겁니다. 죽음이 무조건 좋거나 나쁘다기보다 좋을 수도, 나쁠 수도 있지 않을까요?

　우리의 삶 중에는 죽음도 일부라는 지극히 자연스러운 사실을 받아들이고, 늘 죽음에 대비하여 스스로와 주변을 잘 정리하며, 오늘 죽더라도 후회 없이 주어진 삶을 충실히 행복하게 산다면, 죽음이 두렵거나 무섭진 않을 겁니다. 시기만 다를 뿐 누구나 다 겪는 일입니다. 그러니 언젠가, 누구에게나 찾아올 죽음에 지나치게 집착하기보다는 현재의 삶에 충실해야 합니다. 지금 즐겁고, 행복하고, 사람들과 함께 살아갈 수 있는 방법이 무엇일까를 생각하는 것이 죽음을 두려워하는 것보다 더 나은 것입니다. 현재를 충실하게 선하게 살면 죽음이 두려울 이유도 없습니다.

　끝이 있어야 시작이 있듯이, 죽음이 있어야 삶이 가치 있고 아름다울 수 있는 법입니다. 자신에게 주어진 삶을 소중히 여기고 잘 가꾸어 나갑시다. 너무 많이 힘들 땐 종교를 갖고 기도를 하는 것도 도움이 됩니다.

제 3 절 　인간과 학문

　인간만이 학문을 합니다. 학문은 지식체계로서의 학문과 활동으로서의 학문이라는 두 가지 차원에서 규정될 수 있습니다. 그러나 결과로서의 학문은 그 결과를 낳기까지의 과정, 즉 활동으로서의 학문과 불가분의 관계에 있습니다. 학문에는 이때까지 그 분야의 학자들이 발견, 축적해 놓은 개념과 탐구방법이 있으며, 학문을 연구하는 사람들은 그 개념과 탐구방법을 달리해 가면서 각각 관련된 현상을 이해하는 활동을 합니다. 대학은 이것을 가능케 합니다.

1 학문의 정의

　학문(學問)은 한자 표현 그대로 "배우고 물음"으로써 진정한 앎에 접근해 간다는 의미라고 이해할 수 있습니다. 현대적 의미로 학문이라는 용어는 서양어 'Science'에 대한 번역어이지만, 동양의 '학(學)'의 의미는 'learning'에 가깝습니다. 학문(學問)에서 '학'과 '문'을 구별해 보면, 단순히 지식을 배우는 것이 '학'이고, 그 지식을 주체적으로 소화하여 진정한 나의 것으로 만들기 위해 비판적인 관점에서 의문을 가지고 반문(질문)하는 것이 '문'이라고 할 수 있습니다. 지식이란 과거에 어떤 제한된 시간과 제한된 장소에서 특정 경험과 견해를 가진 어떤 사람에 의해 도달한 결론과 같은 것입니다. 그런 지식을 배우는 것이 '학'입니다.

그런데 그 지식을 배우는 사람은 다른 시간 다른 장소 다른 경험적 배경을 가진 사람입니다. 따라서 그 지식을 배울 때는 항상 자신의 입장에서 되짚어 보는 자세(問)가 절대적으로 필요합니다. 왜냐하면 어떤 지식이든 그 자체로 완벽한 것은 없고 항상 일정한 한계를 지니고 있는 만큼 그 한계를 알아야 더 나은 단계로 발전시킬 수 있기 때문입니다. 요컨대 어떤 지식이든 항상 의문과 의심을 가지고 비판적으로 접근할 때에만 참된 나의 지식이 될 수 있다는 것이 '학문'의 의미라고 할 수 있습니다.

동양의 고전인 「논어」에서 '학(學)'이라는 글자를 중심으로 논해지는 사상은 바로 이와 같은 '학문'의 의미를 충실하게 담고 있습니다.

학문에 대한 서양의 생각도 동양의 생각과 별반 다르지 않습니다. 서양에서는 일반적으로 학문(Learning, Science)은 '배우고 익히는 것' 또는 '과학'이라고 정의합니다. 학문은 지식을 다른 사람과 사물, 기록과 직접경험, 간접경험으로부터 얻어 배우고 이를 익혀서 체득하는 과정을 거쳐야 하는 것으로 보고 있습니다.

동양의 철학자인 **공자**는 「논어」에서 "학이시습지면 불역열호아(學而時習之 不亦說乎) – 배우고 때로 익히면 또한 기쁘지 않겠는가?" – 라고 하였습니다. 이렇듯 학문의 길은 진정한 기쁨을 추구하는 방법입니다.

학문은 교육을 통해 얻어질 수도 있지만 스스로의 탐구로도 이루어질 수 있습니다. 할 수 있다면 사회와 국가는 구성원을 학문을 통해 교육시키고 바른 품성과 문화의 발전을 이루도록 도와주어야 합니다.

공자는 「논어」에서 "15세가 되어 배움에 뜻을 두었고(十五而志于學), 30세가 되어서는 뜻을 세워 나아갔으며(三十而立), 40세가 되어서는 미혹되지 않았고(四十而不惑), 50세가 되어서는 천명을 알았고(五十而知天命), 60세가 되어서는 듣는 대로 순순히 받아들였고(六十而耳順), 70세가 되어서는 마음으로 하고 싶은 일을 따라 행해도 법도를 넘어서지 않았다(七十而從心所欲不踰矩)"라고 했습니다.

위의 말은 「논어」 위정(爲政)편에 나오는 우리가 잘 알고 있는 구절입니다.

우리가 「논어」를 자세하게 읽고 알지는 못해도 위와 같은 말의 일부 또는 전부에 대해 누군가로부터 들은 기억이 있을 것입니다. 이를 통해 볼 때 공자도 15세가 되어 본격적으로 배움의 길로 들어선 것을 알 수 있습니다. 성인의 품격이 원래 타고나는 것인지 아닌지는 잘 모르겠으나 천성이 아무리 뛰어나다 해도 배움을 이루지 않고는 완숙한 성인의 경지에 들 수 없을 것입니다.

위에서 살펴보았듯이 결국 동양이나 서양이나 사람은 학문 - 묻고 답하며 배우는 일 - 을 하면서 일생을 살아갑니다. 이것은 식물이나 동물과 달리 인간만이 가질 수 있는 특권이라 생각합니다.

② 학문하는 인간

일본의 저명한 수학자 **히로나카 헤이스케**(廣中平祐)는 그의 저서 「학문의 즐거움」을 통해 학문을 하는 이유를 다음과 같이 설명하고 있습니다.

"산다는 것은 자기 스스로 벌어서 자기의 힘으로 살아가는 것이다. 누구에게도 의존하지 않고 자기 혼자의 힘으로 살아가기 위해서는 남들이 어떻게 생각할까? 또는 남에게 어떻게 보일까? 등에 신경 쓸 여유가 없다. 자기 스스로의 힘으로 먹고 사는 것만큼 이 세상에서 소중하고 강한 것은 없다. 이를 이루기 위해서는 꿈을 가져야 하고, 꿈을 이루기 위해 창조하는 즐거움을 가져야 하며, 공부를 통해 자신도 전혀 알지 못했던 재능이나 자질을 찾아내는 기쁨을, 자기자신을 보다 깊이 인식하고 이해하는 기쁨을 가져야 한다"고 역설하고 있습니다.

그는 또 "인간의 두뇌는 과거에 습득한 것의 극히 일부밖에 기억해 내지 못하기 때문에 고생하면서라도 배우고 지식을 얻기 위해 노력해야 하며, 이는 삶에 있어서 지혜의 깊이와 넓이를 더해 주는 것이다"라고 했습니다.

기억한 것을 잊는 것은 우리에게 단점이기도 하지만 큰 축복이기도 합니다. 우리가 공부한 것을 잊어버려도 또 공부하면 지혜가 만들어집니다. 이 지혜는 뇌에 축적되어 우리가 필요한 경우에는 꺼내어 쓸 수가 있는 것입니다. 그러나 공부를 하지 않는 사람의 두뇌는 인간 특유의 폭 넓은 사고의 훈련을 받지 않았기 때문에 깊이 생각하는 힘이 키워지지 않게 됩니다.

결국 인생을 살아가면서 어렵고 힘든 일이 일어나 결단해야 할 일이 생기는 경우 필요한 힘은 공부하는 가운데 자연스럽게 키워지는 것입니다.

인간은 이 세상에 태어날 때 주먹을 꼭 쥐고 태어난다고 합니다. 무언가를 소유하고자 하는 욕망도 함께 쥐고 세상에 태어나는 것이지요. 살아가는 동안 환경이나 능력에 따라 무언가는 달라지지만, 욕망은 더욱 커지게 됩니다. 때로는 욕망이 과욕이 되면서 자신을 학대하는 결과가 나오기도 하지만, 만일 인간에게 욕망이 없다면 삶에 대한 목표나 애착 또한 없을 것입니다. 그렇다면 이제 우리 모두 '욕망'을 제대로 공부합시다.

내가 살아 있다는 것은 부단히 무엇인가를 배우고 노력하는 것을 의미하며, 그것이 인생을 만들어 가는 것이지요. 그게 학문입니다.

③ 「격몽요결」에 나타난 학문

「격몽요결」은 율곡 **이이**가 처음 글을 배우는 초학자를 위해 저술한 입문서입니다. 그는 「격몽요결」을 통해 "학문이란 특별한 것이 아니라 인간이 인간답게 살아가기 위하여 일상생활을 마땅하게 해나가는 것"일 따름이라고 했습니다.

학문의 방법은 글을 읽어 이치를 연구하여 마땅히 행하여야 할 길을 밝힌 다음에 깊은 경지로 들어가 올바름을 얻고 밟아 실천하여 지나치거나 모자람이 없는 중도에 도달하는 것이라 했습니다.

특히 독서의 구체적 방법으로 가장 먼저 「소학(小學)」을 읽고, 다음으로 「대학(大學)」, 「논어(論語)」, 「맹자(孟子)」, 「중용(中庸)」, 「시경(詩經)」, 「예경(禮經)」, 「서경(書經)」, 「역경(易經)」, 「춘추(春秋)」를 읽을 것을 권하고 있습니다.

율곡은 16세에 「자경문」을 작성했는데, 「자경문」은 율곡의 정신적 지주였던 어머니 신사임당을 잃고 4년여의 좌절과 방황을 경험한 후 더 이상 인생의 허비를 하지 않기 위해 평생의 지침으로 삼고자 이 글을 썼습니다. 그는 이 글을 통해 사람의 도리를 배워서 깨닫고 실천한 사람이었습니다.

율곡이 만든 자경문 11조는 다음과 같습니다.

1조 성인의 위치에 이르기까지 끊임없이 노력한다.
2조 마음을 결정하는 데는 먼저 말을 적게 한다.
3조 놓아 버린 마음을 거두어들인다.
4조 공손하고 삼가 조심한다.
5조 일보다 생각이 앞서야 한다.

6조 재산과 명예에 마음을 두지 않는다.

7조 할 만한 일이면 정성을 다한다.

8조 온 천하를 얻기 위해 죄 없는 사람을 희생시키지 않는다.

9조 아무리 포악한 사람이라도 감화시킨다.

10조 때 아닌 잠을 경계한다.

11조 수양과 공부는 서두르지 않고 꾸준히 계속한다.

Chapter

2

학문의 발전과정

대학을 학문의 전당이라고 부릅니다. 이 말에 걸맞게 규모가 큰 대학에는 100여 개 이상의 학과가 존재하기도 합니다. 이렇게 엄청난 지식상품의 종류 앞에 우리들은 당황할 수밖에 없습니다. 도대체 왜 이렇게 많은 거야! 하고 불평만 할 수는 없습니다.

여러분은 앞으로 어떤 학문을 전공으로 선택하실 건가요? 부모님과 상의하시겠습니까? 친구가 간다고 적성에 맞지 않는 학문을 선택해서 평생 후회할 것입니까? 돈을 잘 벌 수 있는 전공을 택하실 겁니까? 이제부터 학문의 발전과정을 통해, 어떤 학문을 해야 하고, 학문을 통해서 무엇을 얻게 되는지 살펴봅니다.

제 1 절 학문과 종교

학문을 올바르게 이해하려면 종교부터 시작해야 할 것 같습니다.

사람이 사물을 생각하고 사상이라고 부를 수 있는 사색의 단계에 도달한 계기는 앞서도 언급했듯이 인간의 죽음에서 비롯된다고 볼 수 있습니다. 사람 이외의 동물은 죽음을 심각하게 생각하지 않습니다. 독일의 사회학자 **막스 베버**(Max Weber)는 종교의 출발이 사람이 어디서 왔고 어디로 가느냐?의 물음에서 시작한다고 합니다. 이 의문은 생물학적으로는 죽음이 설명되겠지만 그것으로는 만족하지 못한 것이 인간이고, 인간은 여러 가지로 생각하다가 인간을 만든 것이 누구이며 죽으면 어디로 가는지가 궁금했습니다.

그래서 우리는 종교와 신앙에 대해 살펴보고자 합니다. 종교와 신앙은 같다고 해도 무방합니다. 종교는 크게 원시종교와 고등종교로 구분 지을 수 있습니다. 원시종교가 믿음이 강조된다면 고등종교는 믿음 + 교리로 좀 더 체계화되었다고 볼 수 있습니다. 원시종교는 하등한 것이고, 고등종교는 형이상학적이라는 말은 아닙니다.

서양의 천주교, 이슬람교, 개신교는 유일신을 모시고, 불교는 신이 없는 종교입니다. 불교는 누구나 깨달음을 통해 부처가 될 수 있다는 깨달음의 종교라 할 수 있을 것입니다.

원시종교인 토속신앙, 무속신앙에는 최상위 신은 없습니다. 대신 모든 자연에 신이 내재되었다는 범신론적 입장을 취하고 있습니다. 중국의 도교와 도가는 서로 구분되어지는데, 전자는 종교적 성격이 후자는 철학적 성격이 강합니다. 도교는 중국전통의 신앙으로서 '상제(上帝)'를 최고의 신으로 정하고 있는데 이것은 인격적 신(인간과 같은 감정을 지닌 신)의 형태를 취하기 때문에 신들에게도 서열이 존재합니다.

유교는 종교라 할 수 없습니다. 도덕이며, 윤리입니다. 춘추시대 **공자**에 의해 인격적 신인 '상제(上帝)'가 인간에 내재화되면서 도덕적 기준의 근거가 되는 '천(天)'으로 변화하게 됩니다. 이 과정에서 타자인 신은 인간 각각의 개인에 내재화됩니다. 결국 신이 아닌 인간의 최고 경계인 '성인(聖人)'을 이야기하게 되고 유교의 최고 목표는 '성인'이 되는 것에 초점이 맞추어집니다. 또 하나 유교에 신이 없는 이유는 유교에는 내세관이 없기 때문입니다. 중국인들의 사유자체가 철저히 현실주의이기 때문입니다. 따라서 종교의 기본 골자인 사후세계의 개념이 없고 창조주 개념도 희박하게 됩니다. 대신 '기(氣)'라는 개념을 통해 기의 모임과 흩어짐으로써 세계의 변화를 이야기하게 됩니다. 창조자로서의 신을 자연이라는 개념으로 제거해 버리고 신성을 박탈함으로써 더 이상 신을 요청할 필요가 없게 됩니다. 대신 자연의 소통자인 '성인(聖人)'을 상정함으로써 타 종교의 모든 역할을 완성된 형태의 인간이 할 수 있다고 합니다.

제 2 절 종교와 철학

자연에 존재하는 모든 것에는 생명력이 있고 그것이 보여 주는 힘을 느끼고 그것을 경외하게 되고 다음에는 그것에 의지하게 됩니다. 그 속에서 인간의 힘을 초월하는 힘이 있다는 것을 발견하고 그것에 간청하여 소망을 기도하기도 합니다. 인간의 힘에 한계가 있다 보니 누군가가 도와주기를 바라고 싶고 주술에 의지하게 되는 것은 현대의 인간에게도 보이는 인간의 심성입니다.

여기까지는 개인의 문제이지만 사회가 발달하고 단순한 사람들의 군집에서 씨족으로, 씨족에서 부족으로, 부족에서 민족으로, 민족에서 국가로 발전하게 되면 주술은 개인의 차원을 넘어 사회의 문제가 됩니다.

단순한 개인적 소망에서 연대를 갖는 가족의 평안을 생각하고, 나아가서 동족, 씨족, 부족, 민족, 국가의 문제로 규모가 커지다 보니 일이 복잡해집니다. 그와 더불어 인간이란 무엇인가? 자연이란? 우주란 무엇인가?라는 보다 일반적이고 추상적인 문제에 대하여 생각하게 되었습니다.

1 동 · 서양의 종교

기원전 5~6세기 전후에 인류의 사상에 하나의 커다란 전환이 일어납니다. 인간의 생각이 감각적인 차원을 뛰어넘어 형이상학적인 세계에까지 도달하고 생각하는 자와 그것을 받아들이는 자도 단순한 부족이나 민족에 한정되지 않게 됩니다. 즉 인류 전체를 생각하는 세계적인 종교와 사상으로 확대되는데 이 시대를 철학자 **야스퍼스**(Karl Theodor Jaspers)는 "축의 시대"라고 부릅니다. 유대교의 예언자, 그리스의 철학자, 페르시아의 **조로아스터**, 인도의 **석가모니**, 중국의 **공자**와 **노자** 등이 나타납니다.

오늘날 많은 사람들이 믿고 있는 종교는 이 축의 시대에 그 토대가 형성되었습니다. 오늘날 세계종교라면 몇 개가 있는데 그것은 각기 인간은 어디에서 왔으며 어디로 가는가의 의문에 답하고 있습니다. 그것만이 아닙니다. 보다 더 심각한 의문은 이 세상의 의(義)가 무엇이냐는 것입니다.

사람은 어디서 왔으며 어디로 가는가의 의문은 이 세상에서의 삶의 방식과 결부되어 있습니다. 사람은 올바르게 살고 좋은 일을 해야 한다고 하지만 이 세상에서 반드시 올바른 사람, 좋은 사람이 행복하다고 말할 수는 없습니다. 올바르게 살고 좋은 일을 한 사람이 괴로움을 받고 불행한 일이 많기 때문입니다. 이것으로 인해 사람들은 과연 정의가 있는가? 신이 있는가?라는 의문이 생기게 되었습니다.

독일의 사회학자 **막스 베버**는 세계종교라는 것은 결국 사람이라면 누구라도 가지고 있는 두 개의 의문에 답해야 한다고 합니다. 그리고 그 답에는 다음의 유형이 있다고 합니다.

- 행복의 신의론 ----------- 유교와 도교
- 선과 악의 투쟁 ----------- 조로아스터교

- 고난의 신의론 ----------- 힌두교, 불교
- 예정설 ---------------------- 유대교, 기독교

이와 같은 신의론을 갖는 우주론은 이 세상은 신에 의해 창조된 것이고 언젠가 세상에 종말이 오고 최후의 심판이 행해진다는 것입니다. 이 두 가지의 고난의 신의론과 행복의 신의론의 중간에 선과 악의 투쟁을 주장하는 이원적 신의론이 있습니다. 즉 이 세상은 선의 신과 악의 신의 투쟁의 장소이고 곧 이 두 개의 신이 자웅을 결정하는 최후의 싸움의 날이 온다는 것이 조로아스터, 마니교입니다. 종교의 교의는 이 외에도 많습니다. 특수종교와 군소종교를 합하면 그 수는 놀라울 정도로 많습니다.

② 우리나라의 종교

굳이 우리나라의 토속종교를 찾는다면 증산교를 들 수 있습니다. 증산교는 1894년(고종 31년) 전라도에서 일어났던 동학혁명과 밀접한 관련을 맺고 있습니다. 동학혁명은 조선 말기의 사회적 상황에 대하여 억압받고 소외되었던 농민들이 주동이 되어 일으켰던 대표적인 사회운동이었습니다. 그러나 이 혁명은 결국 그 이념과 목표를 이루지 못한 채 실패하고 말았습니다.

동학혁명이 실패하고 사회적 혼란이 나타나게 되자, 이러한 혼란을 수습하고 세상을 구원할 길이 기성종교나 인간의 능력으로는 불가능하며, 오직 신명(神明)에 의한 도술(道術)로써만 가능하다고 생각하였습니다.

증산교의 창시자인 **강일순(姜一淳)**은 동학의 '시천주조화정(侍天主造化定)'이라는 주문이 천주를 모시고 온갖 도술조화를 부리는 것처럼 되어 있지만, 사실은 유교가 인도적인 면에 그쳐 있어 신도적인 조화가 없는 까닭에 세상과 인간을 구제하지 못하는 것으로 생각한 사람이었습니다.

그는 세상과 인간을 구원할 방법을 찾기 위하여 유교 · 불교 · 선교의 교리와 음양 · 풍수 · 복서 · 의술 등을 연구하였습니다. 또한 신명을 부리며 바람과 비를 불러오고 술법을 써서 자기 몸을 마음대로 다른 것으로 변하게 하는 도술과, 과거나 현재를 가릴 것 없이 세상의 모든 것을 환히 알 수 있는 도통공부를 하였습니다.

그 뒤에 그는 사회실정을 보다 정확하게 파악하기 위하여 1897년부터 3년 동안 전국을 돌아다녔고 고향에 돌아온 뒤, 세상을 구원할 권능을 얻고자 1901년 전라북도 모악산(母岳山)에 있는 대원사(大願寺)에 들어가 수도하기 시작하였습니다.

그는 극심한 수도생활을 하던 중 같은 해 7월 하늘과 땅의 근본이 되는 바른 길, 즉 '천지대도(天地大道)'를 깨닫게 되고, 욕심 · 음란 · 성냄 · 어리석음의 네 가지를 극복하게 되었다고 합니다. **강일순**이 도를 깨쳤다는 소문이 퍼짐에 따라 1902년부터 그를 따르는 사람들이 나타나게 되었습니다. 그는 자기를 따르는 사람들에게 주문을 외우는 수련공부를 시켰으며, 환자를 치료할 때에는 한약처방에 의한 약물치료와 함께 주문을 외우게 하거나 또는 부적을 사용하고 안수치료를 같이 하였습니다.

따라서 그에게서 병을 고쳤다고 생각하는 사람들은 그를 신인(神人)으로 여기어 따르게 되었고, 더욱이 그는 자기가 하늘과 땅과 인간의 삼계대권(三界大權)을 가지고 있으며, 조화로 천지를 개벽하고 선경(仙境)을 열어 고통 속에 헤매는 중생을 건지기 위하여 이 세상에 내려왔다고 설교하였습니다.

이 때문에 그를 따르는 자들은 **강일순**이야말로 하느님으로서 이 세상을 구원하러 내려온 구세주라고 믿게 되었습니다. 그러나 그가 하나의 종교집단을 이룰 수 있었던 것은 동학혁명 이후의 혼란과 함께 당시 정감록신앙과 불교의 미륵불출세사상, 그리고 동학의 창시자인 **최제우(崔濟愚)**가 다시 나타나게 될 것이라는 풍설이 민간에 널리 퍼져 있었던 것과 관련되어 있습니다.

한편 우리나라에서 유교는 오늘날까지 종교의 역할을 하고 있습니다. 그러나 그 밑바닥에는 오래전부터 전해 온 전래의 샤머니즘이 흐르고 있습니다. 외국에서 불교나 기독교가 우리나라로 전해져 들어와도 그것들은 샤머니즘적으로 변형되었습니다. 유교도 예외는 아니었습니다. 유교의 가족적 전례는 샤머니즘과 결부되어 한국 사람의 종교적 욕구를 대신해 주었습니다.

공식적 신의론은 유교이었지만 그것도 도입된 것이었기에 표면적인 것과 내면적인 것이 분리되고 있었고 표면은 유교이지만 내면은 샤머니즘의 잔재를 지니고 있었습니다. 따라서 종교가 사상으로 승화되지 않고 있어서 새로운 종교가 발붙일 여지는 얼마든지 있었습니다. 그러나 전통적인 가족구조의 뿌리가 깊어서 가족생활과 결부되고 있는 유교의 규범체계는 한국의 종교적 믿음의 심층의 핵을 이루고 있습니다.

③ 종교에서 철학으로

이제 종교는 더 이상 학문에서 다룰 수 없게 변화되었고, 그 학문도 넓은 의미의 철학과 좁은 의미의 철학으로 나뉘어지게 되었습니다. 동·서양을 막론하고 종교와 신학과 철학을 구분지어 보면 다음의 표와 같습니다.

표 2-1 종교와 신학과 철학의 발전

신 학	철 학(넓은 의미)
주관적	객관적
종교적 인식	이론적 인식
자기판단	동반하는 판단
가치판단	존재판단

▼▼

종 교	신 학	철 학(좁은 의미)
종교적 인식	신존재 증명	이론적 인식
가치판단	이론적+실천적	객관적
주관적+실천적	주관적+객관적	

그러면 서양 그것도 그리스에서 처음으로 세계 최초의 철학이 탄생한 것은 무엇 때문일까요? 물론 사람의 생각은 처음에 종교를 중심으로 하여 발달해 왔습니다. 종교는 신화를 만들어 냈습니다. 고대인은 자연현상의 설명에서 우주나 국가의 성립에 이르기까지 신화나 전설에 의지하고 있었고 종교인이 자연현상을 해석하고 사람을 이끄는 지도력을 가지고 있어서 종교의 믿음을 절대적으로 존중하면서 살아왔습니다.

그러나 사회의 확대 및 발전과 더불어 종교의 해석이 사람들의 삶을 충분히 해석하지 못하자 종교가 힘을 잃게 되고 거기서 만물의 근본 원리를 찾으려는 철학이 태어난 것입니다.

종교가 정신의 세계에서 지배권을 가지고 있었던 곳에서 철학의 탄생은 결코 쉬운 일이 아니었습니다. 철학이 그리스에서 종교와 날카롭게 대결을 벌였다고 말할 수는 없지만 종교와 구별되는 독특한 사상을 요구하게 되었습니다. 그것은 폴리스생활을 하는 그리스인이 일방적인 믿음이 아니라 각성된 이성에 의해서 체계화된 해석을 필요로 했기 때문입니다. 그것은 그리스가 처했던 환경과 관계가 있습니다. 그리스에서는 서아시아의 문명의 성과를 즐기면서 "폴리스"라는 도시국가의 체계를 갖는 최초의 시민사회를 건설할 수 있었기에 폴리스의 합리적인 운영을 위해서도 종교와는 다른 철학을 요구하게 된 것입니다. 이러한 지리적 · 역사적 연유에서 그리스 중에서도 최초에 철학이 탄생한 것은 오늘의 터키 서부의 에게해에 면하는 이오니아 지방의 식민도시 미레토스이었습니다. 여기에서 기원전 6세기에 탄생한 것이 "철학"이었습니다.

자연의 원리에서 주체로서의 인간에게로 철학적 물음의 방향을 전환한 최초의 철학자는 **소크라테스(Socrates)**였습니다.

소피스트들의 상대주의나 회의론은 "가치나 인식은 모두 그 사람 나름이고 절대적인 규범은 없다"는 생각에 빠질 위험이 있었습니다. 그리고 가치의 난립은 인간에게 무엇이 중요한가를 상실하게 만들고 있었습니다. 그것에 대해 어딘가에 보편적이고 절대적인 지(知)가 있다고 하여 그것을 구하려는 사람이 **소크라테스**였습니다. **소크라테스**에게 중요한 문제는 "어떻게 하면 인간이 선하게 살 수 있느냐?"이었습니다. 그 문제를 말로 철저히 음미하여 타자의 양해를 얻을 때까지 추구하는 것이 철학이라고 확신하고 있었습니다. 말하자면 인간의 모랄을 원리적으로 사고한 사람이 **소크라테스**였습니다.

델보이 신전의 입구에는 "너 자신을 알라"는 말이 조각되어 있습니다. 무지(無知)인 자기를 알 때에 안이한 자기만족에 빠지지 않고 참다운 진리에 가까워지려는 노력이 시작된다는 것입니다. 그리하여 사람은 "단순히 사는 것이 아니라 보다 잘 살려고" 하는 것이라고 하였습니다.

소크라테스는 자기의 가치관이 전부라고 알고 "정의란 무엇인가"라는 물음에 답을 하지 못하는 소피스트는 자기만족밖에 모르는 존재라고 말합니다. 자기는 알고 있다고 생각하지만 실은 모른다는 것은 타인과 이야기를 해보면 확실해집니다. **소크라테스**는 자기의 무지를 깨달았을 적에 진실을 알고자 하는 욕구, 즉 "참다운 지(知)에의 사랑"이 일깨워진다고 말했습니다. 그것을 젊은이에게 깨닫게 하기 위해서 오로지 그들과의 대화에 분주하였습니다.

그는 그것을 "산파술" – 상대방의 마음에 원래 있었던 "知로의 각성"을 돕기 위한 것 – 이라고 부릅니다. 그는 人知를 초월한 데몬(내심의 소리)에 귀를 기울일 것을 충고했습니다. 덕은 지라고 주장하여 무엇이 옳은가를 모르면 올바른 생활을 할 수 없다고 했으며 이 덕과 지를 결합함으로써 그는 지를 재건할 수 있다고 했습니다. 이 기초 위에 **플라톤**과 **아리스토텔레스**와 같은 대철학자를 탄생시킬 수가 있었습니다.

제 3 절 철학의 탄생과 발전과정

원래 철학은 최초의 학문이었습니다. 만학의 여왕이었고, 인류문명의 기초 학문이었습니다. 이 속에 모든 학문들이 통합되기도 하고 분화되기도 하면서 그 면면을 이루어 오고 있는 것입니다.

철학이란 무엇인가? 영어에서는 철학을 'Phylosophy'라고 하지만 이것은 그리스어의 'Phylosophia'에서 온 것이고 이는 "지식을 사랑한다"는 의미입니다. 즉 이성의 입장에 확고히 서서 사실을 생각한다는 뜻입니다.

서양에서 그리스 철학을 오늘날까지 이어지는 거대한 학문으로까지 비약시킨 인물은 **소크라테스**입니다.

이러한 철학이 오늘날의 철학처럼 좁은 의미의 철학이 된 것은 서양에서 발전한 근대 자연과학의 발생과 19세기의 사회학, 그리고 20세기의 심리학이 독립하면서 시작된 것입니다. 철학의 영역은 이제 자연을 제외한 정신의 영역이 되었고, 철학은 정신을 다루는 학문이 된 것입니다.

철학을 한다는 것은 어떤 주장을 전개해 나아갈 때 그 주장과 직접적인 관련이 없는 것은 배제하고 간단명료하게 정리하고, 말 속에 있는 논리적 비약과 모순을 찾아내는 훈련을 말합니다. 따라서 때로는 함축되어 있는 의미를 찾기가 다소 난해하기도 합니다. 이를 위해 논증을 분석하는 작업이 필요합니다.

철학적 탐구는 문명의 지성사에 있어서 핵심 요소입니다. 철학의 사전적 정의는 '인생·세계의 구체적이고 현실적인 문제를 확실하고 엄밀하게 인식·비판하여 근본적으로 해결하는 학문'이라고 합니다. 철학의 연구방법론은 여러 가지가 있지만 가치를 근본 원리로 삼고, 그 보편타당성에 관하여 연구하는 철학과 지식의 바탕은 경험에 있고, 경험의 내용이 그대로 지식의 내용이 된다고 보는 철학이 주류를 이루고 있습니다.

철학은 총체적 · 원리적 · 독창적 사고를 훈련하는 데 가장 적합합니다. 철학은 정답을 요구하지 않습니다. 철학을 하기 위해서는 단지 나만의 사고를 하기 위한 용기가 필요합니다.

지금까지의 철학은 다분히 서양중심적 철학이 주류를 이루고 있습니다. 그러나 오늘날은 기존의 철학적 사고로는 해결할 수 없는 수많은 문제들 앞에서 이제는 동양철학에 대한 연구가 활발히 진행되고 있습니다. 우리는 동양철학이라고 하면 서슴없이 점을 보거나 미신의 행위로만 인식하는 경향이 있습니다.

서양철학은 분석적이고 지극히 해석적입니다. 그러나 동양철학에는 과학이라는 것이 크게 자연을 파괴하지 않은 반면 서양철학에서는 과학이라는 원리도 포함되어 있고 자연의 원리를 거스르면서 그 원인과 이유를 밝혀내고자 합니다. 산업화를 이루어 낸 것도 서양이고 정보화의 기초를 설립한 것도 서양입니다. 그렇게 서양철학에서는 자연을 파괴하는 것이 문제가 아니라 인간의 편의와 외부, 그리고 효율 등을 주로 연구해 왔습니다. 그러나 그 이유 또한 인간의 편의를 위해서였고 자연을 연구해서 인간이 편하게 이용하려고 하는 목적이 있었습니다.

그렇게 서양철학과 동양철학은 자연이라는 것을 바라보는 입장에서도 차이가 있었고 인간의 내면을 연구했느냐 외면적인 면을 연구했느냐의 차이 또한 있습니다.

이제 동서양 철학자들의 사상과 철학의 발전과정을 통해 이들을 비교해 봅니다.

1 동양철학

동양철학은 인도, 중국, 이슬람, 일본, 한국 등 아시아의 철학을 말합니다. 동양이란 범주 자체가 하나의 범주 안에 묶기는 너무 다양한, 즉 오리엔탈리즘의 시각이 강하다고 현대에 와서 비판받고 있기 때문에 다른 범주로 나눠야 할 필요성이 오래전부터 제기되고 있습니다.

동양사회를 오랫동안 지배해 온 근본사상은 제자백가 사상인바 이는 유가 ·

도가· 묵가·법가 사상으로 구별되고 있습니다. 제자백가 사상의 공통된 점은 국리민복입니다. 국가에 이익이 되고 백성에게 행복을 찾아 주자는 사상입니다. 이 사상은 동양의 정치철학이고 통치 지배사상으로 자리잡아 왔습니다. 물론 다른 한편으로는 이런 사상이 성리학, 양명학 등으로 근대화에 큰 걸림돌이 된 것도 사실이고 현대사회까지 내려오면서 엄격한 법의 지배보다 윤리 도덕이 지배하는 사회가 되어 법질서와 법집행에 큰 어려움이 되기도 했습니다. 이제 이들 동양철학자에 대해 자세히 살펴봅니다.

1) 유가(儒家)

대표적인 사상가 : 공자, 맹자, 순자

이 사상의 근본은 인(仁)이 바탕입니다. 이 '인'은 묵가와는 달리 사람을 인정하고 사랑하되, '가려서 사랑해라'라는 것이 특징입니다. 인(내면적 도덕성)과 예(외면적 사회규범)를 중시하며 또한 예의를 매우 중요시합니다. 사회적으로 신분을 명확히 구분하고 그 신분에 맞춰 인과 예를 행하자는 뜻과. 효제충신은 효도, 우애, 충성, 신의를 아울러 이르는 말입니다.

유가의 학문은 그 관심의 폭은 넓지만 요점을 선택하기가 어려워 번거롭기만 하고 그 효용이 적습니다. 그러나 군신·부자의 예를 세우고 부부·장유의 질서를 세운 것은 매우 값진 것으로 평가됩니다.

2) 도가(道家)

대표적인 사상가 : 노자, 장자

道는 자연의 법칙입니다. 이 사상의 근본은 무위자연(無爲自然)을 설파합니다. 가식적인 것은 모두 해가 되는 것이라 하여, 정신을 지나치게 쓰면 메마르고 육신을 지나치게 쓰면 쇠잔해진다고 봅니다. 정신과 육체를 함부로 소진시키면서 천지의 법칙 속에 영원히 존재하려는 것은 불가능한 일이라는 초자연적 학문을 말합니다.

유가의 사상을 비판하고 자연의 섭리를 주장하며 아무것도 인위적으로 만들지 말아야 한다고 주장합니다. '노장 사상'이라고도 합니다. 도가는 사람의 정신을 하나로 모이게 하며 보이지 않는 도와 조화되는 행동을 가르쳐 만물의 자족함을 강조합니다. 그 가르침은 음양가의 큰 법칙 속에서 유가와 묵가의 장점을 취하였으며 법가의 요점을 채택하여 시간과 사물의 변화에 따라 적절히 대응하도록 하며 또한 가르침은 간략하여 행하기가 쉽고 노력에 비해 성과는 크게 됩니다.

3) 법가(法家)

대표적인 사상가 : 한비자

법가는 말 그대로 '법'을 중시하는 학파입니다. 나라가 혼란할 시절 사람들을 효과적으로 다스리기 위해서 법의 강력한 지배와 통치를 강조한 학문으로 특히 진나라 시황제가 법가사상을 채택하여 천하통일의 밑거름으로 삼았습니다. 무엇이든지 '법'대로 처리하며, 형벌과 여러 가지 강경책을 사용한 것으로 유명합니다. 한비자는 매우 엄격하며 인애가 없습니다. 그러나 군신 상하의 본분을 바르게 잡은 가르침을 매우 중요하게 보고 있습니다.

4) 묵가(墨家)

대표적인 사상가 : 묵자

이 사상의 근본은 '모든 사람은 평등하다'라는 원칙을 고수 많은 사상들과 일맥상통하는 데가 있으나 유가와는 달리 사람을 구분하지 않고 모두 사랑해야 한다는 이념이며, 유가는 차별적인 사랑을 주장하고 있으나, 묵자는 차별 없는 사랑을 주장하는 것이 특징입니다. 이 학문은 지나치게 절약과 검소만을 내세우기 때문에 그 가르침을 완전히 실천에 옮기기란 참으로 어려운 일이 아닐 수 없으나 생산의 소중함과 생활의 검약함을 강조한 내용은 버릴 수 없는 것입니다.

5) 음양가(陰陽家)

대표적 사상가 : 추연, 추석

음양설을 신봉하던 학파로 춘추전국시대 때 제나라의 추연, 추석 등이 그 대표적 사상가입니다. 천체의 운행이나 사계절의 변화 등 자연현상의 법칙을 설명하며, 인간생활도 거기에 따라야 재해를 입지 않고 복을 얻을 수 있다고 주장한 학파입니다.

6) 명가(明家)

대표적 사상가 : **공손룡, 등석**

전국시대에 변자찰사로 불린 이들로 명과 실의 일치, 불일치 관계를 중시하여, 세상이 혼란한 이유가 거기에 있다 주장하며 명실합일을 외쳤습니다. 궤변론자들로 유명합니다.

7) 종횡가(從橫家)

대표적 사상가 : **소진, 장의**

합종연횡(서로연합 결탁하는 전략)의 책략을 내세워 이 이름이 붙었습니다. 이들이 내세운 연횡책은 진나라와 6국이 각각 손을 잡게 하여 진나라를 발전시키려한 책략입니다.

8) 잡가(雜家)

다른 학파의 학설을 자유롭게 채택하여 필요한 것만 뽑아 하나의 사상을 구성한 학파입니다.

9) 농가(農家)

농업을 중시하고 농경에 힘써야 국가가 발전한다고 주장한 제자백가의 한학파입니다.

② 동양철학의 발달과정

유교는 종교인가? 학문인가? 어떤 사람은 유교라고 부르면 종교이고 유학이라고 부르면 학문을 가리킨다고 합니다.

한자에서 '교(敎)'라는 글자와 '학(學)'이라는 글자는 어원이 동일합니다. 「서경」 열명(說命)하편에는 "가르침은 배움의 반이다. 처음부터 끝까지 항상 배우기를 염두에 두면 자신도 모르는 사이에 덕이 닦이게 된다(惟敎學半 念終始典于學 厥德修罔覺)"고 하였습니다.

백천정의 「자통(字統)」은 '학(学)', '학(學)', '교(敎)'는 원래 동일한 글자라고 밝히고 있습니다. '교(敎)'자가 '학(學)'자에 '복(攴)'부를 붙여 독립하며 두 글자는 가르침과 배움의 의미로 분리가 되었다고 합니다. 가르침과 배움은 동시에 같은 장소에서 실시되었기 때문에 '학(學)'자의 원래 의미는 가르침과 배움이 동시에 실시되는 학교를 의미하였다는 설명까지 더하고 있습니다. '교(敎)'와 '학(學)'은 어원이 같은 글자로서 선생의 입장에서 보면 가르침이며 학생의 입장에서 보면 배움입니다. 이렇게 보면 유교는 가르치는 입장에서의 개념이며 유학은 배우는 입장에서의 개념이라 할 수 있습니다.

그렇다면 가르침과 배움으로서 유학이 지향하는 것은 무엇인가? 그것은 도(道) 곧 인간다운 삶에 대한 가르침과 배움입니다. 인간이 인간다움 삶을 살기 위해서는 어떻게 해야 하는가? 배우지 않으면 안 된다. 누구에게 배우는가? 선생에게 배워야 한다. 그러면 최초의 선생은 누구인가? 유학은 육경(六經)의 내용을 삶의 길에 대한 스승으로 존중합니다.

육경은 요순(堯·舜)으로부터 서주(西周) 말기까지의 고대의 정치와 역사와 점술과 시와 음악과 역사에 대한 기록입니다. 유학은 이를 고대 선왕의 가르침이라고 합니다. 육경 가운데서 가장 중요한 것은 정치에 대한 기록인 「상서」와 음악의 집대성인 「시경」입니다. 제왕의 정치를 기록한 육경의 내용은 가르침이 중심이라는 것을 알 수 있습니다. 유교와 유학을 굳이 구별한다면 육경의 내용은 유교라고 할 수 있습니다.

이에 반하여, 학자와 선생으로서의 삶을 산 **공자**와 **맹자**의 경우에 유교는 배움으로 이해된다는 것입니다. 가르침으로서의 유교가 배움으로서의 유학으로 정립된 것은 공자에 의해서입니다. **공자**에 의하여 유학이 학문으로 정립되지만, 「논어」에는 아직 '학문(學問)'이라는 단어가 등장하지는 않고 있습니다.

학문이라는 단어는 공자를 가장 존경한 두 사람 즉 **맹자**와 **순자**의 저술에서 처음 등장합니다. **맹자**와 **순자**를 거쳐 유학은 제자백가의 사상을 능가할 수 있는 능력을 갖추게 되었습니다.

「맹자」에는 "인은 사람의 마음이고 의는 사람의 길이다. 그 길을 버리고 따라가지 않고, 그 마음을 버리고 찾지 않으니 슬프다. 학문의 방법은 달리 없다. 그 놓친 마음을 찾는 것일 따름이다(仁 人心也 義 人路也. 舍其路而弗由 放其心而不知求 哀哉! 人有雞犬放 則知求之 有放心而不知求. 學問之道無他 求其放心而已矣)"라고 하면서 **공자**의 가르침을 인간 본성의 측면에서 계승함을 알 수 있습니다.

「순자」는 권학(勸學)편으로 시작되며 「맹자」에서보다도 학문이 더욱 강조되고 있습니다. **순자**는 "선왕이 남긴 가르침을 듣지 못하면 학문의 위대함을 알지 못한다(不聞先王之遺言 不知學問之大也)"고 하여 선왕이 남긴 말과 업적이라는 객관적인 유물을 강조하였습니다. **맹자**와 **순자** 이후 유학은 학문으로 계승 발전되며 동양사회에서 엄청난 영향력을 행사하였습니다.

「예기」 학기(學記)편에 나오는 "배운 뒤에 부족함을 알고 가르친 뒤에 곤란함을 안다(學然後知不足 敎然後知困)"는 말을 음미하며 유학자들은 교와 학을 통하여 자신과 사회를 변화시키는 원리를 터득하고 힘을 얻었습니다.

교학의 체계로서의 유학이라는 학문은 인간의 인격완성과 이상적 천하의 건설을 학문의 목표로 삼았습니다. 서양처럼 과학에 의해서 획득되는 진리가 자연과 인간의 유일한 진리일 수는 없습니다. 유학자들은 유학이라는 학문을 통해서 인간은 지혜가 밝아져 진리를 인식하게 되고, 기질은 강건하게 되어 진리를 실천할 능력을 갖추게 된다고 합니다.

현대 과학의 입장에서 보면 유학은 참으로 이해하기 힘든 학문입니다. 과학적 진리관에 익숙한 현대인들은 대상적 진리만이 유일한 진리라고 믿는 경향이 강합니다. 과학이 대상화하는 능력은 상상을 초월합니다. 미시의 세계로부터 거시의 세계까지 보지 못하는 것이 없습니다. 그러므로 직접 과학에 종사하는 사람들은 물론 과학의 덕에 물질적 풍요를 누리는 현대인들은 대부분 과학적 진리가 유일의 진리라고 믿게 되었습니다.

그러나 과학이 알 수 없을 뿐 아니라 접근조차 할 수 없는 영역이 있습니다. 그것은 바로 삶의 주인인 주체로서의 '나'입니다. 주체로서의 '나'는 과학적 인식의 반대편에 머물고 있어 과학의 대상이 되지 않으므로 과학이 어떻게 할 수 없습니다. 대상화되지 않아 어떻게 할 방법이 없으니 과학은 마음이 없다고 주장하게 됩니다. 그래서 마음은 부정되고 마음과 관련된 일체의 것은 믿을 수 없는 것이 되고 맙니다. 그러므로 과학에서 주관적이라는 말은 바람직하지 않은 것이 되고 맙니다. 마음이 부정되고 마음과 관련된 단어는 빛을 잃기 시작하며 덕성과 가치는 학문과 교육의 현장에서 밀려나기 시작하였습니다.

과학은 인간에게 자연에 대한 무한한 지식과 그것을 이용한 과학문명을 안겨 준 대가로 인간과 자연에게서 주인을 빼앗아 가버렸습니다. 이렇게 주인을 상실한 인간이 현대인의 모습이 아닙니까? 배우면 배울수록 사람들은 대상적 진리에 몰두하게 되고 대상적 진리가 모든 것이라고 생각하게 되면 주체로서의 나,

마음으로서의 나, 생명 그 자체로서의 나는 그 존재감을 잃어가게 됩니다.

유학은 도를 진리로 여기며, 도를 알고 실천하는 것을 목표로 삼는 학문입니다. 도를 알고 실천한 인물들을 현인(賢人)과 성인(聖人)으로 존중하였습니다. 수천 년 동안 존중된 성현들은 모두 물질세계를 넘어선 마음의 진리를 설파하였으며 이들이 남긴 말과 삶의 흔적은 유교 경전으로 남아 지금까지 전해지고 있습니다. 유학자들은 경전을 기초로 삼아 이들의 삶을 배우고 실천함으로써 도를 진실하게 알고 바르게 실천하는 인간이 되기 위한 노력에 삶을 바쳤습니다. 과학의 진리와 대비시키면 이들이 도달한 진리는 성인의 진리이며 이들의 학문은 성인이 되기 위한 학문 즉 성학이라고 부를 수 있을 것입니다.

유학은 현재 우리가 알고 있고 따르고 있는 서구적 학문과는 자연관과 인간관을 달리할 뿐 아니라 목적과 방법도 달리합니다. 서구적 학문을 유일한 학문으로 생각하는 사람들은 유학에 학문이라는 이름을 붙이는 것 자체를 이상하게 생각할 수도 있습니다. 현대를 사는 우리에게 유학은 여전히 이해하기 어려운 학문이지만 그래도 공부할 가치가 있습니다.

③ 서양철학

철학의 원어인 필로소피아(philosphia)라는 말은 고대 그리스의 고전시대에 만들어진 것으로, 그것이 라틴어를 거쳐서 근대 유럽 여러 나라 말에 거의 그대로의 형태로 계승된 것으로, 다른 문화권에서는 그에 해당하는 말이 발견되지 않습니다. 따라서 철학이라는 것은 서양으로 불리는 문화권의, 특정 역사적 시대에 고유한 특수한 지(知)의 존재방식을 말합니다.

따라서 인도철학, 중국철학 등의 호칭은 자신의 문화의 카테고리로 다른 문화도 재단할 수 있다고 생각하는 서양인의 표현이거나, 매우 조잡한 비유에 의한 명명입니다. 그렇다면 철학은 어느 문화권에서나 보이는 일반적인 세계관·인생관·도덕사상·종교사상 등과는 구별해야 할 것입니다.

물론 서양에 그런 세계관·인생관이 있으며, 그것이 철학에 혼입되거나 철학의 실질적 내용을 이루는 경우는 있다고 하여도, 그것과 철학의 사이에는 선이 그어져야 합니다. 그리고 근대 유럽의 과학이나 과학기술이 철학에서 파생한 것이라고 한다면 철학이라는 이 특수한 지(知)는 서양의 문화형성, 적어도 근대유럽의 문화형성과 본질적으로 결합한 것, 또는 오히려 그 형성원리를 제공하는 것이었다고 생각해도 좋을 것입니다. 현대의 기술문명을 낳은 근대 서양의 문화형성을 총체로서 비판하려는 현대 서양철학자들이 가끔 자신의 사상적 영위를 역설적으로 반철학(안티 필로소피), 비철학(논 필로소피) 등으로 부르는 것도, 그들이 철학을 근대 문화형성의 원리로 생각하고 있음에 틀림없습니다.

이제 이들 서양철학자에 대해 자세히 살펴봅니다.

1) 소크라테스

소크라테스는 고대 그리스의 철학자입니다. B.C. 469년 그리스 아테네에서 태어나 일생을 철학의 제 문제에 관한 토론으로 일관한 서양 철학의 위대한 인물로 평가되고 흔히 4대성인으로 불리워지고 있습니다.

그는 아테네 시민들에 의해 B.C. 399년에 고소되어 사형을 당했습니다. 아무런 저서도 남긴 바 없는 **소크라테스**의 확실한 사상을 알기는 어려우나 **아리스토텔레스, 디오게네스, 라이르티우스, 크세노폰**, 특히 **플라톤**의 저서 등에 언급된 것을 보면 그는 델피의 신탁인 '만인 중에 **소크라테스**가 제일 현명하다'는 말을 들을 정도의 위대한 철학자입니다.

스스로의 무지를 자처하던 **소크라테스**는 신의 신탁이 사실인가 확인하기 위해 의아심을 품고 여러 현명한 사람을 찾아다녔다고 합니다. 그러나 그 어느 누구도 자신의 말을 확실히 알고 말하는 사람이 없었다고 합니다.

그는 이를 판별하기 위한 방법으로 제논의 변증법을 활용하여 논변을 진행시키는 사이에 사람들의 잘못된 판단의 모순을 깨우치고 다시금 옳은 판단으로 유도시켰는데, 이것이 유명한 산파술입니다. 그는 합리주의자였으나, 때로는 초경험적인 내심의 소리, 즉 다이몬의 소리를 경청하고, 때로는 깊은 명상에 잠기기도 하였다고 합니다.

그가 다룬 문제는 종래 철학의 대상이었던 자연이 아니라 인간이었으며 '정신의 배려'를 사명으로 삼았습니다. '덕'이 인간에 내재한다고 믿고 사람들에게 이를 깨닫게 하기 위해 온갖 계층의 사람들과 대화를 나눔으로써 사람들에게 자신의 무지함을 일깨워 주고 용기나 정의 등에 관한 윤리상의 개념을 설교하고 다녔습니다. 그러나 이 때문에 젊은이를 타락시키고 신을 인정하지 않는다는 부당한 고발을 당해 독약을 마시게 되었던 것입니다. 그의 탁월한 지적 · 도덕적 성격은 비단 철학자뿐만 아니라 수많은 사람들을 감화시켜 '인류 최대의 교사'로 불리워지고 있습니다.

그의 사상은 그의 제자들에게 전해져 메가라 학파, 퀴니코스 학파, 키레네 학파 등을 이루었고, 특히 수제자인 **플라톤**의 관념주의로 피어나, 그 이후의 서양 철학에 큰 영향을 미쳤습니다.

2) 플라톤

플라톤은 B.C. 428년경 아테네의 귀족 가문에서 태어났습니다. 아버지 **아리스톤**은 아테네의 마지막 왕인 **코드로스**의 후손이며, 외가 쪽으로는 초기 그리스의 입법가인 **솔론**과 연결됩니다. 어머니 **페릭티오네**는 플라톤이 어렸을 때 남편과 사별한 뒤 **페리클레스**의 지지자였던 그녀의 삼촌 **피릴람페스**와 재혼했습니다. **플라톤**은 이 **페리클레스** 시대의 정치가 집에서 성장했던 것으로 보입니다.

그는 B.C. 404년의 과두정권을 이끌었던 외숙인 **크리티아스**와 **카르미데스**를 통해 어린시절 부터 **소크라테스**를 알게 되었습니다. 귀족인 **플라톤**도 청년시절에 정치적 야망을 품고 있었으나, 공직에 들어오라는 보수파의 권유를 그들의 폭력적 행위 때문에 거부했습니다. 과두정권이 몰락한 뒤 **플라톤**은 새로 들어선 민주정권에 기대를 걸었지만, 아테네의 정치풍토에는 양식 있는 사람이 일할 자리가 없다는 사실을 깨달았습니다.

B.C. 399년 민주정권이 **소크라테스**를 사형에 처하자, **플라톤**과 **소크라테스**의 제자들은 메가라로 잠시 피신한 뒤 몇 년 동안 그리스 · 이집트 · 이탈리아를 여행했던 것으로 전해집니다. 이때 **플라톤**은 시라쿠사(이탈리아 시칠리아섬에 있는 도시. 그리스 시대에 건설된 옛 도시)의 통치자인 **디오니시오스 1세**의 처남 **디온**을 만나 그와의 정신적 교류를 시작했습니다.

플라톤은 서양문화의 철학적 기초를 마련한 고대 그리스의 위대한 철학자입니다. 논리학 · 인식론 · 형이상학 등에 걸친 광범위하고 심오한 철학체계를 전개했으며, 특히 그의 모든 사상은 윤리적 동기가 바탕을 이루고 있습니다. 또한 이성이 인도하는 것이면 무엇이든 따라야 한다는 이성주의적 입장을 고수했습니다. 따라서 플라톤 철학의 핵심은 이성주의적 윤리학입니다

플라톤에게 가장 중요한 영향을 끼친 사람은 **소크라테스**였습니다. **플라톤**은 **소크라테스**의 재판과 죽음이 갖는 의미를 되새겨 본 뒤 일생을 철학에 바치기로

결심했으며, 그의 합리적 방법과 윤리적 관심을 이어받았습니다. 그 밖에 현상세계를 끊임없이 변화하는 대립 상태라고 본 **헤라클레이토스**와, 형이상학적이고 신비적인 피타고라스 학파로부터도 철학적 영향을 받았습니다. **플라톤**은 어린시절에 데켈레이아 전쟁의 참혹함, 아테네 제국의 몰락, 그리고 과두파와 민주파 사이에 벌어진 B.C. 404~403년의 내란을 경험했습니다. 이 경험들이 뒷날 「대화편」 속에서 개진하고 있는 정치적 견해들을 형성하는 데 도움이 되었습니다. 플라톤 철학의 핵심은 이데아론입니다(본질은 변하지 않는다).

3) 칸트

서양철학사를 통틀어 가장 위대한 철학자 중 한 사람이 **칸트**입니다. **칸트**는 1724년 4월 22일 동프로이센에서 태어나, 전 생애를 거기에서 보냈습니다. **칸트**는 **데카르트**에서 시작된 합리론과 베이컨에서 시작된 경험론을 종합하여 철학적 사유의 새로운 한 시대를 열었습니다. 인식론 · 윤리학 · 미학에 걸친 종합적 · 체계적인 작업은 뒤에 생겨난 철학에 큰 영향을 주었습니다

칸트는 1781년 「순수이성비판」을 저술하였습니다. 이로써 단기간 동안 철학사상에서의 혁명이 일어나고 이후 서양철학의 나아갈 방향이 정립됩니다.

칸트는 그 후 1788년 「실천이성비판」을 발간함으로써 진정한 도덕적 체계를 제시하려 했습니다. 1790년에는 비판철학을 마감하는 제3비판서인 「판단력비판」을 발표하였습니다. 그는 「실천이성비판」에서 확립한 원리를 구체적인 차원에 적용하려는 노력을 계속하여, 1797년에 발간된 사회철학저술인 「도덕형이상학」에서는 덕의 문제를 검토하고 법과 정치의 기초를 제시하였습니다.

칸트의 비판철학은 독일어를 사용하는 모든 중요한 대학에서 강의되었습니다. 이런 존경을 받으면서도 **칸트**는 자신의 규칙적인 습관을 어긴 적이 없으며 엄격한 생활을 유지했습니다. 5피트가 채 되지 않는 키에 기형적인 가슴을 가진 칸트는 몸이 약했기 때문에 평생 엄격한 식생활을 했던 것으로 알려지고 있습니다.

칸트는 몸이 점점 쇠약해지면서 고통스런 나날을 보내다가 1804년 2월 12일 쾨니히스부르크에서 죽었습니다. 그의 마지막 말은 "이제 되었다"는 것이었습니다. 그의 묘비에는 제2비판의 결론에서 선언한 다음 문구가 새겨져 있습니다. "더욱더 자주, 그리고 더욱더 곰곰이 생각해 볼수록, 내 위에 별이 반짝이는 하늘과 내 속의 도덕법칙은 더욱더 새롭고 큰 존경과 경외심으로 마음을 가득 채워

준다." 칸트철학의 핵심은 경험론(순수이성비판, 실천이성비판, 판단력비판)입니다.

4) 로체

로체는 독일 고전철학과 20세기 관념론 사이에 다리를 놓았고 유신론적 관념론을 창안했습니다. 1834~38년 라이프치히대학교에서 의학과 철학박사 학위를 준비하면서 물리과정을 본질적으로 기계론적인 것으로 해석하기 시작했습니다. 잠시 의사로 일한 뒤 곧 라이프치히에서 철학을 가르치는 일에 전념했고 (1842~44), 괴팅겐대학교(1844~80)와 베를린대학교(1881)에서 철학 교수로 재직했습니다.

처음에는 생기론(生氣論)에 대한 반론을 제기하여 생리학자로 알려졌습니다. 물리과학과 심리과학을 같은 것으로 생각했으나, 이후에 자연질서를 최고존재가 결정한 우주창조에 의해 설명했습니다. 그의 종교철학은 존재에서 가치를 이끌어내는 문제를 강조함으로써 현대철학에 큰 영향을 미쳤습니다. 로체철학의 핵심은 주체와 객체의 상호작용(존재론, 우주론, 현상론)입니다.

4 서양철학의 발달과정

우리가 서양철학을 이해하려는 이유는 현대의 대학과 대학의 학과 그리고, 학문의 분류가 좋든 싫든 서양의 분류를 따랐기 때문입니다. 따라서 이 배경을 제대로 이해해야 여러분의 진로와 관련한 선택의 폭이 넓어집니다.

서양에서의 철학은 **헤로도투스**(Herodotos)의 저서 「역사」에서 그리스의 현인 **솔론**(Solon)을 언급할 때 처음 나옵니다. 지혜를 사랑한다는 의미인 필로소페인 (philosophein)이라는 이 단어는 **솔론**이 지혜를 찾아서 여러 나라를 순방하면서 신을 두려워하고 인간의 한계를 인식하는 것이 지혜라고 말했다고 합니다.

B.C. 6세기 후반의 **피타고라스** 학파는 명리(名利)를 떠나 지혜를 간구하는 것을 애지(愛知)라고 말했습니다. 애지의 의미가 확정된 것은 B.C. 5세기 후반 **소크라테스**와 그의 제자 **플라톤**에 의해서였습니다. 이들은 인간에게 있어서 가장 중요한 것은 단지 살아 있는 것이 아니라 어떻게 하면 잘 살아갈 수 있는가 하는 것이고 이에 대한 해답을 구하는 행위가 애지라고 믿었습니다.

플라톤에게 그것은 곧 선(善)과 미(美)였으며, 이데아(idea) 혹은 에이도스

(eidos 形相)라 말하고 있습니다. **플라톤**은 애지(철학)의 목표가 생성 · 소멸 · 유전하는 다양한 존재로부터 이루어지는 감성적 세계를 뛰어넘어 불멸의 진실유(眞實有)인 이데아를 통해 인간의 혼을 선하고 아름답게 하고 나아가 세상을 선하고 아름답게 하는 것이라고 믿었습니다. **플라톤**의 제자인 **아리스토텔레스**가 추구한 것도 진실유인 에이도스를 탐구하는 것이었습니다.

이 같은 그리스의 철학은 기원 후 로마 시대에 들어와 그리스도교가 그 교리를 형성하는 데 강력한 수단이 되었고 교리의 일부로 흡수되었습니다. 이에 의해 그리스도교는 유대민족의 일분파 종교라는 한계를 초월하여 보편적 · 구체적 종교가 되었습니다. 이렇게 하여 그리스의 애지(철학)는 그리스도교의 일신론(一神論)으로 다시 해석되어 유일 최고의 신이 존재한다는 지혜에의 사랑이 되었으며 이러한 신학이 곧 철학이 되었습니다.

이러한 변화는 17세기에 들어와 새로운 철학으로서 자연학이 생겨났고 18세기에는 인간학(지금의 인문학과 사회과학)으로 전개되었습니다.

그러나 여전히 신의 존재가 학문에 대하여 갖는 절대적 위치는 변하지 않았습니다. 따라서 수학은 인간의 지혜를 초월하는 신적인 순수지성의 작용에서 유래하는 것으로 생각되었고, 민주주의도 마찬가지로 신 앞에서는 인격이 평등하다는 개념에 바탕을 둔 것이었으며 법적 정의도 원래 신으로부터 유래하는 것이라고 믿었습니다.

또한 자본주의 경제법칙의 배경에도 '신의 보이지 않는 손'이 작용하고 있다는 가정이 전제되어 있었습니다. 그러나 18세기 후반의 산업혁명과 프랑스혁명 이후 인간의 지혜에 기초하여 자연계와 인간계가 재편성되면서 인지에 대한 자신감이 더욱 강해지게 되었습니다.

이어 19세기 초반 근대산업사회가 출현하면서 철학은 인간생활을 향상시키기 위한 학문적 지식의 탐구로서 그 의미가 변화되기에 이르렀으며, 이 단계에서 철학은 신학이나 종교로부터 독립하여 좁은 의미의 독자 학문으로 발전했습니다. 이것은 중세 서구의 신분제적 봉건주의시대의 지배사상이었던 '신중심주의 사상'이 근대서구의 민주주의적 '인간중심주의 사상'으로 사상의 조류가 바뀌면서 일어난 현상이었습니다.

그러나 20세기 다양한 사상들이 넘쳐나는 현대에서, 철학을 하나로 고찰할 수는 없게 되었습니다. 오늘날의 철학은 그 영향력을 학문 전체까지 미치게 할 수 없습니다. 현대의 철학은 과학의 토대 위에서 성장할 수밖에 없습니다. 또한 오늘날 기술의 발달은 우리의 삶을 편리하게 해줄 뿐만 아니라 인류 전체를 말살할 수 있는 가능성까지 내포하게 되었는데, 이 가운데 어느 쪽을 선택할 것인지는 전적으로 우리의 정신적 자각에 달려 있습니다. 그리고 기계의 자동화, 전자계산기와 컴퓨터의 출현, 사이버네틱스(cybernetics)와 같은 새로운 학문의 등장으로 인해 결과를 예측하기 어려운 철학적 문제들이 대두되고 있습니다. 이러한 분위기 속에서 등장한 20세기 철학에는 이미 살펴본 실존주의 이외에도 현상학·해석학·비판이론 등이 있습니다. 또 영국과 미국의 철학에는 구조주의·분석 철학·논리적 실증주의·사회윤리 등이 있습니다.

5 동양철학과 서양철학의 비교

서양의 전통적인 철학자들이 생각하던 것과 같은 종류의 철학이 인류 보편적이라고 생각하는 것은 서구 중심적 사고입니다. 동양의 전통 속에는 서양과 같은 종류의 철학은 없습니다. 동양철학이란 명칭과 그 내용이 모두 서양철학에 대한 동양적 대응의 산물로서 출현한 것입니다. 서양철학의 도입이 없었다면 동양철학은 생겨나지도 않았을 것입니다. 동양철학의 역사는 동아시아의 근대화 혹은 서구화와 그 시작을 함께합니다. 동양의 전통 속에는 동양이란 단어도 없었고, 철학이란 단어도 없었습니다. 동양은 서양이란 지역명칭에 상대해서 만들어진 것이고, 철학은 서양의 학문분야인 필로소피아(philosophia)의 번역어입니다.

이 두 단어는 모두 서양문명에 대한 동양적 대응의 산물로서 동아시아의 근대화와 함께 출현한 낯선 것들입니다. 이 두 낯선 단어를 한데 합쳐서 만든 동양철학이란 명칭도 그 유래가 오래되지 않았습니다.

19세기 말 일본은 필로소피아를 철학이라고 번역하고 여기에 동양이란 말을 덧붙여 동양철학이란 합성어를 고안했습니다. 원래 동양의 전통 속에는 동양철학이란 명칭이 없었음은 물론이고, 이 명칭에 어울리는 내용을 가진 학문분야도 없었습니다.

이로 인해 동양철학은 처음부터 서양철학을 준거의 기준으로 의식하지 않을 수 없었으며, 20세기 이후 오늘에 이르기까지 동양철학 연구는 중국을 위시한 동아시아 삼국의 오랜 문화적 유산 가운데 서양철학과 비슷한 내용을 가진 텍스트를 선별해 다시 읽고, 거기에 쓰여진 사상적 내용을 서양철학과 비슷하게 재정리하는 작업으로 일관해 왔습니다.

존재물음을 중심으로 하는 서양철학의 전통적인 문제의식을 수입하여 관념론과 실재론, 유심론과 유물론 따위의 대립구도를 통해 동양의 옛 사상을 재평가하기도 했고, 또한 논리학 · 형이상학 · 인식론 · 윤리학 · 미학 등 서양철학의 분류방식에 따라 동양의 옛 사상을 재분류해서 분야별로 깊이 있게 연구하기도 했습니다.

그리고 철학이 고대에서 중세로, 중세에서 근대로 직선적으로 발전한다고 보는 서양철학사의 서술방식을 도입하여 동양의 사상적 변화 양상을 방대한 규모의 철학사로 재구성하기도 했습니다. 국가별로 철학사를 재구성하여 중국철학사, 일본철학사, 한국철학사를 쓰기도 했고, 심지어는 시대별로 세분해서 쓰여진 철학사도 출현했습니다.

그리하여 동양철학은 주로 한문으로 쓰여진 동양의 전통적인 사상을 다루면서도 동양의 전통적인 사상에서 볼 수 없었던 새로운 면모를 보여 주게 되었습니다.

동양철학은 처음부터 비교철학으로 시작했습니다. 동양철학은 서세동점(西勢東漸)으로 인한 산물이었던 만큼 이제는 서양철학과는 다른 식으로 혹은 서양철학을 부정하는 식으로 동양철학을 한다 해도 이미 비교철학의 운명으로부터 자유로울 수가 없게 되었습니다.

어떤 종류의 동양철학 연구성과이건 공통적인 특징이 있습니다. 그것은 무엇보다도 먼저 체계적인 지식의 건립을 지향한다는 점입니다. 서양의 학문적 전통에서는 체계적인 지식이야말로 학문이 학문일 수 있는 최소한의 조건으로 요구되고 있습니다.

사람은 자연에서 태어나 자연으로 돌아갑니다. 유학의 학문관과 서구과학의 학문관의 차이는 두 사상의 자연관에 근본적인 원인이 있습니다. 서구과학 사상의 원형을 창시한 그리스의 철학자들은 이미 자연에 대한 대상적 과학적 인식을 하기 시작하였습니다. 고대의 **데모크리토스**는 이미 물질이 원자로 구성된다는 생각을 하였습니다. 현대의 과학은 **데모크리토스**가 가진 물음을 넘어 원자에 대한 해명을 넘어 원자의 내부세계를 훤하게 밝히기 시작한 지 오래입니다.

동양의 철학은 자연을 대상화하여 인식하기보다 마음을 비우고 관조하기를 좋아합니다. 창조적 자연과 함께 살며 자신 안에 있는 자연의 원리를 실현하여 자연과 하나가 되기를 희망합니다. 자연은 인간의 탐구의 대상이 아니라 삶의 근원이자 목적입니다. 「태극도」와 「태극도설」을 지어 성리학을 기초한 **주돈이**의 "성인은 자연을 희망하고, 현인은 성인을 희망하며, 학자는 현인을 희망한다(聖希天, 賢希聖, 士希賢)"는 말은 유학의 학문적 지향을 잘 설명하고 있습니다.

동양철학 사상의 원형은 "역(易)"입니다. "역"에는 기독교의 「성경」에서와 같은 우주창조의 신화가 없습니다. "역"은 자연의 바깥에 있는 초월적 창조자를 설정하지 않습니다. "역"에서는 자연의 생성과 변화의 원리를 도(道)라고 설명하고 있습니다.

한편 서양철학이 과학을 통하여 대상적 지식이 확대되는 것 자체는 자연세계에 대한 인간의 이해의 지평을 넓히는 것이지만 지나친 객관적 지식의 중시로 말미암아 자연의 내재적 질서와 인간의 심성 세계에 대한 무관심과 허약화를 초래한다면 이는 과학주의의 폐해라고 할 수 있습니다. 물질주의의 만연과 주체에 대한 믿음의 상실로 인류가 삶의 방향을 상실한 이 시대에 동양철학의 유학적 자연관과 인간관, 그리고 여기에 기초한 수양적 학문관에 대한 연구는 이제 시대적 요청입니다.

현대인들은 학문을 통하여 대상을 중심으로 사물을 이해하는 데 습관이 되어 있습니다. 현대의 학문에서 주체는 배제되는 경향이 있습니다. 주체가 배제되어야만 학문을 할 수 있다고 생각하는 경향도 있습니다. 유학은 이와 반대입니다. 명덕과 본성이 학문의 중심을 이루고 있습니다.

유학을 이해하기 위해서는 사물을 학문과 삶의 중심으로 삼는 것이 아니라 나의 명덕과 본성을 삶과 학문의 중심으로 삼는 사고의 대전환이 필요하다는 것을 알 수 있습니다. 이와 같은 사고의 대전환이 있어야 **맹자**가 "학문의 도는 달리 없다. 흩어진 마음을 찾는 것일 따름이다(學問之道無他 求放心已而矣)"라고 말한 이유를 이해할 수 있을 것입니다. 그리고 흩어진 마음을 찾아 어느 정도 지킬 수 있어야 "먼저 큰마음을 세우면 작은 욕망들이 마음을 빼앗지 못한다(先立乎其大者 其小者不能奪也)"는 의미도 알게 됩니다.

태극에서 음양과 오행을 거쳐 만물의 탄생으로 이어지는 유학의 자연관과 마음에서 몸으로 몸에서 가정과 국가와 천하로 펼쳐지는 유학의 학문관을 이해하려면 대상세계에 대한 이해를 분석적으로 심화시켜가는 과학적인 자연인식 방법과는 달리 안에서 바깥으로의 전개가 자연과 인간에서 어떤 의미를 지니는지 이해할 수 있어야 합니다. 우리가 어떤 사태와 만나면 마음으로 생각해서 삶의 방향을 결정하고 결정이 되면 몸이 그 결정에 따라 실천에 옮겨지게 됩니다.

　이러한 삶의 전개 방향은 식물과 동물과 인간이 크게 다르지 않습니다. 생명은 안에서 바깥으로 자신의 본성을 실현하기 때문에 과학이라는 대상적 인식의 방법을 개발하지 않은 모든 생명들도 나름의 조화롭고 이상적인 삶을 잘 살고 있습니다. 곧, 내면의 통일된 원리에 기초하여 자연에 적응하며 살아갑니다. 이것은 유학뿐 아니라 노장 사상 그리고 힌두교와 불교 등 동양의 사상은 공통적으로 안에서 바깥으로 자연과 인간을 이해하는 유사한 패턴을 지니고 있습니다. 동양의 이와 같은 학문은 서구의 관념론 철학과는 다른 경험과 체험에 기초한 수양의 학문을 통하여 자신의 삶을 자신이 지향하는 이상적인 방향으로 변화시키는 능력을 가지고 있습니다.

　선진시기의 유학, 훈고학, 사장학, 성리학, 고증학 등은 유학의 별칭들입니다. 유학이 시대에 따라 명칭을 달리하지만 6경 4서를 경전으로 하는 유학의 이상은 변하지 않았습니다.

　지금 세계는 서구의 세계지배와 함께 객관적 분석적 가치중립적 학문인 과학이 유일의 보편 학문으로 인정되고 있습니다. 과학교육을 바탕으로 하여 우리 사회는 100여 년 사이에 엄청난 변화를 경험하고 있습니다. 세계 10위권의 경제 수준, 올림픽 5위, 소녀시대, 강남스타일, BTS 등 K-POP을 통한 세계적 한류열풍을 접하며 우리 스스로의 능력에 도취되어 있습니다.

　그러나 그 이면의 현상에도 눈을 돌리지 않으면 안 됩니다. 하루에 수십 건씩 발생하는 어린이 성폭력사태, 불특정 인물을 대상으로 한 폭력과 살인, 우울증과 생계곤란 등으로 인한 하루 평균 40명을 넘어서는 자살 사건 등은 우리사회가 발전과 함께 이상사회로 나가는 것이 아니라 그와 반대인 디스토피아 사회로 되어 가고 있음을 여실히 보여 주고 있습니다. 성장과 변화 속에 가치와 질서가 무너진 상황에 직면하여 "우리는 어떻게 살아야만 하는가?" "인간의 바른 삶의 길은 무엇인가?"라고 다시 묻지 않을 수 없습니다. 바로 지금 우리는 "삶의 도는 무엇인가?"라는 유학적 문제의식과 다시 만나게 된 것입니다.

　과학적·객관적 학문에만 익숙한 우리들에게 도를 지향하는 학문이라는 말이 아직도 실감이 나지 않을 것입니다. **공자**는 "학자는 도에 뜻을 두어야 한다"고 말할 뿐 아니라 "아침에 도를 알게 되면 저녁에 죽어도 좋다"는 과격한 말까지도 하였습니다. 공자는 "누가 문을 통과하지 않고 방을 나갈 수 있겠는가? 그런데 왜 이 도를 따르는 사람이 없는가?"라고 말하며 인간이라면 반드시 따라야 되는 길인 도를 강조하였습니다. **공자**는 도를 알고 실천하기 위하여 노력하였을 뿐 아니라, 정치적으로 실현하기 위하여 노력하고 제자들에게 가르치기 위하여 노력하였습니다. **공자**는 도를 중심으로 제자들을 가르치며 70평생을 살았지만 도가 무엇이라는 명쾌한 해답을 주지는 않았습니다.

도에 대한 명쾌한 답은 **공자**의 손자인 **자사**에 의하여 주어졌습니다. "인간의 본성에 따르는 삶을 도라고 한다"라는 것이 바로 그 해답입니다. 인간의 본성은 인간의 안에 있으므로 삶이 지속되는 동안 떨어질 수 없습니다. 삶이 지속되는 동안 자신이 하는 모든 일이 자신의 본성에 합당하게 한다는 것은 대단히 어려운 일입니다. 본성이 무엇인지 아는 것도 힘들겠지만, 시간과 공간적 상황 속에서 모든 일이 본성과 일치되는 삶은 산다는 것은 더욱 어려운 일입니다. 아무리 어렵더라도 본성이 실재한다면 이는 불가능한 일이라고 할 수는 없습니다.

사실적 객관적 인식을 지향하는 것이 아니라 인간의 본성에 따르는 삶을 추구하는 것이 어떻게 학문이 될 수 있으며, 더구나 그것이 어떻게 진리를 인식하는 학문이 될 수 있을까? 과학적 객관적 진리의 입장에서 보면 이는 당연한 의문이며 불가능한 문제입니다. 유학이 현대적 학문으로서 정립되기 위해서는 과학의 의문에 응답할 수 있어야 합니다. 응답이 가능할 때 과학과 유학의 관계의 정립과 상호 협조와 보완이 가능하게 됩니다.

"인간의 본성에 따르는 행위가 도이다"라고 하지만 본성의 실재성을 과학적으로 증명한다는 것은 불가능한 일입니다. 그러므로 유학은 도를 지향하는 학문을 과학처럼 객관적으로 접근하지 않습니다. 본성은 마음을 주인으로 삼는 실천적 삶을 통해서만 드러납니다. 지와 행이라는 실천적 삶의 학문을 통해서만 도를 알 수 있습니다. 유학에서는 도의 원리인 본성의 근원은 하늘이라고 말합니다.

자사는 「중용」에서 본성에 대해 다음과 같이 설명하고 있습니다. "하늘이 명한 것을 본성이라고 하며, 본성에 따르는 삶을 도라고 한다" 하늘은 무엇인가? 과연 하늘이 실재할까? 현대의 과학은 하늘의 영역을 무한하게 확대하였습니다. 태양계 바깥에 우리가 소속된 우주가 있고, 우리의 우주를 넘어 수많은 은하계가 있습니다. 과학이 설명하는 것과는 다른 창조적 하늘이 과연 있을까? 객관적 관점에서 가장 설명하기 어려운 것이 인간의 마음과 본성과 가치와 형이상의 세계입니다. 그러나 마음과 본성과 가치의 입장에서 보면 그와 반대일 수도 있습니다.

유학에서는 도의 근원은 하늘이라고 분명하게 밝히고 있으며, **공자**는 "하늘을 원망하지 않고, 사람을 탓하지 않고 일상생활에도 도를 닦아 진리에 도달하니 나를 아는 자는 하늘이로다"라고 말하고 있습니다.

동양의 철학인 유학은 과학과 매우 다른 학문이기 때문에 과학이 극도로 발달한 이 시대에 과학의 병폐를 치유할 수 있는 희망의 학문이 될 수 있습니다. **맹자** 역시 "자신의 마음을 다하면 본성을 알 수 있고, 본성을 알게 되면 하늘을 알 수 있다"라고 하였습니다. 사실적 인식을 지향하는 과학과 가치로운 삶의 실현을 지향하는 유학은 지향과 방법을 달리합니다. 사실과 가치, 객체와 주체의 근원적 인식은 인간의 이상적 삶을 위하여 필수적입니다. 두 학문은 서로 보완하며 새로운 인류문화의 세기를 열 수 있을 것이라는 희망을 포기할 수 없습니다.

⑥ 한국의 철학

한국에서 동양철학이란 말은 대체로 중국철학과 인도철학을 포괄하는 단어로 사용되고 있습니다. 유학, 노장철학, 불교 등이 강한 영향력을 가지고 있으며, B.C. 5세기 전후로부터 여러 학파를 통해 계승되어 왔습니다. 주로 다루게 되는 주제로는 윤리학, 우주론, 인식론 등이 있습니다.

한국철학은 고대에서 현대까지 종교사상·가치관·사회의식 속에 드러난 한국인의 철학적 이해를 말합니다. 한국철학의 두드러진 특징으로는 대략 세 가지를 들 수 있습니다.

첫째, 한국의 전통 철학은 주로 종교사상에 기반하고 있습니다. 전통사회의 한국철학은 유교·불교·도교·기독교 등 외래 종교사상을 기초로 하거나, 상고(上古)시대의 한국사상과 구한말 국내에서 자생한 종교사상에 기초하여 철학적 사유를 전개하였습니다. 그것은 전통적으로 한국에서는 종교와 철학이 구분되지 않았던 사실을 의미합니다.

둘째, 한국철학의 대부분은 외국철학의 이해와 해석의 양상으로 구현되었습니다. 전통사회의 한국철학이 기반하는 중추적 종교사상은 중국·인도·서양 등으로부터 전래한 유교·불교·도교·기독교의 외래종교였습니다.

개항 이후부터 오늘날까지 근·현대사회에서는 주로 서양의 철학사조를 중심으로 동서양의 다양한 철학이론을 도입해 왔습니다. 그만큼 한국철학은 외국의 철학사상을 한국적 상황에서 수용하는 과정에서 전개되었던 것입니다.

셋째, 한국철학은 관념적 추상성이나 고증적, 번쇄성(신학중신의 철학)의 방향보다는 인간 심성의 내면적 인식이나 신념적 집약화의 방향으로 발전해 왔습니다. 동시에 시대에 따라 융화성·순수성·형식성·실용성·현실성 등 다양한 성격들이 교착하며 전개되어 왔습니다.

한국의 철학사에 있어서 가장 획기적인 사건은 실학의 등장입니다.

실학(實學)은 조선 후기의 사회적 모순과 도학이념의 형식화를 비판하고 실용성과 합리성을 추구하는 개혁사상으로서 등장하였습니다. 실학은 개방적 자세로 양명학·서학 등의 새로운 지식을 받아들였습니다.

다산 **정약용**은 "상서(尙書)」 고요모(皐陶謨) 1편에서 「대학」과 「중용」은 본원"으로 "만세 도학의 연원"이 된다고 하며 자신의 삶과 정치의 이상을 그곳에서 피력하고 있습니다. '사람을 알아보는 것(知人)'과 '백성을 편안하게 하는 것(安民)'은 「대학」의 결론입니다. '9덕은 중화가 완성된 덕'이며 '천명을 항상 공경하고(祗庸)', '하늘이 할 일을 정치가가 대신하는 것(天工人其代之)' 등 천명을 중심으로 정치를 설명하는 것은 「중용」사상의 근원이 됩니다. 이렇게 사람이 하는 정치를 천명의 이름으로 설명하지만, 그러한 천명은 결국 인민의 귀와 눈과 마음을 통하여 이루어진다고 합니다.

다산은 현상을 경험적 과학적으로 이해하고 이용하는 현대적 사상을 개척한 과학자이지만, 자신의 마음을 통하여 전해 오는 상제의 명령에 귀를 기울이는 삶을 산 종교가요 도덕가였습니다.

다산(茶山)은 15살 되던 해(1776년) 서울로 올라가 살기 시작하였습니다. 서울에서 살기 시작하면서 다산은 성호학파의 여러 선배들과 교유하게 됩니다. 서학에 관심이 많았던 **이승훈**과 **이벽**과 **이가환**은 모두 다산의 가까운 인척들이었습니다.

다산이 서울에서의 새로운 삶을 시작한 다음 해 다음과 같이 최초로 자신의 삶과 학문의 뜻을 정한 입지(立志)의 시를 발표합니다.

　　사람으로 태어나 하늘과 땅 사이에서 살며(人生處兩間)
　　사람다움의 실현은 바로 사람의 본분이라네(踐形乃其職)
　　가장 어리석은 사람은 하늘이 준 선량함을 없애고(下愚泯天良)
　　평생 동안 입고 먹는 것만 경영한다네(畢世營衣食)
　　효도와 우애는 인의 근본이니(孝弟是仁本)
　　실천하고 남는 힘이 있을 때 학문을 해야 하네(學問須餘力)
　　만일 열심히 노력하지 않으면(若復不刻勵)
　　이럭저럭 하는 동안에 덕성을 잃게 된다네(荏苒喪其德)

　　다산은 이때 '사람다움을 실현하는 것', 곧 '천형(踐形)'을 사람의 직분으로 이해하고, 직분을 다하는 삶을 살기로 마음먹었습니다. '踐形'이라는 말은 「맹자」에 처음 나오는 말입니다.

　　다산은 대표적인 실학자 또는 실학의 집대성자로 이해되는데, 가끔 잘 먹고 잘 입고 좋은 집에 살기 위한 실제적인 학문만이 곧 실학이라고 오해되는 것을 보게 됩니다.

　　그러나 17, 8세기 실학자들의 문제의식과 잘살아보기 운동의 정신을 같은 차원에서 이해한다면 다산으로부터 "평생 동안 먹고 입는 문제만 경영하는 가장 어리석은 사람들"이라는 비판을 면하지 못할 것입니다.

　　다산의 입지를 통하여 오늘날 우리들은 '사람다움의 실현'을 위하여 얼마나 노력하고 있는지 반성해야 하며, 그 후 성숙된 다산의 학문을 통하여 '사람다움의 실현'을 위한 방법도 찾아야 합니다.

　　우리는 모든 것을 대상화하여 연구하는 과학이 극도로 발달하고, 과학에 의하여 인간의 인식의 범위가 상상을 초월할 정도로 깊고 넓어진 시대를 살고 있습니다. 과학의 힘은 너무나 위대하여 과학은 모든 것을 알 수 있고 모든 문제를 해결할 수 있다는 믿음을 가지고 사는 것이 많은 사람에게는 당연하게 보입니다.

　　그러나 동양의 고전에 기초하여 오래도록 성현의 말씀을 음미하고 경청한다면 과학적 지식의 중요성을 인정하지만 과학적 진리만이 진리라는 주장은 잘못된 것이라 하겠습니다. 과거의 성인과 현인들이 설파하는 진리는 과학자의 진리와 매우 다르기 때문입니다. 성현의 말씀에서는 대상화된 세계보다 항상 인간과 하늘이 더 중요합니다. 인간과 하늘을 말할 경우에도 생물학의 대상인 육체로서의 인간보다도 삶과 생각의 주체인 마음을 중시하며, 하늘을 말할 경우에도 천문학의 대상인 구체적인 천문보다도 주재(主宰)로서의 하늘을 더욱 중시합니다. 사람의 마음과 하늘의 주재성은 대상화되지 않습니다. 그래서 과학에 의해서는 그 존재 자체가 부정되거나 그 중요성이 폄하되기 쉽습니다. 과학의 절대성을 믿는 현대인에게는 하늘과 마음을 수용하고 이해한다는 것은 거의 불가능합니다.

한편 단군이 조선의 기틀을 닦아 하늘의 뜻을 받들어 '홍익인간'을 건국이념으로 표방한 이래 우리민족은 "하늘을 공경하고 사람을 사랑하는 것"을 삶과 정치의 이념으로 삼았습니다. 우리의 국기인 태극기에서 태극은 하늘을 의미하고 그 안에서 음과 양은 대립하면서도 상호의존적인 현상세계를 설명하고 있습니다.

바깥에는 하늘과 땅, 물과 불을 그려 상대적인 현상세계의 근원을 밝히고 있으며, 세종대왕이 창제하신 한글은 하늘(·)과 땅(一)과 사람(|) 즉 삼재(三才)에 근거하며 모음을 만들고, 오행(木, 火, 土, 金, 水)에 기초하여 자음을 만들어 사람의 모든 소리를 표현할 수 있게 하였습니다.

한글에서 하늘(·)은 모음의 축을 이룹니다. 동학을 개창한 **최제우**는 "사람이 곧 하늘이다"라는 표어를 가지고 새시대를 열고자 하였습니다. 하늘을 중시하고 하늘과 인간을 연결지어 이해하는 것은 우리민족의 오랜 전통이었습니다. 아직도 우리는 "천하를 얻는 방법이 있으니 그곳 백성을 얻으면 천하를 얻게 된다. 그곳 백성을 얻는 방법이 있으니, 그들의 마음을 얻으면 그 백성을 얻게 된다(得天下有道, 得其民, 斯得天下矣, 得其民有道, 得其心, 斯得民矣)"는 **맹자**의 말을 은연중 믿고 있습니다.

다산 역시 성현의 말씀의 진리성을 믿기 때문에 육경과 사서를 통하여 자신의 삶을 완성시키고자 하였습니다.

그러면 민심을 얻고, 천심을 얻는 방법은 무엇일까? 인민과 하늘은 진보를 좋아할까? 보수를 좋아할까? 진보와 보수는 대립하면서도 상호의존적인 상보적인 양자입니다. 자신만이 선하고 상대는 역사에서 사라져야 한다는 생각은 상대의 존재를 부정하는 편협한 생각입니다. 지킬 것을 굳게 지키는 것이 정당한 보수이며, 고칠 것을 바르게 고치는 것이 정당한 진보입니다.

자연세계는 보수와 진보를 조화시켜 가며 안정과 변화를 이어가고 있습니다. 유학에서 탕왕과 문왕은 혁명을 이룬 성왕이지만 **공자**는 과거문화를 총정리하여 지킨 보수의 성인입니다. 처한 입장에 따라 보수를 중시하기도 하고 진보를 주장하기도 하지만 그들의 정당성은 내면에 있는 진실한 마음, 하늘이 준 마음의 명령에 따름으로써 확보되었습니다.

「주역」에서는 "하늘이 돕는 자는 하늘 뜻에 따르는 자이며, 인민이 돕는 자는 자신이 믿는 사람이다(天之所助者, 順也, 人之所助者, 信也)"라고 하였습니다. 진실한 마음, 곧 하늘마음에 따를 때 하늘과 사람의 도움을 받을 수 있다는 말입니다.

과학의 시대를 살고 있는 우리에게 마음을 이해한다는 것은 매우 어렵습니다. 그러나 마음이 주인이라는 것을 확인하지 못하는 삶은 방향을 잃은 공허한 삶이 될 수밖에 없습니다.

Chapter

학문하는 방법

제 1 절 학문의 분류

학문의 종류에 대한 구분은 동양과 서양이 차이가 있습니다. 우리가 일반적으로 사용하는 학문의 분류는 서양의 학문 분류에 기초하고 있습니다. 이를 자세히 알아봅니다.

1 서양의 학문분류[1]

1) 현대 이전의 학문분류

서양에서도 오늘날과 같은 분류가 나오기까지는 오랜 시간이 걸렸는데 그 시작은 그리스시대로 볼 수 있습니다.

당시의 철학은 지금에 비해 훨씬 더 다양한 분야를 점유하고 있었는데 과학, 예술, 법률 등 모든 인문학 및 자연학이 여기에 포함되었다고 볼 수 있습니다. 당시에는 수학, 자연과학, 형이상학과 같은 순수학문을 제1학문으로 사회학, 윤리학과 같은 가치의 문제를 다루는 것을 제2학문으로 분류했습니다.

이후 중세의 모든 학문이 종교 아래 종속되면서 이러한 구분도 종교가 포함하는 형식을 취하였고, 16세기 르네상스 이후 종교와 철학이 분리되면서 본격적인 학문의 분류가 가속화되기 시작했습니다. 이후 시간이 지나감에 따라 각각의 학문이 전문화되면서 오늘날과 같은 학문 분류의 토대가 마련되었습니다.

우리가 학문을 분류하기 이전에 철학자들을 살펴본 이유가 여기에 있습니다. 서양에서 **소크라테스** 이전의 철학자들은 인간보다는 오히려 자연세계에 관심이 더욱 컸습니다. 이러한 철학자들의 자연세계에 대한 지나친 관심이 **플라톤**과 **아리스토텔레스**로 하여금 인간세계에 대한 소홀함의 불만을 대변하게 되었던 것입니다. 그러나 이들 철학자의 주된 관심사도 역시 자연세계였습니다.

플라톤은 학문을 감각경험과 가시적 형상 그리고 이데아의 3원적 구분을 다시 Physics, Mathematics, Metaphysics의 3가지로 분류했습니다. **아리스토텔레스**는 플라톤의 3원적 구분 위에, 이론과 실용의 2원적 구분을 상위개념으로 하여 다음과 같이 구분하고 있습니다.

---

1) 서양의 학문분류는 서울대학교 김영식 교수의 「인문학과 과학」을 주로 인용하였습니다.

그림 3-1   플라톤과 아리스토텔레스의 학문분류

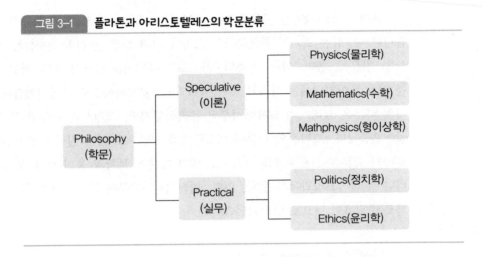

위와 같은 **플라톤**과 **아리스토텔레스**의 구분은 후에 **보에티우스**에 의해 더욱 구체화되었습니다.

그림 3-2   보에티우스의 학문분류

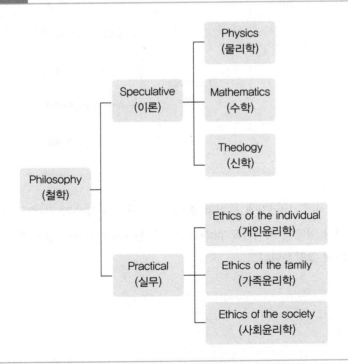

한편 스토아학파는 학문을 Logic, Physics, Ethics의 3가지로 분류하기도 했습니다. 이 같은 초기의 학문분류는 로마에 의해 문법, 논리학, 수사학, 기하학, 산수, 천문학, 음악, 의술, 건축의 9가지로 분류되기도 했으며, 이후 약간의 변화를 거쳐 로마시대에는 다음과 같이 3학4과의 7교양과목으로 구성되었습니다. 로마의 학문은 그리스의 교육에서부터 유래하였지만, 그리스의 학문과 그 양상이 상이했습니다. 그리스의 학문이 이상주의를 기반으로 하여 철학을 중시한 반면, 로마의 학문은 실용주의를 기반으로 했기 때문에 문학과 웅변 등을 중시하였습니다. 이들 7교양과목은 철학, 의학, 법학 등 전문분야를 공부하기 위한 준비단계로서 필요한 것으로 인식되었습니다.

그림 3-3 로마의 교양과목 분류

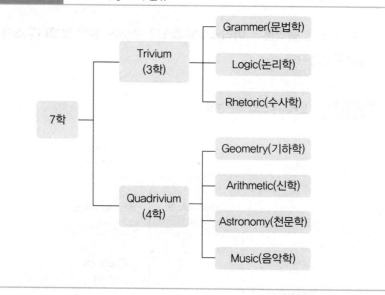

이후 12세기에 들어와 **휴**에 의해 학문은 다음과 같이 구체화되었습니다. 그러나 이때만 하더라도 philosophy 또는 science 같은 용어의 정확한 개념은 정립되지 않았습니다.

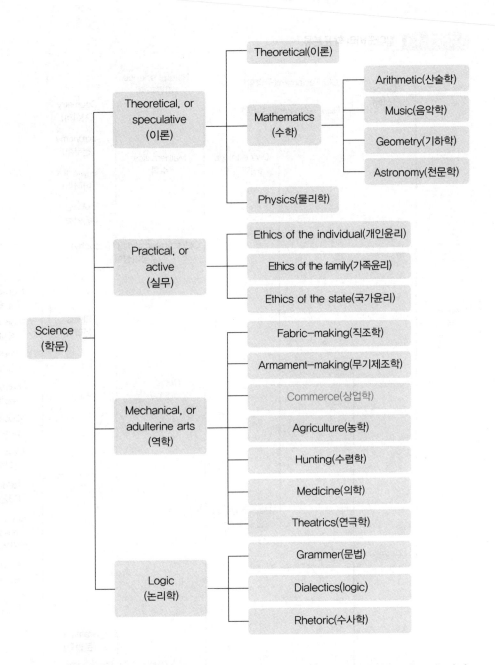

이러한 상황 아래 이슬람문화에서 유래한 학문들이 유럽에 들어오기 시작
했으며, 13세기 초인 1215년에 로마의 교황이 몇몇 길드식 학교를 공식적으로 대
학이라 명명하면서 유럽에서 대학이 생겨나기 시작했습니다. 그러다가 13세기
중엽 **킬워드비**에 의해 근대적 의미의 학문분류체계가 완성되었습니다.

그림 3-4 **킬워드비의 학문분류**

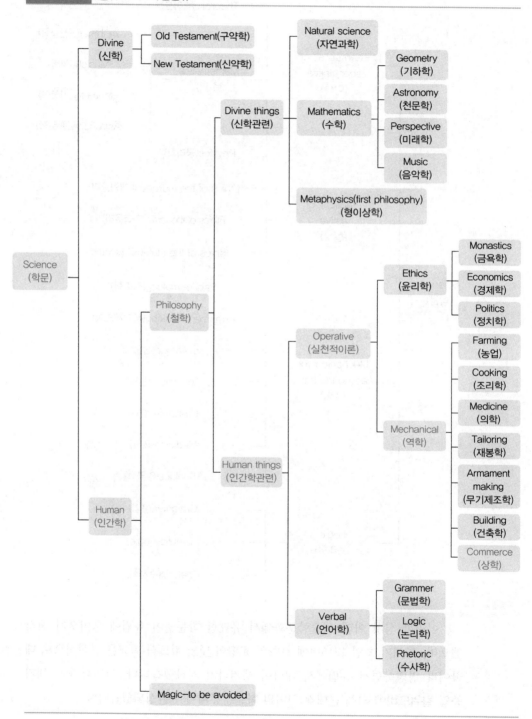

② 동양의 학문분류

동양의 경우에는 엄밀히 말해 서양에서 말하는 철학이 존재하지 않았습니다. 따라서 학문의 분류도 구체적이지 않습니다. 서양의 학문이 지식의 탐구에 초점을 맞추고 논리 분석을 그 수단으로 사용했다면 동양은 지혜에 초점을 맞추고 인격완성 -현인 혹은 성인- 이 되는 것에 학문의 초점을 맞추었습니다.

이런 과정에서 사실문제(과학적 영역)까지도 가치문제에 포함되면서 모든 학문이 인격완성에 초점을 맞추어지는 형태를 취하게 됩니다. 결국 1천 년 이상 서양에 앞서 있던 동양의 과학(당시에는 서양과 마찬가지로 과학도 철학에서 다루었음)도 단 몇 백년 만에 서양에 종속되었습니다. 그렇다고 해서 동양에 인문학 이외의 학문이 존재하지 않은 것은 아닙니다.

동양의 학문분류는 서양에서와 같은 형태로 분류하지는 않고 있습니다. 동양을 대표하는 중국에서는 유학은 육경과 사서를 경전으로 삼고 있습니다. 그러나 유교, 불교, 도교를 막론하고 경학(經學)이 중심이었던 동양의 학문적 전통에서는 체계적인 지식이 부정되진 않았다 하더라도 그렇게 강조되고 있지는 않습니다.

거기에는 형이상학이나 윤리학에 해당할 만한 언급도 있고 중국철학사에 해당할 만한 언급도 있긴 하나 거의 모든 언급이 단편으로 그칠 뿐 일관된 체계라고 할 만한 것이 없습니다. 후대에 많은 학자들이 「논어」에 대해 주석을 썼지만 주석도 체계적인 지식을 구성하기 위한 것은 아니었습니다.

동양철학은 유교의 경서와 같은 텍스트의 비체계적인 가르침을 체계적인 지식으로 전환하는 작업에 매달려 왔습니다. 경서의 권위를 믿고 경서의 가르침대로 살기를 요구하던 동양의 경학적 전통은 동양철학의 등장으로 인해 체계적인 지식을 구성하기 위한 객관적인 연구의 대상으로 바뀌었습니다.

이로써 동양의 전통적인 정신과 학문은 근대화되고 서구화된 오늘의 세계 속에서 의사소통이 가능하게 되었습니다. 동양의 전통적인 정신과 학문이 동양의 과거라는 특수성에 머물지 않고 세계사적 보편성에 합류하기 위해서는 서구적 합리성과 체계성의 기준을 도외시할 수 없습니다.

과거로부터 물려받은 유산을 다 짊어진 채 미래로 나아갈 수는 없습니다. 동양철학은 19세기 말 동양문화와 서양문화의 교차로에서 탄생하여 동양의 문화적 유산 가운데 상당 부분을 희생하면서 서양철학으로부터 새로운 것을 받아들였습니다.

오늘날 서양철학에 전혀 무지한 채 아주 고루하게 동양철학을 한다 하더라도 이미 서양철학의 새로움과 무관할 수는 없습니다. 이것은 동양의 전통적인 정신과 학문을 한 치의 오차도 없이 따르고자 하는 사람들에겐 불행일 수 있지만 동양문화의 새로운 미래를 열어가고자 하는 사람들에겐 다행일 수 있습니다. 따라서 20세기 이후 동양철학 연구는 경학의 철학화를 초래했습니다. 이 과정에서 잃은 것도 있고 얻은 것도 있습니다.

그러나 지난 세기의 동양철학 연구성과가 만족스러웠던 것은 아닙니다. 서양철학은 동양철학을 가능케 하고 있지만 동시에 동양철학의 가능성에 제한을 가하고 있습니다.

동양철학이 21세기에도 인간의 삶에 유익한 학문으로 인정받으려면 먼저 이 제한을 돌파해야 합니다. 이를 위해서는 서양철학이 유일한 철학이 아님을 자각하면서 서양철학을 상대화시킬 줄 아는 폭넓은 안목의 획득이 필요합니다. 그래야 서구적 기준에 따라 체계적인 지식을 생산하느라 잃어버린 동양문화의 실천적 연관성과 그 고유한 논리를 변화된 시대에 맞게 회복할 수 있을 것입니다.

이것은 단지 동양의 문화적 유산으로부터 미래의 자원을 재개발하는 데서 그치지 않고 자폐증에 빠져 있는 서양문화를 다른 문화에로 개방시키는 계기도 마련해 줄 것입니다. 유학의 경전 가운데서 「대학」과 「중용」은 분량도 작아 사람들이 읽을 만합니다. 그리고 이 두 책에는 학문으로서의 유학의 방법과 목표가 가장 분명하게 제시되고 있습니다. 그리고 내용도 서로 표리 관계를 이루고 있어서 함께 읽으면 유학을 이해하는 데 결정적인 도움을 줍니다.

중국의 고전인 「대학」에서는 "앎을 극진하게 하는 것이 사물에 나아감에 있다"고 하는데 앎을 극진하게 하는 것은 삼강령의 "명덕을 밝힌다(明明德)"고 합니다. 「중용」에서는 "하늘이 명한 것이 본성이고, 본성에 따르는 것이 도이다"라고 합니다. 「대학」의 지선(至善)은 중용의 도와 같고 「대학」의 명덕(明德)은 「중용」의 본성과 같습니다. 지선의 인식은 어떻게 가능한가? 본성 곧 명덕을 지닌 인간이 사물과 만나 자신의 본성을 다할 때 가능하다는 것을 알게 됩니다.

따라서 '학문으로서의 유교(儒敎)와 유학(儒學)'을 통하여 유교와 유학은 가르침을 베푸는 자와 배우는 자의 입장에 따라 이름을 달리하지만 그 내용은 동일합니다. 유학은 동아시아 2천여 년 역사와 운명을 함께하며 그 명칭도 다양합니다. 한대(漢代)의 훈고학(訓詁學), 당대(唐代)의 사장학(辭章學), 송대(宋代)의 성리학(性理學), 명대(明代)의 양명학(陽明學), 청대(淸代)의 고증학(考證學) 등이 그 것입니다. 선진시대의 유학은 학문을 통하여 도를 알고 실천한다는 이상주의적 성격이 강하지만 역사 안에서의 유학은 각 시대마다 차이는 있지만 어용적 체제 유지적 성격이 강합니다.

진시황제가 천하를 통일한 뒤 전횡을 위하여 분서갱유(焚書坑儒)를 하자 백가쟁명(百家爭鳴)으로 한때 활짝 꽃이 피었던 자유롭고 이상주의적 지향을 가진 학문정신은 사라지고 영웅이 지배하는 힘의 시대가 시작됩니다. 수년의 전쟁으로 천하를 통일한 한(漢)의 고조(高祖)는 국가의 질서를 유지하기 위하여 유학을 필요로 하게 되고, 영토를 동과 서로 확장한 한(漢)의 무제(武帝)는 "파출백가(罷黜百家), 독존유술(獨尊儒術)"을 표방하며 유교를 한왕조의 국교로 선포합니다.

한대(漢代)의 유학은 분서갱유로 사라진 경전의 발굴과 올바른 의미를 파악하는 것을 일차적 목표로 삼았습니다. 문자 그대로 훈고학입니다. 당대의 유학은 경전학습을 통하여 훌륭한 문장을 지어 과거에 합격하는 것을 목표로 삼았습니다. 송대의 유학자들은 시대사상의 주류를 이루면서도 비현실적인 불교와 노장 사상을 압도하는 학문으로서의 유학을 회복하기 위하여 성리학을 체계화하였습니다. 불교와 노장 사상의 도전을 극복하는 과정에서 지나치게 형이상적으로 되는 경향을 피하기 어려웠습니다. 성리학은 원(元), 명(明), 청(淸) 삼대를 통하여 과거의 텍스트가 되고 국교로 숭상되며 역시 봉건주의 체제 유지를 위한 사상으로 봉사하게 됩니다. 조선왕조는 성리학을 국교로 선포하며 성리학적 이상사회를 실현하기 위한 시험국가(과거제도)와도 같은 양상을 보였습니다.

서구의 세력과 학문이 동아시아 지역을 지배하기 시작하고, 동아시아 지역이 서구의 학문과 사상을 자발적으로 학습하기 시작하며, 유교는 중국과 기타 동아시아지역에서 거의 흔적을 찾기 어렵게 되었습니다.

그러나 과학이 극도로 발달하며 과학과는 너무나도 다른 학문적 체계로서의 유학에 대한 재인식은 지구 생명권 전체의 생존보호 차원에서도 절실하게 요청되는 상황을 맞이하게 되었습니다.

유학이란 어떤 학문인가? 과학의 진리관과의 비교와 구별은 유학에 대한 이해의 첩경이 될 수 있습니다. 근대 이후 과학에서의 진리는 객관적 진리를 의미합니다. 인간이 어떤 사물이나 현상을 대상화하여 그것이 가진 원리와 법칙에 대한 가설을 세우고 실험을 통하여 그 원리와 법칙의 정당성이 증명되면 그 원리와 법칙은 가설의 단계를 넘어 진리로 인정됩니다. 그러한 원리와 법칙은 누구에게 나 인정되므로 객관적 진리라고 할 수 있습니다.

오늘날 모든 학문에서는 객관적 진리를 추구하게 되며, 객관성의 중시는 주관성에 대한 폄하와 불신을 야기하며 이는 인간에 대한 불신으로 이어집니다. 과학적 객관적 인식에서는 분석과 관찰을 인식의 가장 중요한 방법으로 여깁니다. 관찰 수단의 발전에 따라 과학은 거시적 인식과 미시적 인식의 지평을 무한으로 넓고 깊게 하고 있습니다. 현대과학의 어마어마한 힘은 과학 이외의 다른 인식방법이 없을 듯한 과학에 대한 미신적 숭배에 빠져들게 합니다.

과학이 객관적 진리를 문제로 삼는다면 유학은 주체적 실천적 진리를 문제로 삼습니다. 유학이 현실을 결코 무시하지 않지만 유학은 객관적인 사실에서 진리를 추구하지 않습니다. 현대인은 모든 문제를 객관적으로 바라보는 것이 습관이 되어 주체성을 중시하는 도교, 불교 등의 동양철학을 대하면 과학적이 아니라는 이유로 무시하려고 합니다. 특히 유학에 대해서는 더욱 심합니다.

유학에서는 진리를 도(道)라고 불렀습니다. 도는 올바른 방법이나 올바른 삶, 선한 삶 등을 의미하는 가치적 진리입니다. 유학을 학문으로 정립한 **공자**의 어록인 「논어」에는 '도(道)'자가 89회 나옵니다. 그 가운데 5회의 인도(引導)한다는 의미와 3회의 도로(道路)라는 의미, 2회의 말한다는 의미를 제외한 79회의 경우는 모두 올바른 방법과 올바른 삶을 의미하는 가치적 진리와 관련된 용어들입니다. 유학은 가치적 진리의 인식과 실천을 목표로 하며 이를 성취함에 따라 사람은 학자(學者), 현인(賢人), 성인(聖人)으로 인격이 고양(高揚)됨을 경험하게 됩니다.

그러나 표면적으로 보면 우리의 정신사는 외래사상인 불교가 천 년을 주도하고, 불교와 유교가 함께 5백 년을 주도하고, 유교가 5백 년을 주도하고, 기독교가 백 년을 주도하였습니다. 우리가 살고 있는 지금은 서구 종교인 기독교와 서구의 학문이 우리 사회를 지배하고 있습니다. 그 결과 서구의 학문이 유일의 보편적인 학문이라고 생각하는 학자들도 많습니다. 그러나 서구의 'science'에 대한 번역어로서의 학문이라는 개념이 있기 2천여 년 전부터 유교에서는 학문이라는 용어를 사용하였습니다.

③ 오늘날의 학문분류

　　지금까지 우리는 동양과 서양의 학문분류의 큰 흐름을 살펴보았습니다. 이 같은 학문분류에 대한 관심은 14세기가 지나면서 더 이상 사람들의 관심이 되지 않았습니다. 이는 중세까지 계속되었고, 철학과 과학의 구분도 모호해졌고, 학문을 신학과 철학이라는 큰 분류로 구분하여 오늘에 이르고 있습니다.

　　이를 살펴보면 다음의 그림과 같습니다.

그림 3-5 **오늘날의 학문분류**

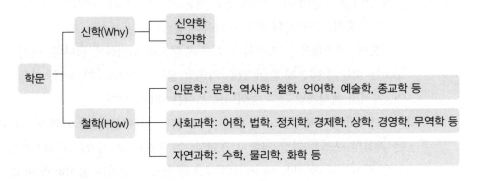

④ 학문과 교육과정

　　여러분은 고등학교 시절 문과와 이과 중 하나를 택하여 공부했을 것입니다. 그러나 사실 문과 이는 인간세계와 자연세계를 각각의 대상으로 하는 것이 아니라 문과 사이 모두가 인간세계와 자연세계 전체를 포괄하는 개념입니다. 즉 오늘날의 문과와 이과의 개념과는 전혀 성질이 다릅니다.

　　특히 우리나라의 문과와 이과 구분은 서양의 구분과는 상당한 차이가 있습니다. 오늘날의 우리 학문구조가 지극히 인위적이고 임의적인 문과와 이과의 구분으로 말미암아 상대 쪽에 대해 극히 배타적인 태도를 취하게 되었습니다. 이 같은 무지는 결국 모든 사회구성원이 상대 쪽에 대한 편견으로 이어지게 됩니다. 그러던 중 드디어 2017년 고등학교 과정에서 문과와 이과의 구분이 사라지게 됨은 실로 다행한 일입니다.

　　이렇게 학문중심의 교육과정이 나타난 하나의 동기로서 지식의 폭발적인 증가를 들 수 있습니다. 증가하는 지식 중에서 어떤 것을 가르칠 것인가 하는 선정기준에 관한 논란이 계속 있어 왔습니다.

학문중심교육과정에서는 이 선정기준을 각 학문에 내재해 있는 '전이가 높은 지식'이라고 보고, 이러한 지식을 지식의 구조라고 했습니다. 또한 교육과정사적인 맥락에서 보면, 학문중심교육과정은 경험중심교육과정에 대한 심각한 회의에서 비롯되었습니다.

경험중심교육과정의 구성방식에서는 지식의 체계성이 소홀히 취급되었고, 따라서 학문적 · 체계적인 사고와 연구를 하는 데 필요한 능력을 소홀히 취급하는 폐단이 나타났습니다. 이에 대한 대응으로 교육과정이 보다 학문적 지향을 가져야 한다는 주장이 커지게 된 것입니다.

학문중심교육과정의 특징은 다음과 같습니다.

첫째, 교과내용은 '지식의 구조'를 중심으로 조직하게 됩니다. 여기서 지식의 구조는 학문의 이면에 숨어 있는 기본적 생각, 지식의 기본개념, 지식의 기본원리, 지식의 핵심개념 등과 동의어로 쓰이는 개념입니다.

브루너에 의하면 교육과정은 각 교과의 전문가들이 각 교과가 나타내고 있는 지식의 구조를 가장 명백히 표현할 수 있도록 그 지식을 체계적으로 조직해 놓은 것이라고 합니다. 이 지식의 구조는 학습의 전이를 용이하게 하고, 낱낱의 사실들을 구조화된 전체에 비추어 보게 함으로써 그 사실들을 쉽게 이해할 수 있게 하고, 잊어버리지 않게 합니다.

둘째, 교육과정을 나선형으로 조직합니다. 이것은 초등학생부터 고등학생에 이르기까지 지식의 구조를 가르치는데 다만 그 수준을 달리해야 한다는 것입니다. 브루너는 학년이나 발달의 정도에 관계없이 학생들의 사고방식에 맞게 그들이 이해하는 말과 자료를 써서 가르치면 어떤 교과내용도 이해할 수 있다고 했습니다. 나선형 교육과정에서는 교과가 가장 완벽한 상태를 가상하고 일찍부터 그 교과에 담겨진 기본개념을 학생들의 사고방식에 알맞게 가르치며 학년의 진전에 따라 점차 심화하고 확대해 나갑니다.

셋째, 탐구과정을 중시합니다. 학문중심교육과정에서는 교육과정을 각 학문에 내재해 있는 지식탐구과정의 조직이라고 정의하고, 교과를 가르칠 때 그 교과에 내재해 있는 기본원리 · 핵심개념을 교사가 찾아내어 이것을 학생들에게 제시하고 주입하는 것이 아니라 학생들로 하여금 해당 분야의 학자가 한 것과 같은 '눈'과 '방식'으로 이를 찾아내도록 합니다.

⑤ 21세기의 학문 : 융복합 학문[2]

2013년 말, 인터내셔널 뉴욕타임스(INYT)에는 주목할 만한 기사가 하나 실렸습니다. "세계 고등교육 시장에서 인문학에 대한 자금 지원이 줄고 정치권에서 공격을 받아 위기가 심화되고 있다"는 것입니다. 보도에 따르면, "미국에서는 인문학 연구 자금 지원금이 2009년부터 계속 감소하고 있으며 2011년에는 과학기술 분야 연구개발비의 0.5퍼센트에도 미치지 못했다"고 합니다. 호주도 마찬가지입니다. "호주는 1억 300만 호주 달러(약 995억 원)의 인문학 연구 지원 자금을 의학 분야로 돌리겠다"고 밝혔습니다. 영국도 2011년부터 인문학 분야에 대한 정부의 직접 자금 지원을 중단, 학생들이 내는 수업료로 충당하게 했습니다.

이를 볼 때 인문학에 대한 정부의 억압과 차별이 우리나라만의 일이 아님을 알 수 있습니다. 인문학에 대한 억압과 차별은 세계적인 현상이고, 신자유주의 시대의 전형적인 풍경입니다.

영국 스완지대학의 정치학 교수 **앨런 핀레이슨**은 이런 말을 했습니다. "인문학과 사회과학에 대한 학자금 지원을 전면 배제함으로써, (영국의) 보수당과 (일본의) 자민당 연립정부는 …… 사회적·경제적·정치적 상황에 대한 이해에 가장 잘 기여할 수 있는 바로 그 학문들의 기반을 의도적으로 약화한다." 이 말은 두 가지를 의미합니다. 하나는 인문학의 위기는 자연스럽게 형성된 것이 아니라, 일정한 의도를 갖고 행해진 국가 정책의 결과라는 것. 또 하나는 인문사회과학을 퇴조시킴으로써 대중을 무지 속에 가둔다는 것입니다.

비슷한 주장은 우리나라에도 있습니다. 한문학자 **강명관**의 주장이 그렇습니다. "학문의 위계는 …… 자본의 이윤 증식에 기여하거나, 아니면 자본의 영속적인 사회 지배, 곧 불평등한 사회의 영속화를 목적으로 하는 국가권력과의 거리에서 결정된다. 상경대, 의대, 약대, 법대, 공대 등이 선호되는 것은 자본-국가권력-테크놀로지와 가깝기 때문이다. 인문학은 자본과의 거리가 가장 멀고, 또한 태생적으로 자본에 대해 비판적이어야 한다. 근자 다수의 대학에서 철학과가 폐과의 대상이 된 것은, 철학이 자본과의 거리가 가장 멀고, 또 자본을 근저에서부터 비판하여야 하기 때문이다."

실제로 국가-자본은 상경대, 의대, 약대, 법대, 공대 등을 적극 선호합니다. 상경대, 그중에서도 경영학은 그 자체로 친기업적인 학문입니다. 국가-자본이

---

2) 기업 인문학은 학문 융합으로 탄생한다/작성자 「인물과사상」에서 발췌

이런 학문을 좋아하지 않을 리 없습니다. 국가-자본의 절대적 지원 속에서 성장한 경영학은 현재 대학과 사회 전체를 지배하고 있습니다. 학문의 역사를 아무리 오래 잡아도 120년 정도, 짧게 잡으면 60년 정도밖에 안 되는데도 그렇습니다. 그러나 생각해 보면 지금은 대기업과 초국적 자본이 지배하는 신자유주의 시대입니다. 이런 시기에 자본의 이익을 옹호하는 경영학이 대학과 사회 전반을 지배하는 것은 어찌 보면 당연한 일일 수 있습니다.

경제학은 어떨까요? 경제학에는 사회비판적인 **베블런**이나 **마르크스**의 이론도 포함되어 있습니다. 무엇보다 대기업과 초국적 자본은 경제학의 연구 대상이기도 합니다. 그래서 언뜻 보면 경제학이 기업의 포로가 되는 것은 쉽지 않아 보이기도 합니다. 그러나 염려할 것 없습니다. 우리나라 경제학 교수들 대부분은 미국에서 신고전파 경제학을 중심으로 하는 주류경제학을 공부해 학위 받은 사람들입니다. 당연히 학생들에게 가르치는 것도 대개 주류경제학입니다. 법대도 마찬가지입니다. 법이라는 것 자체가 기존의 질서를 수호하기 위해 만들어진 것이므로 좋아하지 않을 까닭이 없습니다.

의대, 약대, 공대는 모두 과학기술과 관련된 학과입니다. 과학기술의 발달은 국가-자본에게 매우 유익합니다. 국가는 과학기술을 전쟁과 통치의 도구로 삼을 수 있고, 자본은 제품생산과 그를 통한 이윤추구의 수단으로 삼을 수 있습니다. 과학기술에 대한 국가-자본의 믿음은 절대적입니다. 주제에 상관없이 무조건 지원하면 자신들의 이익으로 돌아온다고 생각합니다. 과학기술에 대한 지원 비중이 압도적인 것은 그 때문입니다.

반면 인문학은 기본적으로 반성적 학문입니다. 예를 들어 철학은 윤리학, 인식론, 논리학 등의 분과를 갖고 있습니다. 윤리학은 '도덕이란 무엇인가', 'A는 도덕적 가치가 있는가, 없는가' 같은 것을 따집니다. 인식론은 사물이 우리에게 인식되는 과정을 탐구하기도 하지만, 우리가 인식한 것이 옳은가 그른가를 따지기도 합니다. 말하자면, 생각(한 것)에 대해 생각하는 학문입니다. 역사학이나 사회학도 반성적입니다. 역사는 인류나 민족, 국가가 걸어온 길을 되돌아보는 학문이고, 사회학 역시 인간 사회와 인간의 사회적 행위를 돌아보는 학문입니다.

이런 반성적 학문들은 인간의 지성과 학문의 발달, 사회와 역사의 진보에 꼭 필요합니다. 그러나 그를 통해 발달하는 비판적 이성과 안목은 기득권자에게 불편함을 안겨 주기 쉽습니다. 문학예술도 그렇습니다. 무언가를 창작하기 위해서는 자유로운 탐구와 정신적 유영이 필요합니다. 물론 문학예술 창작물은 기업의 이익에 복무할 수도 있습니다. 그러나 자유를 전제로 하는 창작 과정은 기존의 질서를 뒤흔드는 방향으로 나아갈 수도 있습니다. 그래서 국가-자본의 입장에서 봤을 때, 길들이기가 필요합니다. 이 같은 이유들 때문에 국가-자본은 반성적 학문들을 억압, 차별, 통제하는 한편, 로스쿨이나 경영대학원, 과학기술 관련 학문들은 적극 지원하는 것입니다.

또한 인문계의 높은 실업률은 어제오늘의 일이 아닙니다. '문송합니다('문'과라서 죄'송'합니다)'나 '인구론('인'문계 졸업자의 '구'십 퍼센트는 '논'다)' 같은 신조어가 생겨날 정도입니다. 인문계의 실업률이 높은 주요 이유 중 하나는 대기업들이 이들을 취업 시장에서 노골적으로 배제하고 있기 때문입니다. 인문계 졸업자들은 아예 원서를 넣어 볼 수도 없습니다.

대기업의 이런 채용 정책은 졸업한 후 놀기 싫으면 인문사회과학을 전공하지 말라는 것이나 같습니다. 학생들은 학문에 대한 관심과 흥미가 없어서가 아니라 오로지 '취업 시장에서 불이익을 당할까' 두려워 인문사회과학 분야의 진학을 꺼리게 됩니다. 이것이 인문사회과학 진학 기피, 즉 인문사회과학이 학생들에게 인기가 없다는 것의 실체입니다.

혹자는 '필요 없는 인력이라 기업이 고용을 안 하겠다는 데 뭐가 잘못되었느냐?' 하고 반문할지 모르겠습니다. 그 말은 맞을 수도 있습니다. 이윤 추구에 도움이 되지 않는다면, 기업은 얼마든지 고용하지 않을 수 있습니다. 그러나 문제는 대기업들이 평소 인문적 소양을 강조하고 있다는 데 있습니다. 인문적 소양은 중시하면서 인문계 졸업자들을 유독 차별한다면 이것은 모순이 아닐 수 없습니다. 심각한 모순은 현실에 버젓이 분명히 존재합니다. 그리고 우리는 그것을 날마다 경험하고 있습니다. 그럼에도 이에 대해 질문을 던지는 언론이 있다는 말도, 이에 대해 해명한 기업인이 있다는 말도 들어 본 적이 없습니다.

기업은 인문적 소양을 중시한다면서, 인문계 졸업자들을 고용 시장에서 배제하는 모순적 행태를 보이고 있습니다. 이는 기업 인사담당자들은 인문학적 상상력은 고사하고 지독한 반기업 정서에 물든 인문계 졸업생들에게 놀랄 때가 한두 번이 아니라고 말합니다. 반시장주의, 반자본주의를 인문학으로 위장하는 강남좌파식 교수들이 판을 치니 당연한 결과입니다." 한마디로 인문계 졸업생들이 반기업 정서를 갖고 있어 취업 시장에서 홀대받고 있다는 말입니다.

"그나마 인문계 출신을 뽑는다는 곳은 영업 등 서비스업 분야에 국한되어 있습니다. 하지만 이런 분야도 갈수록 과학기술과의 융합이 가속화되고 있어 언제까지 인문계에 문을 열어 줄지 장담하기 어렵습니다. 인문학 교육의 과감한 변화 없이는 졸업자의 실업자 코스만 더욱 고착화될 뿐입니다." 이것은 협박이나 다름 없습니다. 여기서 말하는 '과감한 변화'란 기업 인문학으로의 체질 변화를 말합니다. 다시 말해 '기업 인문학으로 거듭나지 않으면, 그나마 영업 등 서비스 분야에 한해 채용했던 것마저 끊길 수 있다'는 것입니다.

현실적으로 대학 졸업 후 대기업에 입사하는 사람은 소수에 불과합니다. 그럼에도 대학생들이 가장 선호하는 일자리는 대기업입니다. 그리고 학생들 대부분이 자신이 중소기업의 노동자가 될 것을 상상도 하지 않는 상황에서 대기업의 고용 정책이 전공 선택에 미치는 영향은 커질 수밖에 없습니다.

예전에는 듣도 보도 못한 과들이 대학에 많이 생겨나는 까닭에 언뜻 보면 학문의 다양성이 높아진 것처럼 보일지도 모르겠습니다. 그러나 국가-자본의 입맛에 맞는 학과들만 창궐하고 있습니다. 반면 반성적 학문을 하는 인문사회과학 학과들은 대학에 얼마 남지도 않았습니다. 이런 상황에서는 기업의 인문학 차별이 더욱 노골적이 되기 쉽습니다. 왜냐하면 기업 친화적인 학과들이 이렇게 많아졌는데도 굳이 기업들이 별로 내켜 하지 않는 과를 간 사람이 되기 때문입니다. 그래서 철학과나 사학과, 사회학과를 선택한 것 자체가 기업에 '찍히는' 일이 되었습니다.

인문학을 전공했다고 해서 고용시장에서 불이익을 주는 것은 당연히 부당합니다. 그러나 더 큰 문제는 인문학 전공자라고 해서 반기업적 정서를 갖고 있다는 것 자체가 설득력이 없음에도 차별한다는 점입니다. 요즘에는 인문학 전공자라고 하더라도 취업을 위해 복수전공, 부전공, 이중전공, 연계전공 등의 이름으로 경영학을 함께 공부하는 경우가 많습니다. 인문사회 분야 학생들도 약 80퍼센트가 경영학에 발을 걸치고 있는 것이 현실입니다. 인문학 전공자라고 해서 인문학만 공부하는 것이 아닙니다. 기업들도 이런 상황을 잘 알고 있습니다. 그럼에도 인문학 전공자들을 박절하게 대합니다.

그것은 인문학 개혁에 대한 압박의 필요성 때문이라고 할 수 있습니다. 시나리오는 이미 완성되어 진행되고 있습니다. 기업은 인문계 졸업자들을 고용에서 차별하고, 그것은 인문계 졸업자들의 낮은 취업률로 기록됩니다. 낮은 취업률은 대학이 '사회 수요'에 맞지 않는 교육을 하고 있다는 증거로 제시됩니다. 취업률을 기반으로 정부는 인문학에 대한 체질 변화를 요구하고 있습니다. 교육부가 취업률을 대학 평가의 가장 큰 기준으로 삼는 것은 언뜻 보면 학생들을 위한 것으로 보입니다. 그러나 그것은 거대한 기만입니다. 정부는 청년 실업문제에 관심도, 해결할 의지도 없습니다. 취업률을 문제 삼는 것은 기업이 원하는 대학 시스템으로의 전환, 그것을 위한 명분일 뿐입니다.

대학 구조조정은 학과 통폐합과 융복합이 동시에 구현되는 형식을 취합니다. 학과 통폐합에는 동원되는 상상력은 기상천외합니다. 이렇듯 구조조정은 반성적 학문이나 기초 학문을 없애거나 정원을 축소하고 있습니다. 그리고 학문을 맥락도 없이 무자비하게 합침으로써 학문 고유의 성격을 파괴하고 있습니다. 무분별한 학문 간 융합의 문제점은 그것이 일방적 강요에 의한 것과 오직 기업적 요구에 따른 것이라는 점입니다.

반면 기업 중심, 취업 중심의 실용적 학과나 단과대들은 속속 생겨나고 있습니다. 문제는 이런 조치들이 청년 실업을 해결하지 못한다는 것입니다. 점증하는 청년 실업률만 놓고 보면, 대학 구조조정이 청년 실업을 해결할 수 있다는 것은 거짓말입니다.

취업률 제고 외에 국가-자본이 제시하는 다른 이유들도 있습니다. 미래 사회가 '지식융합사회'라는 것, 혹은 사회가 학제 간의 영역을 초월한 통섭적 시야를 가진 인재를 요구한다는 것, 그런 사람이라야 광범위한 문제해결능력을 갖출 수 있다는 것 등입니다. 그러나 이것들도 '기업의 요구'와 다름이 없습니다. '사회적 요구'가 아니라 '기업의 요구'라는 말입니다. 지식 융합을 요구하는 것도, 융합적 인재를 요구하는 것도 기업이고, '문제해결능력'이라는 것도 비즈니스와 관련된 해결 능력을 말합니다.

때로는 더 고차원적인 담론이 학문 융합의 이유로 동원되기도 합니다. 학문 융합을 정당화시키는 또 다른 담론은 폐쇄적인 학문 체계에 대한 비판입니다. 학문이 전문화되고 세분화됨에 따라 다른 학문, 현실과 소통할 수 없게 되었다며 학문 융합을 주장하는 경우입니다. 문제 제기는 옳지만 그렇다고 해서 '학문 융합'이라는 해결책이 옳은 것은 아닙니다. '학문 융합'이 문제가 되는 것은 그것이 국가-자본에 의해 일방적으로 강요된다는 점입니다. 학문의 가장 중요한 전제는 자율성과 독립성이 얼마나 보장되느냐입니다. 기존의 학문에 다소 문제가 있다

하더라도 그에 대한 해결은 학자들의 자율성에 맡기는 것이 옳습니다. 그렇지 않고 국가-자본이 강요하면, 학문은 죽게 됩니다. 자율성과 독립성은 학문의 생명과도 같은 것이기 때문입니다.

'창의성 제고'도 학문 융합을 정당화하는 주된 논리입니다. 융합된 학문을 공부하면, 학생들의 창의성이 높아진다는 것입니다. 창의성이라는 것이 서로 다른 지식, 개념, 아이디어, 관심 등이 섞여서 생겨나는 것은 맞습니다. 그러나 창의성이 생겨나려면 학생들이 자신의 관심과 흥미, 문제의식을 갖고 '자기 스스로 이것저것을 골라 섞어야' 합니다. 그런데 지금의 융합학문이라는 것은 국가가 문제의식을 전유해 국가가 섞어 놓은 것에 불과합니다.

학문 융합은 학생들로 하여금 넓되, 얕게 알게 만듭니다. 이것은 결코 작지 않은 단점입니다. 창의성이 생겨나기 위해서는 무엇 하나라도 깊이 알고, 그것을 바탕으로 연관 학문들을 알아나가는 것이 필요한데, 다중전공이나 융합학문은 어떤 것에 대해서도 깊이 아는 것은 없는 채로, 여러 가지에 대해 피상적으로 아는 방향으로 유도하고 있습니다. 창의성을 발휘하기 위해서는 일정한 사상, 가치관, 철학도 있어야 합니다. 그래야 그를 통해 일정한 시선으로 세상을 바라보고 그것을 예술적 방법으로 표현할 수 있는 것입니다. 그런데 사상, 가치관, 철학은 어떤 분야나 주제를 깊이 들이파는 과정을 통해 형성되는 것입니다. 섣부른 학문 융합은 이를 가로막는 것입니다.

요즘 대학생들은 대부분 다중전공(부전공, 이중전공, 복수전공)을 신청합니다. 학생들이 다중전공으로 신청하는 것은 주로 취직에 도움이 되는 '인기학과'입니다. 이것도 그냥 되는 것이 아닙니다. 신청자가 많다 보니, 치열한 경쟁을 통과해야 합니다. 이렇듯 선택하려는 사람이 많다 보니 학점 외에도 면접이나 학업계획서 등을 엄격히 심사해 선발합니다.

학부제로 대학이 운영되는 현 상황에서 학생들은 1학년을 마치고 치열한 경쟁을 뚫어야 소위 '인기학과'를 전공할 수 있습니다. 그런데 다중전공을 선택할 때도 다시 경쟁해야 합니다. 경쟁에서 이기기 위해서는 평소의 학점 관리가 중요합니다. 지금의 대학생활은 철저하게 '경쟁의 중첩'으로 이루어져 있습니다. 하나의 경쟁이 끝나면, 또 다른 경쟁이 기다리고 있습니다. 융복합의 이름으로 공부해야 할 것은 점점 늘어나는데, 경쟁을 통해 통과해야 할 관문들 역시 많아지는 것입니다. 그 결과 대학생들은 '해야 하는' 공부와 '해치워야 하는' 학사 일정 외에는 다른 어떤 것에도 신경 쓸 여유를 갖지 못합니다.

복수전공을 하면 전공별 학위 증명서를 줍니다. 2개의 졸업장을 받는 것이나 마찬가지입니다. 복수전공을 이수하기 위해서는 1~4학년의 전공 필수, 전공기초 수업을 모두 들어야 합니다. 전공과 복수전공의 강의 시간이 겹치지 않게 머리를 잘 써서 수강 신청을 해야 합니다. 이 과정에서 듣고 싶은 본 전공과목이 뭉텅 잘려 나갑니다. 시간대가 겹쳐 단 한 과목이라도 전공 필수를 놓치면 말짱 도루묵이 됩니다. 아니면 비싼 등록금을 다시 내고 다음 학기에 해당 과목을 들어야 합니다. 수강 신청도 경쟁입니다. 학생들은 집이든, PC방이든, 학교 컴퓨터실이든 대기하고 있다가 수강 신청 시작 시간이 되자마자 번개같이 해당 사이트에 접속해 빠르게 수강 신청을 완료해야 합니다. 그렇지 않으면 금세 신청 인원이 꽉 차 듣고자 하는 과목을 들을 수 없습니다. 세계에서 가장 비싼 등록금을 내고도, 경쟁 시스템 때문에 듣고 싶은 강의도 마음대로 듣지 못합니다. 이것이 대학생들의 현실입니다.

대학생들이 다중전공을 하는 것은 타 학문에 대한 관심 때문이 아닙니다. 자신의 '창의성 제고' 때문은 더더욱 아닙니다. 오로지 취직 때문입니다. 학생들은 취업 시장에서 불이익을 받지 않기 위해 자기 흥미와 관심과 별개로 회계를 배우고 경영정보시스템에 몰두합니다. 학교 공부라는 것이 기본적으로는 '자기 소외의 공부 패턴'을 구현하고 있지만, 이러한 다중전공(학문 융합) 시스템은 자기 소외를 극복한 것이 아니라 오히려 강화한 형태를 취하고 있습니다. 이런 공부를 통해 창의성이 길러진다는 것 자체가 난센스입니다.

국가-자본이 융합형 인재의 예로 많이 거론하는 인물이 **레오나르도 다빈치**입니다. 그는 화가이자 조각가, 발명가, 건축가, 기술자, 해부학자, 식물학자, 천문학자, 지리학자였다는 융합형 인재의 표본이 되었습니다. 그가 다방면에 정통했던 것은 맞습니다. 그러나 그는 누구의 강요에 의해, 혹은 어떤 틀에 갇혀 공부함으로써 이 다양한 분야들을 섭렵했던 것은 아닙니다. 오히려 틀에 갇히지 않고 호기심 가는 대로 자유롭게 탐구하다 보니, 많은 지식에 정통할 수 있었던 것입니다.

그의 창의성이 과연 정부가 강요한 학문 융합 커리큘럼을 이수해서 나온 것일까요? 또 다른 대표적인 융합형 인재로 치켜세워지는 **스티브 잡스**도 마찬가지입니다. 국가-자본은 그가 대학에서 철학을 전공해서 인문학과 기술의 융합을 이루어 냈다고 주장합니다. 그러나 그가 대학에서 철학을 배운 것은 고작 1학년 1학기에 불과했습니다. 1학기 동안 배웠으면 얼마나 배웠겠습니까? 오히려 그의 정신을 성장시킨 계기가 있다면 그것은 대학을 중퇴한 것에 있다고 보는 것이 맞지 않을까요? 실제로 그는 대학 중퇴 후, 자신이 하고 싶은 일에 온전히 몰입했습니다. 그리고 자신이 읽고 싶은 책을 봤습니다. 만약 그가 우리나라 대학생들처럼 숨 돌릴 틈 없이 돌아가는 학사 일정을 소화하는 데 몰두했다면 그는 성공한 CEO도 될 수 없었을 것이고, 오늘날 융합형 인재로 떠받들어지지도 않았을 것입니다.

지금의 대학생들에게는 책을 읽고, 토론을 하고, 자유로운 사고를 할 만한 여유가 없습니다. 미래에 대한 불안함 때문에 자신의 관심과 흥미, 궁금증이나 내적 욕구와 상관없는 공부를 하며, 대학 생활을 다 보냅니다. 중고교 때는 학생들의 목줄을 대학이 잡고 있었다면 대학에 입학하고 나서는 '이렇게 해야 취직할 수 있다'며 그 목줄을 국가-자본이 움켜잡고 있는 것입니다. 목줄을 잡고 있는 주체만 바뀌었을 뿐, 노예 신세인 것은 똑같습니다. 학생들은 국가-자본 앞에 경쟁적으로 줄만 서다, 자신만의 사상과 세계관이라 할 만한 것을 갖지 못한 채로 졸업합니다. 이래서는 결코 창의성이 생겨날 수 없습니다. 지금의 대학들은 창의성을 살린다는 명분으로 오히려 그것을 죽이는 교육을 하고 있습니다.

제 2 절 대학에서의 학문탐구

1 대학이란?

우리는 지금까지 종교, 철학, 학문의 기본개념들에 대해 살펴보았습니다. 이제 "어떻게 학문을 할 것인가?"라는 학문탐구의 방법론에 대해 알아보고자 합니다.

1945년 독일의 실존주의 철학자 **야스퍼스**는 「대학의 이념」이라는 저서를 통해 "대학은 학자와 학생들이 공동체를 이루고 진리를 터득하는 것을 중요한 과제로 삼는다"고 했습니다. 또한 "대학은 그 사회와 국가가 필요로 하는 그 시대의 가장 바람직한 의식을 형성하기 때문에 국가권력은 대학을 보호해야 하며, 국가적 또는 정치적 힘으로부터 간섭을 받지 말아야 한다"고 했습니다. 대학을 통해 나타난 진리탐구는 학문의 성과일 뿐만 아니라 대학인의 지적교육을 통해서 얻어진다고 했으며, 대학은 학문을 전수하는 것을 직업으로 삼는 사람들을 조직적으로 통합시키며 진리는 학문의 탐구를 통해서 추구한다고 하였습니다. 그래서 연구는 대학의 가장 중요한 과제이며, 우리는 정신, 존재, 이성을 연구함으로써 그 진리를 터득해야 하며, 이를 위해 훌륭한 대학인을 유치해야 한다고 했습니다.

또한 진리는 전수되어야 하며, 따라서 가르친다는 것은 진리추구 다음으로 중요한 대학의 과제가 되고 있지만. 그러나 단순한 지식이나 기술을 전달하는 것만으로 진리를 터득할 수는 없다고 했습니다. 왜냐하면 진리는 그보다 훨씬 더 심오한 인간의 정신을 형성하기 때문입니다.

중국의 경전인 「대학」에서도 "대학의 도는 밝은 덕을 밝히는 데 있으며, 백성을 새롭게 하고, 지극한 선에 머무르는 데 있다"고 함으로써 대학의 나아가야 할 방향을 밝히고 있습니다.

우리나라에서는 고려시대인 1390년(공양왕 2년)에 **권근**이 초학자들을 위하여 저술한 성리학 입문서 「입학도설」의 대학지장지도(大學指掌之圖)를 통해 초학자들에게 성리학의 기초지식을 쉽게 소개하고 있으며, 이를 위하여 도해(圖解 : 문자의 설명 속에 그림을 끼워 그 부족한 것을 보조한 풀이)의 방식을 이용하였습니다.

조선시대에는 **이황**이 「성학십도」에서 대학도를 통해 성리학의 진의를 밝히고 있습니다. 「성학십도」는 10개의 도상으로 '성학(聖學)'의 체계를 집약적으로 제시한 것으로서 도학적 학문정신의 핵심을 가장 간결하게 응집시켜 놓은 것이라 할 수 있습니다.

이러한 동서양의 대학에 대한 기대와 사명을 인식하고 여러분들은 대학을 통해 사유하고, 묻고 답하는 가운데 시나브로 학문의 자유를 만끽하시기 바랍니다.

② 대학과 대학교육

1) 대학의 정의

대학(유니버시티: University)의 개념이 유래된 것은 우니베르지타스(Universitas)로써 원래 교사와 학생의 공동체를 의미하는 것이며 후에 '우주'라는 의미로 변형되었습니다.

2) 대학의 목적

대학의 목적은 근원적인 지적욕구를 실현하는 데 있으며 그것은 학문을 통해 진리에 이르게 됩니다. 인간이 가진 지적욕구의 궁극적 목적은 인간존재와 삶의 본질적 의미를 찾는 데 있으며, 그 앎을 통하여 우리가 어떻게 살아야 하는가 하는, 즉 지적인 삶의 발견과 창조에 있습니다. 조직적이고 체계적인 지식, 관찰과 체계적인 사고를 통해서 본질적인 것과 비본질적인 것, 깊은 의미가 있는 것과 피상적인 것, 중요한 것과 사소한 것, 전체성과 부분적인 것 등을 구별할 수 있게 해 줍니다.

학생은 대학에 들어와 학문을 연구하고 미래의 직업을 준비하게 되는 바 대학은 직업훈련, 전인교육, 연구의 3가지 요건을 갖추어야 합니다. 대학은 전문성을 가르치는 학교이고 교육의 장이며 동시에 연구기관이기도 합니다. 대학의 이념은 이 세 가지를 불가분의 통합체로 설정하고 있습니다. 이 중 어느 하나를 분리시키게 되면 대학의 본질이 파괴되고 스스로 위축될 수밖에 없습니다.

또한 대학은 국가정치와 긴밀한 관계를 맺고 있습니다. 대학에서는 항상 순수하고 자주적이며 누구로부터도 영향 받지 않는 자유로운 탐구가 이루어져야 하고, 국가가 대학을 필요로 하는 이유는 그 사회에 위치한 대학에서 순수한 진리에 대한 봉사가 이루어지고 그것에 의해 국가가 존립할 수 있다고 믿기 때문입니다.

대학은 사회가 필요로 하는 지적 바탕을 공급하고 훈련과 교육을 제공하며 학문적 지식을 획득하게 함으로써 국가와 사회에 기여할 수 있습니다. 즉 국가와 사회와 동시대와의 불가분의 관계를 맺고 있는 대학은 또한 그들의 변화, 변모에서 자유로울 수 없습니다.

이렇게 학문의 철학적 이상과 사회의 변화에 따른 현실적 요구 사이에서 항상 갈등하면서도, 항상 상실될 위험에 처하면서도 영원히 사라지지 않을 대학의 이념은 진리탐구와 현실을 초월할 수 있는 정신의 함양이라 할 것입니다.

오늘날 전문성과 실용성이라는 명분으로 기술화하거나 피상적 지식으로 전락해 가는 학문에 대해, 대학의 방향에 대해 우리는 깊은 우려를 내보이며 '대학의 이념은 생동하는 정신'이라는 근원과 본질을 제대로 파악해야 할 것입니다.

3) 대학의 본질

대학은 생활과 학문연구의 공동체입니다. 교수와 학생이 함께하는 것입니다. 교수와 학생은 진리탐구를 위해 공동으로 연구하며, 이를 위해 대화(콜로키엄)를 합니다.

4) 대학의 기능

오늘날의 대학은 연구 · 교육 · 봉사의 3가지 모두를 받아들이면서 개혁해야 하는 부담을 안고 있습니다. 독일의 베를린대학은 연구중심대학입니다. 영국의 옥스브리지대학은 자유교양교육을 실현하고 있습니다. 또한 미국의 위스콘신대학은 실용주의교육을 통해 사회봉사를 구현하고 있습니다.

5) 21세기와 대학

지금까지 세계문명은 농업혁명에서→상업혁명으로→산업혁명(산업자본주의)에서→지식정보혁명(지식자본주의)으로 변화하여 왔으며, 21세기는 다음과 같은 변화를 요구하고 있습니다.
- 세계화(Globalization) : 탈국적
- 정보화, 디지털화(Digitalization) : 탈캠퍼스
- 탈현대화(Post-modernization) : 탈이데올로기

또한 대학도 Academeia에서 → Studium(guild) → University → Multiversity로의 변화를 보이고 있습니다. 특히 최근의 우리나라 대학은 다음과 같은 특징을 보이고 있습니다.
- 학사구조의 변화 : 교수중심 → 학생중심
- 학생특성의 변화 : 대중교육, 보편화교육(대학진학률 상승)
- 교육방법의 변화 : 교육상황에 대한 요구변화(실용교육)
- 대학교육체제의 변화 : 교육의 기회균등
- 학생과 자원이동의 활성화 : 국제적
- 학생자원의 고갈 : 인구의 감소

이러한 변화를 수용하기 위해 이제 대학은 '경계를 넘나드는 사람'을 만들어

내는 것이 앞으로 대학의 역할이며, 다음과 같은 것들을 고려하는 것이 대학의 과제입니다.

- 수월성 : 우수인재양성, 교육·연구경쟁력 강화, 사회의 질 향상
- 다양성 : 포스트모던사회의 다원주의 인정
- 자율성 : 대학의 독립성과 고유성 인정
- 개방성 : 세계화, 국제화, 네트워크사회
- 전체성 : 조화와 균형
- 인간화 : 인간성 상실에 대한 대비
- 계속성 : 평생교육체제 준비

이제 대학은 생존전략을 위해서 창조적 자기파괴를 통해 국제경쟁력이 강한 대학으로 거듭나야 합니다.

이를 위해 대학은 다음과 같이 달라져야 합니다.

- 품질관리 : 교수 – 학습의 변화
- 수요자 중심 : 학생중심, 수요자(산업체)중심
- 특성화/다양화 : 교과과정의 개편
- 학사개방 : 사회의 변화 수용(대학경쟁력＝국가경쟁력)
- 협력체제 : 타학문분야 및 산업체와 협력
- 가상교육 : 유비쿼터스 지향
- 전문화 : 평생학습기관 지향

제 3 절   학문탐구의 방법

1 사회과학이란?

우리는 앞서 서양철학에 의거하여 학문을 크게 3가지로 분류했습니다. 이 중에서 무역학이 속해 있는 사회과학의 연구방법론에 대해 살펴봅니다.

일반적으로 사회과학의 대상은 인간의 상호관계뿐만 아니라 인간의 사상이나 감정을 통한 사회적 행동까지 포함하고 있으므로 인간에 의해 형성되고 인간을 규제할 수 있는 사회조직과 사회제도를 포함합니다.

개인의 구체적인 행동이나, 환경문제, 국제문제 등 사회생활의 복잡성에 따라 그 대상도 다양화되고 있으며, 연구과제가 다양화됨에 따라 사회과학 내에서뿐만 아니라 자연과학적 방법도 도입되고 있습니다. 특히 경제학 분야에서 두드러지게 나타나지만, 사회과학 전반에서 수학의 사용이 활성화되었고, 학문의 발전에 따라 체계화 수준이 높아지면서 공통언어가 자리잡아 가고 있습니다.

과학의 세계, 특히 사회과학에서 필수적인 요건은 반증의 가능성이 있다는 사실입니다. 따라서 어떠한 지식이나 주장이건 과학으로 인정받기 위해서는 반드시 반증 가능한 것이어야 합니다. 반증 가능성은 과학의 약점이 아니라, 오히려 인간의 다른 모든 지식 체계보다 과학적 지식에 대하여 더 신뢰할 수 있는 이유가 됩니다. 왜냐하면 어떠한 과학 지식이건 결코 영원불멸의 진리는 아니므로 누구라도 자유롭게 비판하고 도전할 수 있습니다.

만약 새로운 논리와 검증을 통해 기존의 과학 이론이 무너지게 되면 결국 더 나은 새로운 지식이 축적됩니다. 반대로 수많은 연구자들의 도전에도 불구하고 오류가 발견되지 않는 과학 이론이 있다면 그만큼 그 이론의 타당성이 높다는 것을 보여 주는 증거라고 할 수 있습니다. 요컨대 과학의 본질적인 한계를 숨기지 않고 분명히 인정함으로써 오히려 신뢰할 만한 지식의 축적이 가능한 것입니다.

오늘날의 사회과학은 1960년대 후반 이후 과학주의적 행태주의에 대해 비판이 가해지고 있습니다. 이러한 비판은 인간의 문제에 자연과 같은 철칙이 반드시 적용되지는 않는다는 전통주의와 반행태주의의 비판을 일정하게 수용하려는 움직임입니다.

그러나 사회과학의 내용과 방법이 아무리 객관적일지라도 인간적 문제로부

터 분리될 수는 없다고 보고, 인간의 필요와 공공정책에 직접적으로 관계되는 근
본적인 문제도 추구해야 합니다.

② 사회과학 연구방법

사회과학 연구방법의 가장 중요한 포인트는 실증적 연구와 해석적 연구의
상호 보완을 통해 연구하는 것입니다.

표 3-1	사회과학 연구방법 비교	
구 분	실증적 연구방법(양적접근법)	해석적 연구 방법(질적접근법)
의 미	• 경험적 자료 수집→계량화(개념의 조작적 정의) • 법칙, 일반화를 통해 사회문화현상 설명 • 사회현상≒자연현상(동일시)	• 연구자의 직관적인 통찰 중시 • 사회문화현상 자체의 의미를 이해하고 분석 • 사회현상≠자연 현상
연구목적	• 일반적 법칙 발견(인과법칙)	• 인간 의식의 심층, 의미 파악
이용자료	• 주로 통계적인 자료	• 비공식문서, 일기, 역사기록 등
특 징	• 자료의 계량화를 통한 통계적 분석 • 사회 조사, 실험 연구에 이용 • 자연과학적 연구 방법 이용 • 연역적 연구 • 방법론적 일원론	• 비공식적 자료의 의미 분석 • 심층 면접, 참여 관찰, 문헌의 이면적 의미 분석에 이용 • 귀납적 연구 • 방법론적 이원론
연구과정	• 문제인식(개념규정)→가설설정→자료수집 · 분석→가설검증→이론 (일반화)	• 관찰→자료수집→개념규정→이론도출
장 점	• 정확하고 정밀한 연구 가능 • 경험적 연구→법칙발견 용이	• 인간의 주관적 의식을 심층 이해 • 행동의 동기, 사회적 의미 분석 가능
단 점	• 인간의 주관적 의식 이해 곤란 • 인간의 동기, 가치와 분리된 연구	• 통계적 기술의 어려움(정확성 결여) • 객관적인 법칙 발견의 어려움

③ 사회과학 자료수집 방법

　　사회과학연구는 가치중립성을 특징으로 하고 있습니다. 그러나 탐구된 과학적 지식의 실제 응용의 문제는 가치 판단에 의하여 결정됩니다. 앞서의 실증적 연구와 해석적 연구를 수행하려면 자료수집 방법에 대해 알고 있어야 합니다. 자료수집 방법으로는 다음과 같은 것들이 있습니다.

　　1) 질문지법 : 조사 내용에 관한 질문지를 연구자가 미리 작성하여 이를 조사 대상자에게 보내어 질문에 응답, 기입하도록 함으로써 필요한 자료를 수집하는 방법(사전검사가 필요함)입니다.

　　2) 면접법 : 대화로 필요한 정보를 수집하는 방법으로 비교적 소수의 표본으로부터 깊이 있는 정보를 얻고자 할 때 사용합니다.

　　3) 참여관찰법 : 사전에 치밀한 계획을 세워 연구자가 직접 참여하여 사회 현상을 보고, 듣고, 느끼면서 자료를 수집하는 방법입니다.

　　4) 문헌연구법 : 역사적인 문헌을 수집하거나 이미 발표된 통계 자료를 수집하여 분석하는 방법으로 모든 연구에 기초가 되는 작업이며, 참여관찰법이나 조사연구법 등에 대한 보조연구법으로 활용합니다. 문헌연구법에서 이용되는 기초 재료는 개인의 기록이 역사적 자료와 같은 질적 자료이므로 해석적 연구 방법에 속합니다. 그러나 통계나 문서의 수와 같은 수량적인 자료를 이용한 경우에는 실증적 연구방법의 성격을 가지게 됩니다.

　　5) 사례연구법 : 한 개인이나 가족, 집단, 제도, 문화 또는 지역사회와 같은 하나의 사회 단위의 생활을 조사·분석하는 방법으로 사문서, 일기, 자서전, 산문 기사, 원고 등의 생활사적 기록을 이용하여 연구합니다.

　　6) 실험연구법 : 어떤 가상적인 상태를 조작하여 그 상황에서 상태를 조사하는 것으로 연구자가 의도적으로 어떤 변수를 조작함으로써, 다른 변수에 대한 그 조작의 효과를 관찰하고 측정하며, 그 변수의 영향이 어떻게 나타나는가를 알고자하는 방법입니다.

　　자료수집 방법들을 비교해 보면 다음과 같습니다. 이를 참고하여 각자의 전공과 연구에 유용한 방법을 선택하여 연구합니다.

| 표 3-2 | 자료수집법의 유형 |

	장 점	단 점
질문지법	• 시간과 비용 절약 • 정보수집 및 자료 비교 용이 • 분석 기준의 명백	• 회수 어려움, 무응답률 높음, 무성의한 답변 • 질문 내용의 오해 가능 • 문맹자에게 실시 어려움
면접법	• 문맹자에게도 실시 가능 • 자세한 질문 → 깊이 있는 정보 수집 • 질문지 회수의 어려움이 없음	• 비용이 많이 듦 • 표본을 많이 구하기 어려움 • 조사자의 편견 개입 가능성
참여관찰법	• 질문지법이나 면접법을 실시하기 어려운 어린이나 언어 소통이 어려운 종족에 사용 • 인간 행동을 그때 그때 기록 → 자료의 실제성 • 언어로 표현할 수 없거나 표현하기를 싫어하는 현상에 접근 가능	• 많은 시간(필요한 현상을 기다려야 함) • 조사자의 편견 개입 가능성 • 예상치 못한 변수 발생 시 통제가 어려움
문헌연구법	• 시간과 비용 절약 • 오류 발생 시 재시도 용이 • 장기간의 사회 · 문화 현상의 변화 과정을 연구할 수 있음	• 연구하고자 하는 문헌 기록의 신빙성(정확성) 여부 • 문헌 해석에 대한 연구자의 주관적판단 위험성 • 연구 목적에 꼭 적합한 내용인지 문제
사례연구법	• 심리학에서 많이 응용하는 방법의 하나	• 사회현상의 연구 방법으로 적격성의 문제 제기
실험연구법	• 실험집단과 통제집단으로 구분하여 심리학적 연구에서 보편적으로 활용	• 예측하지 못한 결과 출현 가능 • 얻어진 결과의 실제 사회에 적용 가능성 낮음

Chapter

4

무역학

전통적인 학문분류에 따른다면 무역학은 사회과학의 한 분야일 수 있지만, 무역학은 단순한 사회과학이 아닙니다. 더구나 경제학의 일부도 아닙니다. 인간을 대상으로 하는 인문학이며, 철학입니다. 무역학은 삶의 문제를 다룹니다. 그래서 경험학문이며, 실용학문이며, 통섭학문이며, 공정무역과 그린경제활동을 통해 지속가능한 발전을 이룩하는 것을 연구하는 미래학문입니다.

사회과학의 궁극적인 주제는 사회를 구성하고 영위해 나가는 주체로서의 사람에 대한 관심이라고 봅니다. 사회과학의 각 학문분과는 그 특성상 종합적인 분석을 통하여 새로운 지식과 세계관을 창출하는 기초학문으로서의 성격을 가지고 있다 할 것입니다. 이러한 맥락에서 볼 때 무역학도 학제적 접근이 절실히 필요하다 할 것입니다.

사회과학은 인문학과 자연과학 사이에 독자적으로 존재하는 것이 아니라 인문학적 사유(思惟)와 자연과학적 사실(事實)을 연결하는 학문으로 이해되어야 합니다. 그러나 우리 학계에서 학문 간 장벽은 매우 높습니다. 동일한 학문 영역 내에서의 세부 전공 간 장벽도 그러합니다. 따라서 학문 간에 또는 동일한 학문 내 세부 전공 영역 간에 제대로 소통이 이루어지지 않는 경우가 허다하고, 소통을 위한 진지한 노력도 미흡합니다. 무역학도 마찬가지입니다.

학문하는 사람에게는 전공이라는 것이 그 사람의 학문세계를 판단하는 절대적인 기준이 될 수는 없습니다. 특히 인간과 사회의 이해를 추구하는 사회과학을 연구하는 사람들에게는 더욱 그렇습니다.

제 1 절 무역과 삶

인간이 삶을 영위하기 위해서는 재화와 용역이 필요합니다. 이 재화와 용역은 인간의 삶에 절대적으로 필요한 것도 있고, 있어도 되고 없어도 되는 것들, 그리고 없어야만 좋을 뻔 했던 것들도 존재합니다. 그런데 이러한 재화와 용역 중 어떤 것은 특정국가에는 너무 많아 넘치기도 하고, 또 다른 국가에는 너무 적어 부족하기도 합니다. 이러한 현상은 우리의 잘못은 아닙니다. 신에 의해 이루어진 일입니다. 따라서 우리에게는 이 주어진 현상을 어떻게 지혜를 발휘하여 해결할 것인가의 과제가 있을 뿐입니다.

초창기의 무역은 서로의 산물을 교환하는 것에 국한되었으나 현재 우리가 사용하고 있는 무역이란 개념은 단순히 특정 상품의 효용가치(效用價値)가 적은 곳에서 효용가치가 높은 곳으로 이양(移讓)시킴으로써 재화의 효용 및 경제적 가치를 증가시킬 뿐만 아니라 모든 재화의 생산요소, 즉 원료·서비스·운송·여객·노동 및 자본의 이동까지도 포함시키는 것으로 이해되어야 합니다.

과거에는 재화와 용역을 얻기 위해 무력을 사용하여 전쟁을 일으키고 다른 나라를 강제로 식민지로 만들어 빼앗기도 하였습니다. 그러나 오늘날의 대부분 국가들은 필요한 재화와 용역을 얻기 위해서는 돈을 주고 살 수밖에 없습니다.

이러한 것을 교환한다고 하는데 이러한 교환이 국가 간에(영토적 국가이든 경제적 국가이든) 이루어질 때 우리는 이것을 무역이라고 합니다.

우리는 초등학교에 들어와서부터 지금까지의 교육과 학습을 통해 경제의 기본지식들을 배웠습니다. 경제문제를 해결하기 위한 합리적 선택이 어떻게 이루어지는지, 경제체제는 어떠한 체제들이 있는지, 시장경제의 기본을 이해하기 위한 수요와 공급의 원리는 어떤 것인지, 그리고 세계가 놀라는 우리나라의 경제는 어떠한 것인지를 ……

그러나 가장 중요한 세계경제에 대한 지식, 그리고 세계경제의 현장에 대해서는 상대적으로 소홀히 다루어지고 있습니다. 이는 IMF사태, 미국산 쇠고기 수입반대를 위한 촛불시위, 우리나라의 중소기업들을 곤란에 빠뜨렸던 KIKO사태, 2008년 시작된 글로벌 금융위기, 그리고 제4차 산업혁명 등이 이를 잘 반영하고 있습니다.

우리는 혼자 살 수 없듯이 국가도 혼자 존립할 수 없습니다. 더구나 21세기를 살아가야 하는 우리에게는 비단 경제나 무역뿐만 아니라 정치, 사회 문화, 예술 등 전 분야에 걸쳐 더불어 사는 지혜가 필요합니다. 이러한 세상을 지혜롭게 살아가기 위해서는 무역이라는 과제를 반드시 이해하고 있어야 합니다.

우리가 사회과학분야의 학과 중 가장 선호하는 학과를 꼽는다면 단연 경영학일 것입니다. 이는 미국이 세계경제를 주도하고 있는 것과 무관하지 않습니다.

여러분은 상경계열인 경제학, 경영학, 무역학 중에서 가장 좁은 시각의 학문을 들라 하면 단연 경영학이라는 사실을 어떻게 생각합니까?

여러분은 경영학과만 졸업하면 당연히 취업이 보장된다고 생각합니까? 경영학은 기업을 위한 학문입니다. 그런데 오늘날 모든 기업들은 세계시장을 무대로 기업활동을 영위하고 있습니다. 따라서 무역을 제대로 이해하지 못하면 세계 속에서 기업경영을 제대로 할 수가 없게 된다는 사실을 명심하시기 바랍니다. 경영을 제대로 이해하기 위해서는 경제와 무역에 대한 이해가 필수적이라는 얘기입니다.

제 2 절 우리나라와 무역

부존자원이 빈약한 우리나라와 홍콩, 대만, 싱가포르 등은 수출주도형의 경제정책을 통해 성공한 나라들입니다. 이는 무역의존도를 통해 보면 더욱 선명하게 알 수 있습니다.

무역의존도는 1년 동안의 모든 재화 수출액과 수입액의 합계를 명목 국내총생산(GDP)으로 나눈 값을 말합니다. 따라서 무역의존도가 높다는 것은 국민경제에서 내수보다 수출입이 차지하는 비중이 크다는 뜻입니다. 이렇게 되면 그 나라의 경제성장률은 높일 수 있지만 경제구조가 수출입에 편향돼 대외변수에 취약해질 수 있는 부작용이 있습니다. 문제는 내수가 뒷받침되지 않은 채 수출만 늘어날 경우 성장의 혜택을 국민이 누릴 수 없다는 것입니다.

이와 반대로 무역의존도가 낮다는 것은 국민경제에서 내수보다 수출입이 차지하는 비중이 작다는 뜻입니다. 이때의 문제는 국제분업의 이익이 줄어 생산의 효율성 저하로 생산비가 상승되어 국가경제발전을 저해하게 됩니다. 결국 기업의 재생산이 줄어들어 고용기회가 적어지면서 청년들이 일자리를 잡기가 어려워집니다. 이렇게 볼 때 무역의존도는 적정선을 유지하는 것이 좋습니다.

우리나라의 무역의존도는 다른 나라에 비해 매우 높습니다. 세계개발은행(WB)이 공개한 2017년 세계 각국의 무역의존도를 보면 1조 달러 클럽에 진입한 8개국의 평균을 구해 보면 66.3%에 달해 OECD 평균인 55.2%보다도 높았습니다. 가장 무역의존도가 높았던 나라는 네덜란드로, 153.9%로 집계됐습니다. 그 뒤로 독일(84.3%), 한국(77.7%), 프랑스(61.1%), 영국(58.6%), 중국(37.0%), 일본(31.3%), 미국(26.6%) 순이었습니다.

8개국의 경제수준도 세계평균 대비 높은 편입니다. WB의 자료를 이용해 계산해 보면 작년 기준으로 8개국은 세계 GDP의 59.2%를 차지하고 있으며, 국민소득을 나타내는 1인당 GNI는 평균 3만7758달러를 기록해 세계평균인 1만366달러의 3.64배에 달했습니다. 한국은 2만8380달러로, 세계평균 대비 2.73배이지만 8개국 중에서는 중국(8690달러) 다음으로 낮았습니다.

우리나라의 무역의존도는 1990년대 초반까지만 해도 40%대에 머물렀지만 외환위기가 발생한 1997년에 52.8%로 50%를 넘어섰고, 1998년에는 63.0%로 증가했습니다. 2000년대 들어서서는 50%~60%대에서 맴돌다 2007년 69.4%로 70%에 접근했습니다. 그러나 글로벌 금융위기가 터진 2008년 국제유가와 환율이 큰 폭으로 동반상승하는 바람에 수입액이 크게 늘어 역대 최고치인 92.1%까지 올라가기도 했습니다.

무역의존도가 높은 국가는 세계경기가 호황일 때 높은 성장률을 달성할 수 있지만 경기가 침체 국면에 접어들면 다른 나라보다 더 큰 타격을 받을 우려가 큽니다.

따라서 수출주도형의 성장이 꼭 바람직한 것만은 아닙니다. 수출을 통해 국민의 소득과 생활수준이 크게 향상된 것이 사실이지만 내수가 뒷받침되지 않는다면 성장의 한계에 직면하게 될 것입니다. 내수가 건실하지 못하면 무역에 전적으로 의존하게 되어 대외경제여건의 변화에 취약할 수밖에 없습니다.

우리나라는 2011년 1/4분기 수출이 민간소비를 역전하였습니다. 이는 정부가 1960년대 무역입국 경제전략을 수립한 이후 처음으로 수출이 민간소비를 앞지른 것입니다. 이처럼 수출이 민간소비보다 많아진 것은 국민계정 통계를 집계하기 시작한 이래 처음 있는 일입니다. 국민계정상 GDP를 구성하는 항목 중 맨마지막이었던 수출이 정부지출과 투자에 이어 이제는 민간소비까지 앞지르게 된 것입니다.

최근의 글로벌 경제위기를 통해 우리나라처럼 소규모 개방경제가 성장을 계속하려면 수출을 포기할 수는 없지만 내수진작도 병행되어야 하고, 시간이 걸리더라도 분배구조를 개선하고, 서비스 생산성을 높이는 등의 조치가 뒤따라야 한다는 것을 인식해야 합니다.

우리가 왜 무역을 공부해야 하는지 이제 조금은 이해가 되리라 믿습니다.

제 3 절 우리나라의 무역교육

무역학을 이해하기 위해서는 무역학의 종류를 알아야 합니다. 이를 위해서는 우리나라 대학의 교육과정과 무역교육을 살펴보는 것이 좋을 것 같습니다. 그러나 일부학자 또는 정책입안자들이 미국이나 유럽에 무역학과가 존재하지 않으므로 우리나라에도 존재할 필요가 없다는 식의 학문에 대한 몰이해가 오늘날 복잡다기한 무역문제를 더욱 어렵게 만든다는 사실을 인식해야 합니다.

사회과학의 문제는 남의 문제가 아닙니다. 사회현상은 국가마다 지역마다 다를 수밖에 없습니다. 그러기에 미국이나 유럽에 존재하지 않는 학문분야가 우리나라에는 존재할 수 있는 것입니다. 그리고 우리가 알고 있는 것과는 달리 실제로는 미국과 유럽에서도 무역학을 연구하고 강의하고 정부가 지원하고 있다는 사실을 명백히 아시기 바랍니다.

1 발전과정

역사적으로 볼 때 한국은 1948년 부산대학교에 최초로 무역학과가 설치되었습니다. 무역학 교육이 일반화하여 본격적으로 이루어진 것은 1960년대 초입니다. 특히 1964년 정부가 '수출의 날'을 제정하였으며, 대통령 주재로 "수출진흥확대회의"가 정기적으로 열리고 수출관련 애로사항 등이 빠르게 해결되어 왔습니다.

1970년대는 무역환경이 크게 변화되는 시기였습니다. 1973년과 1979년 2차례의 오일쇼크가 있었고, 미국은 재정적자와 함께 무역적자를 포함하는 쌍둥이 적자가 심화됨으로써 신보호무역주의가 팽배한 시기였습니다. 그 결과 각국 간의 통상마찰이 극심해져, 제2차 세계대전 종식 이후 지속되어 왔던 브레튼우즈 체제가 붕괴되는 결과를 초래하게 되었습니다.

이상과 같이 매우 어려운 상황임에도 한국은 1980년대를 거치는 동안 수출부흥기를 맞이하였습니다. 1980년까지 수출 100억 달러 달성을 목표로 국민경제의 3주체인 정부, 기업, 국민 모두 노력을 기울인 결과 1977년 3년이나 앞당겨 100억 달러 수출을 달성함으로써 '한국의 기적'을 달성하였다는 외국으로부터의 부러움을 사게 되었습니다.

당시 종합무역상사를 비롯한 해외 세일즈맨은 세계를 누비며, 수출역군으로서 대학생들이 가장 선망하는 직종이 되었습니다. 이에 따라 한국 대학의 무역인력양성은 1970년대와 1980년대를 거치는 동안 국내 대학에서의 무역학관련 교육의 대상과 범위, 그리고 무역인력의 양성규모도 크게 변화하게 되었습니다. 국내 대학들은 1970년대와 1980년대에, 정부의 입학정원 자율화지침에 따라 경상계열의 단과대학에 무역학과를 앞다투어 설치함으로써 무역학과를 설치 운영하는 대학은 2년제를 포함하여 거의 150개에 이르렀습니다.

또한 1980년대 선진국들과 통상마찰이 격심해지면서 한국의 수출에 어려움이 점차 커지게 되었으며, 이로 인하여 대학의 무역학 교육과정도 크게 무역실무, 무역정책, 국제자본 및 경제통합론, 다국적 기업론 등의 4가지의 영역으로 구성되었습니다.

교과목은 기존의 무역실무분야인 무역상무론, 신용장론, 무역금융론, 무역관계법, 상품학, 무역영어, 무역이론 및 정책분야로 외환론, 무역정책론 등을 확대 설강하게 되었으며, 국제자본이동의 확대와 관련하여 국제자본이동론, 국제경제기구론, 지역주의 심화에 따른 경제통합론, 국제경제협력론 등이 주요과목을 구성하였습니다. 또한 다국적기업의 중요성이 세계적으로 확대됨에 따라 다국적기업론, 국제마케팅, 국제재무관리 등의 국제경영과목도 무역학과에서 교육하는 주요과목이 되었습니다.

1990년대 대학인력양성의 큰 역사적 사건은 1986년부터 7년 이상 협상을 계속하여온 '우루과이라운드'협상이 1994년 종료와 함께 시작된 WTO 체제였습니다. WTO 체제의 출범으로 국제무역 및 통상질서에 큰 변화를 초래하게 되었습니다. 세계화가 급진전되고 통상마찰이 증대됨에 따라 국제통상정책 및 전략분야의 교과과정의 중요성이 대두되기 시작하였습니다.

대학에 국제통상론, 국제통상정책론, 국제협상론, 국제통상법, 각국 통상법 관련 교과목들이 무역학의 교과과정에 도입되게 되었고, 동시에 무역학교육에서 외국어교육이 영어뿐만 아니라 중국어, 일본어회화 등이 강조되었습니다. 또한 이때 한국 고등교육법시행령이 개정되어 학생의 모집단위를 학부제로 변경하였습니다. 이로 인하여 무역학과는 급격한 변화를 겪게 되었습니다.

학부제의 도입에 따른 또 다른 변화는 학부 내에 2개 이상의 전공을 설치하는 복수 전공제와 이에 따른 최소 전공학점 인정제를 시행함으로써 현행 무역전공 분야의 교과과정에 많은 문제를 야기하였습니다. 실제로 많은 대학들이 학부제 시행이나 최소전공인정학점제를 전공교육 부실화 우려 등을 이유로 반대하는 것으로 조사되었고, 이를 반영하여 2009년 부터는 학과제 또는 학부제를 대학에 따라 자유롭게 결정할 수 있도록 하였습니다.

한편 정보통신산업의 발전과 EDI(electronic data interchange)의 사용이 증가됨에 따라 1990년 후반기 이후에는 인터넷을 이용한 무역거래가 확산되었습니다. 대학 내에서는 사이버무역 및 전자무역 인력의 양성과 사이버무역과 관련된 통상정보론, 인터넷전자상거래, 무역정보시스템, 글로벌e-비즈니스, 전자무역 등의 교과목이 개설 운영되기 시작하였습니다.

또한 중국경제의 부상으로 세계경제와 무역환경은 동북아경제에 큰 관심을 갖고 중국과 지역경제에 대한 관심과 협력이 매우 중요하게 전개되었습니다. 대학에서는 국제통상, FTA전문가 양성을 목표로 관련 교과목들이 개설되어, 지역경제, 국제지역연구, 중국경제연구, 지역전문가세미나 등으로 대외경제활동에 관심을 둔 교과목들이 개설 운영되고 있습니다.

그러나 대학의 구조조정이 본격화된 2010학년도 이후에는 무역학 역시 인접학과에 흡수 또는 분할통합되거나 새로운 학과로 명칭을 변경하는 사례까지 발생하게 되었습니다.

또한 최근 들어 인구에 회자되는 4차 산업혁명의 시대에 따른 무역환경의 변화는 이제까지 우리가 경험하지 못했던 무역의 유형을 창출하게 될 것입니다.

2 특성

이와 같은 역사를 가진 한국의 무역학이 제자리를 찾기 위해서는 무역학의 특성을 알고 있어야 합니다. 한국 무역학의 학문적 특성은 주로 3 가지로 나눌 수 있습니다.

1) 다른 경상계열 학문과의 독립성입니다

무역학은 본래 독일 등 유럽국가에서 주로 상행위를 다루는 "상학"으로 출발하여 주로 일본, 한국, 중국 등의 대학에서 경영학과 무역학으로 분리되어 발전되어 왔습니다. 주지하는 바와 같이 세계 2차 대전 후 미국에서 과학적인 기업경영에 관한 연구가 활발해지면서 경영학이 학문적 바탕을 튼튼히 하며 빠른 속도로 발전하게 되자 종래의 상학이라는 학문명칭이 부적합하게 되었으며, 이에 따라 독립학문으로서 경영학이 전 세계적으로 각광을 받기 시작하였습니다.

무역학은 경영학이나 경제학과 같이 사회과학의 한 분야이면서도 이들과는 다른 학문적 독립성을 지니고 있기 때문에 해양국가로서 무역지향적인 경제발전을 해 온 일본이나 한국에서 별도의 학문적 접근이 이루어지게 되었다고 볼 수 있습니다.

무엇보다도 무역학의 학문적 독립성의 근저는 세계 모든 국가가 국경을 달리하면서 상관습, 법률제도, 화폐제도, 언어, 문화, 역사, 종교가 다르기 때문에 경영학이나 경제학만으로 접근할 수 없다는 점입니다.

2) 전형적인 복합학문으로서의 성격입니다

무역학은 무역상무분야(국제상학분야 또는 국제상무분야), 무역이론 및 정책분야, 무역경영분야가 복합적으로 교육·연구활동이 이루어져 왔습니다.

무역상무분야는 주로 국경을 사이에 두고 국제상거래(무역거래)가 이루어지는 과정에서 필요한 외국어, 상관습 및 무역계약의 법리, 국제상거래와 관련된 법률·제도(무역관계법), 무역금융 및 무역결제 수단 및 기법, 국제운송 및 보험, 무역거래분쟁 해결과 관련된 상사중재 등을 다루고 있습니다. 이 분야는 경영학이나 경제학으로는 도저히 접근이 불가능할 뿐만 아니라 독립적인 학문으로서 본래부터 무역학분야의 가장 중심부분을 이루고 있다고 볼 수 있습니다.

무역이론 및 정책 분야는 무역학의 또 다른 일부를 이루고 있는 분야로서 영국의 산업혁명 당시 주장된 고전무역이론, 근대무역이론, 그리고 현대에 와서 무역이론 바탕위에서 정립된 무역정책론, 외환 및 국제금융론, 국제수지론, 국제자본이동론 등을 포함합니다.

또 무역경영분야는 기업이 국제화를 성공적으로 추진하고 해외시장을 지속적으로 확대하기 위하여 필요한 해외시장조사, 수출마케팅, 국제투자 및 국제재무관리, 외환시장과 외환관리기법, 다국적기업의 형태와 전략 등이 교육·연구의 내용입니다.

3) 사회적 요구에 따른 실용학문으로서 성격입니다

○○대학교에서는 무역학과의 특징을 다음과 같이 정의하고 있습니다.

"21세기를 맞이해서 세계는 무한경쟁의 시대에 들어서고 있다. 이와 같은 환경여건을 대처해야 하는 기업 및 국가기관에서는 그 어느 때보다 글로벌 감각을 갖춘 무역전문인력을 절실히 필요로 하고 있다. 무역학전공은 학생들에게 국내외 경제흐름의 현상을 이해할 수 있는 기본지식을 학습시키고, 아울러 국제무대에 진출했을 때 직면하는 글로벌 경영의 제반문제에 대한 분석능력을 제고시키는 응용지식을 습득케 하며, 무역 관련 실무 업무를 완벽히 수행할 수 있는 업무지식을 갖추게 함으로써 국제통상분야의 전문인력 양성을 목적으로 한다. 세계무역이 확대되고 우리나라의 글로벌화가 심화될수록 사이버 시대에 정통한 고급인력이 더욱 필요하기 때문에 ○○대학교 무역학전공은 글로벌 시대를 맞아 수요가 급증하고 있는 글로벌경영 및 전자무역 관련 전문인력과 연구인력을 양성하는 미래지향적 전공이다."

3 무역교육의 목표

대학의 무역학과가 그 학문적 정체성을 정립하고 무역전문인력 교육기관으로서의 위상을 강화하기 위해서는 대학의 무역학과가 제시하고 있는 교육목표와 교육과정을 검토해 볼 필요가 있습니다. 왜냐하면 이에 따라 구체적인 교과과정이 정해지기 때문입니다. 대학에 따라 다양하나 그 내용들을 정리해 보면 다음과 같습니다.

1) 국제무역거래 수행 전문지식 배양
2) 국제적 통상전문인력 양성
3) 외국어 가용능력 신장, 컴퓨터 활용능력 향상
4) 무역이론 교육을 통한 사고력의 배양, 윤리관 확립
5) 기개와 야망을 가지는 젊은이 양성

교육을 통해 달성하고자 하는 구체적 교육목표를 인지적 목표(congnitive objective)와 정의적 목표(affective objective)로 구분할 때 앞의 3가지는 지적영역에 관계되는 인지적 목표이고 후의 2가지는 바람직한 태도나 가치관을 형성하려는

정의적 측면이라 할 수 있습니다.

　　이렇게 각 대학 무역학과가 제시하고 있는 교육목표를 살펴보면 대부분 인지적 측면에 강조점이 주어지고 있고 정의적 측면을 교육목표로 제시한 대학은 많지 않습니다. 이는 대학들의 정체성 확립을 위한 그동안의 노력에도 불구하고 교육의 중점이 국내수출입절차를 수행하는 데 필요한 실무지식과 기능을 교육하는 데 두어졌던 초기의 관행 때문인 것으로 보여집니다.

　　교육의 정의적 측면을 도외시하고 인지적 측면만 강조하는 것은 21세기의 정보화 사회에 국가 사회에서 필요로 하는 국제적 통상전문가나 기업요원 등 고급인력을 접목할 무역학과의 교육목표로는 적합하지 않다고 할 수 있습니다.

4 무역학 교육과정의 분류

　　우리나라의 무역학은 크게 보면 다음의 그림과 같습니다.

그림 4-1　광의의 무역교육과정

　　이러한 광의의 무역학을 협의로 보면 각 대학의 사정과 교수들의 전공에 따라서 다르지만 다음과 같이 국제상학, 국제경영학, 국제경제학으로 나눌 수 있으며, 학부과정은 4개의 분야로 나누어지고 있습니다. 여기에 국제무역환경의 변화에 따라 국제통상분야, 지역학연구분야 등이 새롭게 추가되어 복합학문 성격을 갖게 되었습니다.

1) 기초공통분야

무역학개론, 경제학원론, 경영학원론, 회계학원론, 통계학원론 등

2) 국제상학분야

무역실무, 무역관계법(대외무역법, 관세법, 외환관리법), 국제통상규칙, 국제상관습법, 무역계약론, 국제운송론, 무역보험론, 신용장론, 국제상사중재론, 국제물품매매론, 무역영어 등

3) 국제경영분야

국제경영론, 무역경영론, 국제마케팅론, 국제상거래전략론, 해외시장조사론, 국제재무론, 국제금융시장론, 해외투자전략론, 다국적기업론 등

4) 국제경제분야

국제무역사, 국제무역론, 국제정책론, 국제경제기구론, 국제자원론, 해외투자론, 국제금융론, 외환론, 국제수지론, 한국무역론, 무역사정론, 국제무역학설사 등

제 4 절 ┃ 통섭학문으로서의 무역학[3]

1 연구의 배경

최근 들어 한국에서 무역학이 학문의 정체성을 잃고 방황하는 것은 미증유의 사태라 할 것입니다. 1948년 부산대학교에 국내 최초로 무역학과가 설치된 이후 2017년 말 현재 100여 개 대학에 무역학과 또는 국제통상학과라는 명칭으로 무역학과가 존속하고 있으며, 26개의 유사명칭으로 156개 대학에서 무역학이 그 명맥을 유지해 오고는 있지만 앞으로 어떻게 될지는 극히 불투명합니다.

이렇게 된 데에는 여러 가지 원인이 있을 수 있겠지만 가장 큰 이유는 무역학에 대한 무역학과 소속 교수 자신들의 학문적 정체성이 결여되어 있기 때문입

---

3) 본 내용은 2011년 저자의 한국무역학회 학술발표논문을 요약한 것임

니다.

　　이를 해결하기 위한 하나의 방안으로서 무역학을 통섭학의 차원에서 다루어 보고자 합니다. 21세기는 '통섭'과 떼려야 뗄 수 없는 시대입니다. 과학과 예술, 인문과 사회 등 학문의 여러 분야에서 통섭은 이미 새로운 단어가 아닙니다.

　　통섭교육이 지지부진한 한국과는 다르게 세계의 여러 대학들은 우리보다 10～20년 앞서서 이런 작업을 펼쳐 오고 있습니다. 이에 위기의식을 느낀 우리나라에서도 통섭교육을 적극적으로 시행하려는 움직임이 일고 있습니다.

② 학문

1) 학문의 본질

　　학문은 우리를 편안하고 행복하게 살고 있다는 착각으로부터 해방시켜 줍니다. 사실을 왜곡하거나 은폐하는 베일을 벗기고 무비판적 사고를 일깨워 주며 끝없는 연구심을 불러일으킵니다. 학문은 또한 인간이 처한 상황에 대해서 가장 명확한 판단을 하게 합니다. 학문을 하는데 정신, 실존, 이성은 필요불가결의 중요 요소로서 우리는 이것에 의해 자신의 무지를 깨닫게 되고 지적욕구의 열정을 불러일으킵니다.

　　정신은 이념이 가지는 힘이며 미래지향적 창조의 힘입니다. 실존은 초월적 관계에 놓여 있는 '절대적 실재'로서 목적지향적인 지적 삶에 의해서 인식됩니다. 이런 목적지향성이 없다면 우리가 추구하는 모든 것은 향락적 놀이가 될 뿐입니다. 이념은 진정한 실존의 바탕 위에서만이 자기의 기능을 다할 수 있는 것입니다. 이성은 모든 사물의 본질을 수용하는 개방성을 의미합니다.

2) 학문의 정의

- 배우고 익히는 것
- 지식을 다른 사람과 사물, 기록과 경험, 간접경험으로부터 얻어 배우고 이를 익혀서 체득하는 과정
- 지식, 기술과 가치를 얻기 위해 노력하고 이해, 교육, 스스로 탐구하는 것
- 따라서 사회와 국가는 구성원을 학문을 통해 교육시키고 바른 품성과 문화의 발전을 이루도록 지원해야 함

3) 학문과 과학

- 과학은 일반적 용어인 학(學)이나 학문보다 엄밀한 뜻
- 학문은 감성적 인식에 대한 이성적 인식을 뜻하나, 과학은 존재의 합법칙적 인식과 논리적인 인식, 객관적 인식만을 논리·이론적으로 파악하려는 지식 체계
- 과학적 인식은 초경험적인 것의 가정(假定)을 허락하지 않으며, 사실의 관찰과 실험에 의해 합리성과 실증성을 철저히 일관시킨다. 논리로서는 귀납법 논리와 연역법 논리를 병용
- 과학적 인식은 단순한 개별적 인식의 집합이 아니라 그 사이의 법칙적 연관 체계를 분석
- 과학의 시조는 **아리스토텔레스**이지만 현대 과학처럼 타당성과 실증성을 지니는 과학은 르네상스 이후 수학적 자연과학에 의해 발생

4) 학문의 분류

- **고전적 분류**
  - 신학 : 신(神)과 관련한 학문 → Why?를 규명
  - 철학 : 인간(人間)과 관련한 학문 → How?를 규명

- **현대적 분류**
  - 인문학 : 문학, 사학, 철학, 언어학, 예술, 종교학 등
  - 자연과학 : 물리, 화학, 수학 등
  - 사회과학 : 정치학, 경제학, 사회학 등

- **한국과학재단의 신 학문분류체계**(2009)
  - 3분류 : 이공학, 인문사회학, 복합영역
  - 4분류 : 이공학, 인문사회학, 예체능학, 복합영역
  - 7분류 : 자연과학, 생명과학, 공학, 인문학, 사회과학, 예체능학, 복합영역

③ 통섭학

1) 통섭학의 정의와 배경

통섭학이란 "지식의 통합"이라고 부르기도 하며 자연과학과 인문학을 연결하고자 하는 통합학문이론을 말합니다. 이러한 생각은 우주의 본질적 질서를 논리적 성찰을 통해 이해하고자 하는 고대 그리스의 사상에 뿌리를 두고 있습니다. 자연과학과 인문학의 두 관점은 그리스시대에는 하나였으나, 르네상스 이후부터 점차 분화되어 현재에 이르고 있습니다.

1840년에 **휴웰**(William Whewell)은 「과학의 역사적 기초 위에 성립된 귀납적 과학 철학」이라는 책에서 'Consilience'라는 표현을 처음 사용했는데, 이는 설명의 공통기반을 만들기 위해 분야를 가로지르는 사실들과 사실에 기반한 이론을 연결함으로써 지식을 통합하는 것을 뜻합니다.

이후 1998년 **윌슨**(Edward Osborne Wilson)은 저서 「통섭, 지식의 대통합」을 통해 서로 다른 분야의 이론과 지식을 한데 묶어 뭔가 새로운 것을 만들어 가는 현상을 지칭하고 싶었는데 적당한 말이 없어서 사라져 가는 이 용어를 재발굴하여 오늘날 널리 사용하게 되었던 것입니다. 그는 "통섭의 귀납적 결론은 사실들로 이루어진 하나의 분야를 통한 결론에 의해 얻어진 귀납적 결론이 또 다른 분야에 의해 얻어진 결과와 일치할 때 얻을 수 있다. 그러므로 통섭은 어떤 것에 대해 발생한 사실을 해석하는 이론들을 검증하는 것을 말한다"라고 통섭을 정의하고 있습니다. 여기서 귀납적 결론이란 과학적 방법론을 통해서야만 통섭이 받아들여질 수 있다고 봅니다.

현대적 관점으로 볼 때 각 지식의 분야들은 각각의 연구분야의 활동에서 얻어진 사실들에 기반하여 연구하여 이해하고자 하는 학문들입니다. 그러나 하나의 학문은 또 다른 연구분야의 활동에 의존하는 면이 있을 수 있습니다. 원자물리학은 화학과 관련이 깊으며 화학은 또한 생물학과 관련이 깊습니다. 물리학을 이해하는 것 또한 신경과학이나 사회학, 경제학을 이해하는 데 없어서는 안 되는 분야입니다. 이렇듯 각 분야의 다양한 접합과 연관은 오랫동안 계속해서 이루어져 왔습니다.

윌슨은 인본주의적 생물학자로 인문학과 자연과학 사이의 간격을 매우고자 노력하고 있습니다. **윌슨**은 과학, 인문학과 예술이 사실은 하나의 공통된 목적을 가지고 있다고 말합니다. 그는 학문을 분리된 각 학문의 세세한 부분을 체계화시키는 데에만 목적을 두지 않습니다. 모든 학문 연구자에게 그저 보여지는 상태뿐만이 아닌 깊이 숨겨진 세상의 질서를 발견하고 그것을 간단한 자연의 법칙들로 설명하고자하는 시도를 통섭으로 보고 있습니다.

이미 '통섭'은 우리 생활에서 더 이상 낯선 단어가 아닙니다. **윌슨**의 통섭은 통섭이라는 단어가 사회적으로 확산되는 데 가장 큰 기여를 했습니다.

2) 통섭학이 만들어지기까지의 과정

통섭이라는 단어는 동양의 성리학과 불교에서는 이미 사용되어 온 용어로 '큰 줄기를 잡다'라는 뜻을 지니고 있습니다. 이제 서양의 학자들이 통섭을 어떻게 말하고 있는지 살펴봅니다.

(1) 베이컨(Francis Bacon)

베이컨(Bacon)은 1605년에 「학문의 진보」라는 책을 통해 인류가 소유하고 있는 지식재산의 일람표를 작성하였습니다.

그는 기억, 상상, 이성과 같이 인간의 정신능력을 구분한 다음 이에 맞춰 모든 학문을 분류한 일람표를 만들었고, 본인이 작성한 일람표를 들여다보면서 부족한 것이 무엇인지 또는 어떠한 것을 보완해야 할지 고민하며 학문 발전을 계도하고자 하였습니다. **베이컨**은 이 일로 인류문화의 전환기를 상징하는 인물이 되었습니다.

이어 1620년 발표한 「노붐 오르가눔」에서 학문의 분화와 전문화를 주창하였는데, 이 책에서 학문 발전을 위해서는 인류의 지식을 세분화하여 각 분야의 전문가들이 담당 과목을 깊이 있게 연구하여야 한다고 주장했습니다.

베이컨이 이처럼 전문지식의 분과연구를 주장하면서 다재다능한 르네상스 인재의 양성은 종말을 고하게 되었습니다. 이러한 **베이컨**의 위업으로 인해 '한 우물만 파라'는 교훈은 지금까지 줄곧 힘을 얻어 왔습니다.

(2) 윌슨(Edward Osborne Wilson)

이러한 **베이컨**에게 정면으로 도전한 사람은 **윌슨**(Edward Osborne Wilson)입니다. 그는 인간 또한 생물체임에 주목하여 인류의 출발점을 생물학의 진화론적 관점에서 조망하고 그의 학문적 입장을 정리한 「통섭: 지식의 대통합」을 발표하였습니다.

베이컨이 지식의 분류를 주장했다면, **윌슨**은 통섭(consilience)이라는 독특한 단어를 통해 지식의 통합을 말하였습니다.

윌슨은 지식의 계속적인 파편화와 그로 인한 혼란을 염려하면서 학문의 미래를 자연과학과 인문학 지식의 대융합에서 찾게 됩니다. 통섭을 통해 지나치게 전문화되고 세분화된 학문을 개혁하고, 세계가 안고 있는 중요한 문제들을 효과적으로 해결할 수 있다는 **윌슨**은 학문 통합은 '진리의 울림'이라고 주장합니다.

윌슨은 통섭으로 인해 균형 잡힌 관점과 보다 다양화되고 심화된 지식이 가능하다며 "통섭이 매력적인 가장 큰 이유는 그것이 지적인 모험의 전망을 열어주고 비록 만족스럽지는 않더라도 인간의 조건을 보다 정확하게 이해하도록 이끈다는 데 있다"고 하였습니다. 그는 인류발달사를 '후성규칙'과 '유전자 · 문화 공진화 개념'을 통해 설명하며 본질적 이해를 위해서는 왜 '통섭'이 필요한지를 주장하고 있습니다.

3) 통섭(統攝, Consilience)의 분류

(1) 전통적 분류

통섭은 크게 환원주의적 통섭과 비환원주의적 통섭으로 구분할 수 있습니다. 그중 **윌슨**은 환원주의적 통섭을 지지합니다. 환원이란 세포를 소기관으로 분해하는 것처럼 하나의 현상을 더 작은 단위로 나누는 것을 말합니다. 과학자들은 환원의 과정을 거친 소단위들을 재구성하는 종합 과정을 거쳐 이를 바탕으로 상위조직이 가지는 규칙까지 설명합니다.

윌슨은 생물학과 타 학문의 관계도 소단위와 상위구조의 관계와 유사하다고 주장합니다. 생물학자인 그는 인간을 구속하는 물리법칙을 통섭의 기반으로 보고 인문학이나 사회과학, 예술, 종교 등을 이에 의해 설명할 수 있다고 봅니다. 그는 학문 간의 연결고리를 실타래에 비유해 "한 학문에서 올바른 실타래를 잡아낸다면 그것으로 다른 학문 분야까지 설명할 수 있다"고 주장합니다.

그렇다면 **윌슨**이 발견한 인문학 및 사회과학이 물리 법칙으로 환원되는 지점은 어디일까요? 바로 '유전자'입니다. **윌슨**은 "문화는 공동의 마음에 의해 창조되지만 이때 개별 마음은 유전적으로 조성된 인간 두뇌의 산물"이라고 말합니다. 문화와 긴밀하게 연관돼 있는 유전자는 규칙적인 후성규칙을 만들어 냅니다.

후성규칙이란 주변 문화와 환경에 더 잘 적응하고 번식하도록 해주는 문화적 규칙들을 말합니다. 예컨대 대부분의 인간 사회에서 뱀은 사악하고 위험한 존재로 그려지는데, 이것은 사람들에게 죽음의 주요한 원인이 됐던 뱀에 대한 경각심을 일깨워 생존율을 높여 주는 후성규칙이라 할 수 있습니다. 즉, 윌슨은 복잡한 연쇄로 이뤄진 물질세계가 유전자를 기반으로 한 물리법칙으로 모두 환원되고, 설명될 수 있다는 것을 통섭 개념의 핵심으로 제시하고 있습니다.

(2) 통섭의 유사개념

오늘날 통섭은 다음과 같은 언어로 표현되기도 합니다만 진정한 의미의 통섭이라고 할 수는 없습니다. 통섭은 단순히 합쳐지는 것이 아니라 통섭을 통해 무언가 새롭게 탄생해야 하는 것입니다.

통섭과 유사한 의미로는 다음과 같은 용어들이 사용되고 있습니다.

- Convergence : 한 점이나 선에의 집중; 집중성, 집중 상태, 집중도(度); 집합점을 나타내는 수학용어이며, 때로는 사상·경제력 따위의 수렴(收斂) 또는 격차 축소로도 사용함
- Hybride : 동식물의 교배종, 잡종; 혼혈아, 튀기; 다른 문화적 배경을 가진 혼성 문화의 사람(이민의 자녀 등), 다른 기계 부품을 쓴 기계 등으로 사용함
- Fusion : 용해, 융해; 융합, 융해점, 융점, 융합물, 정치학에서는 정당끼리의 연합, 연립, 합병, 제휴; 합동체를 말하기도 하며 통합, 종합의 의미가 있음
- Integration : 통합, 합병, 집대성; 완성, 주위 환경과 조화된 행동; 조정, 심리학에서는 인격의 통합, 융화, 섭취 음식의 동화, 수학에서는 적분법, 특히 미국에서는 인종차별 철폐, 인종 통합을 의미함
- Unification : 통일, 단일화
- Inter-Disciplinary Research : 동일영역 내 학제 간 연구
- Multi-Disciplinary Research : 서로 다른 영역 간 학제 간 연구

4) 통섭(統攝, Consilience)의 문제점

'통섭'에 대한 비판도 만만치 않습니다. **윌슨**이 말하는 대융합의 필요성에도 불구하고 실제로 개별 분과학문들 간에는 엄격한 장벽이 세워져 있어 자유로이 경계를 넘나드는 통섭이 쉽지 않습니다. 각 학문의 역사적 전통과 전문직업화로 인한 진입 장벽은 무시할 수 없는 제약인 것입니다.

바야흐로 '통섭'이라는 말이 유행하면서, 너도나도 '학문 간 융합'을 이야기하지만 '순혈주의'를 고집하는 대학문화 때문에 융합학문이 설 자리를 찾기가 힘듭니다. 한국에서는 대학에서나, 사회에서나 분야와 분야 사이의 벽이 너무 높습니다. 다른 분야에 대해 이해도 못하고, 포용력도 없습니다. 이는 오래된 문과와 이과의 분류부터 기인합니다.

한편 인문학과 자연과학이 다른 문화라는 점을 수용하여야 하며, 각 학문들이 상대 학문을 이해하려면 더 많은 준비가 필요하다는 주장도 제기되고 있습니다. 특히 **웬델 베리**(Wendell Berry)는 그의 책 「삶은 기적이다」에서 아직도 그 모든 것을 통합하기에는 인간 인식과 의식의 수준이 턱없이 낮다는 사실을 주장하면서 **윌슨**의 책 「통섭」이 기계적 환원주의에 근거해서 세계를 파악하는 오류를 범했다고 지적하고 있습니다.

5) 통섭의 방향

윌슨의 생각은 원리적으로는 가능하지만 현실적으로는 상위구조의 복잡성 때문에 거의 불가능합니다. 다만 '학문 간 연계'를 통해 우리가 새로운 국면을 볼 수 있다는 점에서 **윌슨**의 꿈이 의미가 있다고 할 것입니다. 즉 통섭적 사고가 학문 간 소통의 문제에 대해 길을 제시하고 인간지성의 지평을 넓혀 줄 수 있는 계기가 될 것입니다.

그럼에도 불구하고 자연과학과 인문학은 21세기 학문의 거대한 두 가지 축이 될 것으로 보입니다. 그런 와중에 철학, 역사학, 윤리학, 비교종교학, 미학을 아우르는 인문학은 자연과학에 접근할 것이고 부분적으로 자연과학과 융합할 것입니다.

반면 사회과학은 계속해서 세분화되면서 많은 부분들은 인문학과 융합될 것입니다. 사회과학의 분과들은 계속해서 존재하겠지만 결국 그 형태는 극단적으로 변할 것입니다.

영국의 신경생물학자 **찰스 셰링턴(Charles Scott Sherrington)**은 1941년에 「인간과 인간의 본성」이라는 책에서 인간의 뇌를 '요술에 걸린 베틀'이라고 말했습니다. 그에 따르면 인간은 이 베틀을 통해 외부 세계를 끊임없이 직조해 낸다고 하였습니다.

이렇게 본다면 문명사회의 공동 정신(세계 문화)은 훨씬 더 큰 베틀이 되어 인류는 이 공동 지성을 통해 과학의 영역에서는 한 인간이 도달할 수 없는 훨씬 넓은 영역을 가로질러 외부 세계를 그려 낼 것이며, 예술의 영역에서는 한 명의 천재로는 도저히 감당할 수 없는 다양한 서사, 영상 그리고 리듬을 창조해 낼 것입니다.

진정한 학문은 과학을 학문적 측면과 교육적 측면에서 인문·사회과학과 통섭함으로써 완성될 것입니다.

매일매일 우리를 괴롭히는 인종 갈등, 무기 경쟁, 인구 과잉, 낙태, 환경, 가난 등은 자연과학적 지식과 인문·사회과학적 지식이 통합되지 않고는 해결할 수 없습니다. 경계를 넘나드는 것만이 실제 세계에 대한 명확한 관점을 제공할 것입니다.

4 통섭학문으로서의 무역학

1) 무역학의 특성

앞에서 우리는 무역학이 단순한 사회과학이 아니라 인간을 대상으로 하는 인문학이며, 철학이며, 경험학문이며, 실용학문이며, 통섭학문이며, 미래학이라고 했습니다. 이에 대해 구체적으로 살펴봅니다.

(1) 무역학 연구의 틀(전통적 무역학)

무역학 연구는 전통적으로 왜? 무역을 하는지와 어떻게? 무역을 하는지에 관해서 연구합니다. 왜?를 연구하는 분야를 국제경제, 국제무역 또는 무역경제, 또는 무역이론이라고 합니다. 어떻게?의 문제는 크게 두 가지로 나누어집니다. 하나는 무역상무 또는 무역실무라고 하는 부분과 국제경영부분입니다.

무역상무 분야는 무역과 관련한 실용적 연구분야를 말합니다. 여기에는 무역계약부터 클레임 처리에 이르기까지 무역의 현장에서 발생하는 사항들을 중심으로 연구합니다. 다른 하나는 기업의 측면에서 무역을 연구하는 국제경영 또는 무역경영이라는 분야입니다. 오늘날 세계화시대에는 기업들도 다국적기업화함에 따라 연구해야 할 부분이 새롭게 부각되고 있습니다.

(2) 시대가 요구하는 무역학

세계는 살아 움직이는 동물과 같습니다. 위험을 예방하고 위험에 직면했을 때에는 움직여서 피하고 능동적으로 대처하지 못하면 적자생존의 법칙에 따라 도태할 수밖에 없습니다.

학문도 예외가 아닙니다. 오늘날을 대변하는 화두는 세계화입니다. 무역학의 관점에서 본다면 WTO시대이자 FTA시대입니다. 우리가 원하든 원하지 않든 우리는 이 소용돌이에서 살아남아야 합니다. 돈을 벌자는 얘기가 아닙니다. 대학도 정부가 대학에 바라고 원하는 것이 무엇인지를 정확히 깨닫고 방향을 제시해 주어야만 합니다. 다양한 연구방법을 통하여 무역의 현장을 분석하여 해결책을 제시하고 이를 정책에 반영할 수 있어야 합니다.

이를 달성하기 위하여 오늘의 무역학에게 요구되는 것이 무엇인지를 알아봅니다.

2) 무역학은 통섭이 가능한가?

앞의 연구를 통해 보듯이 무역학은 그 역사적 기반을 상학에 두고 있습니다. 그러나 오늘날의 상거래는 정치적, 경제적 국경선을 넘는 국제무역이 실현되면서 인문학 또는 자연과학을 모르고 상거래를 하는 것이 불가능합니다.

앞으로 통섭을 통해 실현해야 할 무역학의 연구분야를 살펴봅니다.

- 인문학 : 어학 → 해외 지역연구, 해외시장조사, 무역영어
- 인문학 : 문학 → 상관습, 무역문화, 국제전시
- 인문학 : 지리학(경제지리) → 국제운송, 자원무역
- 인문학 : 역사학 → 한국무역사, 국제무역사, 통상조약, FTA
- 사회과학 : 법학 → 국제거래법, 국제통상법, WTO, FTA
- 사회과학 : 사회학 → 공정무역, 경제통합론
- 자연과학 : 공학(컴퓨터학) → 전자무역
- 자연과학 : 생물학 → 상품학
- 자연과학 : 수학 → 국제경제, 외환, 금융

5 결 론

21세기 들어서면서 학문의 트렌드가 변화하고 있음은 주지의 사실입니다. 과학기술의 발달로 근대사회가 성립됐다면 오늘날 우리가 살고 있는 현대사회는 지식을 기반으로 하는 사회입니다. 이런 사회 속에서 인문사회와 과학기술 중 어느 한쪽의 지식만 가지고는 복합적인 현 시대를 이해하기 힘듭니다. 교육 시스템의 개선도 중요하지만, 주체적으로 다양한 학문 간의 연계를 실천해 나가는 교수와 학생들의 태도가 선행돼야 할 시점입니다.

무역학은 다른 어떤 학문보다 앞서서 학문의 패러다임을 이끌었고 수용해 왔으며, 앞으로도 그럴 것입니다. 무역학은 출발부터 통섭학문 이었고, 글로벌 학문이었습니다. 따라서 지금까지의 연구를 통해 보듯이 무역학이 통섭학문으로서의 확고한 위치를 정립하기 위해서는 더 이상 변화를 두려워 해서는 안 됩니다.

특히 무역학이 통섭을 하기 위해서는 학문이기주의와 학과이기주의 그리고 과목이기주의를 탈피하고, 시대의 변화와 흐름을 잘 읽고 이에 부응하는 연구범위와 연구내용을 마련해야만 합니다. 무역학의 앞날을 위해 학과이기주의나 과목이기주의를 고집할 때 무역학은 여지없이 무너지고 말 것입니다.

📖 참고자료

제1장 참고

1. 공부하는 인간1편 (오래된 욕망)
   https://www.youtube.com/watch?v=fmWno7ReWdc&t=5s

2. 공부하는 인간2편 (공자의후예)
   https://www.youtube.com/watch?v=9F9de8u802o

3. 공부하는 인간3편 (유대인의 교육)
   https://www.youtube.com/watch?v=Gl7SOgTEeAQ

4. 공부하는 인간4편 (호모 아카데미쿠스)
   https://www.youtube.com/watch?v=rfNmUWWpS6k&index=5&list=PLkt5SXkaomMXR

5. 공부하는 인간5편 (다시 공부를 말하다)
   https://www.youtube.com/watch?v=Q_IOUc_MuP4&list=PLkt5SXkaomMXRI54R_T-5d3efPjd428W6&index=2

6. 공부는 왜 하는가?

▶▷ 공부는 왜 하는가[4]

　　지금은 불의(不義)의 시대다. 세(勢)를 가진 자들이 자신의 잘못을 들추어 공격한 선비들을 온갖 명분을 들이대면서 숙청하던 조선 4대 사화(士禍)의 시대나 '왕실의 존엄'의 명분으로 반대파를 음모, 조작, 반역자 낙인찍기의 희생자로 만들던 조선 후기 노론계의 기득권 추구 행태들이 연상된다. 공직자로서 바른말 하면 명령불복종이라고 그 자리에서 쫓아내고, 원칙대로 수사한 검찰을 수사 선에서 찍어내고, 기자나 피디가 사실을 공정하고 제대로 보도하면 언론사에서 추방당한다. 국민의 종복이 되어야 할 국회의원이 밑바닥 국민들에게 "너희들에게 권리를 주면 들고일어날 것이니 계속 노예상태로 있으라"고 호통친다. '진실을 알리려' 해도 명예훼손죄, 허위사실유포죄로 처벌당할 각오를 해야 한다. 세를 가진 사람들은 이치를 따지는 사람들을 극도로 증오하고 있으며, 그들에게 부끄러움을 가르치려는 사람은 '원수' 취급하고 있다. 지옥으로 변한 노동 현실을 고발하면 '종북', 좌빨 즉 현대판 반역자로 낙인찍힐 각오를 해야 한다.

　　마키아벨리가 말한 것처럼 권력은 야수적 속성, 즉 상대를 죽여야 내가 산다는 논리에서 움직이는지는 모르겠다. 정치나 권력은 세상의 필요악인 점이 있다. 그런데 그들의 야수성을 견제할 때만 세상이 굴러갈 수 있고, 그것을 그대로 내버려두면 그들도 죽고 정치 공동체도 무너진다. 즉 권력자들의 탐욕과 범법을 인정하자는 것이 아니라, 그것을 견제 감시 길들이는 장치, 조직, 세력, 인물이 필요하다. 교육이 바로 그러한 임무를 갖고 있으며 교육받는 인재로 충원된 관료, 검찰, 사법, 언론이 애초부터 그 일을 하게 되어 있다.

＊ 모든 학문은 공익성과 보편성을 지양해야

　　이들 기관 종사자들의 일상 임무가 바로 공공의 이익 추구다. 이들 기관은 우수한 머리를 타고나 치열한 공부를 거쳐 경쟁을 뚫고 그 자리에 올라선 사람들이 움직인다. 그들은 시험 경쟁의 승리자들이다. 이들은 오늘도 날밤을 새며 공부하는 학생들의 역할 모델이다. 그런데 그렇게 죽기 살기로 공부해서 그 자리에 올라간 사람들은 실제 어떻게 행동하고 있나? 법으로 먹고사는 사람이 법학개론의 기초와 전혀 배치되는 정치적 발언과 행동을 거침없이 한다. 교육기관의 최상층에 있는 사람이 가장 반교육적인 교육행정의 집행자가 된다. 언론기관의 책임

---

4) 미래 직업과 대학의 의미, CENC-LA교육신문사설 발췌

선에 있는 사람들이 세를 가진 권력자의 선전 홍보요원이 되고서도 부끄러움을 모른다. 그 우수한 머리와 다년간의 공부, 시험 통과가 결국 권력자의 서기 노릇을 하는 대가로 돈과 지위를 보장받는 자격증 얻는 과정이라는 이야기인가?

"인간 세상에서 배운 사람 노릇 하기 쉽지 않구나"라고 자결한 황현(黃玹) 정도의 기개를 요구하는 것 아니고, '나라를 잃고도 살아 있으니 부끄러운 인간'이라고 자책한 박은식(朴殷植) 정도의 높은 자성 능력을 요구하는 것도 아니다. 모든 학문은 공익성과 보편성을 지향하기 때문에, 그저 가장 기본적인 것. 고시 공부할 때 외운 학설 중 하나라도 되새겨 자신이 하는 일이 과연 그 직무의 본령에 맞는 것인지 정도 반성할 수 있으면 된다.

유형원은 조선조의 위기가 바로 과거제도에 있다는 것을 간파하였다. 그는 과거제가 능력 특히 학력은 시험할 수 있으나 덕행을 시험할 수 없다고 생각했고, 당시 관직은 실제 소수의 벌열(閥閱)이 독점하고 있다는 사실을 한탄하면서 추천제를 시행하면 재능과 덕행을 겸비한 자를 뽑을 수 있고 관직을 서얼과 평민에게까지 개방하여 널리 인재를 널리 구할 수 있다고 주장했다. 물론 오늘날처럼 복잡한 시대에 추천으로 모든 인재를 선발할 수는 없고, 추천자가 사사로운 정에 의하여 불공평한 추천을 할 우려가 있기 때문에 이러한 방식을 그대로 도입할 수는 없을 것이다.

그러나 오늘의 대입, 고시와 로스쿨, 언론 입사 시험은 조선 말기의 과거와 관직 등용제도처럼 점점 유력자나 부자들의 잔치로 변하고 있으며, 재주는 있으나 공직자로서의 기본은 국민의 평균 이하의 사람이 선발되고, 일부 기관에는 사실상 세습이 이루어진다는 소문까지 있기 때문에 우리는 오늘의 교육, 선발 제도에 대해 근본적으로 회의하지 않을 수 없다. 치열한 시험의 승리자들일수록 자신의 기득권을 지키기 위해 과거에는 권력자의 총칼에, 오늘날에는 부자들에게 머리를 조아리는 경향이 있다. 그들은 자신의 자리가 국민의 피땀과 희생 위에 서 있는 것인지 알지 못한 채 여전히 자신이 잘난 것의 당연한 대가라 생각하고, 불의의 희생에 눈감고 강자들의 폭력에 굴종했으면서도 부끄러워할 줄 모른다.

지난 60여 년, 매년 치러지는 수많은 시험에서 많은 인재가 만들어졌건만, 그들이 진정 공익에 어떤 기여를 했던가? 구한말 나라 살리자던 동학군과 개화파를 능지처사(陵遲處死)하고서, 일본에 나라를 팔아넘긴 고관대작들, 독재정권이 그렇게 횡포를 부릴 때 그들의 손발이 되어 준 사람들 모두 그런 시험 선수들 아니었나?

　머리 좋고 시험 잘 본 사람을 무조건 밀어 온 국민들도 이제 정신 차려야 한다. 그러나 한국의 교육과 시험제도를 근본적으로 바꾸지 않고서는 이 불의의 시대를 청산할 수 없고, 이 엄중한 주변 국제정세에 대처할 관리나 지식인도 나오지 않을 것이다.

　우리는 지금까지 대학에서의 학문탐구와 그 방법 그리고 공부하는 이유에 대해 살펴보았다. 과연 우리는 대학에 잘 온 것일까? 우리는 대학에서 무엇을 배울 것인가?

　미래학자 토머스 프레이는 2030년이면 대학의 절반이 사라진다고 했다. 정말로 50% 이상의 대학이 사라질까? 과연 우리가 성장해서 우리의 자녀 세대에 학교 교육은 어떻게 변하게 될까? 우리가 부모라면 당연히 궁금해질 것이다. 부모들이 가장 많이 하는 걱정 중에 하나가 '어떤 전공을 하면 비전이 있는지! 어떤 직업이 전망이 있는지!'이다.

　'어떤 직업이나 전공이 미래에 전망있을까요?'라고 궁금해 하는 부모들이 있다면 현재 일자리들이 어떻게 빠르게 변화되고 있는지를 먼저 아는 것이 중요하다. 요즘은 '4차 산업 혁명'이라는 말을 자주 듣게 된다. 전문가들은 많은 직업들이 사라지고 대학들도 많이 사라질 것이라고 전망한다. 우리가 흔히 접하는 '4차 산업 혁명'이라는 말에 대해서도 이해할 필요가 있다. 하지만 그 또한 누가 알겠는가? 처음 인터넷이 생겼을 때 많은 사람들은 전망 있는 직업과 전망 없는 직업들에 대해 말하기 시작했었다. 지금 그 자료들을 살펴보면 모두 다 맞다고만 할 수도 없다.

　개인적인 생각이지만 우리가 가진 자료를 기반으로 과거처럼 예측한 대로 미래가 만들어지는 세상은 올 것 같지 않다. 오히려 우리가 일반적으로 예측하지 못하고 상상하지 못한 세상, 사람들의 필요와 관심으로 빠르게 변화되고 움직이는 세상이 될 거라 생각된다. 미래는 우리 자녀 세대에서 스스로 새로운 직업을 만들어 내는 세상이지 않을까 싶다.

　무엇보다 중요하고 모든 부모들이 상식선에서 판단할 수 있는 것은 인공지능 시대에 평생 일자리는 이제 더 이상 의미가 없다는 것이다. 이 말은 우리 세대 자녀들은 평생 끊임없이 변하는 일자리에 적응하고 세상의 변화에 맞춰 늘 학습하고 스스로를 발전시키는 삶을 살아야 한다는 뜻이 된다.

지금 원서를 준비하는 12학년의 경우 대학에 가서 무엇을 공부할지 고민하는 학생들이 많이 있을 것이다. 전망 있는 전공이나 직업을 알고 준비하는 것도 중요하지만, 먼저 자신의 적성이나 성향을 파악하는 것이 중요하다. 아직 무엇을 공부할지 모른다면 직업이나 전공에 너무 얽매이지 말자. 대학에 가서 미래에 어떤 일을 하더라도 준비된 힘과 역량을 갖추면 된다고 생각하자.

부모들에게 당부하고 싶은 것은 미래 교육 트렌드를 예측하고 준비하는 것도 중요하지만, 한 가지 분야에서만 전문성을 가지고 평생을 살아가는 것은 이제 어렵다는 것을 알아야 한다. 이를 자녀에게 인지시키고 교육시키는 것이 꼭 필요하다. 미래에는 단순한 지식이나 능력보다는 창의적이고 깊은 통찰력, 뛰어난 역량이 우선되어야 성공할 수 있다. 평생 학습하려는 자세가 무엇보다 중요하며 호기심과 배움의 의지는 미래 성공의 열쇠라 할 수 있다. 분명 좋은 대학은 학생들의 학습의 욕구와 의지를 채워 주는 곳이어야 한다.

재3장 참고

1. 우리는 왜 대학에 가는가? 1부(어메이징 데이1)
   https://www.youtube.com/watch?v=ltQRzR519ll

2. 우리는 왜 대학에 가는가? 2부(인재의 탄생1)
   https://www.youtube.com/watch?v=XZe_YAmiuh4

3. 우리는 왜 대학에 가는가? 3부(인재의 탄생2)
   https://www.youtube.com/watch?v=zdM_JrbUohU

4. 우리는 왜 대학에 가는가? 4부(어메이징 데이2)
   https://www.youtube.com/watch?v=Hd2qpH8w-No

5. 우리는 왜 대학에 가는가? 5부(말문을 터라)
   https://www.youtube.com/watch?v=sDw3lRZf3k8

6. 우리는 왜 대학에 가는가? 6부(생각을 터라)
   https://www.youtube.com/watch?v=-Zptozl9Nj4

7. 창조교육에 대하여

8. 직업선택 10계명

▶▷ 창조교육에 대하여[5]

＊ 창조교육하려면 교육부를 없애야

2013년 2학기가 시작 되었습니다. 또 그러나 다른 하루가 시작됩니다.

대학에서 아이들을 가르친 지 올해로 26년째입니다. 26이라는 숫자가 주는 의미는 아무것도 없습니다. 그저 26년입니다. 그렇게 시간이 흘러 왔습니다.

강의실에 들어갈 때마다 오늘은 무엇을 가르칠지보다는 오늘은 내가 학생들로부터 무엇을 배울지가 걱정입니다.

대한민국 교육의 목표가 어떻게 하면 학생들이 원하는 대학에 들어갈 수 있도록 할 것인가?라는 사실은 이미 오래전부터의 일입니다. 잘못된 목표임에도 불구하고 2013년 오늘 현재까지도 대학입시는 고등교육의 최대 담론이 되고 있습니다.

최근 불어 닥친 교육부의 입시제도 개선과 중등교육과정에서의 문과 이과 폐지 내지는 통합도 그 하나에 지나지 않습니다. 게다가 한 술 더 떠 교육부는 무슨 창조경제를 견인할 창조인재를 만들어야 한다고 아우성입니다. 창조는 창조를 강요하는 상황에서 만들어지는 것이 절대 아님을 모르는가 봅니다. 절대권력자가 창조하라고 하면 창조가 되는 줄 아는 모양입니다. 아니 그들도 잘 알겠지요. 그러나 더 높이 올라가거나 최소한 지금의 자리를 유지하려면 어떻게든 무엇인가를 창조해야 한다는 책무감에 밤새워 가며 창조교육정책을 창조하고 있는 것이겠지요.

정책당국은 강요된 창조를 위해 모든 국민을 창조신드롬에 걸리게 하고 있습니다. 그런 면에서는 새로운 것을 창조했다는 생각이 듭니다.

그러니 교육의 목표를 대학입시로 한정해서는 안 됩니다. 그러니 교육부가 발표하는 각종 교육정책이 대학입시와 관련이 되어서는 안 되는 것입니다. 그것은 정치인과 관료들의 합작품입니다. 정권을 창출하고 유지하기 위해서 교육이해관계자들이 좋아하는 것만 골라서 무슨 대책입네 하고 순식간에 발표하는 것이지요.

그렇지 않다고요? 충분히 고민해서 정책을 수립했다고요? 고민했겠지요. 어떻게 하면 지난 정부의 색깔을 완전히 지우고 기상천외한 정책을 창조할 것인지

---

5) 동아일보 기사, 2013년 9월1일 저자의 신문기고 발췌

를 고민했겠지요.

교육부가 진정으로 우리의 교육을 고민했다면 가정교육부터 건드려야 했습니다. 그랬다면 오늘의 교육문제가 이혼을 밥 먹듯이 하는 세태에서, 집은 있지만 가정이 존재하지 않는 환경에 기인한다는 사실을 모르지는 않을 것입니다. 창조는 화합이고 상생입니다. 서로 사랑하는 방법을 모르고 자란 이들에게 화합과 상생과 협력을 강요할 수가 없다는 사실을 알았을 것입니다.

그러니까 결론은 고민 안 한 겁니다. 창조교육의 입안자들도 창조교육이 무엇인지를 모르는 상태에서 창조를 교육에다 무례하게 갖다 부치는 설익은 창조를 감행한 것입니다.

진실로 창조교육을 위해서는 교육부를 폐지하고 바꾸는 창조적 발상이 필요한 때입니다. 우리의 교육을 정치적 목적과 관료적 방법으로 더 이상 방치해서는 안 됩니다.

고등학교를 졸업하고 대학에 들어오는 학생들은 고등학교 때처럼 공부를 안합니다. 그것이 지식공부이든 인성공부이든 그렇습니다. 그들 잘못이 아닙니다. 그들은 이미 잘못된 목표를 달성했기 때문에 더 이상 공부하고 싶지 않은 것입니다. 고지를 점령한 군인처럼 이제는 쉬어야지요. 부모들도 더 이상 공부와 관련해서 "관심 끝"입니다. 성경에 나오는 "다 이루었다"입니다. 내가 해 줄 일은 다 했다는 것이지요. "창조 끝"입니다.

우리들은 이런 상황에서 아이들을 가르칩니다. 그들의 귀에 더 이상의 지식공부는 의미가 없습니다. 인생을 살아 가면서 필요한 공부는 이미 다 배웠기 때문입니다. 수학보다는 산수가 더 필요한 세상입니다. 그럼에도 불구하고 교수들은 학생들의 수준이 과거보다 떨어졌다고 걱정합니다. 미적분을 모르고 자연계열의 대학에 들어왔다는 사실만으로 오늘의 중등교육과 대학입시제도를 비판 합니다. 오늘의 대학입학생들은 30년 전의 입학생들이 아닙니다. 이미 대학교육이 보편화된 이 마당에 과거보다 학력이 떨어진다느니, 과거보다 인성이 잘못됐다느니 하는 것은 오늘의 교육문제를 해결하는 동기가 될 수 없습니다. 우리 교수들에게는 현재의 아이들을 잘 가르쳐야 한다는 과제만이 남는 것입니다.

현재의 아이들!

집단보다는 개인적 성향을 즐기는 아이들... 그러나 외로운 아이들...

남의 고통을 즐거워 하며 게임을 통해 대리만족하는 아이들... 그러나 만족하지 못하는 아이들...

우리 교수들은 학생 모두가 자신이 연구하는 학문에 관심 갖기를 바라고 또 모두가 교수나 연구자가 될 수 있는 것처럼 생각하고 고등지식인이 되기를 강요하고 있습니다. 이 또한 큰 실수입니다. 한국에서의 대학교육은 더 이상 엘리트 교육이 아닙니다. 성숙한 시민으로 살아가기 위해 필요한 일반적인 것들을 가르치는 곳이 되었음을 알아야 합니다.

물리학을 몰라도 중력을 몰라도 넘어지지 않고 걸어다니며, 미적분을 몰라도 아파트의 대지지분을 계산할 수 있습니다. 굳이 인문학적 소양이니 철학적 사고이니 미학이 어쩌니 하면서 대단한 것을 가르쳐야만 대학인 체하는 가면을 벗어야 합니다.

대학교수사회를 풍자하는 얘기가 있습니다. 30대 교수는 아주 어려운 것을 가르친다고 합니다. 마치 학문은 이런 것이고 자기만이 최고의 권위자인 듯이 말입니다. 40대 교수는 중요한 것만을 가르친답니다. 50대 교수는 일반적인 것을 가르친답니다. 살아보니 이것만 알아도 아무 문제가 없다는 것이겠지요. 60대 교수는 생각나는 것만을 가르친답니다. 살만큼 살고 삶을 돌이켜보니 깜박하고 잊고 있었던 삶의 편린들이 생각나서 말입니다. 어느 교수가 맞고 틀리고가 아닙니다. 모두가 다 정답인 것이지요. 그렇습니다. 삶은 정답이 여러 개입니다. 이것도 맞고 저것도 맞는 것이 아닙니다. 서로가 다 다른 것입니다.

교육을 담당하는 교육자(모든 사람 : 정치인, 관료, 부모, 교사 등)라면 그것이 초등교육이든 중등교육이든 아니면 고등교육이든 간에 다른 사람을 변화시키려고 하기 전에 자신부터 변화되지 않으면 안 된다는 사실을 망각한 채 자신의 출신성분만으로 오늘의 교육에 메스를 가한다는 사실이 참으로 안타깝습니다.

이제는 우리의 아이들에게 지식보다는 꿈을 얘기하는 선생이 되고 싶습니다. 그러기 위해서는 우리 학생들이 처한 현실을 알아야만 합니다. 느껴야 합니다. 그들에게 더 가까이 다가가야 합니다. 그래서 그들이 서서히 변화할 수 있도록 도와주어야 합니다. 그것이 창조교육입니다.

창조교육은 어느날 아침에 갑자기 창조되는 것이 결코 아닙니다. 빨리 가는 것이 창조가 아닙니다. 서로 반목하고 갈등하고 시기하면서는 결코 창조가 되지 않는 것입니다. 화합하고, 일으켜 세워 주며, 서서히 기다릴 줄 아는 지혜가 창조교육을 만드는 것입니다.

▶▷ 직업선택 10계명[6]

- 월급이 적은 쪽을 택하라.
- 내가 원하는 곳이 아니라 나를 필요로 하는 곳을 택하라.
- 승진의 기회가 거의 없는 곳을 택하라.
- 모든 조건이 잘 갖추어진 곳은 피하고, 처음부터 시작해야 하는 황무지를 택하라.
- 앞을 다투어 모여드는 곳은 절대 가지 마라. 아무도 가지 않는 곳으로 가라.
- 장래성이 전혀 없다고 생각되는 곳으로 가라.
- 사회적 존경 같은 것을 바라볼 수 없는 곳으로 가라.
- 한가운데가 아니라 가장자리로 가라.
- 부모나 아내나, 약혼자가 결사반대를 하는 곳이라면 틀림없다. 의심치 말고 가라.
- 왕관이 아니라 단두대가 기다리고 있는 곳으로 가라.

---

6) 거창고등학교 직업선택 10계명 발췌

PART

02

무역이론

개인 또는 기업이 장사를 하는 이유는 돈을 벌기 위해서입니다.

그렇다면 국가가 무역을 하는 이유도 마찬가지일까요?

무역을 하는 이유는 다음과 같습니다.

첫째, 상대국에 비해서 값싸게 만들 수 있는 상품을 만들어 국내시장 수요 충족은 물론이고 해외 시장에서 수요를 충족시킬 수 있습니다.

둘째, 국내 시장뿐 아니라 국제시장에 공급해야 할 물량을 생산하려면 보다 많은 인력이 필요합니다. 이로써 많은 일자리가 요구되며 이에 따른 고용 창출효과가 생기는 것이며 이는 실업자 문제 해결에도 많은 도움을 주게 됩니다.

셋째, 모든 기업들은 설립 목적에 따라 다양한 내용의 사업을 하게 됩니다. 무역을 하게 되면 관련한 많은 기업과 기구가 필요합니다. 따라서 무역에 의해 파급되는 경제적 효과는 무시 할 수 없습니다.

넷째, 자급자족이란 원천적으로 불가능합니다. 인간사회가 분화되고 발전되어 가면서 국가 간에 교역량은 점차 늘어 가고 있으며, 그러한 가운데 자국의 잉여 생산물이나 다른 국가와의 비교우위에 있는 생산품을 수출하고 자국에서 필요한 다양한 재화를 수입해 오면 그것이 바로 국민의 삶의 질 향상을 가능하게 하며 이를 통해 국부 창출로 이어지며 더 나아가 세계의 평화도 유지되는 것입니다.

제2부에서는 다음과 같이 왜 무역을 하는지에 대해 살펴봅니다.

자본주의와 공산주의

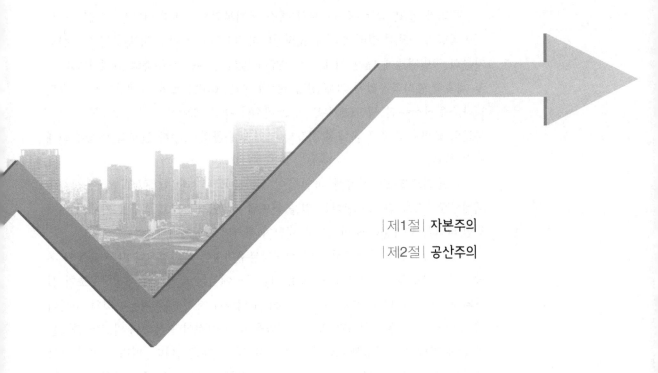

무역의 큰 줄기를 이해하기 위해서는 경제학의 큰 흐름을 읽어야 하고, 이를 위해서는 자본주의와 공산주의에 대해 이해할 필요가 있습니다.

중세시대인 16세기 이래 스페인 · 포르투갈 · 네덜란드 · 영국 · 프랑스 등 당시의 선진국들은 세습군주하에서 통일적인 중앙집권국가를 형성하고 경제적으로는 중상주의 정책을 채택함에 따라 각각 하나의 민족적 자치단체를 형성했습니다. 이를 자급자족적 국가경제라고 합니다. 이러한 관점에서 볼 때 국민경제의 발전단계는 자본주의의 발달과 그 시기를 같이합니다.

근대 중앙집권적 국가의 형성은 종래 영주의 지배를 극복하고 조직적인 관료제도의 확립, 강력한 군대 창설, 통일적인 법률 제정 등을 이룩한 절대주의에 의해 수행되었습니다. 이와 같은 '권력국가'는 그 국권과 국력을 증진시키는 이데올로기 및 권력의 체제로 경제적으로 중상주의를 채택함으로써 종래의 자연경제 · 영역경제 · 도시경제를 붕괴시키고 길드체제의 규제를 타파하여 전국적으로 통일된 국내시장의 형성을 촉진했습니다. 그러나 이를 진정한 국민경제로 볼 수는 없습니다.

우리가 알고 있는 국민경제의 특질은 기본적으로 토지혁명을 전제로 하는 시민혁명의 구체적 형태에 의해 규정됩니다. 더욱이 그 기초 위에서 창출된 산업자본의 국민경제에 대한 지배, 즉 18세기 말의 섬유공업 주축의 산업혁명과 그 후 계속된 중화학공업에 의해 성립하는데, 이는 **마르크스**의 '재생산'으로 총괄됩니다. 즉 생산수단 생산(제1부문)과 소비수단 생산(제2부문)으로 구성되는 2가지 부문의 확립을 기초로 국내외 시장의 분업과 순환의 특수한 연계의 성립에 의해 규정됩니다.

한편 **마르크스**가 사용한 '국민적'이라는 용어는 본래 '세계무역' 및 제 상품의 세계시장가격을 전제로 한다는 점을 빠뜨릴 수 있으므로 그 범주들 자체의 내재적인 파악을 불가능하게 한다는 문제점이 제기되고 있습니다.

특히 자본주의 발전에서 선발 선진자본주의형의 국민경제와 다른 유형인 후발 선진자본주의형 · 식민지종속국형 자본주의에서는 자립적인 재생산구조가 실현되지 못하였습니다. 이는 이들의 자본주의화가 세계 독점자본주의의 소산이며, 한 나라의 자본주의화가 외부적 제약을 받고 이것이 자본주의 발전의 불균등과 함께 자립적인 재생산구조의 실현을 저해하기 때문입니다. 따라서 이런 나라들에서 국민경제의 내용은 상부구조로서 일정한 부르주아적 국가 단위에 포괄되는 일정지역의 경제를 의미합니다.

국민경제의 특질은 재생산론의 구체적인 각 국민경제분석에 의해 파악할 수 있습니다. 재생산론은 「자본론」 제2권 제3편에 나오는 재생산표식으로 총괄되는 '근대 부르주아 사회 내부의 경제적 제 관계의 편제'를 기초로 파악하는 이론입니다. 재생산론에 따라 파악되는 사회적 자본의 총 재생산과정을 비롯하여 국민경제를 구성하는 모든 경제적 관계는 전면적 또는 상호적 관계에 하나의 통일된 편제로 이해됩니다.

그런데 독일 역사학파가 주장하는 국민경제는 근대자본주의와 구별되는 역사상 특정의 경제구성을 가리키는 것이 아니라 근대 국민국가 형성의 이데올로기, 즉 민족주의와 밀접한 관계가 있습니다. 이는 독일 역사학파가 당시 영국이나 프랑스에 비해 근대적 경제발전이 뒤떨어졌던 자국의 특수성을 강하게 의식하고 선진 자본주의 국가에 대항하여 급속히 국민적 통일을 촉진해야 할 필요성에서, 그 기초적 전제로서의 경제적 통일체를 국민경제라는 개념으로 취급했기 때문입니다.

그중 독일의 **슈몰러**는 정치조직의 발달을 기준으로 경제발전단계를 설정했습니다. 즉 촌락경제 → 도시경제 → 영역경제 → 국민경제 → 세계경제의 단계로 경제가 발전한다는 것입니다.

같은 신역사학파에 속하는 **뷰허**는 경제발전단계를 봉쇄적 가내경제 → 도시경제 → 국민경제로 구분했습니다. 그에 따르면 국민경제의 특색은 모든 재화의 생산이 주문생산에 기인하지 않고 일반 시장의 비(非)특정 수요를 예견하여 생산이 이루어진다는 데 있습니다. 즉 상품으로서 기업이 생산한 모든 재화는 그것이 소비될 때까지 많은 유통과정을 거쳐야 하며 이 시대를 상품생산 또는 재화의 유통시대라고도 합니다. 이와 같은 상품생산시대를 국민경제단계라고 부른 것은 이 경제발전의 단계가 근대적 국민국가의 성립에 대응해 나타났기 때문입니다.

경제학은 보통 이론 · 역사 · 정책의 3부문으로 분류되지만 경제학설사가 다루는 것은 경제이론의 역사입니다. 그러나 사회과학으로서의 경제학은 이론과 역사 사이, 그리고 이론과 정책 사이에 불가분의 연관성이 있으므로, 경제학설사의 연구는 경제사 및 경제정책과의 관련 속에서 고찰하지 않으면 안 됩니다. 다만 경제사상이 종교 · 철학 · 윤리사상의 하위체계로 취급되던 서양의 고대 · 중세 및 19세기까지 동양사회에서는 독립체계로서의 경제학설이 성립되지 않았습니다.

제 **1** 절   **자본주의**

■ 정의

자본주의란 이윤추구를 목적으로 하는 자본이 지배하는 경제체제를 말합니다. 현재 서유럽과 미국, 한국을 비롯한 많은 나라의 국민들은 '자본주의체제'라는 경제체제 아래서 경제생활을 영위하고 있습니다. 이와 같은 체제가 발생한 것은 인류의 유구한 역사에서 볼 때 비교적 오래지 않은 일입니다.

이 경제체제는 16세기 무렵부터 점차로 봉건제도 속에서 싹트기 시작하였는데, 18세기 중엽부터 영국과 프랑스 등을 중심으로 점차 발달하여 산업혁명에 의해서 확립되었으며, 19세기에 들어와 독일과 미국 등으로 파급되었습니다. '자본주의'라는 말은 처음에 사회주의자가 쓰기 시작하여 점차 보급된 용어인데, 자본주의란 무엇인가에 대하여는 명확한 정의가 있는 것은 아닙니다.

자본주의란 말은 사람에 따라 여러 가지 뜻으로 쓰이고 있습니다. 예를 들면 이윤획득을 위한 상품생산이라는 정도의 뜻으로도, 단순히 화폐경제와 동의어로도 쓰이며, 사회주의적 계획경제에 대하여 사유재산제에 바탕을 둔 자유주의 경제라는 뜻으로 쓰이는 경우도 있습니다.

마르크스는 자본주의의 특징을 '이윤획득을 목적으로 상품생산'이 이루어진다는 점, '노동력이 상품화'된다는 점, '생산이 무계획적'으로 이루어진다는 점' 등으로 보았습니다. **좀바르트**는 '서로 다른 두 인구군, 즉 지배권을 가지며 동시에 경제주체인 생산수단의 소유자와, 생산수단을 소유하지 않은 노동자가 시장에서 결합되어 함께 활동하는, 그리고 영리주의와 경제적 합리주의에 의해서 지배되는 하나의 유통경제적 조직'이라고 정의하였습니다. 또한 **베버**는 '직업으로서 합법적 이윤을 조직적 · 합리적으로 추구하는 정신적 태도'라고 정의하였습니다.

이들의 정의를 요약하면 자본주의란 상품생산에 의해서 이윤을 획득하려고 하는 정신적 태도를 말하며, 자본주의체제 또는 자본주의 경제란, 이와 같은 태도하에서 상품생산이 이루어지는 유통경제조직을 말합니다.

이러한 자본주의의 특징은 첫째, 사유재산제에 바탕을 두고 있다는 것, 둘째 모든 재화에 가격이 성립되어 있다는 것, 셋째, 이윤획득을 목적으로 하여 상품 생산이 이루어진다는 것, 넷째, 노동력이 상품화된다는 것, 다섯째, 생산은 전체로서 볼 때 무계획적으로 이루어지고 있다는 것 등을 들 수 있습니다.

② 자본주의 경제와 생산양식

자본주의 경제는 상품생산이 행하여지는 경제입니다. 상품이란 팔아서 이윤을 얻기 위해서 생산되는 재화를 말합니다.

자급자족의 가족경제에서는 가족의 욕망을 충족시키기 위하여 재화가 생산되었습니다. 이를 '자기생산'이라고 합니다. 중세의 도시경제에서는 다른 재화와의 교환을 위하여 재화의 생산이 이루어졌는데 이를 '주문생산'이라고 합니다. 반면 자본주의 경제에서는 팔아서 이윤을 얻기 위하여 재화가 생산됩니다. 이와 같은 생산양식을 '상품생산'이라고 합니다.

자본주의 이전의 사회에서 교환이 이루어졌던 것은, 자기의 직접적인 욕망 충족에 필요한 재화를 얻기 위해서였습니다. 예를 들면, 밀의 소유자는 이것을 팔아서 화폐로 바꾸고 이 화폐로 직물을 사는 것과 같습니다. 이와 같은 교환은 **마르크스**의 정의에 따르면, W(상품) → G(화폐) → W'(다른 상품)이라는 형식으로 나타납니다. 자본주의 사회에서 화폐는 그 자체가 자본으로서 작용합니다.

자본가는 화폐자본으로써 생산수단을 사들이고, 이것을 사용해서 재화를 생산하며, 이것을 팔아서 먼저 투하한 화폐보다도 더 큰 화폐액을 획득하려고 합니다. 이와 같은 교환은, G(화폐자본) → W(상품) → $G'(=G+g)$의 형식으로 표시됩니다. 여기에서 g는 이윤 또는 잉여가치이며, 이것을 획득하기 위한 생산이 상품 생산입니다.

그렇다면 이 이윤 또는 잉여가치가 어떻게 해서 발생되는가?

마르크스는 이윤은 자본가가 노동자를 착취함으로써 발생하는 것이라고 정의하였습니다. 즉 자본가는 노동자에 대하여 그 노동력의 가치에 상당하는 임금을 지급하고 실질적으로는 그 가치 이상의 일을 시키는데 바로 이 가치 이상의 노동에 의해서 잉여가치가 발생하는 것입니다.

이에 대하여 자본주의 경제학자들은 이윤은 자본의 제공자에 대한 정당한 보수라고 생각하였습니다. 상품의 가치는 노동과 생산수단의 결합에 의해서 창출되며, 그 가치는 노동자와 자본가에게 각각의 기여도에 따라 분배됩니다. 이윤은 노동자를 착취한 결과가 아니라 자본의 공헌에 대한 보수라는 것입니다. 이와 같이, 이윤이 착취에 의해서 발생하는 것인가 그렇지 않은가에 대해서는 학자에 따라 견해를 달리하고 있으나, 자본주의 사회에서는 이윤획득이 인정되고 있으며 이를 획득하고자 생산이 영위되고 있습니다.

③ 자본주의 경제질서

자본주의 경제에서는 모든 재화에 각기 가격이 성립되고, 그 가격을 기준으로 하여 재화의 생산·교환 및 소비가 이루어집니다. 재화의 가격이 상승하면 생산 또는 공급이 증가하고, 소비 또는 수요가 감소합니다. 반대로 재화의 가격이 하락하면 공급은 감소하고 수요는 증가합니다. 그러므로 가격은 그 가격에서 수요와 공급이 일치할 수 있는 수준에서 결정됩니다.

이와 같이 자본주의의 경제적 질서는 가격의 성립에 의하여 유지되며 상품의 가격은 수요와 공급의 관계에 의해서 결정된다는 설이 일반적이지만, 상품생산에 투하된 노동량에 일치 또는 비례한다는 설, 상품의 생산비에 평균이윤을 더한 선에서 안정된다는 설, 상품의 효용에 의해서 결정된다는 설 등이 있습니다.

자본주의 경제는 국가는 원칙적으로 경제에 간섭하지 않는 자유방임정책을 취합니다. 그런데 가격에 의한 질서에만 의존하게 되면 그 특징적인 경제적 무정부성에 의하여, 생산과 소비와의 모순이 생겨 자본주의 경제 특유의 순환적인 공황이 발생하게 됩니다. 가난한 사람들의 생활이 더욱 어렵게 되고 실업자가 생기게 됩니다. 따라서 국가는 여러 방법으로 경제에 통제를 가하게 되었습니다. 오늘날 자본주의의 경제적 질서는 가격과 국가통제에 의해서 유지되고 있습니다.

④ 자본주의의 발전과정

자본주의 경제 성립 초기에는 다수의 소자본가(小資本家)가 자유경쟁하는 방식으로 생산을 영위하였습니다. 자본가는 봉건시대의 전통적 생산방식을 타파하고 근대적 공장제 생산조직을 구축하였습니다. 이와 같은 초기의 자본주의를 '상업자본주의' 또는 '초기자본주의'라고 합니다.

이후 산업혁명을 거쳐 산업자본이 확립되고, 산업자본이 주역을 맡게 된 시기를 '자유자본주의' 또는 '산업자본주의'라고 합니다. 19세기 말부터 독점이 존재하게 되었습니다. 자유경쟁에 의하여 약소기업이 자연히 도태되고 대기업만이 남게 되자, 대기업과 대기업 사이에서 경쟁이 치열하게 되었습니다. 이와 같은 경쟁으로 대기업들이 함께 치명타를 입는 결과를 낳자, 대기업들은 서로 간에 독점을 결성하기에 이르렀습니다.

독점에는 카르텔·트러스트·콘체른 등이 있는데, 이와 같은 독점이 일반화한 경우를 **'독점자본주의'**라고 합니다. 이 단계에서는 산업자본과 결합한 은행자본, 즉 R.힐퍼딩이 말하는 금융자본이 지배적인 데서 '금융자본주의'라고도 합니다. 마침내 자본주의의 내재적 모순이 표면화되기 시작하여 자유주의의 원칙을 대신하는 계획경제 또는 통제경제가 주장되었습니다. 이에 등장한 것이 케인스 경제학인데, 그 후 여러 면에서 자본주의의 성질이 변화되어 왔으므로 오늘날은 '수정자본주의'로 일컬어지고 있습니다.

이를 구체적으로 살펴봅니다.

1) 고전학파

고전학파는 **아담 스미스** 이후의 자본주의 정통이론을 주장하는 학파입니다. 고전학파의 경제이론은 첫째, 경제주체의 합리성을 중시합니다. 둘째, 시장기구가 지닌 자원배분의 효율성을 중시합니다. 셋째, 개별 시장은 물론 경제 내의 모든 시장이 효율적으로 작동하므로 인위적 제약이 가해지지 않으며 전 시장에서 수요와 공급이 일치되는 일반적 균형상태가 성립된다고 봅니다. 넷째, 경쟁적 일반균형상태에서 결정되는 자원배분 결과를 합하거나 그 평균치를 구한 것이 거시경제 변수이므로 거시경제 변수의 결정도 시장기구를 통해 가장 효율적인 수준에서 자율적으로 결정되는 것으로 봅니다. 다섯째, 화폐는 교환의 매개물로 쓰일 뿐이며 그 자체가 효용을 지니거나 생산요소가 되는 것은 아니라고 봅니다. 여섯째, 위와 같은 현실 인식을 바탕으로 정부의 경제정책 집행에 대해서 소극적인 태도를 지닙니다.

그러나 고전학파이면서도 **케인즈**의 현실 인식은 달랐습니다. 대공황을 경험한 **케인즈**는 자본주의 시장경제체제가 과연 효율적인 자원배분기구인가에 대해 강한 의문을 제기하였습니다. 그러한 의문을 바탕으로 **케인즈**가 고전학파의 이론모형과는 전혀 다른 새로운 이론체계를 제시한 것이 **케인즈** 모형입니다. **케인즈** 이론의 특징은 다음과 같습니다.

① 경제주체는 언제나 합리적으로 행동한다는 합리성의 공준을 액면 그대로 받아들이지 않는다.

② 개별 경제주의의 경제활동에 대해 적용되는 경제원리를 연장해서 거시경제를 이해하려 하는 것은 구성의 오류를 범하는 일이라고 보았다.

③ 시장기구가 지닌 자원배분기능이 언제나 원활하게 작동되는 것은 아니라고 보았다.

④ 자본주의 시장경제체제는 여러 가지 모순을 지니고 있으므로 그대로 두었다가는 경제가 극심한 불황에 빠질 위험이 있다고 보았다.

⑤ 화폐공급량을 변화시키는 것은 효과가 매우 약한 정책으로 인식된다.

케인즈의 일반이론이 출간된 후 많은 경제학자들이 **케인즈** 이론에 매료되어 **케인즈**의 주장을 더욱 발전시키고 그 현실 응용성을 높이려는 노력을 기울였습니다. 그러한 노력은 1970년대 초까지 약 40여 년에 걸쳐 이루어졌으며, 그 결과 상당히 발전된 이론체계가 정립되었습니다. 이를 **케인즈**학파 경제학이라고 하며 주요 내용은 다음과 같습니다.

① 개별 경제주체에 대해 적용되는 이론인 가격이론체계를 이용해서 경제 전반에 걸쳐 일어나는 일을 이해하는 것은 올바른 접근방법이 아니라고 보았다.

② **케인즈** 모형을 일반화해서 생산, 소비, 투자, 노동공급, 노동수요, 화폐에 대한 수요와 공급을 포괄하는 이론모형을 제시하였다.

③ 노동에 대한 수요는 실질임금의 함수이고 노동공급은 명목임금의 함수라고 보았다.

④ 재정정책의 변화나 통화정책의 변화는 총수요를 변화시킴으로써 생산량과 물가의 변화를 가져온다고 보았다. **케인즈**학파는 재정지출의 증가를 긍정적으로 보고 있을 뿐만 아니라 경제 전반에 대한 정부의 역할을 중시한다.

⑤ 실업률과 인플레이션 간에는 안정적인 마이너스의 상관관계가 존재한다

고 보고 있다. 이러한 관계를 필립스 곡선(phillips curve)이라 부른다.

⑥ 화폐 공급량의 변화는 그 정책효과가 크지 않다고 보았다. 이유는 화폐 수요함수가 안정적이지 않을 뿐 아니라 화폐 수요함수의 이자율 탄력성이 크기 때문이라는 것이다.

2) 통화론적 접근방법

밀턴 프리드먼(Milton Friedman)을 중심으로 한 통화론자들은 고전학파의 전통을 따르는 가운데 화폐와 실물 경제활동 그리고 명목변수 사이의 경제적 관계를 그들보다 더 체계적으로 설명하고 있습니다. **케인즈** 이론에 대해서는 그것이 그릇된 논리적 추론에 근거한 것이며 경제 현실에 대한 올바른 이해를 주지 못하는 이론이라고 비판하였습니다. 통화론의 주요 내용은 다음과 같습니다.

① 평균적으로 보면 사람들이란 합리적으로 행동하며 개별 주체의 의사표시는 시장을 통해 조정된다고 보았다.

② 시장실패란 일반적인 현상이 아니며, 시장실패가 일어나는 것처럼 보이는 경우에도 자세히 살펴보면 가격기능이 제대로 작동하지 못하게 하는 인위적 제약이 가해진 경우가 대부분이라고 보았다. 시장실패가 아니라 정부실패가 보다 더 일반적 현상이라는 것이다.

③ 화폐 공급량의 변화가 총수요에 대해 중요한 영향을 끼치는 것으로 보고 있다.

④ 통화론자들은 통화증가에 의한 총수요의 증가가 언제나 생산량과 고용의 증가로 연결되는 것은 아니라고 보았다. 가격이 신축적(伸縮的)이며 경제주체들이 화폐환상을 지니지 않은 경우에는 통화증가에 의한 총수요의 증가가 물가와 임금의 상승만 초래할 뿐 생산량이나 고용량의 증가를 가져오지는 않는다는 것이다.

⑤ 단기적으로는 화폐공급 증가가 이자율 하락을 가져올 수 있으며, 또 화폐공급 증가에 따른 물가와 임금의 상승이 시차를 두고 장기에 걸쳐 일어나기 때문에 화폐량의 증가에 따른 총수요의 증가가 실물 경제활동을 활성화(活性化)시키기도 한다고 보았다.

⑥ 재정정책을 이용한 경기 안정화(安定化)에 대해서도 반대하고 있다.

⑦ 정부는 경제활동의 기본규범을 제정하고 그것이 제대로 집행되도록 하는

한편, 정부를 통해 제공하는 것이 더 효과적이라고 인정되는 공공재(公共財)를 공급하는 일에 그 역할을 한정(限定)해야 한다고 보았다.

3) 신케인즈 경제학파

통화론자의 주장 및 신고전파 거시경제학자들의 주장에 반대하면서, 가격이론을 바탕으로 하여 **케인즈** 모형을 재정립함으로써 이론모형의 내적 일관성 및 현실 적합성을 높이려는 시도가 진행되고 있는데 이를 **신케인즈** 경제학파라고 부릅니다. **신케인즈** 경제학파의 이론적 특징은 다음과 같습니다.

① 자본주의 시장경제체제는 여러 가지 이유로 인해서 완전하게 작동하지 않는다고 보았다.

② 고전학파가 주장한 것과는 달리 가격변화가 완전히 신축적이지 않은 두 번째 이유는 물가와 임금의 결정이 항상 동시적으로 이루어지는 것이 아니라는 사실에 있다고 보았다.

③ 가격의 경직성을 야기하는 또 다른 이유는 불완전 경쟁에 있다고 보았다.

④ 총수요 외부성에 기인한 승수효과가 충분히 큰 경우에는 균형점이 여러 개 존재할 수 있다고 본다.

⑤ 가격이나 임금이 경직적이거나 불완전 경쟁이 일반적인 경우, 조정실패가 일어나는 때에는 총수요의 변화가 생산과 고용과 같은 실물 경제활동에 영향을 주게 된다고 보았다.

⑥ 재정정책 또는 통화정책이 얼마나 효과적인가에 대해서는 이 학파(케인즈 경제학파)에 속해 있다 하더라도 일치된 견해를 갖고 있지 않다.

4) 신고전 거시경제학파

고전학파 및 통화론자의 입장을 계승하면서 이들의 이론을 보다 현실성 있고 일관성 있게 이론체계로 발전시킨 것이 신고전 거시경제학파입니다.

신고전 거시경제학 또는 1970년대 중반부터 **로버트 에머슨 루카스 주니어** **(Robert Emerson Lucas Jr.)**를 위시한 시카고학파 및 그에 동조하는 학자들에 의해 활발하게 이루어지고 있는 연구결과를 총칭하는 말입니다. 신고전 거시경제학파의 이론적 특징은 다음과 같습니다.

① 모든 경제주체는 합리적으로 행동한다는 합리성의 공준(公準)을 받아들

인다는 점에서 고전학파의 전통을 계승하고 있다는 것이다. 기대형성에 관한 이러한 주장을 합리적 기대형성가설이라고 부른다.

② 우리가 관찰하는 경제현상은 경제주체들의 개별적 의사표시가 시장을 통해 상호 조정되어 나타난 결과라고 보았다.

③ 계량모형을 이용해서 정책효과를 알아보는 기존의 방법론에 대해 신랄하게 비판하였다. 이를 루카스 비판이라고 부른다.

④ 자본주의 시장경제가 경기의 호황과 불황을 되풀이하는 변화양상을 보이는 것은 시장기구의 불완전성 때문이 아니라 여건변화에 대한 경제주체들의 합리적 반응의 결과라고 보았다.

⑤ 화폐 공급량의 변화는 단기적으로는 물가와 생산량을 모두 변화시키지만, 장기적으로는 물가의 변화만을 야기시킨다고 보았다. 이것은 화폐 공급량의 불규칙한 변화가 필립스 곡선으로 대변되는 경제현상을 낳는다는 주장으로서 이를 화폐적 경기변동이론(monetary theory of business cycle cycle)이라고 부른다.

⑥ 신고전 거시경제학자의 일부는 경기변동을 야기시키는 원인이 통화 공급량의 불규칙한 변화에 있다는 주장에 찬성하지 않는다. 이를 실물적 경기변동이론(real business cycle theory)이라고 부른다.

⑦ 이들은 정부가 통화정책을 수행함에 있어서 필립스 곡선으로 대변되는 경제문제를 이용해서 경기 안정화를 도모하려 하지 말고 화폐 공급량의 불규칙한 변화요인을 제거하는 데 힘써야 한다고 주장한다.

⑧ 정부의 경제적 역할은 경제활동의 기본이 되는 규범을 정하고 그 집행을 보장해 주는 일과 명백히 시장이 실패하는 경우 이를 시정하는 일에 국한하도록 권고하고 있다.

5 거시경제학과 수정자본주의

경제현상을 이해하고 설명하려는 이론체계가 경제학입니다. 경제학의 연구에 있어서도 분업과 전문화의 이점을 살릴 수 있는데. 이러한 견지에서 거시경제현상을 중점적으로 연구하고 설명하려는 이론체계를 거시경제학이라 합니다. 거시경제는 가격기능에 의한 개별시장 간의 상대적 자원배분과 그 배분의 효율성이 관심사가 아닙니다. 전체 경제의 총생산량 변화, 즉 국민소득의 변화가 주 관심사입니다. 따라서 거시경제는 국민소득론이라고도 합니다. 거시경제가 다루는 변수는 국민소득과 연관된 변수들로서 주로 집계변수(aggregate variables)들입니다. 이러한 변수로서는 생산량, 국민소득을 중심으로 물가, 실업, 이자율, 국제수지 등이 있습니다.

거시경제의 출발점이라 할 수 있는 **케인즈**(J. M. Keynes)의 저서 「고용, 이자 및 화폐의 일반이론」이 나온 것은 1936년으로서 미국의 대공황의 타개책으로 뉴딜정책을 막 시행하던 때였습니다. **케인즈**가 일반이론이라고 책에 이름을 붙인 것은 그전까지의 이론은 모두 특수한 상황에서만 통하는 특수이론이라고 보았기 때문입니다. 그는 그전까지의 경제이론이 당시의 일반적인 경제현상—경기변동이 지속되는 자본주의 상황—을 설명하는 데는 무력하고, 다만 완전한 정보를 가지고 합리적으로 의사결정을 하는 사람들이 잘 작동하는 가격기구하에서 활동할 때만 적용될 수 있는 이론이라고 보았습니다.

당시의 뉴딜정책도 대공황 이후 미국경제에 나타난 커다란 변화를 반영하는 것이었습니다. 즉, 시대에 뒤떨어진 자유방임의 이상은 쇠퇴하고 간섭주의적이고 복지지향적인 철학인 수정자본주의가 등장한 것입니다.

케인즈의 이론은 그 당시까지 경제학자들이 일반적으로 믿고 있었던 **세이**(J. B. Say)의 세이의 법칙인 '공급은 수요를 창출하므로 과잉생산은 없다.'를 따르고 있었습니다. 이는 일반적 과잉생산인 공황과 같은 것은 없을 것이므로 정부의 인위적인 경제개입은 불필요하다는 시각을 반영하고 있습니다. **세이**의 법칙은 판로의 법칙이라고도 한다. **세이**의 법칙에 대한 전면적인 반론으로서 공황은 정부의 개입으로 해결이 가능하다는 주장을 담고 있습니다. **세이**의 법칙을 신봉하던 당시의 경제학으로는 만연되어 있던 과잉생산에 대한 해결책을 제시할 수가 없었으므로 이를 경제학 제1의 위기라고 합니다. **케인즈**의 경제학은 바로 이 위기를 극복할 수 있는 해법을 제시하였습니다. 그의 이론은 그 후 정부의 수정자본주의 논리에 대한 이론적인 근거로 이용되었습니다.

케인즈의 눈에 비친 대공황과 실업은 거시경제현상이 중요하다는 명백한 증거였습니다. 그래서 그는 거시현상을 미시현상과 분리해서 다룰 필요성을 인식하고 전혀 다른 체계의 경제이론을 고안했습니다.

일반적으로 거시경제에서 상정하는 시장은 5개입니다. 개방경제에서 다루는 외환시장을 제외하면, 폐쇄경제는 4개의 시장으로 구성됩니다.

① 생산물시장

모든 생산물의 총체적인 수요와 공급이 반영되는 시장이다. 여기서 실질국민총생산(소득)이 결정되며 화폐시장과 결합하여 물가도 결정된다. 기본 작동원리는 미시경제의 시장원리와 하등의 차이가 없다. 다만 유의할 것은 최단기 생산물 시장에서는 물가 변동이 고려되지 않는다는 사실이다. 왜냐하면, 재고변동에 따른 생산량 조정이 유휴설비나 유휴노동력의 활용만으로도 가능하므로 물가상승 압력을 흡수할 수 있기 때문이다.

② 화폐시장

생산물거래의 결재와 자금거래에 필요한 화폐수급이 이루어지는 보조시장이다. 이 시장에서는 통화량의 수급사정에 따라 명목이자율이 결정된다.

③ 자본시장

자본시장이란 자금의 수급과 관련해서 수익금융자산이 거래되는 시장을 의미한다. 거시경제이론에서는 수익금융자산을 다양하게 나누지 않고 단순히 채권으로 지칭하기도 한다. 채권의 수급에 따른 채권 수익률의 변화는 이자율 변화를 의미한다. 수익금융자산은 화폐와 대체성이 매우 높기 때문에 자본시장은 화폐시장과 밀접하게 연결되어 있다. 특히 명목이자율은 두 시장을 연결하는 중요한 통로이다. 화폐시장과 자본시장을 통틀어서 금융시장이라고 한다.

④ 노동시장

생산활동과 관련하여 노동의 수급이 이루어지는 시장이다. 이 시장에서는 균형 고용량, 실업률과 명목임금이 결정된다.

⑤ 외환시장

국가 간의 교역 및 자본이동과 관련하여 필요한 외환의 수급이 이루어지는 시장이다. 외환시장에서 국제수지의 변동, 이와 관련된 환율변동을 파악할 수가 있다.

6 자본주의 경제의 장점과 단점

자본주의 경제의 장점은 첫째, 경제활동의 자유가 있다는 점입니다. 사람들은 마음대로 직업을 선택하고, 마음대로 생산을 하며, 원하는 것을 소비할 수 있습니다. 둘째, 이윤획득을 목적으로 자유경쟁이 벌어지기 때문에 사람들은 창조적인 생각을 발휘하여 좋은 상품을 풍부하게 저렴한 가격으로 생산하게 됩니다. 이것이 사회에 양질의 풍부하고 저렴한 재화를 공급하는 결과가 됩니다.

반면 자본주의 경제의 단점은 첫째, 빈부의 차가 크다는 점입니다. 하지만 최근에는 노동조합의 힘이 강화되고, 국가에 의한 소득재분배정책도 추진되기에 이르러, 분배의 불평등이 꼭 커지는 것만은 아닙니다. 둘째, 생산이 자유경쟁을 바탕으로 영위되기 때문에, 전체로서는 무계획적이 되어 공황이나 실업이 발생할 수 있는 경향이 있습니다.

7 자본주의의 미래

20세기에 들어서면서 세계는 두 차례의 세계대전을 치르고, 크고 작은 혁명과 혼란을 겪어 내며 자본주의 시장경제 체제를 지켜 왔습니다.

자본주의 사회는 붕괴되고 사회주의 사회가 도래한다고 생각하는 사람도 있었습니다. **마르크스**는 자본주의 사회에 있어서 필연적으로 공황이 발생하여 노동자계급의 사회주의혁명이 성취된다고 주장하였습니다. 지금까지도 이 생각을 지지하는 사람이 있기는 하지만, 어떤 선진 자본주의국가에서도 사회주의혁명은 일어나지 않고 있습니다. 혁명은 오히려 후진국에서 빈발하고 있습니다. 2008년 세계경제가 미국발 금융 위기를 시작으로 휘청거리는 위기를 겪으면서, 우리는 근대 이후의 세계로 이행하는 발전 경로가 결코 순탄할 수 없다는 것을 확인하고 있습니다.

이제 21세기가 시작된 지도 어언 20년이 되어 가는 시점에서 자본주의의 미래와 시장경제의 성패를 둘러싸고 반복되어 온 시련과 도전, 전쟁과 평화의 역사를 되돌아보고 다시 길을 물을 때가 되었습니다.

최근에는 신자유주의의 부상과 그 폐해에 대응하려는 비정통파 경제학자와 제도주의 역사사회학파 중에서 시장주의 비판과 제도론이 자주 언급됩니다.

이제 선진국은 **케인즈**에 의한 수정자본주의를 또 한 번 수정하여 복지국가를 지향하고 있습니다. 한국도 선두 그룹에 속해 있으며, 선진복지국가에로의 길을 걷고 있습니다.

제 2 절　공산주의

1 정의

공산주의란 광의로는 자본주의의 다음에 오는 생산수단의 사회적 소유에 입각한 사회구성체 일반을 말하며, 협의로는 광의의 공산주의의 낮은 단계로서의 사회주의로부터 성숙된 높은 단계를 지칭합니다.

보통 공산주의라고 하면 광의로 해석하여 사회주의와 동일한 의미로 쓰이지만 양자는 엄밀히 구분되어야 합니다. 즉 협의의 공산주의는 일반적으로 다음과 같은 기본적 특질을 가지고 있습니다.

① 생산수단의 공산주의적 단일소유가 확립된다. 현재의 사회주의적 소유형태인 콜호즈(집단농장)적 소유나 국가적 소유는 완전히 성숙하여 단일의 공산주의적 소유로 등장한다.

② 이것과 관련해서 계급적 차이도 완전히 없어진다.

③ 상품·화폐관계도 완전히 없어진다.

④ 생산력이 발전하고 정신노동과 육체노동의 대립이 없어진다.

⑤ 인간 그 자체가 근본적으로 개선되며 노동은 살아가기 위한 수단일 뿐만이 아니고 그 자체가 제일의 생활욕구로 된다.

⑥ 각인은 능력에 따라서 일하고 필요에 따라 보수를 받는다.

⑦ 국가는 완전히 사멸한다.

2 공산주의의 발전과정

'코뮤니즘(communism)'은 본래 공유재산을 뜻하는 '코뮤네(commune)'라는 라틴어로써, 사유재산제를 철폐하고 사회의 모든 구성원이 재산을 공동소유하는 사회제도를 의미하였습니다. 사유재산제로부터 발생하는 사회적 타락과 도덕적 부정을 간파하고, 재산의 공동소유를 기초로 하여 더 합리적이고 정의로운 공동사회를 실현하고자 한 공산주의의 이상은 인간의 정치적·사회적 사색이 시작된 때부터 싹튼 것으로 볼 수 있습니다.

공산주의의 기원은 멀리 고대 유대인들의 에세네파교도, **플라톤**의「국가론」, 원시 그리스도교의 교리, 중세 말 **T.모어**의「유토피아」, 근세 초 **T.캄파넬라**의「태양의 나라」등에까지 소급합니다.

그러나 오늘날 공산주의라고 할 때는 문헌에만 남아 있는 죽은 공산주의가 아니라, 하나의 정치세력으로서 활동하고 있는 현대 공산주의, 즉 **마르크스-레닌주의**를 가리킵니다. **마르크스-레닌**주의는 1840년대 이후 서유럽에서 **K.마르크스**와 **F.엥겔스**에 의하여 창시된 **마르크스**주의를, **레닌**이 20세기 초 러시아의 특수한 조건하에서 발전시킨 사상 및 이론의 체계와 실천운동으로서 **마르크스-레닌**주의 정당, 즉 공산당이 수립한 과거 소련·동유럽·중국대륙·북한·인도차이나반도 등지의 정치체제를 가리키는 말입니다.

마르크스주의는 프랑스혁명과 산업혁명의 여파가 유럽의 정치와 사회에 격심한 파동을 일으킨 격동의 시대 산물이었습니다. 프랑스혁명은 자유·평등·박애의 3대 이념을 목표로 내세운 민주주의혁명으로, 불멸의 역사적 의의를 지니고 있습니다. 프랑스혁명은 반봉건적 전제군주제를 전복하고 시민적 자유와 인권을 천명하는 데는 일단 성공을 거두었습니다.

그러나 천명한 자유와 인권은 혁명의 소용돌이 속에서 제도화되지 못하고, 우여곡절을 거친 후 **나폴레옹**의 제정(帝政)을 초래하고 말았습니다. 더욱이 평등의 이념은 법률 앞의 평등에 그쳤을 뿐, 사회의 실질적 평등을 실현하지 못하였으며, 실현할 수 있는 조건도 갖추지 못하고 있었습니다. 그리하여 프랑스혁명은 재산권의 신성을 선언한 '부르주아 민주주의혁명'으로 규정되고 있습니다. 그러나 프랑스혁명은 서유럽의 의식과 양심 속에 인간평등의 관념을 심어 놓았으며, 이것은 그 후에 일어난 각종 공산주의 또는 사회주의 운동에 정신적 기반을 제공하였습니다.

F.바뵈프, A.블랑퀴, W.바이틀링 등 혁명적 공산주의자와 **C.H.생시몽, C.푸리에, R.오언** 등 비폭력적인 '공상적 사회주의자'들은 모두 프랑스혁명의 평등사상의 영향을 크게 받은 사람들이었습니다. **마르크스**와 **엥겔스**도 프랑스혁명의 자유와 평등이념에 절대적인 영향을 받았는데, 자기들의 조국 독일에 비하면 프랑스

는 사상적으로 멀리 앞선 선진국이었습니다. 그리하여 **마르크스**는 반봉건적 절대주의국가인 독일에서 프랑스식 민주혁명을 수행하는 것을 실천적 과제로 삼고 있었습니다.

그러나 부르주아지(자본가 계급)가 취약하고 무력하였던 독일의 상황에서, 부르주아지가 혁명의 주체는 될 수 없다고 판단하고 그 대신 프롤레타리아트(노동자 계급)를 혁명의 주체로 간주하였습니다. **마르크스**는 독일의 해방은 단순한 정치적 해방(부르주아 민주주의 혁명)만으로는 불충분하며, 인간적 해방만이 독일의 완전한 해방을 실현할 수 있다고 주장하고, 이 인간적 해방을 수행할 수 있는 사회적 계급은 바로 프롤레타리아트라고 단정하기에 이르게 됩니다.

이러한 **마르크스**의 프롤레타리아 혁명론은 1840년대의 전반기에 형성된 것인데, 여기에서 그에게 결정적 영향을 준 것은 **F.헤겔**의 변증법적 철학과 **L.포이어바흐**의 유물론적 인간주의 사상이었습니다. 그가 말하는 인간적 해방이란 공산주의 혁명을 통한 모든 인간의 자기소외의 극복과 계급으로부터의 해방을 의미하였습니다. 그에 의하면 사유재산이란 인간의 노동이 대상화된 것, 즉 객관적 형태로 나타난 것에 불과하다고 보았습니다.

그런데 인간의 노동의 산물이 사유재산이 되면서, 거꾸로 그것을 만들어 낸 인간(노동자)을 지배하는 현상을 그는 인간의 자기소외라는 개념으로 파악하고 있었습니다. 요컨대 그에게서 공산주의란, 단순한 재산의 공동소유가 아니라 그것을 매개로 한 인간소외의 극복, 인간성의 적극적인 회복을 의미하였던 것입니다.

이렇게 볼 때 **마르크스**의 공산주의는 프랑스혁명의 자극에 의하여 촉발되었지만, 동시에 **헤겔**과 **포이어바흐** 철학의 주제였던 소외의 개념을 핵심으로 하여 형성되었음을 알 수 있습니다.

그러나 **마르크스**는 **헤겔**과 **포이어바흐**의 철학을 그대로 답습한 것이 아니라 이것을 비판적으로 흡수하였습니다. 그는 1845~46년 **엥겔스**와 더불어 「독일 이데올로기」를 집필하였습니다. 여기에서 사회의 물질적 생산관계와 생산력이 역사발전의 원동력임을 구명하고 이데올로기나 정치는 물질적 생산관계의 변화에 따라 결정된다는 사적(史的) 유물론을 제시하였습니다. 이에 의하여 그들은 **헤겔**에서 파생된 독일의 각종 관념론과 **포이어바흐**의 사회의식 없는 유물론적 휴머니즘을 청산하고 새로운 세계관을 펼치게 되었습니다.

물론 이들은 인간과 인간의 의식을 무시한 것은 아니지만, 인간을 추상적인 인간이 아니라 어디까지나 '사회적 존재'로 규정하였습니다. 이들의 새로운 유물론은 자기들에 선행한 형이상학적이나 기계적 유물론을 극복한 사회적 유물론이었습니다. 사회적 유물론의 성립으로 **마르크스–엥겔스**의 공산주의 이론은 그 토대를 마련하게 되었습니다.

사회적 유물론에 의하면 인간은 생산을 중심으로 서로 일정한 사회적 관계를 맺는데, 한 시대의 생산관계는 그 시대의 생산력에 의하여 결정된다고 하였습니다. 생산력과 그에 따른 생산관계라는 경제적 요인은 사회의 토대이며, 정치제도·법률·사상·종교·문화 등은 이 경제적 토대 위에 구축된 상부구조라고 보았습니다.

따라서 토대가 바뀔 때는 이에 걸맞도록 상부구조도 바뀐다는 것입니다. 그런데 생산력은 정지해 있는 것이 아니라 인간의 지능, 과학기술의 발달에 의하여 발전하므로 그때는 새로운 생산력과 낡은 생산관계 사이에는 양립할 수 없는 모순이 생겨나고 이 모순은 계급관계로 이전된다고 보았습니다.

마르크스–엥겔스는 지금까지의 인류역사에 나타난 원시 공산주의사회·고대 노예사회·중세 봉건사회·근대 자본주의사회 등 여러 사회제도의 출현과 붕괴를, 생산력과 생산관계의 모순이라는 사회발전의 법칙에 의거해 설명하였습니다. 그리고 자본주의사회도 이 법칙에 따라 붕괴한다는 결론을 내렸습니다.

그러나 그들의 사회적 유물론은 역사의 발전에 있어서 경제적 요인을 중요시하는데 그치는 일반적인 경제역사관과는 구별됩니다. 사회적 유물론의 핵심은, 자본주의사회에서 생산력과 생산관계의 모순은 반드시 프롤레타리아 혁명을 유발하고 프롤레타리아 혁명의 승리에 의하여 자본주의적 생산관계는 파괴되며, 마침내 생산수단의 공유를 기초로 하는 공산주의사회에 도달한다는 점에 있습니다. 사회적 유물론은 이와 같이 일종의 계급투쟁 역사관입니다.

마르크스–엥겔스가 계급투쟁사관을 더 간명하게 구체적으로 제시한 것은 1848년 2월혁명 직후에 발표한 「공산당선언」에서였습니다. 여기서 그들은 생산력의 발전에 따라 자본주의사회가 출현하기까지의 유럽의 역사를 계급투쟁의 관점에서 서술하고, 부르주아 계급이 인류의 역사에서 수행한 진보적 역할을 높이 찬양하였습니다. 동시에 부르주아지가 이룩한 자본주의사회도 그 내재적 모순으로 발생하는 프롤레타리아트의 계급혁명에 의하여 붕괴한다고 예언하였습니다.

그러나 그들은 자본주의사회가 왜 붕괴하지 않을 수 없는지에 관한 경제학적 이론을 제시하지는 못하였습니다. 이것을 제시하기 위하여 마르크스가 심혈을 기울여 쓴 것이 「자본론」입니다. **마르크스**는 2월혁명이 실패한 후 영국으로 망명하고 경제학 연구에 전념하였습니다. 그는 영국 고전경제학의 여러 범주를 비판하는 한편, 노동가치설을 기초로 잉여가치의 이론을 도출하였습니다. 이에 따르면 자본주의사회에서의 노동자는 생산수단을 소유하고 있는 자본가에게 고용되어 노동력을 상품으로 팔고 그 대가를 임금으로 받아서 생활한다는 것입니다.

그런데 노동자는 약자의 입장에 있으므로 자기의 노동력을 재생산하는 데 필요한 시간 이상의 노동을 할 수밖에 없고 지불받지 못하는 잉여노동시간을 통해 창조한 가치, 즉 잉여가치는 당연히 노동자에게 돌아와야 하는데도 자본가의 수중으로 들어가 이윤이 된다고 보았습니다. 이러한 이윤은 곧 자본가의 노동자에 대한 착취의 결과라고 하면서 자유경쟁하의 자본가들은 노동자들을 더욱 착취하지 않고서는 경쟁에 이길 수도, 살아 남을 수도 없는 것이 자본주의의 발전법칙이라고 보았습니다.

여기서 부르주아지와 프롤레타리아트의 이해관계는 근본적인 대립으로 계급투쟁이 불가피하다는 것입니다. 수적으로 점점 늘어나고 계급의식으로 단결된 프롤레타리아트는 혁명을 일으켜 부르주아지의 정치권력을 타도하고 자신의 새로운 권력을 수립하여, 그 힘으로 부르주아지가 사유하였던 생산수단을 사회 전체의 공유로 한다는 것입니다. 이러한 이론을 전면적으로 전개한 것이 1867년에 출간된 「자본론」 제1권입니다.

마르크스는 그의 생전에 「자본론」 제2권과 제3권의 출간을 보지 못하고 죽었지만, **엥겔스**가 그의 원고를 정리하여 출간하였습니다. **엥겔스**는 사적 유물론과 잉여가치론으로 말미암아 사회주의는 하나의 과학이 되었다고 자부하였으며, 1870년대부터는 **마르크스**주의를 '과학적 사회주의'라고 하고, **생시몽, 푸리에, 오언** 등의 선구적인 사회주의에는 과학적 이론이 없다고 하여 '공상적 사회주의'라 불렀습니다.

19세기 중엽에는 '사회주의'와 '공산주의'라는 말은 엄밀한 구별 없이 거의 같은 개념으로 사용되었는데, **마르크스**는 혁명적 사회주의를 개량주의적 사회주의와 구별하기 위하여 '공산주의'라고 하였습니다. 그는 1875년 「고타 강령(綱領) 비판」에서 계급 없는 공산주의의 비전을 제시하고 있는데, 여기서 공산주의를

'보다 낮은 단계'와 '보다 높은 단계'의 2단계로 구별하였습니다. 제1단계는 아직 초보적 단계로서 여기에서는 완전한 분배상의 평등은 실현될 수 없으며, '개인은 능력에 따라 일하고 노동에 따라 분배를 받는다'는 원칙을 내세웠습니다. 그리고 제1단계는 완전한 공산주의로 이행하는 과도기로서 계급적 독재, 즉 '프롤레타리아트의 혁명적 독재'가 필요하다고 하였습니다. 오늘날 공산주의 국가가 독재를 하는 이유가 여기에 있는 것입니다. 그러나 **마르크스**는 공산당에 의한 독재를 말한 것이지 개인에 대한 독재를 말한 적이 없습니다.

레닌은 이 공산주의의 제1단계를 '사회주의'라고 규정하였고, 따라서 프롤레타리아 혁명에 의하여 수립되는 '사회주의' 정권은 반드시 프롤레타리아트의 독재정권이 되어야 한다고 주장하였습니다. 그리하여 **레닌** 이래로 공산주의자들은 마르크스주의를 강령으로 하지 않는 사회주의, 프롤레타리아트의 독재를 거부하는 사회주의는 결코 사회주의로 인정하지 않는 전통을 세우게 됩니다.

마르크스에 의하면 공산주의의 제2단계, 즉 '보다 높은 단계'는 생산력의 높은 발전을 전제로 합니다. 따라서 여기서는 개인이 분업에 노예처럼 예속되는 상태가 소멸되며, 따라서 육체노동과 정신노동의 차이가 없어지고, 노동이 단지 생활의 수단이 아니라 생활의 '제일의 욕구'로 되고, '개인은 능력에 따라 일하고 필요에 따라 분배를 받는다'는 것입니다. 이 낭만적인 공산주의의 미래상은 20세기를 관통한 공산주의, 즉 **마르크스-레닌**주의에 그대로 계승되었습니다.

그러나 그 종주국인 소련이 시장경제를 도입하지 않을 수 없게 되었고, 급기야 연방을 해체하였으며, 이어 동유럽 공산국가들이 몰락한 1990년대 초까지 그대로 잔존한 공산국가들의 절박한 현실을 볼 때, 이른바 과학적 공산주의가 꿈꾸었던 그러한 미래는 도저히 도래할 수 없을 것 같습니다.

③ 공산주의와 무역

국제무역과 관련하여 **마르크스**는 국가라는 틀을 벗어나 자본주의의 성장과정에서 국제무역이 어떤 역할을 감당했는지를 관찰·분석하였습니다. **마르크스**의 통찰이 뛰어난 이유는, 지금까지의 경제학자들이 자기 계급 및 자국의 이익을 위해 보호무역을 해야 하느냐 아니면 자유무역을 해야 하느냐에만 초점을 맞추었던 점에 반해 **마르크스**는 부르주아의 발생 및 성장 즉, 자본주의 성장의 원동력은 '산업혁명에 따른 대공업 생산양식'과, '대량상품의 국제적 무역'이어서, '국제무역'은 자본주의 국가의 경제성장을 위해서는 선택의 여지가 없는 필수적인 요소로 보았다는 점입니다.

다시 말해, **마르크스**는 자유무역의 찬반을 떠나, 세계시장의 출생은 자본주의적 생산방식이 처음부터 내포한 것으로, 진화론적인 관점에서 파악했으며, 교환의 세계화(국제무역)가 없었다면 자본주의의 성장은 없었을 것이라고 분석하고 있습니다.

한편 공산주의가 본질적으로 계획경제이기에 국가 간의 무역을 부정하고 있는 것으로 알고 있지만 실제로는 그렇지 않습니다.

소련어로는 SEV로, UN과 GATT에서는 코메콘(CMEA:Council for Mutual Economic Assistance)이라 칭하는 공산권경제상호원조회의가 있었습니다. 이것은 **마샬** 플랜에 대항하여 1949년 1월에 성립된 공산주의 국가 간 경제협력기구입니다. 가맹국은 소련, 폴란드, 체코, 헝가리, 불가리아, 루마니아, 동독, 몽고, 쿠바 등 9개국입니다.

코메콘의 목적은 가맹국의 노력과 정책의 조정으로써 각국의 국민경제의 계획적 발전, 공업화의 추진, 국민복지의 증대 등을 도모하는 데 있습니다. 최고기관은 총회이고 그 밑에 각국별 수상급으로 구성된 집행위원회가 있으며 또 석유, 기계, 무역 등 분야별로 상설위원회가 있습니다. 금융기관에는 코메콘은행, 코메콘투자은행이 있습니다. 대표적인 공동사업으로는 소련에서 동유럽에 원유를 송유하는 우호 파이프라인과 마찬가지로 송전하는 평화 전력망이 있습니다. 최종적으로는 경제통합을 목적으로 1971년 7월의 총회에서는 경제통합에 관한 종합계획이 발표되었습니다. 그러나 코메콘은 공산권의 몰락에 따라 1991년에 해체되었습니다.

4 피케티의 신자본론

토마 피케티(Thomas Piketty, 1971~)는 경제적 불평등을 내재한 자본주의의 동태를 분석하고, 글로벌 자본세를 그 대안으로 제시한 저서 「21세기 자본」으로 일약 세계적인 경제학자로 떠오른 프랑스의 경제학자입니다.

그는 2013년 이론과 응용 연구 측면에서 유럽 경제 연구에 탁월한 기여를 한

45세 이하 경제학자에게 수여하는 **위뢰 얀손**상을 수상했습니다.

1971년 프랑스 파리 인근의 클리시에서 태어나, 프랑스 고등사범학교에서 수학과 경제학을 공부한 뒤 22세에 프랑스 사회과학 고등연구원과 런던 정경대에서 부의 재분배에 관한 연구로 박사학위를 받았습니다. 이후 미국으로 건너가 1993년부터 3년간 매사추세츠 공과대학에서 경제학을 가르쳤으며, 1995년 프랑스로 돌아와 프랑스 국립과학연구소 연구원을 지냈습니다. 2000년부터 파리경제대 교수로 재직 중입니다.

그는 역사적이고 통계적인 접근을 통한 경제적 불평등 연구에 몰두하고 있습니다. 주로 경제성장이 소득과 부의 분배와 어떠한 상관관계를 맺고 있는지에 관한 역사적이고 이론적인 작업을 수행해 왔으며, 특히 국민소득에서 최상위 소득의 비중이 장기간에 걸쳐 변화한 양상에 관심을 두고 연구하고 있습니다. 이러한 일련의 연구를 통해 그는 성장과 불평등 사이의 관계를 낙관적으로 조망한 **쿠즈네츠**의 이론에 근본적인 의문을 표하고, 소득과 부의 분배의 역사적인 변화 추이에 있어서 정치 제도와 재정 제도의 역할을 강조하고 있습니다.

「21세기 자본」은 지난 3세기에 걸친 20개국 이상의 경제학적, 역사적 데이터를 수집해 자본소득이 노동소득보다 우위에 있음을 밝힌 참신하고 실증적인 연구로 세계적인 주목을 받고 있습니다. 아울러 경제적 불평등의 정책적 대안으로 제시한 '글로벌 자본세'는 그 대담함과 파격으로 숱한 화제를 낳고 있습니다. 그의 분석과 대안에 대한 동의 여부는 이미 **피케티** 신드롬'의 본질이 아닙니다. 자본주의와 불평등에 관한 새로운 관점을 제시했다는 점에서 「21세기 자본」은 경제학을 비롯한 사회과학 전반에 하나의 이정표가 될 것입니다.

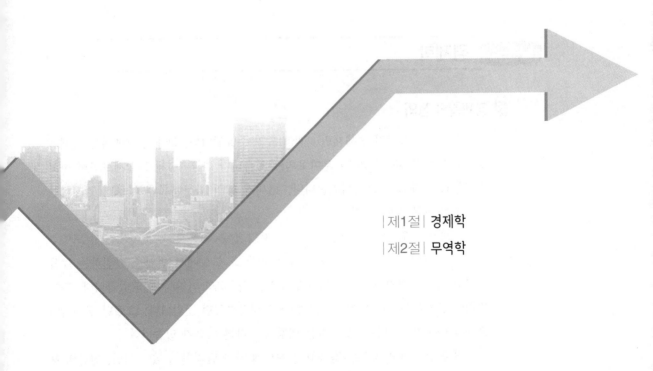

무역이론 이해를 위한 준비

자본주의 경제학의 아버지라 일컫는 **아담 스미스(A. Smith)**는 경제학자가 아닙니다. 그는 대학에서 도덕철학을 가르쳤습니다. 그는 공명정대한 관찰자－사람들은 이를 보이지 않는 손이라고 부릅니다－가 존재할 때만이 자본주의는 올바로 설 수 있다고 했으며, 국가의 부는 자유무역을 통해 달성될 수 있다고 하였습니다. 그러기에 그는 경제학자이기 이전에 무역학자였습니다.

아담 스미스가 살아 있다면 오늘날과 같이 돈만을 가장 고귀한 가치로 인정하는 자본주의의 현실을 어떻게 설명할까요?

우리는 공정무역의 구현을 통해 이러한 천민자본주의를 넘어서서 복지자본주의를 향해 달려 나아가야 할 때입니다. 그것이 무역을 공부하는 우리들의 의무입니다.

우리는 제1부를 통해 경제학과 무역학은 학문의 뿌리가 다름을 알게 되었습니다. 제6장에서는 무역학의 이해를 위해 경제학과 무역학에 대해 자세히 살펴봅니다.

제 1 절 경제학

1 경제학의 정의

경제는 한자어인 경세제민(經世濟民)의 준말입니다. 고대 서양에서는 경제를 정치학과 함께 윤리학의 한 분야로 다루었습니다. 이후 경제를 실체로 인식하고 정치학과 경제학은 분리되었습니다. 13세기 **흄**의 학문분류에 따르면 경제학은 실무적인 학문이었습니다.

경제학이 오늘날과 같이 과학으로 자리 잡은 것은 18세기 영국에서 도덕과학이 등장하면서부터입니다. 과학적 탐구란 그 현상에서 법칙을 발견하는 것을 말합니다. 즉, 정치경제학이 도덕과학 또는 사회과학의 일부가 되었습니다. 자연법칙이 존재하듯 경제법칙도 존재한다고 생각하였던 것입니다. 그랬던 경제학이 오늘날 이론적인 학문으로 정착한 배경에는 다른 이유가 있습니다.

경제학에 대한 정의는 경제학의 계보에 따라 달리할 수 있겠지만, 인간의 욕망을 충족시키기 위한 자원이 항상 제한되어 있다는 사실(자원의 희소성)에 직면하여, 그 제한된 자원을 가장 효과적으로 활용하고자 선택을 하는 과정에서 인적 및 물적 자원이 어떻게 배분되고 소득이 어떻게 처리되는가를 관찰함으로써 이들에 관한 일반적인 법칙을 규명하며, 그 자원의 배분 과정에서 야기되는 경제적·사회적 문제를 적절히 해결할 수 있는 방법을 찾아내고자 하는 학문이라고 할 수 있습니다.

② 인간의 욕망

인간의 욕망은 끝이 없습니다. 인간은 항상 더 많은 것, 더 나은 것, 더 멋진 것, 더 아름다운 것을 바랍니다. 이렇게 인간이 욕망을 가지게 된 이유는 인간은 생각하는 동물이기 때문입니다. 사고력이 떨어지거나 부족하면 현재의 문제해결을 위해 두뇌의 대부분을 할당하게 되지만 인간의 사고력은 그것을 해결하고도 여유가 남기 때문에 현실에서 그 이상을 생각하게 됩니다. 일반적으로 그것은 지식 또는 정보에 의해서 행해집니다. 따라서 올바르지 않은 지식이나 정보는 인간의 욕망과 더불어 인간을 파괴시키기도 합니다.

③ 자원의 한계

인간은 생활을 향상하기 위하여 어떤 형태로든 자연계와 접촉하여 이를 이용하려고 합니다. 그 대상물이 바로 자원입니다. 그러나 극히 보편적으로 존재하는 것은 생활향상을 위한 욕망을 충족시키는 대상이 되지 않으므로 자원이 될 수 없습니다. 공기가 그 좋은 예인데, 자원이 될 수 없었던 공기도 공업화·도시화의 진전에 따라 대도시는 대기오염이 심해져 최근에는 맑고 깨끗한 공기도 중요한 자원 중 하나가 되기도 합니다. 이와 같이 자원의 범위는 시대와 과학기술의 발달단계에 따라 바뀌며 고정된 것은 아닙니다.

이렇게 볼 때 자원이란 인간 생활 및 경제활동에 이용되는 모든 것을 통틀어 이르는 말이라고 볼 수 있습니다. 과거에는 이렇게 눈에 보이는 자원만을 대상으로 경제학에서 분석해 오고 있으나 현재는 넓은 의미의 자원에 노동, 기술, 정보 등을 포함하고 있습니다.

자원은 경우에 따라 분류방법이 달라집니다. 인간생활에의 이용 측면에서, 가공되지 않은 소재로부터 가공된 물자에 이르기까지의 단계에 따라 분류합니다. 즉, 인간생활의 기초가 되는 구리·철·납·석탄·석유 등의 광물자원(지하자원)과 인간생활의 터전인 토지자원 및 일상생활을 뒷받침하는 수자원의 3가지 자원을 기초자원이라고 합니다. 기초자원 외에 산림자원·동물자원·수산자원 등을 일괄하여 천연자원이라고 합니다. 이 밖에 노동력이나 기술을 인적 자원이라고 합니다.

이러한 자원은 모든 나라에 골고루 분포되어 있지 않기에 오늘날 모든 국가들이 전쟁을 불사하면서까지 자원을 얻기 위해 노력하고 있습니다. 이렇게 자원이 어느 특정국가에 편재되어 있고 게다가 눈에 보이는 자원은 유한하기 때문에 많은 경제 문제들이 나타나게 됩니다.

4 효율성

효율이란 최소한 투입으로 주어지는 또는 기대하는 산출을 얻는 것을 말합니다. 투입과 비교된 산출의 비율로 정해지면 그 비율의 값이 커질수록 효율이 높은 것으로 평가됩니다. 주로 경영·산업·행정 등의 분야에서 생산량의 증대, 질적 향상, 소요시간의 단축, 노력의 감축, 만족도 및 사기 앙양 등의 목표와 관련되어 있습니다.

그러나 너무 생산의 능률만을 강조하는 일은 집단이나 조직구성원 개개인의 만족을 저해할 가능성도 있다는 점을 배제할 수 없습니다.

5 선택

선택은 일반적으로 의지, 결의 등으로 옮겨질 수 있는 말로서, 윤리학에서 가장 중요한 용어입니다. '선택'은 결의 이상의 도덕적 선택을 의미합니다. 아리스토텔레스의 윤리학에서도 사용되는 이 말을 정확히 우리말로 옮기기는 매우 어려우나, '도덕적 성격', 때로는 '선택'이라고 옮길 수 있습니다.

사실 선택은 경제학의 가장 기본적인 문제입니다. 모든 경제활동이 여러 가지 대안들 중 하나를 선택하는 행위로부터 시작되기 때문입니다. 그래서 경제학에서는 예부터 합리적 선택이론을 발전시켜 왔습니다.

그런데 미시경제학에서 말하는 선택 문제는 다분히 기계적입니다. 왜냐하면 몇 가지 공리(axiom)를 바탕으로 개별 주체는 항상 합리적으로 자신이 설정한 목표를 달성하려 한다고 가정하기 때문입니다. 이 경우 모든 선택 문제는 여러 가지 대안들 가운데 자신에게 가장 유리한 대안을 선택하는 것으로 귀착되며 여기에는 특별히 어려움이 없습니다. 문자 그대로 개별 주체는 합리적으로 의사결정을 내리기 때문입니다.

　　여기서 한 가지 유념할 사항은 많은 대안들을 비교하는 것은 이들 중 무작위로 두 가지 대안을 선정해서 순차적으로 비교하는 과정으로 이해할 수 있다는 사실입니다.

　　이런 관점에서 볼 때 경제학의 선택 문제란 세 가지 가능한 경우 중 하나를 선정하는 것입니다. 예컨대 대안 A와 B를 비교할 때 가능한 상황은 A가 나은 경우, B가 나은 경우, A와 B의 우열을 가릴 수 없는 경우 세 가지입니다. 따라서 개별 주체는 이 가운데 하나를 선택하면 됩니다. A와 B의 우열을 가릴 수 없는 경우를 경제학에서는 '무차별적'이라고 하는데 이 경우에는 A나 B 어느 쪽을 선택해도 문제가 없습니다.

　　다만 어려운 선택이란 우열을 가리기 어려운 두 개의 대안 중 하나를 선택해야 하는 문제를 말합니다. 그러나 인간은 이런 상황에 현명하게 대처하는 훈련을 통해 누구든 자신의 삶의 가치를 향상시킬 수 있습니다.

6 경제학의 종류

　　보통 경제학이라고 하는 경우는 흔히 이론경제학을 말하며, 다시 그 대상을 기준으로 경제현상의 일반적인 문제를 다루는 경제학원리와 경제생활의 주체에 따른 정부의 경제행동에 관한 재정학, 기업의 활동에 관한 경영경제학, 가계의 행동에 관한 가정학, 국제경제를 대상으로 하는 국제경제학 등으로 분류합니다. 이를 자세히 살펴봅니다.

1) 실증경제학과 규범경제학

　　경제학에는 경제현상의 연구목적과 방법에 따라 실증경제학과 규범경제학의 두 가지로 나눌 수 있습니다.

(1) 실증경제학

실증경제학은 현실의 경제사회에 존재하는 경제법칙의 구명을 목적으로 경제현상을 사실(what is) 그대로 기술하고 분석한 결과로 얻은 일련의 체계적 지식을 말합니다. 즉, 실증경제학이란 현실 경제사회의 여러 경제변수(예: 재화의 가격·수요량·공급량과 같은 미시변수와 물가수준·고용·국민소득과 같은 거시변수) 사이에 존재하는 함수관계를 발견하고 그 성질을 구명하는 것을 내용으로 합니다. 흔히 경제학 또는 경제이론이라고 할 때는 이 실증경제학을 가리킵니다.

(2) 규범경제학

규범경제학은 마땅히 있어야 할 경제상태가 무엇인가에 대한 판단을 내리는 기준에 관한 이론으로, 가치판단을 전제로 합니다. 경제학을 연구하는 목적이 첫째, 어떤 경제현상에 대한 진상을 규명하여 그것에 대한 정확한 지식을 가지고자 하는 것이고, 둘째, 적극적으로 경제사회의 모순을 제거하고 사회를 옳은 방향으로 유도하자는 실천적 동기에 있다고 한다면, 당연히 그 사회의 통념과 양식에 비추어 가치판단을 해야 할 것입니다. 다만, 이 가치판단은 확고한 실증적 연구와 결론에 입각해야 합니다.

2) 경제이론·경제사·경제정책

경제학은 경제현상의 인식 방법의 차이에 따라, 경제이론, 경제사, 경제정책의 셋으로 전통적으로 나누고 있습니다.

(1) 경제이론

이론경제학은 경제현상에 적용되는 원리를 그 인과관계에 의하여 관찰하고 거기에 작용되는 공통적인 법칙성을 밝히는 것입니다.

(2) 경제사

경제사는 경제현상에 대한 인과관계를 역사적인 특수성에 의하여 파악하려는 것입니다.

(3) 경제정책

경제정책은 장래에 있어서 형성되어야 할 경제현상을 대상으로 하는 것으로서, 당위의 문제, 즉 가치판단이 개입하게 됩니다. 경제정책의 학문적 대상과 방법론에 대해서는 많은 논의가 있습니다.

3) 미시경제학과 거시경제학

현대경제학은 연구대상의 범위와 방법에 따라 미시경제학과 거시경제학으로 크게 구별하고 있습니다.

(1) 미시경제학

미시경제학은 경제주체 및 개별 시장을 분석의 대상으로 합니다. 그리고 개별 경제주체들의 행동원리와 소비자, 생산자로 구성되는 개별 시장에서 가격이 어떻게 결정되는지에 주된 관심을 가집니다.

미시경제학은 생산물시장에서 상품의 가격 및 거래량 그리고 노동시장에서의 임금과 고용량이 어떻게 결정되는지를 분석합니다. 그래서 미시경제를 흔히 가격이론(price theory)이라고도 합니다. 미시경제에서 다루는 가격은 절대가격이 아니라 특정한 상품의 상대가격을 말합니다. 상대가격이란 상품과 상품 간의 절대가격의 비율을 의미합니다.

(2) 거시경제학

거시경제학은 크게 봤을 때 미시경제학과 더불어 경제학을 이루는 분야 중 하나로, 모든 개별경제주체들의 상호작용의 결과로 인해 나타나는 한 나라의 경제전체 현상에 대한 분석을 통해 국민소득, 물가, 실업, 환율, 국제수지 등 경제 전반에 영향을 미치는 변수들의 결정요인과 이러한 변수들 간의 상호관련성, 국민소득의 변화를 설명하는 경제성장이론과 단기적으로 실업과 밀접한 연관을 가지고 있는 경기변동이론을 연구하는 분야입니다. 그래서 거시경제학을 흔히 국민소득이론이라고도 합니다.

그러나 거시경제학에서 다루는 국민경제 전체의 평균 물가수준과 이를 반영한 일반 물가수준과는 구별되어야 합니다. 마찬가지로 미시경제학에서 다루는 임금이나 고용량도 특정한 노동시장에서의 노동의 상대가격과 고용량을 말하는 것으로서 거시경제에서 다루는 국민경제 전체의 평균 임금수준이나 국민경제 전체의 총 고용수준과는 다릅니다.

4) 국민경제·국제경제·세계경제

경제학은 경제현상의 범위에 따라 국민경제, 국제경제, 세계경제 등으로 구분할 수 있습니다.

(1) 국민경제

국가를 단위로 하여 서로 밀접하게 관련된 경제활동의 총체를 말합니다. 오늘의 세계에서는 국가가 정치의 기본 단위로 되어 있기 때문에, 경제생활에 관련된 법률이나 제도도 국가적 영역에서 통일적으로 행해집니다. 또한 경제 주체로서의 국가 · 기업 · 가계 등의 경제활동은 당연히 그와 같은 법률 · 제도에 따라 영위되며, 국가적 영역에서 서로 밀접하게 결합되고 있습니다. 이처럼 국가를 단위로 하여 서로 밀접하게 관련된 경제활동의 총체가 국민경제입니다.

(2) 국제경제

국제경제란 국제 간의 경제거래, 즉 상품 · 서비스 · 자본 · 노동의 각국 간의 이동이나 교환 등의 전체를 의미합니다. 국제경제는 보통 세계경제와 같은 뜻으로 쓰이기도 하는데, 엄밀히 말하면 국제경제란 용어는 한 나라의 국민경제와 다른 나라의 국민경제와의 관계를 의미합니다. 즉 국민경제 상호의 관계가 국제경제입니다.

(3) 세계경제

세계경제는 독일 역사학파의 경제발전단계설에 의해 생긴 개념으로, 이에 정확하게 합치되는 영미의 개념은 존재하지 않습니다.

국제경제가 독립된 주체로서 국가나 국민경제를 전제로 하고 이러한 국가 간의 경제거래를 가리키는 말인 데 비해, 세계경제의 개념은 세계의 제 국간 경제가 어떤 의미에서든 통일되어 있어, 하나의 고유한 주체를 이룬다고 할 때 비로소 성립되는 것입니다.

첫째, '세계경제란 고도로 발달한 교통제도에 의해서 가능해지며, 다시 국가 간 국제조약에 의해서 규제 · 촉진되는 지구상의 개별경제 및 그 상호작용의 총체이다'라고 하여 세계경제를 국민경제의 상위에 위치하는 통일체로 보는 견해가 있습니다.

둘째, 최고의 경제공동체는 국민경제이며 세계경제는 고유의 생활체로서 인정될 수 없다는 주장이 있습니다.

셋째, 국제경제는 국민경제가 세계경제에 발전적으로 흡수되는 과도단계라고 보는 견해입니다.

위의 어느 견해이든 세계경제를 통일체로서 인식할 수 있는지의 여부를 규명하는 학문을 특히 세계경제학이라고 합니다. 이 학문은 제2차 세계대전을 계기로 사회주의국가, 특히 동독에서 새로이 구명되었습니다.

한국의 경우에는 국제경제와 세계경제가 거의 같은 뜻으로 사용되고 있습니다. 예를 들면 '국제경제와 세계무역'이라고 하든, '세계경제와 국제무역'이라고 하든 그 내용에 있어서는 다를 바가 없으며, '국제부흥개발은행(IBRD)'을 '세계은행'이라고 통용하고 있습니다. 그러나 세계경제학자나 사회주의 경제학자들은 세계경제라는 용어를 '국제경제'와 엄밀히 구별된 의미에서 사용하고 있습니다.

위의 국민경제, 국제경제, 세계경제의 정의에서 보는 바와 같이 오늘날 국민경제는 세계적으로 결코 고립하여 존재하는 것이 아니며, 무역 기타의 교통관계를 통하여 다른 국민경제와 서로 관련됨으로써 국제경제를 구성하고 있습니다. 그러한 뜻에서 국민경제는 국제경제를 구성하는 기본단위입니다. 그런데 국민경제의 개념을 좁은 뜻으로 해석하면, 독일의 신역사학파에 속하는 K.뷰허가 제창한 경제발전 단계의 구분상의 한 개념을 의미합니다. 그는 재화가 생산자로부터 소비자에 이르기까지의 거리를 기준으로 하여, 경제생활의 발전을 봉쇄적 가족경제·도시경제·국민경제의 3가지로 구분하였습니다.

국민경제의 단계에서는 생산은 보통 기업적으로, 그것도 일반 시장의 불특정 수요에 대해서 이루어지며, 재화는 소비될 때까지 많은 경제를 거쳐야 하므로, 국민경제는 상품생산과 재화유통의 단계라고 규정하였습니다.

이러한 국민경제는 근대 국민국가의 성립과 함께 생겨났습니다. 즉, 근대 국민국가는 중세의 특수권력인 봉건 영주, 도시 및 종교적 단체들의 경제적 특권과 정치적 자주성을 박탈함으로써, 통일적인 국내시장을 만들어 내고 상품의 자유로운 유통과 산업의 발달을 도모하였으며, 대외적으로는 중상주의정책을 취하고 수출산업을 보호하는 동시에 보호관세제도를 실시하였습니다.

그리하여 강력한 군주권력 하에서 통일적인 국내시장과 통일적인 법률·화폐·도량형·조세 및 관세 제도를 가진 국민경제가 성립된 것입니다. 그런데 이 국민경제의 성립은 동시에 자본주의의 발달도 의미하고 있었습니다. 왜냐하면 국민경제의 성립을 촉구하는 조건들은 곧 자본주의의 발달을 위한 역사적 전제조건이었기 때문입니다.

5) 폐쇄경제와 개방경제

일국의 경제가 다른 외부경제(무역)에 대해 문호를 개방하고 있는지 닫고 있는지에 따라 폐쇄경제와 개방경제로 분류합니다. 오늘날 폐쇄경제는 거의 찾아볼 수 없습니다.

(1) 폐쇄경제

폐쇄경제는 거시경제 측면에서 볼 때 외국과의 금융 · 무역 거래를 하지 않는 경제를 말합니다.

(2) 개방경제

개방경제는 거시경제 측면에서 외국과의 금융 · 무역 거래를 하는 경제를 말합니다.

제 2 절 무역학

흄의 학문분류에 따르면 무역학은 역학(力學: mechanics)이었습니다. 적어도 12세기까지는 무역학을 바라보는 관점이 동양과 서양이 다르지 않았습니다. 원래 무역에 대한 연구는 상학의 일부로 다루어져 왔지만, 학문의 전문화 경향에 따라 그로부터 새롭게 하나의 독자적인 학문구성 체계를 갖추어 파생된 것입니다.

한편 무역거래는 각 측면에서의 연구를 필요로 하는 이중적 성격을 지니기 때문에 무역학에 대한 연구도 어느 한 측면만으로는 체계화될 수 없습니다. 즉, 무역거래는 사적 · 개인적 · 기업적 거래에 입각하면서도, 다른 한편으로는 공적 · 전체적 · 국가적 거래로서의 성격을 지니므로 경영 및 상학 연구와 더불어 경제학적 연구의 접근방법이 필요합니다.

무역학의 체계는 무역거래의 이중적 성격을 중심으로, 경제학적 연구방법이 무역의 이론과 정책을 다루는 국제무역론과 경영 및 상학적 연구방법을 다루는 무역상무론을 포함하여 하나의 독자적인 학문체계를 구성하고 있습니다.

여기에서 무역의 이론이나 정책에 관한 연구는 공적 · 국가적 견지에서 무역거래의 발생 원인과 결과, 그리고 그 성립양태를 살피는 것이고, 무역의 실무와 경영에 관한 연구는 사적 · 기업적 입장에서 무역업의 경영과 무역행위를 성공적으로 실천하기 위한 이치를 습득하는 것이라고 볼 수 있습니다.

한편 무역학을 이해하기 위해서는 무역학의 종류를 자세히 알아야 합니다. 일부학자 또는 정책입안자들은 미국이나 유럽에 무역학과가 존재하지 않으므로 우리나라에도 존재할 필요가 없다는 식의 학문에 대한 몰이해가 오늘날 복잡다기한 무역문제를 더욱 어렵게 만든다는 사실을 인식해야 합니다.

사회과학의 문제는 남의 문제가 아닙니다. 사회현상은 국가마다 지역마다 다를 수밖에 없습니다. 그러기에 미국이나 유럽에 존재하지 않는 학문분야가 우리나라에는 존재할 수 있는 것입니다. 그리고 우리가 알고 있는 것과는 달리 실제로는 미국과 유럽에서도 무역학을 연구하고 강의하고 정부가 지원하고 있다는 사실을 알아야만 합니다.

1 무역학과 국제경제학의 비교

국제무역을 연구하기 위해서는 무역학이 국제경제학과는 어떻게 다른지를 살펴보아아 합니다.

앞서 우리는 경제학의 분과학문으로 국제경제학이 있다는 것을 알게 되었습니다. 국제경제학이란 국제무역론의 범위를 넓혀 체계화한 학문이며, 국제경제학이라는 말은 1930년대부터 쓰이기 시작했습니다.

국제거래는 전통적으로 ① 상품과 서비스의 거래, ② 자본 및 노동이라는 두 생산요소의 국제적 이동으로 나눌 수 있습니다. 우리가 국제무역론이라고 하는 것은 ①에 포함되는 국제거래를 대상으로 하는 것이며, 국제경제학은 여기에 ②의 생산요소의 이동을 포함하여 연구대상으로 하는 것을 말합니다.

또한 외국무역 또는 국제무역이라고 할 때, 전자는 ①의 상품 · 서비스의 국제거래를 주로 한 나라의 입장에서 보는 경우를 말하며, 후자는 상대국을 포함하여 세계 전체의 입장에서 보는 경우를 말합니다. 국제경제학은 ②의 부분을 포함한 국제거래를 한 나라만이 아니라 국제적인 관점에서 고찰하는 것입니다.

실제로 국제 간의 경제거래에는 외국무역 · 운송 · 보험 등의 서비스 거래, 자본 · 노동의 이동 등이 포함됩니다. 이러한 거래는 국내에서도 이루어지지만, 국내의 경제거래가 동질적인 단위 사이의 거래인 데 비해서, 국제경제거래는 이질적인 단위 사이의 거래이므로 국제경제학 고유의 연구대상이 됩니다. 국제 간의 거래가 이질적인 단위 간의 거래가 되는 까닭은 다음과 같습니다.

① 국가에 따라 생산요소의 생산력 즉 국민소득 수준이 다르지만, 국내에서는 소득수준이 거의 균일화되어 있으며, 적어도 국제 간 만큼의 차이는 없습니다.

② 국가에 따라 정부활동에 차이가 있습니다. 이를테면 각국 정부는 세제·보건·공장조직·교육·사회보장·노동조합 등을 법률적으로 규제하고 있는데, 그러한 법률이 나라마다 다르므로 생산에 대한 편의도 나라마다 달라지게 되며, 비록 노동·자본의 생산력이 같더라도 정부활동의 차이로 그 나라의 산업능률에 차이가 발생합니다.

③ 국가에 따라 통화의 단위가 다르므로 국제거래는 서로 다른 통화단위 사이의 거래인만큼 국제 간의 대외지급과 영수는 일반적으로 외국환거래를 매개로 합니다. 또 각국의 통화는 각국 중앙은행의 정책에 의해 영향을 받으며, 이는 또한 각국의 경제 전반에 영향을 미칩니다. 이에 따라 국제경제학은 국민경제가 단위이며, 국민경제 사이의 관계가 문제가 됩니다.

2 무역학

앞의 국제경제학과 비교해 볼 때 무역학은 다음과 같은 면에서 차이를 보이고 있습니다. 이에 대해서는 앞으로 자세히 살펴볼 것입니다.

1) 연구과제

- 무역의 발생원인과 패턴
- 무역이익의 배분
- 국제무역의 일반균형
- 무역이 경제성장에 미치는 영향
- 경제성장이 무역에 미치는 영향
- 최적의 무역정책
- 경제적 의미의 국가를 분석

2) 이론전개에 필요한 가정

- 정태분석
- 2국 · 2재 · 2생산요소
- 생산요소의 국가 간 불이동
- 생산요소의 동질
- 불변생산비
- 완전경쟁 및 완전고용
- 화폐의 중립성
- 자유무역
- 외부효과 결여
- 거래비용 무시

③ 무역학의 연구분야

우리는 앞서 서양철학에 의거하여 학문을 크게 3가지로 분류했습니다. 그리고 사회과학으로 분류되고 있는 경제학과 무역학에 대해서도 자세히 살펴보았습니다. 전통적인 학문분류에 따른다면 무역학은 사회과학의 한 분야일 수 있지만, 무역학은 단순한 사회과학이 아닙니다. 인간을 대상으로 하는 인문학이며, 철학입니다. 무역학은 삶의 문제를 다루고 있습니다. 그래서 경험학문이며, 실용학문이며, 통섭학문이며, 공정무역과 그린경제활동을 통해 지속가능한 발전을 연구하는 미래학문입니다.

1) 광의의 무역학

무역학의 연구분야는 학자에 따라 다를 수 있겠지만 일반적으로 받아들여지고 있는 넓은 의미의 무역학은 다음과 같이 분류할 수 있습니다.

그림 6-1 무역학의 분류

2) 협의의 무역학

좁은 의미의 무역학 분류를 알려면 우리나라 대학의 무역학과 교육과정을 살피는 것이 유익합니다. 우리나라 대학 무역학과의 교과과정은 각 대학의 사정과 교수들의 전공에 따라 다르지만 크게 국제상학, 국제경영학, 국제경제학으로 나눌 수 있으며, 세부적으로는 다음과 같이 4개의 분야로 나누고 있습니다. 또한 국제무역환경의 변화에 따라 국제통상 분야, 지역학 연구 분야 등이 새롭게 추가되어 복합학문의 성격을 갖게 되었습니다.

(1) 기초공통분야

무역학개론, 경제학원론, 경영학원론 등

(2) 국제상학분야

무역실무, 무역계약론, 국제운송론, 무역보험론, 신용장론, 국제상사중재론, 국제물품매매론, 무역영어, 무역관계법, 국제통상규칙, 국제상관습 등

(3) 국제경영분야

국제경영론, 국제마케팅론, 해외시장조사론, 국제금융시장론, 해외투자론, 다국적기업론 등

(4) 국제경제분야

국제무역론, 국제무역정책론, 국제무역사, 국제경제기구론, 국제자원론, 국제금융론, 외환론, 국제수지론, 한국무역론, 무역사정론, 국제무역학설사 등

4 21세기의 무역학

앞서의 연구를 통해 보듯이 무역학은 그 역사적 기반을 상학에 두고 있습니다. 그러나 21세기 들어서면서 학문의 트랜드가 변화하고 있음은 주지의 사실입니다.

과학기술의 발달로 근대사회가 성립됐다면 오늘날 우리가 살고 있는 현대사회는 지식을 기반으로 하는 사회입니다. 이런 사회 속에서 인문사회와 과학기술 중 어느 한쪽의 지식만을 가지고는 복합적인 현 시대를 이해하기 힘듭니다. 교육 시스템의 개선도 중요하지만, 주체적으로 다양한 학문 간의 연계를 실천해 나가는 교수와 학생들의 태도가 선행돼야 할 시점입니다.

무역학은 다른 어떤 학문보다 앞서서 학문 융·복합의 패러다임을 이끌었고 수용해 왔으며, 앞으로도 그럴 것입니다. 무역학은 출발부터 융·복합 학문이었고, 글로벌 학문이었습니다. 무역학이 제대로 서기 위해서는 학문이기주의와 학과이기주의 그리고 과목이기주의를 탈피하고, 시대의 변화와 흐름을 잘 읽고 이에 부응하는 연구범위와 연구내용을 마련해야만 합니다. 무역학의 앞날을 위해 학과이기주의나 과목이기주의를 고집할 때 무역학은 여지없이 무너지고 말 것입니다. 따라서 지금까지의 연구를 통해 보듯이 무역학이 21세기의 사회적 변화를 적극적으로 수용하고 융·복합 학문으로서의 확고한 위치를 정립하기 위해서는 더 이상 변화를 두려워해서는 안 됩니다.

오늘날 무역거래는 정치적, 경제적 국경선을 넘는 국제무역이 실현되면서 인문학 또는 자연과학을 모르고 무역거래를 하는 것이 불가능합니다. 이에 대해서는 앞에서 통섭학으로써의 무역학을 통해 살펴보았습니다.

더구나 앞으로 전개될 4차 산업혁명시대에 대비하여 국가는 액션플랜을 수립하여 매진하고 있습니다.

＊ 4차혁명 경제효과 630조…산업별 '액션플랜'[7]

2기 4차위 첫 회의서 '4차산업혁명 대응전략2.0' 의결

대통령 직속 '2기 4차 산업혁명위원회'는 오는 2030년까지 4차산업혁명으로 경제유발효과가 630조 원이 촉발될 수 있도록 '데이터 산업 활성화와 이를 위한

---

7) 2018년 12월 10일자 신문기사를 저자가 발췌하고 요약하였음

규제혁신' 등을 최우선 과제로 추진하기로 했다.

첫 회의 모두발언에서 "4차산업혁명은 막대한 경제가치를 창출할 것으로 기대되지만, 대응이 늦어지면 성장이 절반 이하로 감소한다"면서 "2기 위원회는 좀 더 속도감 있게 대응전략을 마련해 내년 상반기까지 대정부 권고안을 제시할 계획"이라고 밝혔다.

이날 회의에서는 '4차산업혁명 대응전략 2.0'을 의결했다. 이는 지난해 마련했던 '혁신성장을 위한 사람중심 4차산업혁명 대응계획(1.0)' 후속으로 마련된 것이다. 대응전략 2.0은 4차산업혁명으로 인한 변화하는 국내 산업구조와 경제가치, 일자리 등을 추정해 담았다.

4차산업혁명이 가져올 국내 경제효과는 오는 2030년까지 630조 원에 달할 것으로 추산됐다. 신규 지능화 산업 창출로 240조 원, 기존 산업활동 개선으로 390조 원이 창출될 것으로 보이며, 산업별로는 △의료 150조 원 △제조 150조 원 △도시 105조 원 △금융 80조 원 순으로 파급효과가 전망된다. 또 4차산업혁명으로 창출될 일자리는 2030년까지 최대 730만 개에 날할 전망이다.

2기 4차위는 '대응전략 2.0'에서 이같은 전망을 토대로 의료, 제조, 도시, 금융 등 4차산업혁명 파급효과가 큰 산업을 중심으로 국가 인프라와 법제도 개선방안, 인력양성 방안을 도출할 방침이다.

예를 들어 의료정보를 각기 따로 보관하는 현 체계를 개선해 맞춤형 의료서비스를 제공할 수 있도록 의료데이터 관리체계를 개선한다. 또 인건비 및 원자재 가격상승 등으로 경쟁력이 저하된 제조 분야는 AI로봇을 활용한 '스마트 팩토리' 등 정보통신기술(ICT) 융합서비스를 접목해 신성장동력으로 전환하겠다는 것이다.

아울러 이 날 회의에서는 '4차산업혁명 기반 헬스케어 발전전략'을 마련해 의결했다. 앞서 1기 4차위에서는 제품을 개발해 놓고 규제 때문에 시장에 출시하지 못한 당뇨렌즈 등 정보통신기술(ICT) 융복합 헬스케어 분야에서 의미 있는 규제개선 합의를 이끌어 냈다. 2기에서는 이같은 1기 활동결과를 토대로 미래 헬스케어 산업의 발전을 위한 추진방향을 논의했다.

또 '로봇제품 시장창출 지원방안'에서는 로봇제품을 인공지능(AI) 등과 결합해 국방, 물류, 의료 등 다양한 분야에서 사용할 수 있도록 제품의 개발·사업화를 본격 지원하고, 이를 위한 금융 지원과 규제 혁신, 실증 지원 등을 통해 국내

로봇 전문기업의 경쟁력을 제고하는 방안도 제시했다.

동 위원회는 "2019년부터는 5세대(5G) 이동통신 상용화로 4차산업혁명이 본격화 될 것"이라면서 "위원회는 4차산업혁명에 보다 적극적으로 대응할 수 있도록 과감한 규제개선, 제도개혁을 할 수 있는 방안을 마련하겠다"고 말했다.

Chapter

7

무역이론의 분석방법과 도구

국경을 넘어서 이루어지는 경제적 거래에는 상품거래, 서비스거래, 자본과 노동력의 이동 등이 있으며, 이렇게 국경을 넘어 이루어지는 무역을 국제무역이라고 합니다. 국제무역이론 중 좁은 의미의 국제무역이론은 국경을 넘어서 이루어지는 일체의 경제활동의 동기와 그 효과 등에 대해서 연구하는 경제학의 한 분야를 말합니다.

구체적으로 볼 때 국제무역이론은 국가 간 무역이 왜 발생하는지, 일국이 무역에 참여할 경우 어떤 상품을 수출하고 수입할 것인지, 수출품과 수입품의 교환비율은 어떻게 결정되는지, 무역에 참여한 국가들이 얻게 되는 이익이 무엇이며, 그 이익이 국가 간에 어떻게 배분되는지 등을 다루게 됩니다. 또한 국가가 무역정책을 통해 직·간접적으로 자유로운 무역의 흐름을 제한하게 되는 경우 그 경제적 효과가 무엇인지 등도 국제무역이론의 중요한 연구 대상입니다.

국제무역이론은 국제무역 관계를 다루는 분야이므로 기본적으로는 경제학에서 사용하는 분석 방법과 도구를 따르고 있습니다. 또한 국제무역이론은 개별 국가를 하나의 경제단위로 하여 분석(거시적)하기도 하며, 때로는 개별 상품시장에서의 균형을 분석(미시적)하기도 합니다.

이러한 국제무역이론과 정책을 분석함에 있어서는 다음과 같은 경제학적 분석방법과 도구가 필요합니다.

제 1 절 경제학적 분석방법

1 일반균형분석과 부분균형분석

1) 일반균형분석

일반균형은 경제 제력의 작용의 결과로서 경제체계를 구성하는 모든 변수들이 변화하려는 경향이 존재하지 않는 상태를 표현하기 위해서 사용되는 개념입니다. 즉 완전경쟁의 존재, 사유재산제도, 계약의 자유 및 무제한적인 수요공급법칙의 작용을 가정할 때의 경제 제력의 균형을 나타내는 개념입니다.

경제이론에서 일반균형은 변수 상호간에 성립하는 관계를 함수식으로 표현하고 변수와 동수의 독립적인 방정식들이 존재하는 연립방정식체계를 구성하여 그것의 동시 답을 구하는 것을 말합니다.

경제체계를 일반균형체계로 이해하려는 생각은 이미 **쿠르노**(A. A. Cournot)에서 싹텄지만, 이것을 위와 같이 수학적으로 엄밀하게 정식화된 형태로 제시한 경제학자로는 **왈라스**(L. Walras)가 최초였습니다. **왈라스**에 의해서 처음 체계적으로 전개된 일반균형이론은 **파레토**(V.Pareto)를 거쳐 **힉스**(J.R. Hicks)의 「가치와 자본」에 의해서 완성되었습니다.

일반균형이론은 이론상 모든 변수들의 인과관계를 전부 고려한다는 점에서는 일반적이기는 하지만 경제정책과 관련해서 뚜렷한 결론을 얻기 어렵다는 것이 문제점으로 지적되고 있습니다. 일반균형이론에서는 변화가 일어나면 경제제력은 궁극적으로 균형을 회복할 것이라고 주장하고 있습니다. 그러나 이것의 입증을 위해서는 새로운 경제체계의 안정분석이 필요합니다.

2) 부분균형분석

부분균형은 경제분석에 있어서 모든 변수들 간의 일반적 상호의존관계를 무시하고 가장 중요하다고 생각되는 몇 개의 변수들 간의 상호의존관계만을 고려하여 다른 변수들은 불변이라고 가정할 때 어떤 경제부문에서 성립하는 균형상태를 표현하기 위해서 사용되는 개념입니다. 예를 들면, 모든 재화의 가격을 주어진 것으로 가정할 때, 특정한 하나의 재화에 대해서 수요와 공급이 균형되는 경우가 그것입니다.

부분균형이론은 **마샬**(A. Marshall)에 의해서 발전되었으며, 케임브리지학파는 주로 이 방법을 사용하고 있습니다. **피구**(A. C. Pigou)는 몇 개의 부분적 균형의 결합으로 전 체계를 설명하려는 방법을 택하였습니다. 예를 들면 생산요소의 양과 가격을 주어진 것으로 하고 생산물시장의 균형을 고찰한 다음, 생산물의 가격을 주어진 것으로 하여 생산요소시장의 균형을 고찰합니다.

② 정태분석과 동태분석

경제학에서 균형이란 외부로부터의 어떤 충격이 없는 한 그대로 계속 머물러 있으려고 하는 어떤 경제상태를 의미합니다. 예를 들면 어떤 상품가격이 1,000원이라고 가정할 때 그 상품에 대한 수요량이 100개이고 공급량도 100개라면 외부로부터의 어떠한 충격이 없는 한 가격 1,000원일 때, 수요량과 공급량은 모두 100개로 그대로 유지됩니다. 이러한 상태를 균형이라고 합니다.

1) 정태분석(시장분석)

정태분석은 경제적 요인이 변하지 않는 한 일단 균형이 이루어지면 경제의 여러 변수들은 안정을 이룩하여 더 이상 변화하지 않으며 안정된 상태를 계속 유지하게 되는데, 균형상태를 전제로 하여 경제현상을 규명하고자 하는 분석을 말합니다.

따라서 정태분석은 균형이 이루어진 상태를 연구합니다. 그리고 어떤 경제상황이 외부여건의 변화로 인해 한 균형으로부터 다른 새로운 균형으로 이동했을 때 이 두 균형을 서로 비교분석할 수 있는데, 이를 비교정태분석이라고 합니다. 대체로 정태적 분석은 균형상태와 균형조건을 다루며, 본질적으로 시간을 고려하지 않습니다.

일정시점에서 외생 변수들의 값들은 여러 수준으로 주어져 있을 수 있습니다. 외생변수들이 상이한 값들을 가질 때 그에 상응하여 내생변수들의 균형 값들도 변합니다. 이렇게 외생변수가 변할 때 내생변수들의 균형 값이 얼마나 변하는가를 보여 주는 분석방법이 비교정태분석입니다.

2) 동태분석(성장분석)

동태분석은 여건의 변동과 시간의 변동을 고려하면서 여러 가지 경제현상 간의 상호의존관계를 분석합니다. 예컨대 어떤 균형에서 새로운 균형으로 이동하는 데 얼마만큼의 시간이 걸리며 가격, 수요량 및 공급량은 각각 어떤 경로를 거쳐 변화해 가는지를 분석합니다.

3 실증분석과 규범분석

1) 실증분석(회귀분석, 시계열분석)

사회과학, 특히 경제학은 분석도구가 잘 발달되었으므로 연구 대상을 정하면 일단 가설을 세우고 바로 모형을 만들어 분석합니다. 이런 모형으로 분석하면 그래프나 수식 등으로 결과가 도출되고, 이 결과를 연구 대상, 즉 원래의 현실에 적용하게 됩니다.

　　일반적인 생산자이론, 소비자이론, 시장이론 등은 모두 실증분석을 합니다. 예를 들면 이자율이 상승하면 투자가 위축되고, 가격이 상승하면 수요량이 줄어드는 등의 일반적인 경제학 이론에서 볼 수 있는 내용의 대부분은 실증분석을 사용하고 있습니다.

　　실증분석이란 실증자료, 즉 데이터를 통해 검증하는 것을 말합니다. 우리가 일반적인 경제학을 통해 배운 것들이 실증경제학적 방법론에 의한 것입니다. 즉, 현실에서 존재하는 경제법칙을 찾아내기 위해 연구, 분석하는 것이 실증경제학입니다. 여기에는 어떠한 연구자의 판단 같은 것이 개입되어서는 안 되며 오직 사실을 있는 그대로 받아들여야 합니다.

2) 규범분석

　　규범분석은 연구자의 가치판단이 개입되며, 사실이 어떠한가보다는 어떠해야하는가에 중점을 두는 연구방법입니다. 분배이론, 후생경제이론 등은 규범분석적 성질을 띠고 있습니다. 공리주의적 또는 롤스적 사회후생함수 모형이나 유치산업 보호를 위해 관세를 인상해야 하는 등의 정책은 규범분석을 통해 할 수 있습니다.

제 2 절　경제학적 분석도구

　　경제학 연구에 있어서 가장 중요한 기초는 수요와 공급에 대한 이해일 것입니다. 우리가 앞으로 연구할 국제무역이론도 이러한 수요와 공급이 국제적으로 어떻게 이루어지고 변화하는지를 연구하는 것입니다.

1 수요와 공급

1) 수요

　　수요란 경제 주체가 특정 상품에 대해 사고자 하는 의지와 실제로 살 수 있는 구매 능력을 갖춘 욕구를 말합니다. 사람들이 상품을 구입할 때 고려해야 할 사항은 많지만 그중에서 가장 중요한 것은 구입하고자 하는 상품의 가격일 것입니다. 사람들은 보통 상품 가격이 오르면 이전보다 그 상품을 적게 구입하려 하고, 반면에 가격이 떨어지면 이전보다 더 많이 구입하고자 합니다. 가격이 오르게 되면 수요 계획을 줄일 것입니다. 일반적으로 사람들은 상품을 구입할 때 가격과 가격 이외의 요인으로 소득 수준, 기호, 다른 재화의 가격을 고려합니다. 만일 가격 이외의 요인, 즉 소득이나 기호 등 다른 요인들이 일정할 때, 상품 가격과 시장 수요량 사이에는 역의 관계가 성립하는데, 이를 수요 법칙이라고 합니다.

한편 소득이 늘어나게 되면 전과 동일한 가격에서 보다 더 많은 양을 구입할 수 있으므로 수요가 변하게 됩니다. 이때는 이전과 동일한 가격 수준에서 보다 많은 수요가 가능하므로 수요량이 늘어났다고 하지 않고 수요가 변동하였다고 합니다.

(1) 수요 변화와 수요량 변화

수요 변화의 요인은 가격 외의 요인인 소득의 변화, 기호의 변화, 대체재의 가격 변화 등을 들 수 있고, 수요량 변화의 요인은 그 재화의 가격을 말합니다.

수요의 변동은 다음의 〈그림 7-1〉과 같이 수요곡선 자체의 이동으로 표시되고, 수요량 변화는 〈그림 7-2〉와 같이 수요곡선상의 이동으로 표시됩니다.

그림 7-1   **수요의 변동**

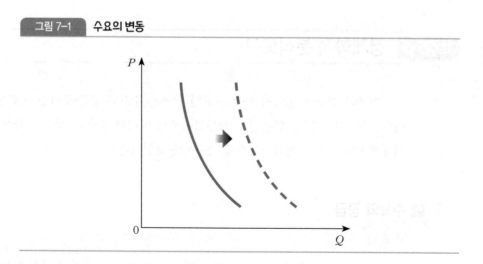

그림 7-2   **수요량의 변동**

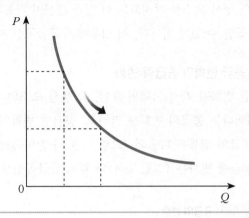

(2) 수요에 영향을 주는 요인들

가격 외에 소비에 영향을 주는 요인들은 소득, 기호, 대체재의 가격, 인구의 크기 등이 있고, 과시 효과, 의존 효과, 투기 효과에 의해서도 영향을 받게 됩니다. 이러한 여러 가지 요인이 수요에 영향을 끼치고 있지만 그중에서도 가격의 변화만을 고려한 양자 간의 관계를 수요의 법칙이라고 합니다.

(3) 수요의 법칙 예외

수요의 법칙에는 다음과 같은 예외가 존재합니다.

① 가수요(매점)의 경우 : 앞으로 재화의 가격이 계속해서 오르리라고 예상하여 재화를 구입하는 행위를 말한다.

② 위풍재의 경우 : 단순히 부유함을 과시하기 위한 재화의 경우로서 비쌀수록 많이 팔린다.

③ 기펜재 : 소득이 증가하면 수요가 줄어드는 열등재 중에서도 가격이 내릴 때 수요가 줄어드는 특수한 재화를 말한다.

2) 공급

공급이란 경제 주체가 상품을 판매하고자 하는 의도를 말합니다. 이때 상품 가격과 공급량 사이에는 정의 관계가 성립하는데, 이러한 현상을 공급 법칙이라고 합니다.

당해 상품 가격이 일정하더라도 생산 요소의 가격이나 생산 기술이 변화하게 되면 공급량은 변하게 됩니다. 예를 들어, 기업의 생산 기술이 개선되어 종전에 이용하던 생산 요소를 가지고도 더 많은 생산이 가능하다면 동일한 가격에서 보다 많이 공급할 수 있게 됩니다. 이 경우에는 공급곡선 자체가 이동하게 됩니다.

(1) 공급 변화와 공급량 변화

공급 변화란 가격 이외의 요인, 즉 생산 요소의 가격 변화, 생산 기술의 향상 등에 일어나는 공급의 변화를 말하고, 공급량 변화의 요인은 당해 재화의 가격입니다. 공급의 변동은 다음의 〈그림 7-3〉과 같이 공급곡선 자체의 이동으로 표시되고, 공급량 변화는 〈그림 7-4〉와 같이 공급곡선상의 이동으로 표시됩니다.

그림 7-3　**공급의 변동**

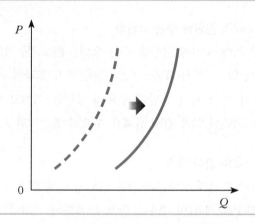

그림 7-4　**공급량의 변동**

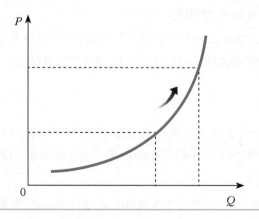

(2) 공급 곡선의 이동 요인
공급곡선의 이동에는 다음과 같은 요인이 존재합니다.

① 생산요소 가격의 상승
생산요소 가격이 상승하면 생산 비용이 상승하게 되어 당해 생산요소의 수요가 줄어들게 된다. 이는 과거에 비해 더 적은 생산 요소를 투입하여 생산을 하기 때문에 동일한 가격에서 공급이 전보다 축소됨을 의미한다. 이때, 생산 기술 및 상품의 가격 등은 변하지 않음을 가정한다. 즉, 공급곡선을 좌측으로 이동시키며, 생산비용의 하락은 공급곡선을 우측으로 이동시킨다.

② 생산기술의 변화
공급곡선은 기술수준이 일정하다는 전제하에서 도출된다. 만약 기술수준에 변화가 생겼다면 공급곡선이 이동한다. 예를 들면, 어군 탐지기가 도입되어 고기 떼 추적이 용이하면 어선 한 척당 잡을 수 있는 생산량이 크게 증가한다. 어부의 수는 일정하면서도 전보다 더 많은 고기가 잡히므로 더 많은 양의 생선을 공급할 수 있다.

③ 정부정책의 변화
공급곡선을 이동시키는 것은 궁극적으로 생산비용의 변화 때문이다. 신기술 개발에 따른 생산성 향상은 제품 한 단위당 생산비를 감소시키고, 생산요소 가격의 상승은 직접 생산비를 증가시키는 것과 마찬가지로 정부의 규제나 조세, 보조금 역시 생산비를 변화시킨다.

(3) 공급 법칙의 예외
공급의 법칙에는 다음과 같은 예외가 존재합니다.
① 매석 : 가격이 많이 오를 것을 예상하고 비싼 값을 받기 위하여 물건 팔기를 꺼리는 경우를 말한다.
② 노동의 공급 : 임금이 일정 수준에 도달하면 임금보다는 여가를 선택하여 후방 굴절 공급곡선으로 나타난다.

3) 수요와 공급의 균형

자본주의 시장경제에서는 수요와 공급이라는 양쪽의 힘이 일치하여 균형이 달성되면, 수요와 공급에 영향을 주는 요인이 변하지 않는 한 그 상태를 벗어나지 않는 경향이 있습니다. 이를 수요와 공급의 균형이라고 합니다. 다음의 〈그림 7-5〉는 이를 잘 보여 주고 있습니다.

그림 7-5　　**수요와 공급의 균형**

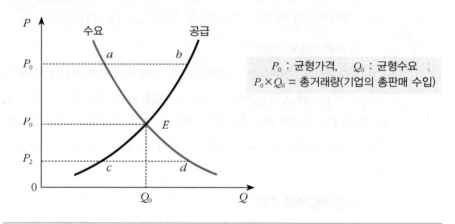

P_0 : 균형가격,　Q_0 : 균형수요
$P_0 \times Q_0$ = 총거래량(기업의 총판매 수입)

그러나 수요와 공급의 균형은 단기적으로는 일시적 현상일 뿐입니다. 시장경제는 다음에서와 같이 항상 변화하므로 장기적으로 균형에 도달하게 됩니다.

(1) 초과 수요

시장가격이 균형가격보다 낮을 경우에 발생하는 현상으로 이때 소비자들은 원하는 수량을 사기 위하여 더 높은 가격을 주고서라도 사려고 합니다. 이에 시장가격은 상승하게 되며, 수요량 감소, 공급량 증가가 나타나 시장 균형으로 회복하게 됩니다.

(2) 초과 공급

시장가격이 균형가격보다 높은 경우에 발생하는 현상으로 이때 생산자들은 원하는 수량을 팔기 위하여 가격을 낮추고서라도 팔려고 합니다. 이에 시장가격은 하락하게 되며, 공급량이 감소하고, 수요량은 증가하면서 균형가격으로 회복하게 됩니다.

(3) 수요와 공급의 탄력성

가격의 상대적 변화에 대한 수량의 상대적 변화는 탄력성을 의미하기 때문에 이 탄력성의 크기 여하에 의해 화폐(판매액 또는 지출액)의 증감이 발생합니다. 탄력성이 크다는 것은 가격변화에 대한 수량변화가 그만큼 크다는 것을 의미합니다.

① 수요의 가격 탄력성(Ed)

수요의 가격 탄력성이란 상품의 가격이 변동할 때, 이에 따라 수요량이 얼마나 변동하는지를 나타내는 지표이며 수요의 가격 탄력성 결정기준으로 대체재의 유무, 소득에서 차지하는 비중 등이 있습니다.

- Ed = 수요량의 변동률(%) / 가격의 변동률(%)

이러한 수요의 가격 탄력성과 기업의 총판매 수입의 관계는 다음과 같습니다.

- Ed > 1인 상품: 가격 상승 → 기업의 총판매 수입 감소
  가격 하락 → 기업의 총판매 수입 증가

- Ed = 1인 상품: 가격 등락과 상관없이 총판매 수입은 일정

- Ed < 1인 상품: 가격 상승 → 기업의 총판매 수입 증가
  가격 하락 → 기업의 총판매 수입 감소

② 공급의 가격 탄력성(Es)

상품의 가격이 변동할 때 공급량의 변동이 얼마나 민감한지를 나타내는 지표이며 공급의 가격 탄력성은 생산기간에 따라 다르게 나타난다. 생산기간이 짧은 상품은 가격변동에 탄력적으로 대응할 수 있으므로 공급의 탄력성이 큽니다. 일반적으로 공산품의 공급은 탄력적이며, 농산물의 공급은 비탄력적입니다.

- Es = 공급량의 변동률(%) / 가격의 변동률(%)

가격의 탄력성이 크다는 것은 가격변화에 수요량이 민감하게 변동함을 의미합니다. 생활필수품은 가격변화에 따라 수요량 변동이 크지 않은 것이 일반적입니다. 따라서 생필품의 가격탄력성은 작게 됩니다. 반면 공산품은 가격 변화에 따라 수요량 변동이 크게 반응합니다.

② 수학적 기법

경제학에서 수학적 기법을 사용하는 이유는 경제량 상호의 변동관계를 정확하게 파악하기 위해서입니다. 변수 x의 변화율에 대한 변수 y의 변화율의 비의 극한으로 변동의 크기를 나타내는 개념을 탄력성이라 하고 보통 η_{yx}로 표시합니다.

그리고 변수 x를 가격, 변수 y를 수요량과 같은 수량으로 나타내는 것이 **마샬**(Marshall, A.) 이래의 관례입니다.

이 개념은 예컨대 가격의 변동 dx에 수반하는 수요량의 변동 dy의 양상의 크기를 알기 위한 것이지만 $\frac{y}{x}$를 곱하여 변동률의 비로 나타낸 것은 수량이나 가격 등 측정단위의 상이에 따른 영향을 제거하기 위한 것입니다. 탄력성계수의 부호는 물론 함수의 성질에 의존하고 따라서 그 함수가 증가함수일 때에는 정(正), 감소함수일 때에는 부(負)가 되지만 부의 값을 가질 때에는 이것을 정으로 고치고 그 절대치를 취하는 것이 마샬 이래의 관례입니다. 그리고 η가 1보다 크면 탄력적, 1보다 작으면 비탄력적이라고 한다. 한편 가격을 독립변수, 공급량을 종속변수로 하여 그 탄력성을 공급의 가격탄력성(공급탄력성)이라고 합니다.

$$\eta = \lim_{\Delta x \to 0} \left(\frac{y}{x} \cdot \frac{\Delta y}{\Delta x} \right) = \frac{x f'(x)}{f(x)} = \frac{x}{y} \cdot \frac{dy}{dx} = \frac{d(\log y)}{d(\log x)}$$

이상은 하나의 변수에 관한 탄력성의 개념을 말하였지만 경제제량은 상호의존적이므로 탄력성계수는 엄밀히는 상호의존관계에 있는 경제변수로부터 임의로 두 개를 추출하고 다른 변수의 변화는 없는 것으로 하여 구하는 부분(편)탄력성계수로 표시하여야 합니다.

지금 임의의 재화 X_r의 수요함수가 가격 P_1, P_2, $\cdots$, P_n에 대하여 다음과 같이 함수식으로 표시된다고 하면

$$X_r = \phi(P_1, P_2, \cdots, P_n), \quad (r=1, 2, \cdots, n)$$

수요의 부분(편) 탄력성계수는

$$\eta_{rr} = -\frac{\partial(\log x_r)}{\partial(\log P_r)} = -\frac{P_r}{x_r} \cdot \frac{\partial x_r}{\partial P_r}$$

$$\eta_{rs} = -\frac{\partial(\log x_r)}{\partial(\log P_s)} = -\frac{P_s}{x_r} \cdot \frac{\partial x_r}{\partial P_s}$$

$$\eta_{sr} = -\frac{\partial(\log x_s)}{\partial(\log P_r)} = -\frac{P_r}{x_s} \cdot \frac{\partial x_s}{\partial P_r}$$

의 어느 하나에 의하여 나타냅니다. η_{rr}는 r재화의 가격에 관한 r재 부분탄력성계수, η_{rs}는 s재 가격에 관한 r재 부분탄력성계수인데 후자를 특히 수요의 교차탄력성이라고 합니다.

이상의 탄력성의 개념은 물론 변수의 변화율을 무한소로 하여 생각한 것이고 기하학적으로 말하면 앞의 〈그림 7-6〉과 같이 곡선상의 임의의 점에서의 접선의 기울기를 나타내는 것이므로 이것을 점탄력성이라고 합니다.

수요의 예를 들어 점탄력성을 구하면

$$\eta = -\frac{MP}{OM} \cdot \frac{MT}{MP} = \frac{PT}{tP} = \frac{MT}{OM}$$ 가 된다. 이에 대하여 변수의 변화율을 유한의 크기로 하여 생각하는 탄력성을 전자와 구별하여 호탄력성이라 말하고 전례에 따라 호탄력성은 P에 대하여

$$\frac{P'Q}{OM} \cdot \frac{PM}{PQ} = \frac{PP'}{Pt} = \frac{PT}{PP'} = \frac{PT}{Pt}$$

P'에 대하여서는 마찬가지로 하여

$$\frac{P'Q}{OM} \cdot \frac{MQ}{PQ} = \frac{PP'}{P't} = \frac{PT}{PP'} = \frac{PT}{P't}$$ 가 되나 이 탄력성은 P의 수준에 따라 호탄력성의

그림 7-6 공급탄력성

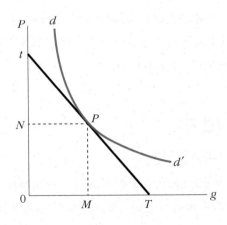

값이 달라지므로 이론적으로는 정확한 개념은 아니지만 실제의 적용에는 많이 쓰입니다. 이를 그림으로 보면 다음의 〈그림 7-7〉과 같습니다.

그림 7-7 **수요탄력성**

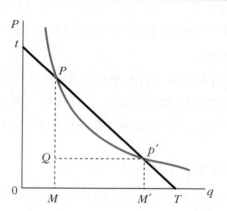

탄력성의 개념은 본래 **쿠르노**(A.A. Cournot)에 의하여 시작되었고 **마샬**(A. Marshall)에 의하여 경제학에 도입되었으나 그의 개념은 일변수에 관한 것이고 수요와 공급의 탄력성에 국한되어 있었습니다.

그 후 노동수요의 탄력성은 **힉스**(J. R. Hicks)와 **알렌**(L.A. Allen)에 의해 발전되었고, 가격예상의 탄력성 등 탄력성 개념은 경제분석도구로 광범위하게 이용되기에 이르렀지만 케인즈혁명 이전까지는 미시적인 가격분석에 관한 것이 대부분이었습니다. 이후 **케인즈**(J.M. Keynes)에 의하여 거시적 경제제량에 관한 탄력성, 예컨대 유효수요에 대한 산출량의 탄력성, 고용의 탄력성, 물가의 탄력성 등이 광범위하게 이용되었습니다.

③ 경제학적 사전 지식

1) 생산 및 소비균형조건

미시경제학의 중요한 과제 중 하나는 소비자와 생산자의 행동원리를 파악하는 데 있습니다. 따라서 소비자와 생산자의 경제행위 중 행동원리의 핵심이 되는 소비자 균형조건과 생산자 균형조건을 이해하는 것은 매우 중요합니다. 이 두 조건은 미시경제학의 소비자이론과 생산자이론의 핵심입니다.

미시경제학의 입장에서 볼 때 균형이란 x재에 지출하는 돈 1원이 가져다주는 한계효용과 y재에 지출하는 돈 1원이 가져다주는 한계효용이 같도록 소비하는 것을 말하는데 경제에 있어서 일정한 조건이 충족되면 대비되는 두 경제량이 그 이상 변화하지 않는, 즉 안정이 잡힌 상태가 됩니다. 이 안정된 상태를 균형이라 하며, 그때의 경제량의 값을 균형치라고 합니다. 따라서 정지하고 있는 상태가 얻어지기 위해서는 균형상태를 둘러싸고 있는 다른 사정이 변화하지 않는다는 것이 필요합니다.

이 다른 사정의 상이에 따라 균형의 위치도 달라집니다. 예를 들면 특정한 재화만을 골라 다른 사정에 변화가 없을 것이라는 가정 아래에서 얻어진 균형을 부분균형이라 하며, 인구 · 기호 · 기술 · 생산조직 등 이른바 여건이 변화하지 않는다는 가정 아래에서 경제 전체의 경제량들 사이에 정지한 상태가 얻어지면, 이 균형을 일반균형이라 합니다.

자본의 양도 생산된 상품의 양도 일정하다는 공급조건에서 성립된 균형을 일시적 균형이라 하고, 자본의 양에는 변화가 없으나 생산되는 재화의 양은 조절할 수 있다는 전제하에서 성립된 균형을 단기균형이라 하며, 자본량 그 자체도 조절할 수 있다는 조건에서 성립하는 균형을 장기균형이라 합니다.

마샬(A. Marshall)의 장기균형상태는 변동이 더 이상 없는 상태이며, 대표적 기업은 정상이윤만을 얻고 초과이윤은 얻지 못하므로 생산규모를 증감시키지 않고, 따라서 순투자가 0인 상태가 됩니다.

이에 대해 **로빈슨**(J. V. Robinson)의 장기균형상태는 자본주의의 꾸준한 자본축적과정을 분석하려는 예비적 개념으로서 이윤의 극대화가 보증되고, 외적 충격도 존재하지 않으며, 산출량 · 자본량 · 소비량 등의 관련 제량이 동시적으로 성장하며, 기업가의 기대도 실현되어 모든 사람들이 시장상태를 완전히 알고 있고 분배관계가 불변인 상태를 말합니다.

더욱이 일반균형의 상태와 같이 생산 · 교환 · 소비가 한 기간에 동시적으로 이루어지는, 거의 시간적 요소를 포함하지 않는 균형을 정태균형이라 하며, 모든 경제량이 균형관계를 유지하면서 시간의 경과와 더불어 변화하여 가는 상태를 동태균형이라 하며, 특히 동태균형 중에서도 모든 시간의 경과와 함께, 여건이 변동함에 따라 변화해 가는 균형의 계열을 이동균형이라 하고, 작년의 양과 금년의 양과 같이 시간의 차원을 달리하는 양 시간 사이에 균형관계가 성립되어 있는 상태를 이시(異時)균형이라 합니다.

균형이론에서 주의하여야 할 것은 경제는 천칭의 균형과는 달리 균형의 상태에 있으면 그 이상 변동이 일어나지 않는다는 것이며, 경제가 균형으로부터 조금이라도 일탈할 때에는 그 상태로 되돌아올 것인가의 여부는 알 수 없다는 점입니다.

따라서 이 경우 경제가 균형을 회복하는가 아니면 균형으로부터 멀어지는가, 즉 균형의 안전성을 연구할 필요가 생기게 되는데, 이 문제를 '안정조건론'이라 합니다. 만일 원래의 균형상태로 돌아간다면 그 균형을 안정균형이라 하며, 그것으로부터 더욱더 멀어진다면 불안정균형이라 합니다.

2) 국세시장에서의 생산 및 소비균형조건

우리는 앞에서 경제학 분석방법으로 수요와 공급에 대해 살펴보았습니다. 이렇게 한 이유는 앞으로 연구할 국제무역이론의 올바른 이해를 위해서는 수요공급이론이 필수적이기 때문입니다.

국제무역거래는 실제로 수출자와 수입자에 의해 이루어지게 되는데, 수출자를 공급의 측면에서, 수입자를 수요의 측면에서 바라본다면 훨씬 이해가 쉬울 것입니다. **아담 스미스** 이후 수요공급의 법칙은 시장경제이론에서 가격과 거래량이 어떻게 결정되는지를 설명하는 원리로 작용하고 있습니다. 이는 국내시장뿐만 아니라 국제시장에서도 설명이 가능합니다.

국제시장에서 다른 조건이 일정하다는 전제하에, 국제 수요량이 증가하면 국제가격은 상승한다. 역으로 국제 수요량이 감소하면 국제가격은 하락한다. 국제 수요량이 증가하여 국제 공급량을 넘어설 때 수입자들이 경쟁하여, 초과수요량이 사라질 때까지 국제가격이 상승하기 때문이다.

한편 같은 전제하에서 국제 공급량이 증가하면 국제가격은 하락하고, 국제공급량이 감소하면 국제가격이 상승한다. 수출자들이 경쟁하여 국제가격을 낮추고, 초과공급량이 사라질 때까지 국제가격 인하 경쟁이 계속되기 때문이다. 따라서 국제시장에서 국제가격은 국제수요와 국제공급이 일치하는 지점에서 결정되며, 그 가격을 국제균형가격이라고 한다.

그러나 실제 현실에서 완벽히 적용되는 법칙은 아니다. 현실의 시장에서는 오히려 불균형이 일반적이다.

3) 박스다이어그램

상형도표란 국민경제에 존재하는 모든 생산요소의 총량과 생산함수의 관계를 고찰함으로써 생산요소 투하량과 생산량의 적정한 결합이 어떤 것인가를 보여 주는 도표를 말합니다. 이것은 **에지워드(F. Y. Edgeworth)**의 상형도표를 사용함으로써 간명하게 설명할 수 있습니다.

재화의 생산은 고려되지 않고, 2인만이 존재하는 경제에서 각자에게 부존된 일정한 재화량을 교환할 때 쌍방 모두에게 효용극대화를 가져오는 최적재화 결합점의 궤적, 또는 생산물의 교환은 고려되지 않고 부존된 일정한 2개의 생산요소로 2개의 생산물을 생산할 때 산출량극대화를 가져오는 최적요소 결합점의 궤적을 나타내는 계약곡선을 다음의 〈그림 7-8〉에서 설명하고 있습니다. 〈그림 7-8〉에서 2개의 생산요소 자본 K와 노동 L이 QK, QL만큼 부존되어 있으며, 이들에 의해서 2개의 생산물 A, B가 생산된다고 하면 다음과 같은 상형도표를 만들 수 있습니다.

그림에서 A의 생산에 투입되는 자본과 노동의 양은 OA를 원점으로 각각 OAC축 오른쪽과 OAD축 왼쪽으로 측정되며, B의 경우에는 각각 OBD축 왼쪽과

그림 7-8　계약곡선

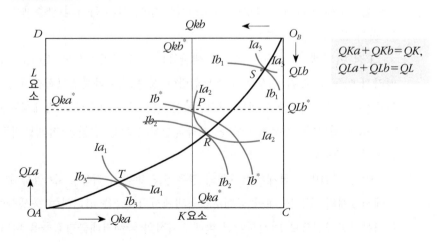

OBC축 아래쪽으로 측정됩니다.

그리고 Ia_1, Ia_2 등은 각 경우의 요소투입량에 상응하는 생산물 A의 등생산량 곡선을 나타내며, 생산물 B의 그것은 Ib_1, Ib_2등으로 나타납니다. 이를테면 생산물 B의 생산에 자본과 노동의 양(量)이 QKb^*와 QLb^*일 때의 등생산량곡선은 Ib^*입니다.

그림에서 보면 P점으로 나타내어지는 요소결합에서 생산하는 것은 비효율적임을 알 수 있습니다. 그 이유는 다음과 같습니다.

만일 현재 P점에서 생산하고 있다면 A의 산출량은 Ia_2의 수준에 의해서, B의 산출량은 Ib^*의 수준에 의해서 측정됩니다. 한편 P점에서 R점으로 이동하여 생산하면, A의 산출량은 앞서와 같이 Ia_2의 수준으로 측정되지만, B의 산출량은 Ib^*보다 높은 수준에 있는 Ib_2의 수준으로 측정됩니다.

따라서 P점에서 R점으로 이동은 A의 산출량의 감소 없이 B의 산출량의 증가를 가능하게 합니다. 그러나 일단 R점에서 생산하고 있으면 A, B의 산출량 중 어느 하나의 감소 없이는 다른 하나의 증가는 불가능하다는 것을 알 수 있습니다.

이 의미에서 R점은 파레토최적점이 됩니다. 즉 R점은 그때의 요소 투입량에 상응하는 극대산출량을 가져오는 생산의 균형점입니다. R점을 보면, Ia_2와 Ib_2가 접하고 있음을 알 수 있습니다. 따라서 R점에서 A의 생산에 투입되는 자본과 노동의 한계기술대체율과 B의 생산에서의 그것은 같게 됩니다.

반면에 P점에서는 Ia_2와 Ib^*가 교차하고 있으며, 따라서 A의 생산과 B의 생산에서의 한계기술적 대체율은 같지 않습니다. 이 경우에는 다른 요소결합점을 선택함으로써 하나의 산출량을 감소시킴이 없이 다른 하나의 산출량을 증가시키는 것이 언제든지 가능합니다.

R점 이외에 S, T점에서도 두 생산물의 등생산량곡선이 접하고 있습니다. 따라서 이들 점도 각 경우의 요소투입량에 상응하는 파레토최적점이 됩니다. 계약곡선은 바로 이러한 파레토 최적점들을 연결한 곡선으로 그림에서는 곡선 OATRSOB가 됩니다. 바꾸어 말하면 계약곡선상의 모든 점들은 파레토최적의 생산균형점이 됩니다.

이상의 설명을 국제무역거래의 경우에도 똑같이 적용할 수 있습니다. 즉 그림에서 2개의 생산물 대신 국제무역거래에서의 2국을 고려하여 등생산량곡선을 무역무차별곡선으로 대체시키면 파레토최적의 국제거래균형점들을 나타내는 국제거래의 국제계약곡선을 얻을 수 있게 됩니다.

4) 기술진보

기술진보란 1단위의 생산물을 산출하는 데 필요한 생산비를 초기의 생산비 이하로 인하시키는 것을 말합니다. 기술진보란 반드시 과학적, 공학적 지식의 확대만을 의미하지 않고 새로운 생산물을 산출한다든지, 또는 새로운 생산방법을 적용하는 것을 말합니다.

기술진보는 생산요소의 투입량과 그 비율을 변동시켜 생산물의 요소집약도 즉 자본, 노동의 최적비율을 변동시키고 생산요소의 상대가격 즉 요소가격비율을 변동시키며 두 상품의 생산량을 변동시킵니다. 이는 국제무역에 상당한 영향을 미치게 됩니다. 기술진보가 국제무역에 미치는 효과는 **바그와티**(J. Bhagwati), **코덴**(W. M. Corden), **핀드래이**(R. Findlay) 및 **그루버**(H. Grubert) 등에 의하여 분석되었습니다.

기술진보의 유형으로는 중립적 기술진보와 노동절약적 기술진보, 자본절약적 기술진보가 있습니다.

중립적 기술진보란 생산요소의 일정한 가격비율하에서 1단위의 생산물을 산출하는 데 필요한 노동과 자본을 동일한 비율로 절약시키는 기술진보를 말합니다. 중립적 기술진보는 노동과 자본의 한계생산력을 동일한 비율로 증가시키므로 일정한 요소집약도하에서는 생산요소의 한계대체율이 전혀 변동되지 않게 됩니다.

노동절약적 기술진보란 일정한 요소가격비율하에서 노동의 절약률이 자본의 절약률보다 큰 유형의 기술진보를 말합니다. 노동절약적 기술진보는 자본의 한계생산력을 노동의 한계생산력보다 증가시키므로 일정한 요소집약도하에서 생산요소의 한계대체율이 감소됩니다.

자본절약적 기술진보란 일정한 요소가격 비율하에서 자본의 절약률이 노동의 절약률보다 큰 유형의 기술진보를 말합니다. 자본절약적 기술진보는 노동의 한계생산력을 자본의 한계생산력보다 증가시키므로 일정한 요소집약도하에서는 생산요소의 한계대체율이 증가합니다.

5) 궁핍화성장

궁핍화성장이란 생산량 증가에 따라 발생되는 이익보다 교역조건 악화에 따라 발생되는 손실이 한층 더 큰 경우의 경제성장을 의미합니다. 궁핍화성장의 이론적 가능성을 최초로 전개한 학자는 **바그와티**(J. Bhagwati)이며, **에지워드**(F. Y. Edgeworth)는 이러한 현상을 가리켜 '손상화'라고 불렀습니다. 그리고 이러한 현상을 '**밀**(Mill)의 역설'이라고도 합니다.

궁핍화성장이 발생될 가능성이 있는 경우는 대체로 다음과 같은 경우입니다. ① 경제성장의 패턴이 극단적으로 수출산업에 치우친 경우 ② 국내의 수요 및 공급면에서 수출재와 수입경쟁재 간의 대체성이 희박한 경우 ③ 교역조건이 변동됨에 따라 수입경쟁재를 많이 수입하더라도 이와 교환으로 수출재를 조금밖에 수출하지 못하는 경우(즉 교역상대국의 오퍼곡선이 비탄력적인 경우) 등입니다.

6) 기회비용

생산가능곡선이란 일정한 기술수준하에서 일정한 생산요소를 완전히 사용하여 두 가지 상품을 생산할 수 있는 가능성을 나타내는 곡선을 말합니다. 따라서 생산가능곡선상의 모든 점은 일정한 생산요소를 완전히 사용하여 두 가지 종류의 상품을 생산할 수 있는 조합을 나타냅니다. 이 생산가능곡선을 변형곡선, 기회비용곡선, 또는 생산대체곡선이라고도 합니다. 생산가능곡선은 가격선과 더불어 생산의 균형조건 규명에 분석도구로 활용되며 더욱이 무역발생원리, 비교우위론, 경제성장과 국제무역 등 국제무역의 순수이론 분석에 가장 기본적 분석도구로 이용되고 있습니다. 생산가능곡선을 국제무역이론에 최초로 도입한 학자는 **하벌러**(G. Haberler)입니다. 그는 기회비용을 생산가능곡선으로 나타내어 비교우위이론을 전개하였습니다. 이를 기회비용설이라고 합니다.

기회비용이란 일정한 생산물을 산출하는 데 필요한 비용은 이 생산물의 산출 때문에 감소되지 않으면 안 되는 다른 생산물의 일정량으로 표시한 것입니다. 다시 말하면 기회비용이란 생산물 간의 희생관계에 착안하여 일정한 생산물의 비용을 이 생산물의 생산 때문에 중단된 생산기회의 희생으로 나타낸 것입니다.

7) 요소가격선

요소가격선이란 생산자가 일정한 비용으로 구입할 수 있는 노동과 자본의 여러 가지 수량적 배합을 나타내는 직선을 말합니다. 요소가격선상의 모든 점은 생산자가 일정한 비용으로 구입할 수 있는 생산요소의 여러 가지 수량적 조합을 나타내고 있습니다.

요소가격선의 개념은 가격선의 개념과 같지만, 다만 전자는 생산요소의 가격을 말하고 후자는 상품의 가격을 말합니다. 이 요소가격선을 등비선이라고도 합니다. 요소가격선은 등량곡선과 더불어 생산요소의 균형배합조건 규명에 활용되고 요소부존이론 등 해명에 기본적 분석도구로 활용되고 있습니다.

8) 요소집약도

요소집약도란 상품의 생산에 사용되는 생산요소의 결합비율을 의미합니다. 특정 상품생산에 생산요소 중 노동이 자본보다 상대적으로 많이 결합되는 경우 그 상품은 노동집약재가 되며, 그 반대의 경우에는 자본집약재가 됩니다.

9) 소비성향 및 한계소비성향

국민소득에 대한 소비의 비율을 평균소비성향 또는 간단히 소비성향이라고 하고, 국민소득의 변동에 대한 소비지출의 변동 비율을 한계소비성향이라고 합니다.

10) 저축성향 및 한계저축성향

저축성향이란 국민소득에 대한 저축의 비율을 말하고, 한계저축성향이란 국민소득의 변동에 대한 저축의 변동비율을 의미합니다.

11) 외부경제

외부경제란 어느 기업의 생산활동이나 개인의 행위가 다른 기업의 생산활동이나 소비자의 효용수준에 대하여 아무런 대가를 수반하지 않고 직접적으로 미치는 유리한 영향을 의미합니다. 외부경제효과를 받는 기업에서는 그 생산함수가 유리하게 되며, 이러한 효과를 받는 소비자의 효용함수도 유리하게 됩니다.

12) 외부불경제

외부불경제란 어느 기업의 생산활동이나 개인의 행위가 다른 기업의 생산 활동이나 소비자의 효용 수준에 대하여 아무런 대가를 수반하지 않고 적접적으로 미치는 불리한 영향을 의미합니다. 외부불경제효과를 받는 기업에서는 그 생산함수가 불리하게 되며, 이러한 효과를 받는 소비자의 효용함수도 불리하게 됩니다.

13) 스태그플레이션

스태그플레이션이란 stagnation과 inflation의 복합어로서 최근에 나타난 용어입니다. 이 용어는 일반적인 경기 침체 아래에서 물가가 하락하지 않고 오히려 상승세가 계속되는 현상을 말합니다.

일반적인 인플레이션은 통화의 팽창에 따라 유발된 초과수요 또는 임금, 코스트 상승 등에 따라 나타나는 것으로 보았으며, 이것은 긴축을 통한 총수요억제 등의 방법을 채택·실시함으로써 억제할 수 있었음에 비해 최근에 들어와서는 이러한 수요억제에 따라 경기는 침체되나 인플레이션은 계속되는 현상이 나타난 것이다.

14) 악성 인플레이션

인플레이션하에서 물가 상승의 정도가 더욱 심하고 장기적인 성격을 띠어 일체의 생산활동이 저해되고 경제가 혼란에 빠지게 되는 경우를 악성 인플레이션 또는 만성 인플레이션이라 합니다.

15) 무차별곡선

무차별곡선이란 시장가격이 주어져 있을 때, 동일한 일정의 효용수준을 주는 2개의 재화 또는 용역의 조합의 집합을 재화평면에 도시한 곡선을 말합니다. 따라서 소비자는 무차별곡선상의 모든 재화결합점에 대해서 무차별적인, 즉 똑같은 선호를 갖게 됩니다.

고전적인 한계효용균등의 법칙에 의하면 소비자균형은 각 재화의 한계효용이 그 가격에 비례할 때 이루어진다고 설명하고 있습니다. 다음의 〈그림 7-9〉는 이를 잘 설명해 주고 있습니다.

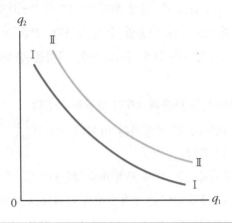

| 그림 7-9 | 무차별곡선 1 |

그러나 이 법칙에 대해서는 그것이 효용의 기수적 가측성에 의거하고 있다는 비판이 가해졌습니다. 즉 어떤 재화의 한계효용을 10, 20 등과 같은 기수로 측정할 수는 없기 때문입니다. 그러나 어떤 2개의 재화결합 (q_1, q_2), (q_1', q_2')에 대해서 소비자는 둘 중에서 어느 하나가 더 좋다든지 또는 어느 것이나 상관없다든지 하는 선호순위를 표현할 수는 있습니다.

무차별곡선은 효용의 기수적 가측성에 의거하지 않고, 단순히 각 재화의 결합에 대한 소비자의 선호순위에만 의거하여 소비자 선택이론을 전개할 목적으로 도입되었습니다.

2개의 재화만이 존재할 때 소비자는 주어진 가격조건하에서 자신의 소득으로 구입할 수 있는 모든 재화조합 (q_1, q_2), (q_1', q_2')을 나열할 수 있을 것입니다. 그 조합들 중에서 소비자에게 서로 선택의 우선순위상 무차별한 조합의 집합을 그림으로 표시한 것이 무차별곡선입니다. 선택의 우선순위상 무차별한 조합들이 무수히 많다고 가정하고 그린 것이 그림에서의 무차별곡선 1입니다.

〈그림 7-9〉에서와 같이 효용함수를 $U=f(q_1, q_2)$라 할 때, 무차별곡선은 정의에 의해서 $dU=f_1 dq_1 + f_2 dq_2 = 0$, $f_1 = \dfrac{\partial f}{\partial q_1}$, $f_2 = \dfrac{\partial f}{\partial q_1}$라는 수식으로 나타낼 수 있습니다.

이때 무차별곡선의 기울기는 $\dfrac{dq_2}{dq_1} = -\dfrac{f_1}{f_2}$가 됩니다. $\dfrac{dq_2}{dq_1}$, 즉 무차별곡선의 기울기의 절대값을 한계대체율이라 합니다. f_1과 f_2는 각 재화의 한계효용을 나타내므로 $f_1 > 0$, $f_2 > 0$입니다.

만일 소비자의 소득이 증가했거나, 또는 재화가격이 하락하여 이전보다 더 많은 재화를 구입할 수 있게 된다면, 〈그림 7-10〉과 같이 더 높은 효용수준을 주는 무차별곡선 Ⅱ로 이동할 수 있습니다. 같은 논리로 그 밖에도 얼마든지 더 많은 무차별곡선들을 그릴 수 있는데, 이것을 총칭하여 무차별곡선군이라고 합니다.

무차별곡선은 다음의 4가지 성질을 가진다.

① 무차별곡선의 기울기는 마이너스이다$\left(\dfrac{dq_2}{dq_1}=-\dfrac{f_1}{f_2}<0\right)$. 즉 무차별곡선은 우하향한다.

② 무차별곡선은 서로 교차하지 않는다. 〈그림 7-10〉은 이를 잘 보여 주고 있다. 이제 상이한 효용수준을 나타내는 무차별곡선 Ⅰ, Ⅱ가 A점에서 서로 교차한다고 하자. 그러면 A점과 B점, A점과 C점은 서로 무차별하다. 따라서 B점과 C점도 서로 무차별해야 한다. 그러나 B점과 C점은 서로 다른 부차별곡신상의 점들이므로 서로 무차별할 수 없다.

③ 원점에서 먼 무차별곡선일수록 보다 높은 효용수준을 나타낸다. 따라서 소비자는 가능한 한 더 높은 위치에 있는 무차별곡선으로 이동하려고 한다(〈그림 7-9〉에서 Ⅰ보다는 Ⅱ의 효용수준이 높다).

④ 무차별곡선은 보통 원점에 대해서 볼록하다. 이 조건은 한계대체율이 체감하면 충족된다. 그러나 한계효용이 체감한다고 해서 반드시 무차별곡

그림 7-10 **무차별곡선 2**

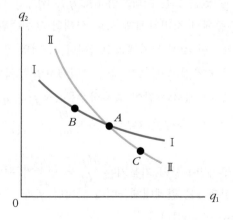

선이 원점에 대해서 볼록해지지는 않는다는 점에 유의할 필요가 있다. 즉 한계효용체감은 충분조건이 아니다. 무차별곡선은 가격소비곡선을 통한 수요곡선의 도출 및 가격효과의 분석 등 소비자선택의 이론에 널리 이용되는 분석도구이다.

제 3 절 무역학적 분석방법

1 분석방법

국제무역이론은 국제 간 경제관계를 다루므로 일반 경제학 분석과는 달리 무역학적 관점에서의 분석해야 합니다. 국제무역이론은 개별 시장에서의 균형을 주로 분석하므로 국제경제관계의 미시적 측면을 다루며, 분석 방법으로는 부분균형분석과 일반균형분석 방법이 이용됩니다.

즉 오퍼곡선의 경우에도 교역조건선과 단기오퍼곡선, 그리고 오퍼의 과정을 연구하는 미시적 접근방법과 교역조건선의 변화와 장기오퍼곡선을 연구하는 거시적 접근방법이 있습니다.

또한 부분균형분석은 다른 시장의 상황이 일정하게 주어져 있다고 가정하고 관심의 대상이 되는 특정 시장에서의 균형을 분석하고, 일반균형분석은 경제체제 내에 존재하는 모든 시장 사이의 상호작용을 고려하여 모든 시장을 한꺼번에 분석합니다.

2 연구내용

국제무역이론에서 다루는 주요 연구과제는 무역의 발생 근거, 무역 패턴, 교역조건의 결정 과정, 무역의 이익과 관련된 논의 및 무역정책 등입니다.

무역의 발생 근거는 무역을 발생시키는 원인을 말하며, 양국 간 무역 패턴에 대해 설명합니다. 즉, 양국이 무역을 할 경우, 일국은 어떤 상품을 수출하고 어떤 상품을 수입할 것인가에 대해 분석합니다.

교역조건은 수출품과 수입품의 교환 비율로서, 국제무역이론은 교역조건이 어떻게 결정이 되며 그 수준은 얼마인가를 살피게 됩니다. 이에 더하여 무역의 이익을 그 연구 대상으로 삼고 있습니다. 구체적으로 국제무역이론은 양국이 무역으로부터 얻게 되는 이익이 무엇이며, 그 이익이 국가 간에 어떻게 배분될 것인가를 다루고 있습니다.

한편 전 세계의 국가들은 국제무역에 직·간접적으로 개입하고 있습니다. 정부가 국제무역에 개입하여 정부가 설정한 목표를 달성하고자 하는 노력을 무역정책이라고 하는데, 이러한 무역정책의 결정 원인 및 그 효과에 대한 연구도 국제무역이론의 중요한 연구 과제입니다.

❸ 무역이론의 기본가정

우리는 앞서 국제경제학과 무역학을 비교 설명하면서 국제무역이론을 도출하기 위한 가정을 설명했습니다. 여기에서는 이를 좀 더 자세히 살펴봅니다.

첫째, 국제무역이론은 정태적 분석을 가정합니다. 정태적이란 시간이 경과해도 각국의 생산비의 차이가 발생하는 제반여건이라고 할 수 있는 생산요소(노동, 자본, 토지, 기술, 기후 등)가 변화하지 않음을 의미합니다. 또한 시간이 경과해도 각국의 소비자의 기호도 변화하지 않는다고 가정합니다. 이와 대조되는 개념으로 동태적 분석이 있는데, 동태적이란 시간이 경과함에 따라 각국의 생산요소, 기술, 기후 등이 변화함을 의미합니다. 또한 각국의 소비자의 기호도 변화합니다. 생산요소란 어떤 상품을 생산하기 위해 투입되는 모든 요소를 말합니다. 일반적으로 생산요소는 노동(L; labor), 자본(K; capital) 및 토지(R; rent) 세가지 요소를 말합니다.

노동이란 생산에 투입되는 인력을 의미하고, 자본이란 사람이 만들어 낸 공장이나 기계설비와 같은 것을 의미하며 화폐 그 자체를 말하는 것은 아닙니다. 토지는 자연이 제공하는 모든 것(즉, 땅, 하천, 해양, 대기, 또는 농산물, 수산, 광산물과 같은 천연자원 등)을 의미합니다.

둘째, 일국 내에 있는 사람이 제공하는 노동에는 질적 차이가 없다고 가정합니다. 즉, 일국에 거주하는 어떤 사람도 일정한 시간에 생산할 수 있는 산출물은 동일함을 의미합니다.

셋째, 생산요소인 노동, 자본, 토지의 국가간 이동은 없다고 가정합니다. 따라서 무역의 대상은 재화만이라고 가정합니다.

넷째, 각국의 생산함수가 불변이라고 가정합니다. 따라서 생산요소의 투입량과 생산물의 산출량 간에는 일정한 함수관계가 계속 유지되어 변화하지 않습니다. 이 가정은 기술진보가 일어나지 않음을 의미합니다. 기술진보란 주어진 생산요소를 사용하여 종래보다 더 많은 생산이 가능하도록 이 생산요소를 종래와는 다른 방법으로 결합하는 것입니다.

다섯째, 생산물시장과 생산요소시장에서 완전경쟁을 가정합니다. 완전경쟁이란 다음의 4가지 조건을 충족시켜야 합니다. ① 어떤 재화(또는 생산요소)의 공급자와 수요자가 다수이다. 따라서 공급자나 수요자는 가격 순응자가 된다. ② 어떤 산업에 기업의 진입과 이탈이 자유롭다. ③ 재화(또는 생산요소)는 동질적이다. ④ 재화(또는 생산요소)에 대해 완전한 정보를 가지고 있다.

여섯째, 완전고용을 가정합니다. 즉, 완전고용이란 일할 능력과 일할 의사를 가지고 있는 사람은 누구나 취업의 기회를 가질 수 있는 상태를 의미합니다. 실업에는 자발적 실업과 비자발적 실업이 있습니다. 자발적 실업이란 어떤 사람이 일할 능력 또는 일할 의사가 없는 상황에서 실업상태에 있음을 말하며, 이런 경우는 실업에 포함시키지 않습니다. 이에 비해 비자발적 실업은 어떤 사람이 일할 능력 또는 일할 의사가 있는데도 불구하고 그에 상응하는 일자리가 없는 상태에 있음을 말합니다. 따라서 완전고용이란 비자발적 실업이 존재하지 않는 상황을 의미합니다.

일곱째, 완전자유무역을 가정합니다. 완전자유무역이란 무역이 이루어질 때 이전비용이 부수적으로 들어가지 않는 상황을 의미합니다. 다시 말하면 상품의 운반, 포장 및 취급에 따른 비용이 없으며, 또한 정부규제로부터 야기되는 비용 즉, 관세부과 또는 비관세 장벽이 없음을 의미합니다.

제 4 절 무역학적 분석도구

1 소비가능곡선

소비가능곡선이란 한 나라가 자유무역을 통해 소비할 수 있는 2가지 상품의 수량적 조합을 말합니다. 소비가능곡선은 무역량이 변동될 경우 효용수준과 교역조건이 어떻게 변동되는가를 나타냅니다. 소비가능곡선은 한 나라의 수출량과 수입량을 통해 도출되기도 하고 교역상대국의 오퍼곡선을 통해 도출되기도 합니다.

2 소비무차별곡선

소비무차별곡선이란 소비자가 동일한 수준의 만족을 얻을 수 있는 2가지 상품의 수량적 조합을 표시하는 곡선을 말합니다. 따라서 소비무차별곡선상의 모든 점은 소비자가 동일한 수준의 만족을 얻을 수 있는 2가지 상품의 여러 가지 수량적 조합을 표시합니다. 그러므로 소비자들은 이 곡선상의 어느 점을 택하더라도 동일한 효용을 갖게 됩니다.

소비무차별곡선은 가격선(교역조건선), 생산가능곡선 등과 더불어 무역이익, 또는 국제무역의 효용에 관한 분석에 분석도구로 활용되고 있습니다. 생산가능곡선에 소비무차별곡선을 덧붙여 무역이론을 일반균형적 기하학의 모형으로 발전시킨 학자는 **레온티에프**(W. W. Leontief)입니다.

다음의 〈그림 7-11〉에서 가로축을 X상품의 수량으로 하고, 세로축을 Y상품의 수량으로 할 때 X의 a량, Y의 b량을 결합한 데서 얻을 수 있는 만족도와 동등한(무차별의) 만족을 주는(c와 d, e와 f와 같은) X · Y의 여러 가지 결합을 연결한 곡선이 무차별곡선 U_3입니다.

이와 마찬가지 방법으로 더 큰 만족을 나타내는 무차별곡선 U_2, U_1…을 얻을 수 있는데, 이들 무차별곡선은 다음과 같은 성질을 가집니다. ① 원점 O에 대하여 볼록하다고(한계효용체감의 법칙에 의하여) 가정된다. ② O에서 떨어진 곡선일수록 큰 효용과 대응한다. ③ 서로 다른 무차별곡선은 서로 교차하는 일이 없다.

소비자의 지출금액을 M, X의 가격을 Px, 그 구입량을 x, Y의 가격을 Py, 그

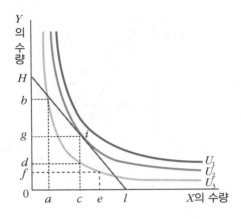

그림 7-11   소비무차별곡선

구입량을 y로 할 때 직선 HI는 $M = Px \cdot x + Py \cdot y$를 나타내며, 이를 가격선(또는 소득선)이라 합니다. 그러므로 일정한 지출 M으로 최대의 만족을 얻으려면, X의 c량, Y의 g량을 사면 됩니다. 왜냐하면 HI선은 j점에서 가장 고차(高 次)의 무차별곡선과 접하기 때문입니다. 이 밖에도 2개의 생산요소의 결합에서 얻을 수 있는 등생산량을 나타내는 생산무차별곡선이 있습니다.

❸ 생산무차별곡선: 등량곡선

등량곡선이란 동일량의 생산물을 산출할 수 있는 노동과 자본의 여러 가지 결합관계를 나타내는 곡선을 말합니다. 따라서 등량곡선상의 모든 점은 동일량의 생산물을 산출하는 데 차이가 없으므로 생산자는 어느 점에서 생산하더라도 그 생산량은 다를 바 없습니다. 다만 생산요소의 결합비율이 다를 뿐입니다.

생산자가 어떤 생산요소 결합비율로 생산할 것인가 하는 것은 자본, 노동의 상대가격에 따라 결정됩니다. 등량곡선은 요소가격선과 더불어 생산요소의 최적 투입 및 최적산출, 즉 생산요소의 균형배합조건 규명에 활용되고, 또한 상형 도표 구성에 활용되고 있습니다. 등량곡선은 결국 요소부존이론, 무역이익과 소득배분, 경제성장과 국제무역 등을 규명하는 데 기본적 분석도구로 활용되고 있습니다.

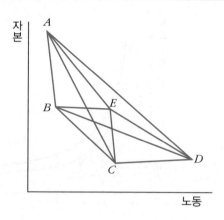

그림 7-12 생산무차별곡선

위의 그림은 자본과 노동을 사용해서 n단위를 생산할 수 있는 과정을 각각 5개의 점 A, B, C, D, E로 나타내고 있습니다. 이 다섯 점이 나타내는 과정 가운데 어느 두 점을 연결하는 선을 따라 두 과정이 짝을 지어 결합될 수 있습니다. E점은 A와 D를 연결하는 모든 점에 비하여 효율적이라고 볼 수 있으나 A와 C, B와 D 또는 B와 C를 연결하는 결합에 비하여 비효율적이라고 볼 수 있습니다.

결국 효율적인 과정이란 A, B, C, D이며 효율적인 결합은 A와 B, B와 C, C와 D를 연결하는 결합입니다. 따라서 산출량 n단위의 등량곡선은 ABCD를 연결하는 굵은 선이 됩니다. 만일 여러 과정을 사용하는 생산이라면 등량곡선은 다음의 〈그림 7-13〉과 같게 됩니다.

이러한 등량곡선은 다음과 같은 기본성질을 갖고 있습니다.

① 등량곡선은 원점에 대하여 볼록하다. 따라서 등량곡선 위의 모든 점들을 합한 집단을 최적화(convex set)라고 한다.

② 2개의 서로 다른 등량곡선이 같은 점을 지날 수 없다. 그 점이 표시하는 투입물 결합이 가져오는 2가지 산출량 가운데서 낮은 수준의 생산은 비효율적이므로 사용되지 않고 생산함수에 포함되지 않는다. 따라서 서로 다른 등량곡선은 겹치거나 교차할 수 없다.

③ 두 등량곡선 중에서 원점에서 먼 것일수록 보다 높은 생산량을 나타낸다. 만일 그렇지 않다면 보다 멀리 떨어진 등량곡선이 비효율적인 생산을 나타내기 때문이다. 따라서 원점에서부터 멀리 떨어짐에 따라 등량곡선은

그림 7–13   **등량곡선**

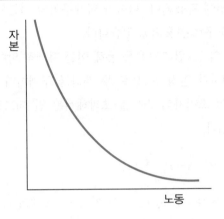

차례로 보다 높은 생산량을 나타내게 된다.

④ 등량곡선의 기울기는 투입물 간의 대체율(rate of technical substitution)을 나타낸다. 즉 이 비율은 생산과정이 바꿔짐에 따라 한 투입물을 대체하기 위하여 다른 투입물을 얼마나 더 사용해야 하는가를 말해 준다.

만일 투입물이 x_1, x_2이라면, 대체율은 $-\dfrac{\Delta x_2}{\Delta x_1}$ 또는 $-\dfrac{\Delta x_1}{\Delta x_2}$의 형태로 표시된다. 또한 2개의 요소가 완전대체재일 경우에는 한계대체율은 변하지 않으므로 등량곡선은 직선이 될 것이며, 요소간에 대체성이 없다면 등량곡선은 요구되는 생산량을 가리키는 점에서 L형 곡선을 나타낸다

④ 가격선

가격선이란 생산자가 일정한 생산요소로 상품을 생산하여 동일한 수입을 얻을 수 있는 2가지 상품의 여러 가지 수량적 조합을 나타내는 직선을 말합니다. 따라서 가격선상의 모든 점은 생산자의 총수입을 동일하게 유지하기 위한 2가지 상품의 수량적 조합을 나타냅니다.

한편 이를 소비면에 비추어 설명하면, 가격선이란 소비자가 일정한 비용을 지출하여 구입할 수 있는 2가지 상품의 여러 가지 수량적 조합을 나타내는 직선을 말합니다. 따라서 가격선상의 모든 점은 소비자가 일정한 소득을 가지고 구입할 수 있는 2가지 상품의 여러 가지 조합을 나타내고 있습니다.

가격선은 생산가능곡선, 소비무차별곡선 등과 더불어 생산 및 소비의 균형 조건 규명에 활용되며, 나아가 국제무역의 기본원리와 무역이익 분석 등에 기본 적 분석도구로 활용되고 있습니다.

다음의 〈그림 7-14〉를 통해 이를 자세히 알아봅니다.

소비자가 일정소득으로 두 재화를 구매한다고 가정하면 이때 두 재화를 사 는 비용이 소비자의 소득을 초과해서는 안 되므로, 이 조건을 수식으로 표시할 수 있습니다.

• $I = P_x \cdot X + P_y \cdot Y$ (1)

여기서 I는 소득, P_x, P_y는 각각 x재 y재의 가격, X, Y는 x재 y재의 가격, X, Y는 x재 y재의 구매량을 나타냅니다. 즉 (1)식은 좌변의 소득이 우변의 비용과 같아야 한다는 것으로 소비자선택에 있어서의 제약조건식입니다.

(1)식을 변형하여 다음과 같이 쓸 수 있습니다.

$$Y = \frac{I}{P_y} = \frac{P_x}{P_y} X \cdots\cdots\cdots\cdots (2)$$

(2)식에서 I, P_x, P_y는 미리 주어진 것으로 가정합니다.

따라서 (2)식은 기울기가 $\frac{P_x}{P_y}$이고, Y축 절편이 $\frac{1}{P_y}$인 직선입니다. (2)식을 그래프 로 옮기면 그림의 TS직선과 같고 이것을 가격선이라 부릅니다.

그림 7-14   **가격선**

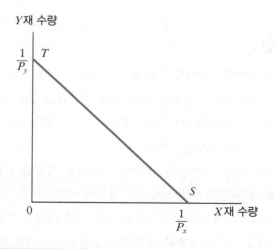

가격선의 기울기는 x재와 y재의 상대가격비이며, Y절편(T점)은 소비자의 전소득으로 구매가능한 y재의 수량$\left(\frac{1}{P_y}\right)$을 나타내고, 마찬가지로 X절편은 x재로 표시한 소비자의 실질소득이라고 볼 수 있습니다. 즉 가격선이란 주어진 가격하에서 일정소득으로 살 수 있는 두 재화의 여러 가지 배합을 가리키는 직선입니다.

이러한 가격선의 특성을 요약하면

① 가격선의 기울기는 두 재화가격의 역비와 같다.

② 상대가격이 불변이고 소득이 증가(감소)하면 가격선은 오른쪽(왼쪽)으로 평행 이동한다.

③ 소비자의 무차별곡선과 더불어 소비자의 균형조건을 찾는 데 쓰여진다.

④ 만약 소비자선택에 참가하는 재화가 n종일 때에는 차원의 가격곡선을 형성한다.

한편 소비자가 구입하는 어떤 재화의 가격변화는 소비자의 균형점을 이동시켜서 그 재화에 대한 구입량을 변화시킬 뿐만 아니라, 다른 재화에 대한 구입량도 변화시킵니다. 이때 소비자의 명목화폐소득은 일정하게 두고, 한 재화의 가격변화에 따른 균형점의 궤적을 그리면 가격 · 소비곡선이 됩니다.

〈그림 7-15〉에서 보면 소비자가 X, Y상품만을 구입한다고 가정할 때 여기에 따른 가격선, 무차별곡선이 나타나 있습니다.

그림에서 최초의 X, Y재의 가격에 따른 가격선이 *LM*으로 나타나 있고, X재

그림 7-15 가격소비곡선

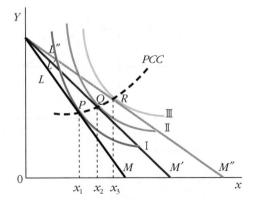

의 상대가격이 하락함에 따라 가격선이 LM', LM''로 점차 완만한 기울기를 갖게 됩니다. 최초의 가격선 LM에서 소비자는 무차별곡선 I와 P점에서 접하게 하여 균형에 도달하고, X재의 가격하락으로 가격선이 움직임에 따라 균형점은 무차별 곡선과 새로 접하는 점 Q, R로 이동하게 됩니다. 이때 P, Q, R을 연결하는 선을 가격소비곡선(PCC)이라 합니다. 이를 자세히 살펴봅니다.

① 가격소비곡선과 수요곡선의 유도

어떤 상품에 대한 각 소비자의 수요곡선은, 엥겔곡선을 소득소비곡선에서 도출한 것과 같은 방법으로 가격소비곡선에서 도출할 수 있습니다. 어떤 상품의 수요곡선은 명목화폐소득, 타재화의 가격을 일정하게 놓았을 때 그 상품의 시장 가격에 따른 균형 수요량의 궤적입니다.

이러한 관계를 그림에서 도출해 봅니다. 〈그림 7–16〉에서 소득과 Y재의 가격을 일정하게 놓았을 때 최초의 X재 가격을 Px_1이라 하면 X재의 균형소비량은 x_1이 됩니다. X재의 가격이 하락하여 Px_2가 되면 X재의 균형소비량은 x_2, 가격이 Px_3까지 하락하면 균형소비량은 x_3가 됩니다.

이 관계를 정리해 보면 X재의 가격이 하락하면 이에 따른 소비량, 즉 수요량은 증가합니다.

그림 7–16 소비량의 변화

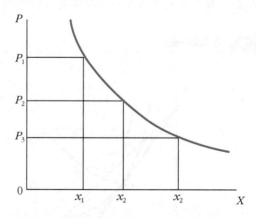

② 가격소비곡선과 수요의 가격탄력성

가격의 변화율에 따른 수요량의 변화율인 수요의 가격탄력성은 가격소비곡선의 기울기에 의해서 결정됩니다. 이 관계를 그림으로 설명해 봅니다.

그림 7-17 **가격탄력성**

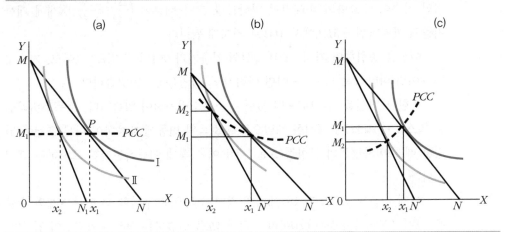

〈그림 7-17〉에서 횡축은 X재를 표시하고 종축은 'Hicks-Marshall' 화폐라 불리우는 X재 이외의 다른 재화를 나타내며, 화폐단위로 표시되어 있기 때문에 화폐소득은 OM이고 화폐의 가격은 1입니다.

따라서 최초의 가격선은 MN이고, 그 기울기는 X재의 가격이 됩니다. ($\frac{P_x}{1}$ $=P_x$) 최초의 균형점은 무차별곡선 I위에 있는 점 P이고, 이 점에서 X재를 $OX_1=M_1P$단위, 다른 재화를 OM_1단위 구입하게 됩니다.

그런데 X재의 가격은 MN의 기울기이므로 $\frac{MM_1}{M_1P}$으로 표시할 수 있고 X재 소비를 화폐단위로 표시하면 $\frac{MM_1}{M_1P} \times M_1P=MM_1$이 됩니다. 이제 X재의 가격이 상승하여 MN'기울기로 나타났다고 하면,

첫째, 그림의 경우 X재의 소비량은 OX_2로 줄고, 화폐단위는 OM_1 수준에 고정되어 있습니다. 여기에서도 앞에서 사용했던 방법으로 X재를 화폐단위로 표시하면 MM_1이 됩니다. 그러면 소비자가 X재에 할당한 화폐단위에는 변함이 없기 때문에 X재 가격의 비례적인 증가가 X재 수요량의 비례적인 감소로 이 경우에는 단위탄력도 $\epsilon=1$을 갖게 됩니다.

둘째, 그림의 경우에는 X재의 가격상승이 X재의 소비에 따른 화폐단위를 MM_1에서 MM_2로, 즉 감소를 가져옵니다. 따라서 총지출액이 감소한다는 것은 X재 가격의 비례적인 증가보다 수요량의 비례적인 감소가 크기 때문이므로 $\left(\dfrac{\Delta Q}{Q} > \dfrac{\Delta P}{P}\right)$ 수요곡선도 탄력적으로 $\varepsilon > 1$이 됩니다.

셋째, 그림은 비탄력적인 $\varepsilon < 1$인 경우를 나타내고 있습니다. 즉 가격의 비례적인 상승이 수요량의 비례적인 하락보다 크기 때문에 $\left(\dfrac{\Delta Q}{Q} < \dfrac{\Delta P}{P}\right)$ X재에 대한 지출의 화폐단위가 MM_1에서 MM_2로 커지게 됩니다.

이상을 종합하면 가격 · 소비곡선의 기울기가 0이면 탄력도가 1이고, 기울기가 +이면 비탄력적($\varepsilon < 1$), −이면 탄력적($\varepsilon > 1$)임을 알 수 있습니다.

또한 가격선을 나타내는 데 있어서 소득소비곡선이 있습니다. 소득소비곡선은 힉스(J. R. Hicks)가 제시한 개념으로서 소득의 변동에 대응하여 다른 조건이 일정할 때 소비자행위의 균형점(효용극대점)이 어떻게 이동하는가를 표시하는 궤적입니다.

이제 다음의 〈그림 7-18〉에서 일정한 소득으로 구입할 수 있는 X재의 수량은 OL이고 Y재의 수량은 OM이라고 하면 ML을 연결하는 직선은 가격선이 됩니다.

여기서 소비자 균형점은 무차별곡선과 가격선의 접점이므로 P점으로 표시됩니다. 그런데 소득이 증가하면 가격선 ML은 평행 이동하여 $M'L'$로 되며, 이때 새로운 가격선 $M'L'$와 그에 접하는 무차별곡선의 접점 P'를 얻게 됩니다. 이와 같

그림 7-18 소득소비곡선

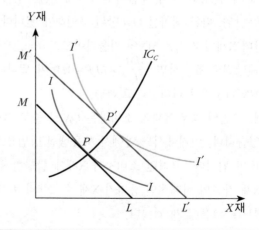

이 소득이 계속하여 증가할 때 얻어지는 균형점의 궤적 PP'…을 소득소비곡선이라 합니다. 이 소득소비곡선은 소득변화가 수요에 미치는 영향을 고찰하기 위하여 고안된 것입니다.

5 오퍼곡선

　　오퍼곡선이란 국제무역에 대한 상호수요설을 기하학적으로 설명하는 경우에, 무역상대국의 상품에 대한 수요의 강도를 자국에서 제공하려는 상품의 양으로 나타낸 곡선을 말합니다. 즉 비교우위의 원칙에 따라 일정한 교역조건하에서 비교 우위의 특화상품을 얼마만큼 수출하고 그 대가로 비교열위의 비특화상품을 얼마만큼 수입하려고 하는 의도를 나타내는 곡선을 의미합니다.

　　오퍼곡선은 생산가능곡선, 소비무차별곡선, 교역조건선을 통하여 도출되기도 하고 또는 무역무차별곡선과 교역조건선을 통하여 도출되기도 합니다. 오퍼곡선은 **에지워스**(F.Y. Edgeworth)와 **마샬**(A. Marshall)에 의하여 최초로 전개되었고, 이는 그 후 **미이드**(J.E. Meade)에 의하여 재구성되었습니다.

　　〈그림 7-19〉에서 마샬-에지워드가 도출했던 오퍼곡선을 살펴보면, A국은 X재를, B국은 Y재를 수출한다고 하면 그림에서 횡축에는 X재의 수량을 표시하고 종축에는 Y재의 수량을 표시하고 있으며 두 상품의 교환비율은 직선으로 나타납니다.

> 그림 7-19　마샬-에지워드의 오퍼곡선

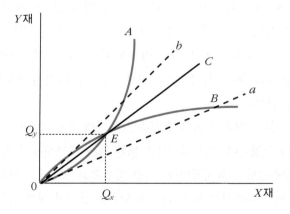

A, B 양국이 제공하려는 X, Y 두 상품의 조합의 궤도를 각각 연결하면 그림에 나타나 있는 바와 같이 A국의 OA곡선과 B국의 OB곡선을 각각 얻을 수 있는데 이들이 양국의 오퍼곡선입니다.

그런데 양국의 오퍼곡선은 각각 무역이 없는 상태하에서 두 상품의 국내교환비율을 나타내는 직선, 즉 A국의 경우는 Oa, B국의 경우는 Ob를 벗어날 수는 없습니다. 어느 나라든 자국내에서 생산할 수 있는 수입경쟁 상품의 경우보다 더 적은 양의 상품수입을 하기 위해 자국생산물을 수출하지는 않을 것이기 때문입니다.

그림에서 OA는 A국의 오퍼곡선으로서 A국이 Y재를 수입하기 위해서 제공하려는 X재의 여러 가지 양을 나타냅니다. 그런 의미에서 오퍼곡선은 국제무역에 있어서의 공급곡선으로 생각할 수 있습니다. 뿐만 아니라 OA곡선은 X재를 제공하여 수입하려고 하는 Y재의 여러 가지 양을 나타내고 있다는 의미에서 하나의 특수한 수요곡선이라고 간주될 수도 있습니다. A국의 오퍼곡선, 즉 OA가 상향으로 굴신하는 모양을 나타내는 것은 A국이 X재와 교환하여 수입한 Y재의 양이 많아질수록 X재의 공급은 점차 줄어들기 때문입니다.

왜냐하면 첫째, A국이 필요로 하는 Y재의 양이 점차 줄어들게 되기 때문이며 둘째, 수출로 인해 X재의 국내공급은 감소되어 X재의 가치가 더욱 높아지기 때문입니다.

B국의 오퍼곡선 OB의 모양도 마찬가지입니다. 그림에서 A, B양국의 오퍼곡선 OA, OB는 E점에서 교차하며 이 점에서 양국의 수출입이 균형을 이룹니다. 무역량은 OX(X재), OY(Y재)가 됩니다. 여기서 원점과 E점을 연결한 직선 OE는 두 상품 XY의 국제교환비율을 나타내며 교역조건선이 됩니다.

다음의 〈그림 7-20〉은 미이드가 도출했던 무역무차별곡선입니다. 여기서 우리는 X, Y 두 상품의 가격 비율을 나타내는 교역조건선이 수없이 많이 있음을 알 수 있습니다. 이들은 모두 원점 O를 통과하여 무역무차별곡선군과 각각 접하고 있습니다.

이들 수많은 접점을 연결하면 하나의 곡선 OA가 그려지는데 이것은 A국의 오퍼곡선입니다. 오퍼곡선상의 모든 점은 무역개시 후 X, Y 두 상품의 상대가격과 수출입량을 표시합니다. 이런 방법으로 B국의 오퍼곡선도 도출됩니다. 또한 양국의 오퍼곡선이 교차되는 점에서 두 상품에 대한 양국의 오퍼가 일치합니다.

그림 7-20   미이드의 오퍼곡선

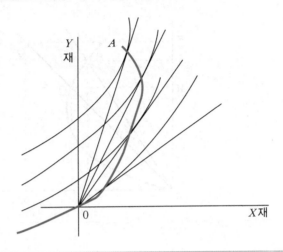

양국의 오퍼곡선의 교점과 원점 O를 연결한 직선이 균형교역조건선이 되며 이 교역조건선은 두 상품의 국제균형가격비율을 나타냅니다.

한편 오퍼곡선의 탄력성이란 수출재에 대한 수입재의 상대가격(교역조건의 역수)이 변동될 때 수입수요량은 얼마나 변동되는가를 나타내는 계수를 의미합니다. 이를 오퍼곡선의 수요탄력성이라고 합니다. 그리고 반대의 경우를 오퍼곡선의 공급탄력성이라고 합니다.

무역이 당사국 서로에게 잠재적 이익을 안겨 준다는 것은 **D.리카아도**의 비교 생산비설에 의해서 분명하게 되었습니다. 그러나 이 법칙은 국제 간의 재화의 교환비율(교역조건)이 봉쇄경제하에서 성립하는 양국의 국내교환비율의 테두리 안에서 결정됨을 밝히는 데 그쳤고, 균형교역조건의 수준에 관해서는 명확히 설명하지 못했습니다.

그러나 **J.S.밀**의 상호수요법칙은 **리카아도**가 간과했던 수요요인에 주목하여 균형교역조건이 결정되는 메커니즘을 제시하였고, 그것에 의해 무역당사국에 귀속될 무역이익의 분배관계도 밝혀졌습니다.

상호수요곡선, 즉 오퍼 곡선은 여러 가지 교역조건하에서 각국이 수요하는 수입재의 수량과 그것과의 교환에 제공하려는 수출재 수량의 조합을 나타내는 예정표이며, 수입수요곡선인 동시에 수요곡선과 컨시스턴트한 수출공급곡선이기도 합니다. 바꾸어 말하면 다양한 교역조건하에서 항상 국내의 수요균형을 충

그림 7-21 오퍼곡선의 탄력성

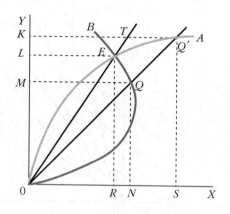

족시킬 수 있는 무역지향곡선입니다.

그 후 **A.마셜, J.E.미드** 등에 의해 오퍼곡선이 명확화된 정확한 도출 방법이 제시되어 무역이론의 전개에 기여하고 있습니다.

〈그림 7-21〉은 2국의 오퍼곡선의 교차점에 의해 균형교역조건이 주어지고 있음을 나타냅니다. 곡선 A가 Y재에 비교우위를 갖는 A국의 오퍼곡선입니다. 교역조건은 원점으로부터의 방사선 OT(또는 (OQ'))의 경사에 의해서 표시됩니다. A국으로서의 교역조건이 OT로부터 OQ'의 방향으로 개선됨에 따라 국내에 있어서 공급면에서는 Y재 생산의 증가와 X재 생산의 감소라는 방향으로 이행합니다.

수요면에서는 반대로 Y재 수요의 감소와 X재 수요의 증가를 나타냅니다. 국내에서의 양재화의 수급변동을 반영하여 오퍼곡선상에서는 수출이 OL에서 OK로 증대함과 함께 수입도 OR에서 OS로 증대하게 됩니다. 곡선 B는 X재에 비교우위를 가진 B국의 오퍼곡선입니다.

이상의 설명에서 균형교역 조건은 OT에 의해서 주어지는 것을 알 수 있습니다. 예로서 OQ'에 의해 표시되는 것과 같은 교역조건이 성립하였다고 하면 A국으로서는 교역조건의 개선을 의미하기 때문에 무역지향이 제고되어 무역점은 E에서 Q'로 이동하게 됩니다. 한편 교역조건의 악화에 직면하는 B국에서는 무역지향이 약화되어 Q로 이동합니다.

그 결과 Y재에 대해서는 MK만큼의 초과 공급이, 그리고 X재에 대해서는 NS만큼의 초과수요가 각각 발생합니다. 이와 같은 무역시장의 불균형은 교역조건을 다시 OT로 되돌려 놓기 때문에 그때의 시장은 안정적이 됩니다. 안정성은 마셜-러너-로빈슨 조건에 의해서 주어집니다. 즉, 양국의 수입과 수요의 가치탄력성의 합이 1을 초과할 것이 요구됩니다.

6 교역조건

교역조건이란 수출품과 수입품간의 교환비율을 의미합니다. 즉 상품수출입에서 한 나라가 가격상 얼마나 유리한지 불리한지 지수화 한 것입니다. 교역조건에는 ①상품 1단위를 수출하면서 벌어들인 외화로 수입품을 얼마나 들여올 수 있는가를 나타내는 순상품교역조건 ②일정 시점에서 한 날의 수출총액으로 수입 가능한 총수입량을 나타내는 소득교역조건 등 2가지가 있습니다.

순상품교역 조건은 수출단가지수를 수입단가지수로 나눈 뒤 100을 곱해 산출합니다. 따라서 이 지수가 상승하면 수출가격에 수입가격보다 더 크게 오르거나 더 낮게 내린 것을 뜻합니다. 반면에 소득교역조건은 순상품교역 조건에 수출 물량변동을 수치화한 수출수량지수를 곱해 산출합니다. 소득교역조건이 상승하면 한 나라가 일정 시점의 총수출대금으로 기준시점보다 더 많은 수입을 할 여력이 생겼음을 뜻합니다.

7 무역무차별곡선

무역무차별곡선이란 무역을 통하여 동일한 수준의 효용을 얻을 수 있는 수출품과 수입품의 수량적 조합을 표시하는 곡선을 말합니다. 따라서 무역무차별곡선상의 모든 점은 무역을 통하여 동일한 수준의 효용을 얻을 수 있는 수출품과 수입품의 수량적 조합을 표시합니다.

무역무차별곡선은 소비무차별곡선과 마찬가지로 무역을 통하여 얻을 수 있는 효용수준을 나타냅니다. 무역무차별곡선이 효용수준의 척도로서 도입된 것은 수출입의 이면에는 극대이윤과 극대효용을 추구하려는 양국의 생산자와 소비자의 행동이 존재하고 수출입에 의한 국제교환이익도 이러한 행동에 의하여 규제를 받고 있기 때문입니다. 이 곡선은 **미이드**(J.E. Meade)가 만들었습니다.

8 무역학적 사전 지식

1) 무역의존도

무역의존도란 한 나라의 국민경제가 어느 정도 무역에 의존하고 있는가를 표시하는 지표로써 일반적으로 국민소득 또는 국민총생산에 대한 수출입총액의 비율로써 계산합니다. 수출입총액을 수출액과 수입액으로 구분하여 각각을 국민소득 또는 국민총생산과 대비(對比)하여 수출의존도와 수입의존도를 각각 계산할 수 있습니다. 그 비율계산에 있어서 분모로서 국민소득을 취할 것인가 또는 국민총생산을 취할 것인가에 대한 절대적인 기준은 없고, 다만 동일한 분모를 취함으로써 국제적 비교 또는 역사적인 비교를 할 수 있다는 점에서 상대적 의미를 가집니다.

일반적으로 방대한 지역을 가지고 있는 국민경제는 국내의 분업이 유리하므로 무역의존도가 낮고, 소득수준이 높고 소지역을 가지는 국민경제는 무역의존도가 높습니다. 그러므로 무역의존도는 한 나라 경제에 있어서의 무역의 중요성을 표시하며, 일반적으로 경제의 발전과 더불어 상승하는 경향이 있습니다. 따라서 경제발전의 지표로서도 사용합니다.

그러나 무역은 외국의 경기변동, 기타 경제사정에 따라서 좌우될 수 있으므로 무역의존도가 높다는 것은 한 나라의 국민경제가 해외에 많이 의존하게 되어 그만큼 불안정하다는 것을 의미하기도 합니다.

2) 수입자유화율

수입자유화율이란 한 나라의 수입총액 중 자유롭게 수입할 수 있는 상품의 수입액이 차지하는 비율을 말합니다.

3) 무역결합도

무역결합도는 교역상대국에 대한 수출입 의존 정도를 나타내는 지수로 외화획득률이라고도 합니다. 국산 원자재를 많이 사용한 경우는 외화가득률이 높아 무역수지가 개선되고, 국내 경제 성장에 높은 기여도를 보입니다. 반면 외화가득률이 떨어지면 수입 부품 소재 투입액이 늘어나 수출을 해도 이를 통해 번 외화가 줄어들었다는 것을 뜻합니다.

계산공식은 수출 상품 가격에서 수입 원자재 가격을 뺀 가격의 상품 수출가

액에 대한 비율([(수출액-수입 원자재비)/수출액]×100)로 나타낼 수 있습니다. 무역
결합도가 1보다 크면 교역상대와의 결합도(의존도)가 세계시장에서의 평균 수준
보다 상대적으로 큰 것으로 평가됩니다.

　　외화가득률은 특정 상품에서 산출되는 경우와, 수출 상품 총액과 수입 원자
재 가격 총액에서 산출되는 경우가 있습니다. 전자의 외화가득률은 원자재를 국
내에서 생산할 수 있는 산업, 대체로 중공업 분야에서 높게 나타납니다. 후자의
외화가득률은 한 나라 경제의 기초 수입액을 유지하는 데 필요한 수출액을 산정
하는 데 이용됩니다.

　　국산 원자재를 많이 사용한 경우는 외화가득률이 높아 무역수지가 개선되
고, 국내 경제 성장에 높은 기여도를 보입니다. 반면 외화가득률이 떨어지면 수
입 부품 소재 투입액이 늘어나 수출을 해도 이를 통해 번 외화가 줄어들었다는
것을 뜻합니다.

　　한국은행이 무역결합도를 가공단계별로 산출해 본 결과, 신흥국 간 교역에
있어서 1차산품과 중간재(부품)의 수입 규모를 과거보다 더욱 늘린 것으로 나타
났습니다. 동시에 신흥국들은 다른 신흥국가들에 최종재와 중간재(반제품) 등
의 수출 규모를 늘렸습니다. 신흥국의 무역구조가 가공무역으로 고도화된 것입
니다.

　　이처럼 교역구조가 과거 선진국 중심에서 신흥국 중심으로 변화한 데는 신
흥국 간 산업 내 무역 등이 확대되면서 분업구조의 고도화가 핵심적인 역할을 한
것으로 분석합니다.

4) 무역특화지수

　　무역특화지수는 한 상품의 총수출액과 총수입액, 그리고 전체 무역액을 이
용해 상품의 비교우위를 나타내는 지표입니다.

　　무역특화지수의 계산공식은 (상품의 총수출액-총수입액) ÷ (총수출액+총수입액)
입니다.

　　이 지수가 0인 경우 비교우위는 중간 정도이며 1이면 완전 수출특화상태를
말합니다. 수입은 전혀 하지 않고 수출만 한다는 뜻입니다. 또 -1이면 완전 수입
특화 상태입니다. 수출물량이 전혀 없을 뿐만 아니라 수입만 한다는 뜻입니다.
이 지수는 국제경쟁력 지수로 사용되기도 합니다. 이럴 경우 0 이상 1 이하이면

그 제품이나 산업이 무역흑자를 기록해 국제경쟁력이 강한 것을 뜻하고 -1에 가까울수록 국제시장에서 경쟁력이 약하거나 수출을 하지 못하는 것으로 볼 수 있습니다.

5) 프레비쉬-싱거 가설(Prebisch–Singer hypothesis)

프레비쉬-싱거 가설이란 개발도상국 1차산품의 교역조건은 장기적으로 악화되는 반면에 선진공업국 공업제품의 교역조건은 개선됨에 따라 양측 간의 교역에서 발생되는 무역이익이 선진공업국측에 흡수당해 개발도상국의 경제적 후진성이 해소되지 않는다고 주장한 가설을 말합니다. 이 가설은 개발도상국 1차산품과 선진공업국 공업제품 간의 교역조건이 장기적으로 어떤 추세로 변동되고 있으며 이에 따른 무역이익이 양측에 어떻게 배분되며 그것이 개발도상국의 경제개발에 어떤 영향을 미치고 있는가를 규명하려고 시도한 이론입니다. **프레비쉬-싱거** 가설은 1950년대부터 **프레비쉬**(R. Prebisch), **싱거**(H. Singer), **미르달**(G. Myrdal) 등을 중심으로 한 개발론자들에 의하여 이론적 및 실증적으로 체계화되었습니다.

6) 국제수지

한 나라에 있어서 상품의 수출입이나, 자금의 대차에 따른 외국과의 사이에 주고 받은 지불의 차액수지가 국제수지입니다. 현대에 있어서의 경제활동은 타국의 경제활동과 밀접하게 연결되어 있는데 예를 들어 해외로부터 원재료를 수입하여 국내에서 가공 또는 제품화 하여 국외로 수출하는 것을 보아도 알 수 있습니다.

국제수지는 일정기간 내에 있어서 한 나라의 거주자와 다른 나라의 거주자들 사이에 이루어지는 모든 경제거래의 체계적인 기록으로 그 기간은 대체로 1년 기준, 3개월 또는 6개월 단위로 기록이 됩니다. 이는 국민 경제의 실태를 파악하게 하는 하나의 기본자료가 되며 정책당국에게 무역거래와 기타 경제거래의 실태를 알게 함으로써 통화정책이나 재정정책의 운영을 위한 각종 판단의 근거를 제시하고 있습니다.

Chapter

8

무역이론의 발전과정

제 1 절 자본주의 이전 무역이론

1 중상주의 무역이론

국제무역이론은 1776년 **아담 스미스(A. Smith)**의 「국부론」의 출간과 함께 시작되었다고 할 수 있으나, 그 이전에도 국제무역이론은 존재했습니다. 이러한 이론 중 대표적인 것이 중상주의입니다.

중상주의란 15세기 중엽부터 18세기 중엽까지 약 3세기 동안 유럽에 존재했던 무역이론으로서, 국내 경제행위와 국제무역의 역할에 관한 유사한 태도와 정책 전체를 말합니다.

중상주의는 일국의 부를 증가시기기 위해 수입을 제한하고, 수출을 장려해야 한다고 하며 보호무역을 주장하였습니다. 이 이론은 국가의 부는 그 나라가 보유하고 있는 금과 같은 귀금속의 절대량으로 보았습니다. 이 당시 국제무역거래의 결제 수단으로는 주로 금이 사용되었기 때문에 국제무역을 통한 보다 많은 이익의 달성은 보다 많은 금의 획득, 즉, 국부의 증가를 의미하였습니다.

그러나 일정 시점에서 금의 양은 고정되어 있고, 모든 국가가 수출을 통한 이익을 달성할 수 없기 때문에 일국의 국부 증대는 다른 국가의 희생에 의해서만 가능하였습니다. 따라서 중상주의자들은 무역을 일종의 제로섬 게임으로 보았고, 정부의 적극적 개입과 보호무역을 주장하였습니다.

2 중농주의 무역이론

중농주의란 18세기 후반 프랑스의 **F.케네**를 중심으로 전개된 경제이론과 경제정책을 가리키는 말입니다.

중농주의는 국민의 대다수를 차지하는 농민의 희생으로 강행되고 있는 중상주의정책에 반대하여 농업을 유일한 생산적 산업이 생각하고 농업의 자본주의화(영국형 대농 경영제도의 창출)를 통해 농업을 파멸상태에서 구하고 절대왕정의 재정적 위기를 극복하자는 것이었습니다.

또한 자연법 사상에 바탕을 둔 인간사회의 자연적 질서의 존재를 확신하고 그 질서가 전면적으로 실현되었을 경우의 '위대한 왕국'을 상정한 것입니다. 경제의 자유와 사유재산을 기초로 하는 사회에서 경비 이상의 잉여(순생산)를 낳는 유일한 생산계급인 농민과, 사회적으로 유용하기는 하나 비생산적인 상공업자, 농민의 잉여를 지대로 받아가는 지주의 3대 계급 사이에서 해마다 총생산물, 즉 부가 어떻게 순환되고 있는가를 재생산과정으로써 체계적으로 파악하여, **케네**는 중농주의의 이론적 분석서「경제표(經濟表)」를 작성하였습니다.

이 착상은 경제학의 성립에 중대한 공헌을 하였으며 자유방임정책의 입장에서 곡물수출의 자유 및 가격통제의 철폐를 주장하였습니다. 또 지주계급이 받는 순생산은 일국의 재생산과정을 손상함이 없이 자유롭게 처분할 수 있는 수입이므로 그 수입에 대해서만 과세를 해야 한다는 단세론을 주장하여 구 제도하의 영주계급의 면세특권을 공격하였습니다.

제 2 절 **자본주의 무역이론**

1776년 **아담 스미스(A. Smith)**에 의해 체계적인 과학으로 경제학이 탄생한 이래 수많은 경제학자들에 의해 국제무역을 설명하려는 다양한 시도가 있어 왔고, 이러한 노력으로 국제무역이론은 지속적으로 발전해 왔습니다.

국제무역이론은 지난 200년 이상 **아담스미스**를 시작으로 **데이비드 리카아도**(D. Ricardo), **존 스튜어트 밀(J. S. Mill)**, **엘리 필립 헥셔(E. F. Heckscher)**와 **버틸 고트하르트 올린(B. G. Ohlin)**, **바실리 레온티에프(W. Leontief)**, **폴 앤서니 사무엘슨(P. A. Samuelson)** 등, 경제학자들의 노력으로 계속해서 발전해 왔으며, 국제무역을 설명하려는 이러한 이론들은 크게 고전무역이론, 근대무역이론 및 현대무역이론으로 발전되어 오늘에 이르고 있습니다.

이들 무역이론을 개괄하면 다음의 〈그림 8-1〉과 같습니다.

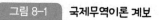

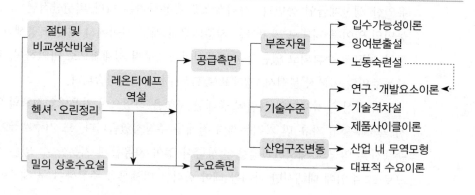

그림 8-1　국제무역이론 계보

1 고전무역이론

고전무역이론은 국제분업론이라고도 하며, 여기에는 절대우위론, 비교우위론, 국제가치론 등이 있습니다.

1) 절대우위론

국제분업이란 각국의 특수한 적성, 즉 생산조건과 수요조건에 따라 각국이 각각 유리한 상품 생산에 전문화 또는 특화하는 것을 의미합니다. 생산조건은 천연자원, 인구, 인간능력, 유산 등에 의하여 결정되는데, 가령 노동력이 풍부한 나라에서는 노동가격(임금)이 싸기 때문에 노동집약재 생산에 특화할 수 있으며, 자본이 풍부한 나라에서는 자본가격 (금리)이 싸므로 자본집약재 생산에 특화할 수 있습니다.

또한 토지가 풍부한 나라에서는 토지가격(지대)이 싸므로 토지집약재 생산에 특화할 수 있습니다. 이는 바로 국제분업을 의미하며, 이 국제분업에 의하여 무역이 성립되고 무역에 의하여 생산량의 증가, 생산요소의 절약, 소비자의 이익 등 무역이익이 발생합니다. 한편 각국의 생산조건이 같다고 하더라도 인구수, 생활수준, 취미, 기호 등 수요조건이 다르다면 이 다른 수요조건을 충족하기 위한 적성은 다르기 때문에 국제분업과 국제무역이 성립합니다.

아담 스미스(A. Smith)는 어떤 특정 상품을 생산하는 데 있어서 그 생산 과정을 분화 및 전문화함으로써 작업능률을 향상시킬 수 있다고 주장하고, 이와 같은 분업의 원리를 국가 간의 거래에도 적용시켜 국제무역의 발생원인과 이익발생을 규명하고자 하였습니다.

즉 어떤 국가가 두 상품 중에서 하나를 그들의 교역상대국보다 더 낮은 실질생산비로 생산할 수 있을 경우, 그 국가는 더 낮은 실질생산비로 생산할 수 있는 상품에 완전특화 생산하여 이를 수출하고 그러하지 못한 상품을 수입함으로써 이득을 얻게 된다고 하였습니다. 이는 각 국가 간에 절대생산비의 차이가 존재함을 인식하고 이러한 절대우위를 통하여 무역의 발생원인 및 무역의 이익을 설명한 **아담 스미스**의 이론체계를 절대생산비설 또는 절대우위이론이라고 합니다.

아담 스미스의 절대생산비설은 국제분업의 원리를 통해 무역의 이익을 체계적으로 밝혀 냄으로써 당시 유행하던 중상주의를 배격하고 최초로 자유무역정책의 이론적 기초를 제공했다는 데 그 의의가 있습니다. 그러나 **스미스**의 이론은 현실과 동떨어진 여러 가지 제한적인 가정을 전제로 하고 있어 다음과 같은 한계를 지니고 있습니다.

① 한 나라가 두 상품의 생산에 모두 절대우위를 갖고 반대로 다른 나라는 두 상품의 생산에 있어 절대열위에 놓이게 되는 경우에는 국가 간 교역의 발생원인을 밝혀 낼 수가 없게 된다.

② 스미스의 절대생산비설은 노동만을 유일한 생산요소로 보고 재화 생산비용도 투하노동량에 의하여 결정되는 것으로 가정하였는데 재화는 다양한 생산요소의 결합에 의해 생산되며, 생산요소의 결합비율은 각 재화마다 다르므로 생산비용이 단순히 투하노동량에 의해 결정된다고 보는 노동가치설의 도입은 이론에 한계를 주게 된다.

③ 한 나라 안에서 재화들 간의 교환비율이 실질노동비용에 따라 결정된다는 스미스의 결론은 국내에서는 노동의 이동이 가능하나 국제적인 노동의 이동은 불가능하다는 가정을 전제로 한다.

2) 비교우위론

비교우위란 어느 나라에서 생산된 제품이 외국에서 생산된 제품보다 생산비면에서 비교적으로 싼 경우를 말하고, 비교열위란 이와 상반된 경우를 말합니다. 비교열위품목은 수출품이 되지 못하고 수입경쟁품목이 됩니다. **리카아도(D. Ricardo), 밀(J. S. Mill)** 등 고전파 경제학자들은 노동가치설에 입각하여 비교우위의

결정요인을 상품생산에 필요한 투입노동량으로 보았으며, **헥셔**(E. F. Heckscher)
와 **오린**(B. Ohlin)은 이를 생산요소의 부존량, **포스너**(M. V. Posner) 등은 기술의 차
이, **그루버**(W. Gruber), **키싱**(D. B. Keesing) 등은 연구개발요소 등으로 보았습니다.
그 외에도 비교우위를 결정하는 요인은 생산성, 천연자원의 부존상태, 공해규제
비용 등이 있습니다.

비교생산비설, 또는 비교우위이론(theory of comparative advangage)에서는 실
질생산비에 있어서의 절대우위가 두 나라간 교역을 발생시키고 이익을 발생시키
는 필요조건이 아니며, 대신에 두 가지 재화의 생산에 필요한 실질생산비의 비
율, 즉 상대적 생산비(relative cost)의 차이에 달려 있으며, 한 나라는 모든 재화의
생산에 있어서 교역상대국보다 더 높은 실질생산비가 드는 경우에도 다른 국가
와의 교역을 통해 이득을 볼 수 있다는 것입니다. 즉 비교생산비의 차이가 존재
할 때 각국은 자국이 비교우위(comparative advantage)를 갖고 있는 상품의 생산에
특화하여 이를 수출하고 그 대가로 비교열위의 상품을 수입함으로써 이익을 누
릴 수 있다는 것입니다.

비교우위의 개념에 입각하여 국제분업(international division of labor)의 구조를
설명한 비교생산비설은 경제학적 분석에 있어서 가장 위대한 성과 중의 하나로
손꼽히고 있습니다. 그러나 **리카아도**(D. Ricardo)의 비교생산비설도 **아담 스미스**
의 절대생산비설이 안고 있던 여러 가지 가정상의 문제점을 그대로 지니고 있습
니다.

비교생산비설은 절대생산비설과 마찬가지로 노동가치설에 입각하여 노동이
라는 단일의 생산요소만이 존재한다고 가정하여 상품의 가치는 그 상품의 생산
에 투입된 노동량에 의해서 결정된다고 보고 있습니다. 또 각 재화에 있어서도
생산요소 간의 결합 비율은 서로 다를 것이므로 투입노동 및 투입자본에 대한 비
율이 고려되어야 합니다. 그리고 생산비설의 핵심을 이루고 있는 비교생산비가
각 국가 간에 왜 차이를 보이는가에 대한 명확한 해명이 없습니다. 이러한 점은
후에 **헥셔**(E. Heckscher)와 **오린**(B. Ohlin)의 요소부존이론에서 논의되고 있습니다.
또 한 가지는 **아담 스미스**의 절대생산비설과 마찬가지로 두 재화 간의 국제적 교
환비율이 어떻게 결정되는가에 대해서는 정확한 해명이 없습니다. **리카아도**가
알아낸 사실은 두 재화의 국제적 교환비율은 각국에서의 국내 교환비율 사이에
서 결정될 것이란 점과 이 두 교환비율 사이에서 교역을 하면 두 국가가 모두 무

역을 통해 이익을 얻을 수 있다는 것에 지나지 않았습니다.

3) 상호수요균등의 법칙

리카아도의 비교우위론은 비교우위에 따른 무역의 발생원인과 이익에 대해서는 설명하였으나 정확히 어떠한 선에서 교역 당사자 간의 구체적인 교역조건이 결정되는가에 대해서는 명확하게 해명하지 못했습니다. 그러나 **밀**(J. S. Mill)은 이러한 비교생산비설이 갖는 이론적 한계를 각국이 수출품을 얼마나 내놓으려고 하는가는 수출품의 대가로 얻을 수 있는 수입품의 양에 달려 있다고 생각함으로써 해결하였습니다.

즉 각국의 수출품의 공급은 그 상품에 대한 다른 나라의 수요와 일치하여야 한다는 점을 지적하고, 한 나라가 제공하고자 하는 수출품의 양과 다른 나라가 수입하고자 하는 양이 같아지는 선에서 구체적인 교역조건이 결정된다고 주장하였습니다. 이처럼 교역조건의 규명에 수요의 개념을 도입한 밀의 주장을 상호수요균등의 법칙이라고 하며, 이는 후에 **마샬**(A. Marshall) 등의 신고전학파 학자들에 의하여 기하학적 분석을 통해 상당한 보완이 이루어졌습니다.

4) 기회비용설

하벌러(G. Haberler)는 **리카아도**(D. Ricardo)를 비롯한 고전학파 무역이론의 오류를 지적한 후, 노동가치적 비용 개념과는 전혀 다른 기회비용을 무역이론에 도입하여 비교우위의 이론을 전개했습니다. **하벌러**의 기회비용설에 따르면 비교우위는 생산물의 기회비용으로 결정되는데, 어느 상품의 기회비용이 낮으면 그 상품은 비교우위를 유지할 수 있으나 기회비용이 높으면 그 상품은 비교열위를 면치 못한다는 것입니다. 기회비용설이 국제무역이론에 기여한 공적은 단일의 생산요소에서 벗어나 현실에 적합한 생산요소를 전제로 무역이론을 전개했다는 점과 가변생산비하에서도 비교우위의 결정을 일반화시켰다고 하는 점입니다.

② 근대무역이론

1) 헥셔-오린 정리

(1) 헥셔 - 오린 정리의 개념

헥셔-오린 정리란 국가 간 무역발생의 원인 및 무역 패턴의 결정요인을 각국의 요소부존량 비율의 차이와 생산량 간의 요소투입비율(요소집약도)의 차이로서 해명하고, 무역이 생산요소의 가격에 미치는 영향을 해명한 근대적인 무역이론을 말합니다. 이 정리를 요소부존이론이라고도 합니다. 이 정리는 **헥셔(E. F. Heckscher)**가 주장하여 **오린(B. Ohlin)**이 발전시켰으므로 이 두 사람의 업적을 기념해서 **헥셔-오린**의 정리라고 합니다. 이 정리는 비교생산비설을 수정, 확충하는 데 결정적 역할을 했는데, 여기에는 다음과 같은 2가지 명제가 있습니다.

① 비교생산비의 결정

비교생산비의 결정요인이란 각국 간의 비교 생산비차는 각국의 요소부존량에 의하여 결정되는 것을 의미한다. 다시 말하면 국가 간에 생산요소의 부존상태(요소부존도)가 각각 다르고 또 각 생산물에 투입되는 생산요소의 비율(요소집약도)이 다르기 때문에 국가 간의 비교생산비차가 발생된다.

② 요소가격의 국제적 균등화

요소가격의 국제적 균등화란 각국의 요소부존량 비율의 차이에 따라 비교생산비차가 발생되고 이로써 양국간에 무역이 이루어지면, 비록 국가 간에 생산요소가 이동되지 않더라도 국가 간에 생산요소가격이 균등화되는 경향이 있다.

이와 같이 **헥셔-오린** 정리는 생산요소의 부존량 비율에 따라 비교우위의 결정을 규명하고 국제무역이 요소가격에 미치는 영향을 규명하는 데 그치지 않고, 무역이 소득배분에 미치는 영향, 경제 성장이 무역에 미치는 영향, 무역과 생산요소의 이동 관계 등 여러 가지 문제에 대한 이론적 분석에 상당한 기여를 한 점에 대해서는 높이 평가를 받고 있습니다. 그러나 이 정리는 고전파 무역이론처럼 현실과 일치되지 않은 여러 가정 위에 정립되어 있으므로 국제분업이나 무역패턴의 결정을 완전히 설명할 수 없다는 비판을 받기도 했습니다.

(2) 헥셔-오린 정리의 문제점과 보완

① 헥셔-오린 정리의 문제점

헥셔-오린 정리는 비교우위론의 토대를 마련하였다는 점에서 크게 평가를 받고 있으나, 이것이 전제하고 있는 가정의 비현실성, 정태성으로 인해 많은 한계점을 가지고 있다. 특히 **헥셔-오린** 정리로는 세계무역의 대부분을 차지하고 있는 공산품 간의 국제무역을 설명할 수 없다는 점에서 근본적인 한계점을 가지고 있다.

② 헥셔-오린 정리의 보완 및 발전

- 2국, 2재, 2생산요소의 가정(비현실적 가정)
  → 다수국, 다수재, 다생산요소 모델로 확장하더라도 H-O정리는 성립한다.
- 국가 간 기술수준 동일의 가정(현실적으로 국가 간에 생산기술은 상이하며, 국가 간 생산기술의 차이가 무역을 발생시킨다)
  → 후에 기술격차설, 제품사이클이론으로 보완되었다.
- 규모에 대한 수확불변의 가정(규모의 경제가 작용하는 경우 비용이 체감하며, 무역으로부터 이익을 얻을 수 있다)
  → 후에 완전특화, 산업 내 무역모형으로 보완되었다.
- 완전경쟁의 가정(불완전경쟁이 전재하는 경우 제품차별화와 관련하여 산업 내 무역을 유발시키는 요인으로 작용한다)
  → 후에 불완전경쟁과 현대무역이론으로 보완되었다.
- 국가 간 생산요소의 비이동의 가정(다국적기업, 경제통합, 국제화로 인해 생산요소의 자유이동이 부분적으로 이루어지고 있다)
  → 후에 다국적기업이론으로 보완되었다.

2) 레온티에프 역설

레온티에프 역설이란 **헥셔-오린** 정리의 제1명제, 즉 각국은 타국에 비하여 보다 풍부하게 부존되어 있는 생산요소를 많이 투입하는 상품을 수출하고 희소하게 부존되어 있는 생산요소를 사용해서 생산하는 상품을 수입한다는 비교생산비의 결정요인을 통계적으로 검증한 결과를 말합니다.

레온티에프의 검증 결과를 보면 자본이 풍부하고 노동이 부족한 미국이 노동집약재를 수출하고 자본집약재를 수입했다는 것이다. 이러한 검증결과는 분명히 **헥셔-오린** 정리와는 배치되는 것입니다. 따라서 이와 같은 **레온티에프**의 검증 결과를 **레온티에프** 역설이라고 부르게 되었습니다. 그런데 이러한 결과가 나온 것은 생산요소를 노동과 자본 2가지로만 한정하였으며, 노동을 모두 동질적 생산요소로 취급했기 때문이라는 것입니다.

3) 스톨퍼-사뮤엘슨 정리

스톨퍼-사뮤엘슨 정리란 **헥셔-오린** 정리의 제2명제 즉 요소 가격의 국제적 균등화 명제에 입각하여 높은 임금을 지불하는 미국이 낮은 임금밖에 지불하지 못하는 나라와 자유무역을 실시함에 따라 미국 노동자의 실질임금수준이 저하되는 경향을 파악하고 이를 방지하기 위하여 그 나라로부터 수입되는 상품에 대해 보호관세를 부과해야 할 필요가 있다고 주장한 이론을 말합니다. **스톨퍼-사뮤엘슨** 정리는 미국 노동자의 소득증대와 유리한 소득배분을 위하여 자유무역정책이 유리한가, 보호무역정책이 유리한가를 검토한 이론입니다. 이 정리는 자유무역이 소득배분에 미치는 영향을 명확하게 밝힘으로써 **헥셔-오린**의 무역이론을 더욱 발전시키는 데 상당한 공헌을 하였습니다. 그리고 이 정리는 보호무역주의의 유력한 이론적 뼈대가 되기도 했습니다. 그러나 이 정리는 **헥셔-오린** 정리를 기초로 2국, 2재 2생산요소 등 비현실적 제한적인 가정 위에 정립되고 있으므로 현실 세계에 적용되기 어렵습니다.

3 현대무역이론

노동의 공급량을 전제로 하는 고전적 무역이론과 **헥셔-오린**이론도 사실은 현실과는 동떨어진 수많은 가정을 전제로 하고 있습니다. 이후 이러한 가정들을 수렴하면서 새로운 무역이론들이 나타나게 되었는데 이를 통틀어서 현대무역이론이라고 합니다. 이들 무역이론을 살펴봅니다.

1) 잉여분출설

① **아담스미스**(A. Smith)가 제시하고 **민트**(H. Myint)가 부활하였다.

② 그 나라의 잉여자원을 이용한 상품을 생산하여 수출하고 그 대가로 이
수요가 창출된 외국 상품을 수입한다는 이론이다.

2) 입수가능성이론

① **크레비스**(L. B. Kravis)가 주장하였다.
② 국제무역에서 상품이 거래되는 까닭은 국내에서 그 상품을 구할 수 없기
때문이라는 무역이론이다.

3) 대표적 수요이론

① **린더**(S. B. Linder)가 주장하였다.
② 1차생산물 간(농산물, 광물)의 무역이나 1차생산물과 공산품 간의 무역은
헥셔-오린 정리에 의해 설명될 수 있지만, 공산품 간의 수평적 무역은 다
른 원리에 의해 설명되어야 한다. 즉, 1인당 국민소득수준이 유사하면 두
나라의 수요구조는 유사해지고 국내수요 때문에 어떤 공산물이 대량으로
값싸게 생산되면 그 공산품은 그 나라의 국내수요와 유사한 수요를 가진
외국으로 수출되므로 무역이 증대한다는 무역이론이다.

4) 노동숙련설

① **포스너**(R. Posner), **프리만**(H. Freeman) 등이 주장하였다.
② 숙련노동을 가장 집약적으로 투입하고 있는 산업이 수출을 주도한다.
③ 노동의 숙련도를 일정의 생산요소로 간주하였다.
④ **헥셔-오린** 정리의 부분적 동태화 이론이다.

5) 연구개발요소이론

① **그루버**(W. Gruber)와 **키싱**(D. B. Keesing) 등이 주장하였다.
② 선진국의 무역패턴은 양질의 노동력에 의한 연구 · 개발(R&D)요소에 의
존하기 때문에 기술혁신적 상품수출에 비교우위가 있다.

6) 기술격차설

① **포스너**(M. Y. Posner), **허프바우어**(G. C. hufbauer) 등이 주장하였다.

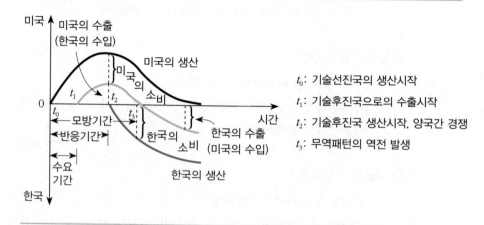

그림 8-2 기술격차설

② **리카아도**와 **헥셔-오린** 정리의 정태성을 극복하고 기술의 중요성을 부각시킨 이론이다.

③ 기술진보가 새로이 이루어진 국가는 그 상품을 독점적으로 생산하여 수출한다. 기술진보가 뒤떨어진 국가는 **크레비스**의 입수가능성이론에 의하여 이 상품을 수입하며 특허도입, 직접 투자의 유치 등에 의한 기술전파에 의해 모방기간(imitasion period)까지 기술 갭이 점차 소멸되어 기술진보가 뒤떨어졌던 국가에서도 국내에서 그 상품을 생산하여 기술이 최초로 발생한 국가로 역수출한다는 무역이론이다.

7) 제품수명주기설

① **버논(R. Vernon), 웰즈(L. T. Wells)** 등이 주장하였다.

② 기술격차설을 보다 일반화시키고 동태적으로 확장 · 발전시킨 이론이다.

③ 제품의 수명을 4단계로 구분하였다.

· 도입단계 : 새로운 상품을 개발하는 단계

· 성장단계 : 신제품단계의 소규모적인 생산공정이 성공하여 시장에서 소비가 늘어나고 생산이 증대하여 비용과 가격이 인하되는 단계

· 성숙단계 : 생산공정의 표준화로 미숙련 노동자에 의해 대량생산이 가능한 단계

· 쇠퇴단계 : 경쟁력이 약화되어 더 이상 생상하지 않는 단계

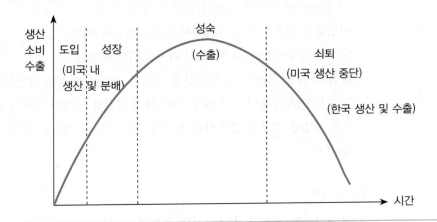

그림 8-3　제품수명주기설

④ 선진국(고소득국)은 새로운 상품에 대한 수요의 소득탄력성이 높고 연구·개발을 위한 노력이 많아 도입단계에 비교우위가 있고 기타 선진국(중소득국)은 성숙단계에 비교우위가 있다. 후진국(저소득국)은 값싼 풍부한 노동력으로 인해 쇠퇴단계에 비교우위가 있다.

⑤ 평가

- 기술격차설이 기술격차가 존재하는 일정시점에 논의의 초점을 맞추는 데비해 제품수명 주기설은 기술격차의 소진과정을 설명하는 동태적 무역이론이다.
- 제품수명주기설은 전체의 무역패턴에 대한 이론이라기보다 제조업분야의 비교우위의 동태적 변화를 설명하는 산업 내 무역모형(intra-industry trade pattern)이라 할 수 있다.
- 자본의 국가 간 비이동성을 가정하는 일반적인 무역이론과 달리 자본의 국가 간 이동을 전제함으로써 다국적 기업의 역할을 강조한다.

8) 산업 내 무역이론

① 산업 간 무역과 달리 산업 내 무역(intra-industry)이란 한 산업 내에서 수출입이 동시에 이루어지는 쌍방무역을 말한다. 이러한 산업 내 무역은 차별화된 제품에서 규모의 경제가 실현되거나 불완전경쟁이 성립하는 경우에 발생한다.

② 요소부존도가 유사한 국가 간에 공산품의 국제무역이 발생하는 원인을
규명하는 데 유용한 이론이라 할 수 있다.

③ 차별화된 상품이론(differentiated products theory)이다.

- 독점적 경쟁시장과 국제무역의 관계를 규명한다.

- 독점적 경쟁시장에서는 동일산업 내에서 소비자 선호의 다양성을 반영하
여 차별화된 상품이 생산된다. 따라서 동일산업 내에서 무역을 하면 소비
자의 다양한 선호를 충족시켜 후생을 증가시킬 수 있다는 산업 내 무역모
형이다.

9) 환경갭 이론

① H. B. Malmgren, I. Waiter 등에 의하여 주장되었다.

② 산업공해 방지를 위하여 투입되는 환경관리비용이 각국 간의 비교우위구
조를 변동시키고 무역패턴을 결정한다는 가설이다. 이 가설이 대두된 것
은 최근 환경파괴방지를 위하여 투입되는 환경관리비용이 제품의 생산비
를 상승시켜 수출상품의 국제경쟁력을 변동시킬 뿐 아니라 무역패턴을
변동시키기 때문이다.

③ 그린라운드(Green Round)추진의 이론적 근거가 된다.

10) 수평적 분업이론

① 19세기부터 세계무역의 주류는 수직적 분업이었는데, 제2차 세계대전 후
로 주로 북반구에 집중해 있는 선진공업국 사이에서, 가공도가 높고 같은
범주에 속하는 상품이나 산물들이, 횡적인 교류관계를 중심으로 거래되
었다. 이를 수평적 분업 또는 수평적 무역이라고 한다.

② 수평적 분업은 세계무역의 방향을 파악하는 데 있어, 또한 선진공업국과
개발도상국의 이해관계를 조정하는 데 있어 매우 중요한 현상이다.

11) 신무역이론

① 폴 크루그먼(Paul Robin Krugman)이 주장하였다.

② 산업조직이론과 국제무역이론을 결합하여 산업의 특성이 국제무역패턴
을 일으킨다고 설명한다. 그의 이론은 2개의 경제원리 위에 정립되어 있

는데, 하나는 현대의 대부분 상품은 대량생산을 통하여 생산비용을 낮추고 있고 어느 나라에서든지 별다른 차이가 없다(규모경제원리). 다른 하나는 그럼에도 같은 종류 상품의 국제교역이 이루어지는 이유는 소비자의 다양한 기호가 수요를 지배하기 때문에 대량생산자가 같은 상품이라 할지라도 다른 대량생산자와 경쟁하기 위하여 다른 디자인과 브랜드의 상품을 생산하기 때문이다(독점적 경쟁원리).

Chapter

9

국민경제와 무역

경제학과 무역학은 학문의 출발점이 다릅니다. 흔히 경제학에서 무역학이 시작된 것으로 오해하고는 하는데 이는 무지의 소치입니다. 앞에서 우리는 이러한 내용에 대해 자세히 공부하였습니다.

이 장에서는 무역이 존재하지 않는 경우(그러한 경우는 없지만)의 국민경제에 대해 알아봅니다.

제 1 절 국민경제

1 경제란?

인간의 욕망을 충족시키기 위해서는 사용가치를 지니는 물품 또는 타인의 활동이 요구되는데, 이를 재화 및 용역이라고 합니다. 재화는 다시 2가지로 나누어지는데, 자연상태 그대로 사용되어 만족을 줄 수 있는 '자유재'와 욕망에 비해 희소하여 비용과 희생이 요구되는 '경제재'로 분류할 수 있습니다.

사람들은 희소한 재화와 용역을 통해서 만족을 얻는 구체적인 소비 활동을 통해 비로소 욕망을 충족시키게 됩니다. 그러나 소비 이전에 생산이 필요한데, 이 때 생산수단이 되는 것들을 자원이라고 합니다.

인간은 생산의 주체로서, 최소의 비용으로 최대의 효과를 거두는 경제원칙에 따라 사회적 수요를 만족시킵니다.

이렇게 인간은 생산수단과 노동력을 통해 경제재를 생산하고 이를 분배·소비함으로써 생활을 유지해 왔을 뿐 아니라, 욕구를 충족시켜 왔습니다. 이 모든 순환 과정과 이에 관련된 행동 및 질서 체계를 총체적으로 나타내는 개념이 바로 '경제'입니다.

2 국민경제란?

한 사회에는 다수의 소비경제단위와 생산경제단위 또는 그 복합된 형태로서의 경제단위가 개별경제단위들로서 존재하게 됩니다. 그러한 개별경제는 저마다 독립을 유지하면서도 다른 경제단위와 서로 밀접한 관계를 가지고 있습니다. 이와 같이 개별경제 집단이 영위하는 경제를 사회경제라 하는데, 이 중 국가를 단위로 형성되는 사회경제를 국민경제라고 합니다.

　국민경제의 주체는 소비주체인 가계, 생산주체인 기업 그리고 정부입니다. 생산도 소비도 할 수 없는 정부가 국민경제의 주체로서 하나의 경제단위가 된 것은 나름대로의 의미가 있습니다.

③ 경제의 유토피아

　경제는 *經世濟民*의 줄임말입니다. 이는 세상을 잘 경영하여 못사는 사람이 없게 구제하라는 의미입니다. 오늘날 수 많은 경제체제가 존재하고 있습니다. 크게는 자본주의 경제와 사회주의경제로 구분하지만 그 속 내용은 국가마다 천차만별이라 할 수 있습니다. 게다가 경제체제는 정치체제와도 불가분의 관계에 있기 때문에 단적으로 둘로 구분하기가 쉽지 않습니다.

　문제는 현존하는 어떠한 경제체제라도 완전하지 않다는 것입니다. 이는 완전하지 못한 인간이 만든 제도이기 때문입니다. 인간이 예측하지 못했던, 아니 예측할 수 없는 변수가 너무 많기 때문입니다.

　흔히 '국민경제는 균형을 이루어야 한다'는 논리는 생산의 주체인 기업과 소비의 주체인 가계의 총량이 일치해야 한다는 다소 터무니 없는 이론입니다. 이 세계에 존재하는 어떤 국가도 달성할 수가 없는 유토피아인 것입니다.

　소위 자급자족경제는 존재하지 않습니다. 물론 개인이 아무도 없는 산골에 들어가 원시인처럼 채집 또는 수렵활동을 통해 일생을 보낸다면 개인의 자급자족은 해결할 수도 있습니다. 그러나 이를 국민경제라고 볼 수는 없습니다.

제 2 절　**경제성장**

① 경제성장이란?

　경제성장이란 경제 내에서 생산하는 재화들의 생산량이 증가하는 것을 의미하며 경제성장률을 측정하는 척도로서는 일반적으로 국민총생산이 사용됩니다.

경제성장을 1인당 실질국민총생산의 증가로 나타내기도 하는데, 이는 국민 1인당 소득수준을 말하며, 이 경우 1인당 실질국민소득으로 나타내는 것이 일반적입니다.

1인당 실질소득이 성장하기 위해서는 기술혁신이나 생산조직의 변화 등의 구조적인 변화가 필요합니다. 경제성장은 그것이 경제발전을 포함하는 한 단순한 양적변화가 아니라 동시에 질적변화의 과정이기도 합니다. 이와 같이 제도나 구조 등 질적변화를 수반하는 것을 경제성장이라고 하며, 오늘날에는 경제발전까지도 경제성장에 포함시켜 사용하고 있습니다.

2 경제성장의 결정요인

생산요소의 양이 증가하거나 기술수준이 상승하여 생산의 효율성이 높아지는 경우 생산력이 증대합니다. 경제성장을 실현하기 위해서는 생산력의 증대와 함께 시장의 확대도 필요합니다. 시장이 확대되어야만 생산을 결정하는 유효수요를 늘릴 수 있기 때문입니다.

경제성장을 결정하는 요인에는 다음과 같은 것이 있습니다.

첫째, 인구증가로 노동력을 증가시켜 생산력을 증대시키는 동시에 소비수요와 거기에 따르는 투자의 증대를 가져와 시장을 확대시킵니다.

둘째, 기술혁신으로 인한 신산업의 생성이나 새로운 생산방법의 채택은 투자의 가장 기본적인 성공요인인 동시에 노동생산성을 높여 생산력을 증대시킵니다.

셋째, 자본축적은 고용량을 증대시킬 뿐만 아니라 노동력 1인당 자본량 즉 자본집약도를 높여 노동생산성을 높입니다.

넷째, 산업구조의 고도화입니다. 공업화가 촉진되고 중화학 공업화가 진전될수록 그 나라의 노동생산성의 평균치가 높아지고 생산력이 증대합니다. 제2차 세계대전 후의 세계는 전자공업과 석유화학공업을 중심으로 하는 기술혁신기에 접어들어 선진공업국의 경제성장률은 전쟁 전에 비하여 훨씬 높아졌지만 후진국에서는 여전히 낮습니다.

제 3 절   우리나라 경제

1 우리나라의 경제성장

　　우리나라는 1960년대에 들어서면서 경제개발계획의 추진으로 '한강의 기적'이라 일컬어지는 고도의 경제성장을 이룩하면서 세계의 이목을 끌었는데 경제개발계획 추진세력의 출현(정치적 리더십의 확립), 국민의 강인한 생활의지(사회전체로서의 가치관의 개선, 국가적 당면과제의 변화), 저렴한 노동력, 국제정세의 호전 등의 요인이 바탕을 이루고 있었으며 이 밖에도 많은 기술혁신, 새로운 시장의 형성, 새로운 자원의 발견, 국내정치의 안정, 원조정책의 전환, 교육발전에 따른 전문인력의 향상 등이 경제성장에 기여했다고 할 수 있습니다. 그러나 이러한 급격한 성장에 따라 빈부의 격차, 물질 만능주의 사상으로 인한 사회정의의 타락, 도시인구의 과밀화와 농촌인력의 부족, 환경오염 등과 같은 심각한 문제들이 제기되고 있습니다.

2 우리나라의 경제현황

　　우리나라의 2010년 기준 1인당 GNI가 US$20,759을 상회하였습니다. 국제수지도 2010년 경상수지가 28,214백만 달러로 전년대비 13.95%인 4,577백만 달러가 감소하였으며 수출은 464,287백만 달러로 전년 대비하여 29.62%인 106,097백만 달러가 증가하였으며 수입은 422,383백만 달러로 전년대비 31.86%인 102,059백만 달러가 증가하였습니다. 우리나라 2010년 총 무역액은 2009년보다 30.67%인 208,156백만 달러가 증가한 886,670백만 달러를 기록하였습니다.

　　한편 2008년 글로벌 금융위기 이후 한국경제는 강한 회복력을 보이면서 다른 경제협력개발기구(OECD) 대비 높은 성장 추세를 보이고 있습니다. 외부 충격을 충분히 흡수할 정도로 건전성도 강화됐습니다. 정부의 경제정책 방향은 양적 성장 위주의 정책에서 지속가능한 '인간 중심의 성장'으로 패러다임 전환을 꾀하고 있습니다.

　　구체적으로 볼 때 한국의 경제(GDP) 성장률은 2010년부터 2016년까지 평균 3.4%로 OECD 평균 1.9%에 비해 월등히 높은 성장률을 나타냈습니다. 성장률

순위는 OECD 35개국 중 다섯 번째에 해당합니다. 경제 규모도 2014년 13위에서 11위로 두 계단이나 뛰어올랐습니다. 2017년 한국의 GDP는 1조 4,044억 달러로 세계 11위 수준이며, 1인당 GDP는 2만 7,633달러입니다. 주요 수출품으로는 석유제품, 반도체, 자동차, 선박, 평판디스플레이 등입니다.

외부 충격에 대한 완충력도 대폭 개선됐습니다.

한국의 외환보유고의 경우 2017년 8월 현재 3,850억 달러로 최근 3년 동안 대외 결제액의 6~9배를 유지하고 있습니다. 이는 같은 국가신용등급(AA0)을 보유한 다른 선진국의 대외 결제액 대비 외환보유고가 2~3배 수준인 것에 비하면 대외 결제 능력이 높다고 볼 수 있습니다.

실제로 우리나라 외화 순자산은 2013년에 플러스(+)로 전환해 2분기 말 현재 2,240억 달러에 달했습니다. 재정수지도 2010년 이후 계속 흑자를 유지하고 있습니다.

국가 부채 구조도 개선되는 추세입니다. 총부채 대비 단기외채 비중은 최근 3년 동안 20%대를 유지했습니다. 주요 국가 단기외채 비중이 60%에 달하는 것과 비교해 상당히 낮은 수준입니다. GDP 대비 정부 부채도 30%대로, 70%대인 주요국 부채 비중의 절반 수준에 불과합니다.

또한 수출이 빠른 속도로 줄어들 가능성도 낮다고 전망됩니다. 한국 수출이 글로벌 전체 수입액에서 차지하는 비중은 3%대로 안정적인 시장점유율(MS)을 유지하고 있으며, 2017년 내수 증가율은 3% 선으로 견실한 성장 추세를 보여 수출과 내수가 균형 있는 성장세를 보이고 있습니다. 수출 지역과 수출 상품 또한 다변화해 있어 보호무역주의와 중국 경제 침체에 대한 내성을 충분히 갖추고 있습니다.

그럼에도 불구하고 한국 경제는 새로운 도전에 직면해 있습니다. 저성장 기조가 지속되면서 구조적 문제로 인한 소득 불균형이 심화되고 있으며, 취업률은 점진적으로 개선되고 있지만 여전히 OECD 평균에 비해서는 낮은 수준입니다. 또 출산율 저하에 따른 노령화로 노동가능 인구 감소와 노인 인구 지원이라는 이중 부담을 지고 있습니다.

이에 따라 지속가능한 성장 정책의 필요성이 높아졌습니다. 정부 정책도 지속가능한 성장으로 초점을 맞추고 있습니다. 정부 정책은 가계나 기업의 살림살이와 차원이 다릅니다. 정부가 발행하는 채권은 기본적으로 '안전자산'이며, 일시적으로 적자를 기록했다고 한들 파산하는 일은 없습니다. 정확하게 표현하자면, 자국 통화 기준으로 발행한 채권을 만기일이 되어서도 원금을 되돌려주지 못하는 일은 발생하지 않습니다. 왜냐하면 정부는 세금을 조달할 권한을 가지고 있는데다, 중앙은행이 발권력을 가지고 있기 때문입니다.

가장 대표적인 예가 일본으로, 1990년을 전후한 자산시장 붕괴 이후 일본 정부가 대대적인 재정지출 확대에 나서면서 GDP 대비 국가부채가 200% 이상 수준으로 뛰어올랐습니다. 그러나 최근 일본의 10년 만기 국채금리는 0.05%에 불과합니다. 이렇듯 일본 채권금리가 낮은 수준을 유지하는 이유는 일본 중앙은행이 디플레이션 상황을 타개하기 위해 적극적인 양적완화 정책을 시행하는 데다, 전체 발행 국채의 90% 이상을 일본 국민이 보유하는 등 매우 안정성이 높기 때문입니다.

따라서 국가의 부채를 민간의 부채와 동일시해서는 안 됩니다. 경기가 나쁘고 물가가 안정될 때에는 적극적인 재정정책을 통해 경기를 부양할 필요가 있으며, 반대로 경기가 좋고 물가가 상승할 때에는 세금 인상 등을 통해 경기를 안정시키는 게 바람직합니다. 현재 한국의 재정정책은 다음과 같은 문제점이 있습니다. 2017년 국세가 22조 8,000억 원이나 더 걷혔습니다. 이는 지난 1년 동안 경기, 특히 내수경기가 좋지 않은 상황에서 상당히 문제가 있다고 볼 수 있습니다. '재정승수'가 꽤 높을 것으로 기대되는 상황임에도 대규모 재정흑자를 기록했습니다. 일반적으로 재정승수는 많은 사람들이 실업상태에 있을 때 커지는 특성이 있습니다. 한국경제에 있어서 보다 중요한 문제는 취업관련 지표입니다.

통계청이 발표한 '2018년 1월 고용동향'을 보면 경제활동참가율은 61.8%를 기록했습니다. 이는 전년 같은 기간에 비해 0.4%포인트 상승한 것이긴 하지만, 이른바 '생산활동인구'인15~64세 연령의 62%만이 구직 의사를 지니고 있다는 것입니다. 특히 20대 후반의 경제활동참가율은 74.6%로, 30대의 78.1%보다 3.5%포인트나 낮습니다. 이렇게 20대 후반의 경제활동참가율이 낮은 이유는 눈높이에 맞는 직장을 구하기 힘들기 때문입니다. 20~29세 실업률은 8.1%에 달하는데, 이는 그나마 1년 전에 비해 0.2%포인트나 낮아진 것은 다행입니다. 특히 교육 수준별 실업률을 살펴보면, 대졸 이상 학력자의 실업률은 9.7%에 달하고 있습니다.

한편 최근 이자율이 상승하기는 했지만, 이는 거의 대부분 해외 요인에 의한 것으로 판단됩니다. 미국 시장금리가 3.0%선에 다가서면서 한국의 시장금리도 상승했습니다. 그러나 실세 금리는 여전히 매우 낮은 수준을 유지하고 있습니다. 2017년 12월 중 은행의 예금 신규취급액 기준 저축성 수신금리는 연 1.81%에 불과하며, 잔액 기준 총 수신금리는 1.18%에 머물러 있는 상황입니다. 다시 말해, 매우 낮은 금리를 제시하더라도 시중에 자금이 넘쳐 예금하려는 수요가 많다는 것을 알 수 있습니다.

이상의 여러 가지 상황을 종합해볼 때, 2017년 정부가 22조 원이 넘는 재정 흑자를 기록한 것은 자랑할 일이 아닙니다. 실업률이 높은 수준을 유지하고 이자율마저 안정된 상황에서, 재정지출을 충분히 늘리기는커녕 대규모 흑자를 기록했기 때문입니다. 따라서 정부의 재정지출증가가 경제 전반에 강력한 인플레를 유발할 위험은 낮은 것으로 판단됩니다. 정부재정이 부실하다면 재정을 건전하게 유지하려는 태도 그 자체를 비판할 수는 없습니다. 그러나 우리나라는 2008년 글로벌 금융위기 이후에도 한국의 GDP 대비 국가부채는 30%대에서 유지되고 있습니다. 특히 기업들의 대규모 흑자, 그리고 부동산 거래의 폭발적인 증가 등을 감안할 때 2019년에도 대규모 재정흑자가 예상되는 만큼, 재정지출의 확대를 적극 고려할 필요가 있습니다.

Chapter

10

세계경제와 무역

제 1 절 세계경제

부존자원이 빈약한 우리나라는 개인은 물론이고 사회나 국가를 유지하기 위해서 석유나 지하자원, 목재 등의 수입이 반드시 필요합니다. 더욱이 제조업을 중심으로 하는 산업의 확대발전을 위해 공업용 원재료의 수입도 필요합니다.

이렇게 수입을 해야만 하고 수입대금을 조달하기 위해서는 가공한 공업제품을 수출하여 외화를 획득하는 형태로 우리나라의 무역이 시작되었습니다.

물론 경제발전 초기에는 단순한 가격경쟁력에 의존한 수출주도형의 경제발전전략이었지만 오랜 시간 점차 연구개발비를 늘려 독립적인 기술개발능력을 갖춘 결과 수출금액이 수입금액을 상회하여, 이제는 무역흑자국이 되었습니다.

그러나 세계경제의 발전과 무한경쟁으로 인하여 각국이 자유무역을 유지하고 보호무역을 억제하고, 시장개방을 통한 수입제품의 증가 등 국제적인 의무도 무역에 있어서 중요과제가 되고 있습니다.

한편 21세기 글로벌화에 발맞추어 상거래 역시 국제적으로 이루어지고 있습니다. 이른바 국제무역으로서 각종 국제무역기구와 다자간 협정(WTO) 및 조약 그리고 양자간 협정(FTA)들을 바탕으로 국가들은 서로 교류를 하고 있습니다.

과거부터 국제교류를 통하여 이익을 발생시키고 더 나아가 자국의 경제를 발전시키는 데 큰 몫을 하고 있는데 공동체 간의 물물교환에서 비롯하여 지금의 국제적인 무역에 이르기까지 무역과 경제와의 상호관계가 존재함은 분명합니다. 이러한 무역이 날이 갈수록 무역의 장벽이 무너지고 자유무역으로의 길이 열리면서 국가 간 경제관계는 밀접해 갈 수밖에 없습니다.

무역은 국가경쟁력을 확보하는 데 큰 역할을 하고, 경제성장에 있어서 무역의 영향이 증대함에 따라 경쟁우위를 차지하기 위한 노력이 계속되고 있습니다.

그렇다면 무역은 경제에 어떠한 영향을 미치는 것인가에 대해 알아봐야 할 것입니다.

소비자가 소득에서의 수입과 수출의 비에 따라 생활수준이 달라지듯이 국가 역시 국제무역에서의 수입과 수출을 통하여 외화의 수준이 달라질 것이고 여타 경제에 영향을 미치게 됩니다.

이제부터 경제성장을 이룩하는 요인들은 어떤 것들이 있으며 국제무역이 어뜳게 발생하여 어떠한 변화를 거쳐왔는가를 알아보고 이들이 어떤 관계 속에 존재하는가를 알아봅니다.

제 2 절 무역의 역할

1 무역의 발생

　　무역이란 교환 또는 매매를 칭하는 것으로서 초기에는 서로의 산물을 교환하는 것에 국한되었으나 현재 우리가 사용하고 있는 광의의 무역은 상품의 교환과 같이 보이는 무역뿐만 아니라 기술 및 용역과 같이 보이지 않는 무역 및 자본의 이동까지도 포함합니다.

　　이처럼 무역이란 단순히 특정 상품의 효용가치가 적은 곳에서 효용가치가 높은 곳으로 이전시킴으로써 재화의 효용 및 경제가치를 증가시킬 뿐만 아니라 모든 재화의 생산요소, 즉 원료·서비스·운송·여객·노동 및 자본의 이동까지도 포함시키는 것으로 이해되어야 합니다.

　　국경을 넘어선 국가 간의 상거래를 국제무역이라 하는데 생산조건의 차이에 따라 각국의 생산물은 그 종류나 품질, 수량 등에 차이가 있게 되며 이러한 차이 때문에 국제무역이 필요하게 됩니다.

　　국제무역은 정치적으로는 봉건제에서 통일적 국민국가가 성립되면서 시작하였으며 경제적으로는 화폐경제로 이행되면서입니다. 당시의 화폐는 금과 은에 의존하였으며 이 시기의 사상을 중금주의라 하며 스페인은 금과 은광산의 개발로 금의 획득이 자유로웠고 기타 국가들은 무역차액으로 금과 은을 획득하였습니다.

　　현대에 와서는 국가 간 경제관계가 밀접해지면서 교류는 증대되고 이에 방해되는 무역장벽이 축소되고 있습니다. 그리고 다자간 무역체제가 강화되고 자본이동에 대한 제한이 줄어드는데 다양한 국가 간 정책 및 제도적 변화가 기술의 발달에 의해 급성장하였습니다. 따라서 세계화가 진전되고 세계무역의 급성장, 국제적 자본이동의 확대, 금융시장이 하나로 통합되는 현실에 와 있습니다.

❷ 무역의 또 다른 형태

보통 무역이라 하면, 눈에 보이는 상품의 수출입거래를 말합니다. 물품무역은 국제수지 중에서도 가장 큰 비중을 차지하고 있으며, 이러한 물품의 수출입 차액을 나타낸 것이 무역수지입니다.

서비스무역은 눈에 보이지 않지만, 물품무역거래에 부수적으로 발생하는 무역을 말합니다. 즉, 외국의 항공회사, 해운회사, 보험회사, 통신회사에 지불한 운임보험료와 통신료와 우리나라의 항공회사, 해운회사, 보험회사, 통신회사가 수취하는 운임보험료, 통신료의 차액이 서비스 수지(외화수지)로 나타납니다.

또한, 우리나라로부터 해외에 출국하는 업무출장자와 관광여행객이 외국에서 사용한 외화와 우리나라에 내방한 외국인여행객이 소비하는 외화의 차액도 서비스수지의 큰 요소입니다. 우리나라 기업의 해외자회사가 모회사에게 환원하는 투자수익은 소득수지에 계상됩니다. 이와 같은 무역의 또 다른 형태에 대해 알아봅니다.

최근에는 기술의 도입/수출에 따르는 로열티 수지가 증가하고 있습니다. 외국기업과의 기술제휴에는 기술도입과 기술수출이 있습니다.

1) 기술도입

우리나라의 제조업 발전에 기여한 것의 하나로, 주요 선진국으로부터의 기술도입이 있습니다. 기술도입에는 특허권사용, 노하우도입이 있습니다.

2) 기술수출

1990년 이후, 우리나라의 제조업이 갖고 있는 특허권을 외국의 제조업자에게 계약을 통해 사용시키거나, 노하우를 이전하는 기술수출이 주로 개도국을 대상으로 이루어지고 있습니다.

3) 로열티

기술제휴의 대가를 로열티라 부르며, 계약에 기초하여 일정 기간 지불, 수취가 있습니다. 국제수지상 무역외수지로서 나타나지만, 최근에는 로열티수지가 증가하는 추세입니다.

이 외에도 무역거래의 한 형태로서 특수무역이 있습니다. 특수무역은 일반

무역거래와 같이 계약과 선적, 결제, 상품인수로 완료되는 거래가 아닙니다. 외국업자에게 제조를 위탁하거나, 일정기간 상품을 위탁하여 후일 대금을 정산하는 계약이며, 플랜트수출은 1회에 한정되는 수출 계약으로, 동일 상품의 계속적이고 반복적인 거래가 아닙니다.

또한 통상 상품의 수출입거래와는 다소 다른 지식을 필요로 하는 위탁판매계약과 위탁가공무역 등의 특수무역과, 플랜트수출도 있습니다.

4) 위탁가공무역

외국으로부터 가공위탁을 받아 원재료를 수입하고, 제품화하여 위탁자에게 수출하는 순위탁가공과, 외국의 수탁자에게 원재료를 제공하고 가공된 제품을 한국의 위탁자가 인수하는 역위탁가공이 있습니다. 어느 쪽이든 원재료와 가공품의 소유권은 위탁자에게 있으며, 수출입은 통상적으로 무환으로 이루어지고 있습니다.

5) 위탁판매무역

상품을 수출하고 해외업자에게 판매위탁하거나, 반대로 해외업자로부터 자국 내에서 상품판매를 위탁받는 두 가지가 있습니다. 판매완료까지 상품의 소유권은 위탁자에게 있습니다. 판매 후 수탁자는 대금을 송금하고, 일정의 중개료를 수취하며, 잔품이 있는 경우 위탁자는 상품을 인수하게 됩니다.

6) 플랜트수출

생산설비와 대형기계 수출을 말하며, 통상 설비 외에 기술이전도 수반됩니다. 보통 철강공업생산설비, 선박, 철도차량, 발전기 등의 수출을 플랜트수출이라고 합니다. 현지에서 플랜트를 완성하고, 구매자에게 장치를 움직이는 열쇠를 전달하는 '턴키방식'에 덧붙여서 운전 보수요원 등의 훈련까지 포함한 기술이전을 수반하는 것이 대부분입니다. 계약으로 부터 인도까지 기간이 길고, 금액도 크기 때문에 대부분의 경우, 연불수출이 됩니다.

제 3 절 우리나라 무역상품의 변화

1 수출상품의 변화

우리나라는 1945년 해방 이후 전통적으로 원료를 수입하여 그 원료를 다시 가공하여 수출하는 가공무역을 위주로 하고 있습니다. 농산물이나 공업원료를 수입하여 공업제품을 수출 혹은 제품을 만드는 기술이나 시설을 수출하여 외화를 벌어들이고 있습니다. 기계부품을 들여와 완제품으로 조립하여 재수출하거나 기술 및 공장 전체를 수출하며 우리 기술자들이 해외에 나가 건설공사를 벌이는 것도 이에 포함됩니다.

다음은 1960년 이후 현재까지의 무역상품 변화를 보여 주고 있습니다.

- 1960년대 : 철광석, 주석, 직물, 합판, 의류, 김, 텅스텐 등
- 1970년대 : 섬유, 전자제품, 선박, 철강제품, 합판, 기계, 원양어류
- 1980년대 : 섬유, 신발, 장난감, 선박, 철강제품, 전자제품, 기계, 합성수지, 금속, 자동차
- 1990년대 : 반도체, 전자제품, 선박, 자동차, 철강제품
- 2000년대 : 반도체, 자동차, 컴퓨터, 무선기기, 선박, 석유제품, 합성수지

최근 들어 우리나라는 4차 산업혁명의 기반이 되는 정보통신기술(ICT) 제품의 수출 경쟁력은 비교적 높지만 4차 산업혁명을 선도할 품목의 수출경쟁력은 아직 미흡한 것으로 나타났습니다.

한국무역협회 국제무역연구원이 발표한 '4차 산업혁명 주요 품목의 수출동향과 국제경쟁력 비교'보고서에 따르면 4차 산업혁명의 기반이 되는 ICT 품목의 수출은 전반적으로 호조세를 보이고 있으나 단일 품목(메모리 반도체)에 대한 의존도가 높다는 불안요소를 지니고 있는 것으로 나타났습니다.

2016년 ICT의 세계 수출시장에서 우리나라의 점유율은 5.9%(세계 6위)로 전체 품목의 세계 점유율(3.1%, 세계 8위)의 약 두 배 수준일 뿐 아니라 지난 4년간 ICT 수출 증가율이 전체 수출 증가율을 상회하며 부진한 리나라 수출을 지탱해 왔습니다. 그러나 우리나라 ICT 수출에서 메모리 반도체가 차지하는 비중이

28.7%('16년 기준)에 달해 전체적으로 ICT 수출 호조를 이어가기 위해서는 여타 제품의 수출경쟁력 강화가 절실한 것으로 나타났습니다.

또한 4차 산업혁명 주요 품목(지능형 로봇, 항공우주, 전기자동차, 첨단 의료기기, 리튬 2차전지, 시스템 반도체, 차세대 디스플레이 등 7개)을 국제 비교한 결과 전반적으로 수출 경쟁력이 미흡한 것으로 분석됐습니다. 무역특화지수와 세계 수출시장 점유율(6% 기준)을 통해 평가한 결과, 리튬 2차전지와 차세대 디스플레이만이 수출 경쟁력이 높은 반면 여타 품목은 아직 미흡한 것으로 나타났습니다. 특히 항공우주, 첨단 의료기기, 시스템 반도체의 경우 세계 시장 점유율과 수출특화도가 모두 낮아 수출 경쟁력 제고를 위한 노력이 시급한 것으로 분석됐습니다.

이들 7개 품목의 수출경쟁력 변화 추이를 살펴보면 전기자동차를 제외하면 전반적으로 정체되거나 약화된 것으로 나타났습니다. 지난 4년간 전기자동차의 세계 수출시장 점유율 및 수출특화도는 크게 높아졌지만 우리나라의 高수출경쟁력 품목인 리튬 2차전지와 차세대 디스플레이는 중국 등의 생산 규모 확대로 인해 수출 시장 점유율이 크게 하락했습니다. 여타 품목의 경우 4년간 수출특화도나 세계 수출시장 점유율 면에서 큰 변화가 없었던 것으로 나타났습니다.

따라서 우리나라의 수출산업은 ICT 분야의 높은 경쟁력을 4차 산업혁명 관련 산업에 접목시켜야 하는 중요한 시점에 직면해 있기 때문에 기업들은 새로운 수요와 가치를 창출하는 시장 창조형 혁신(market creating innovation)에 나서고 정부는 R&D 지원과 플랫폼 조성에 적극 나설 필요가 있습니다.

2 수출국가별 변화

미국을 제치고 우리나라 최고의 교역국으로 등장한 중국과의 2010년 무역은 전년대비 25.1%가 증가한 1,168.4억 달러를 기록하였으며 수입은 16.8%가 증가한 715.7억 달러로 우리나라는 중국으로부터 452.7억 달러의 무역흑자를 기록하였습니다. 총교역량이 1,884.1억 달러에 이르며 이는 우리나라 총교역량의 21.25%에 해당합니다. 앞으로도 중국과의 교역은 계속 증가할 전망이고 FTA 등을 포함하여 중국과의 관계 재정립이 필요한 상태입니다.

미국은 전년대비 10.7%가 증가한 498.2억 달러를 수출하고 전년대비 9.5%가 증가한 404억 달러를 수입하여 우리나라 전 교역량의 10.2%인 총 902.2억 달러를 기록하였습니다. 우리나라는 94.2억 달러의 무역흑자를 기록하였으며 미국과의 교역은 계속 현 상태가 유지될 전망이며 FTA로 미세한 증가가 예상됩니다.

인도네시아 등 동남아의 교역이 활발한 증가 추세에 있으며 2010년은 전년대비 20%가 증가한 933.2억 달러를 그리고 14%가 증가한 596.9억 달러를 수입하여 총 1,530.1억 달러의 교역을 함으로써 중요한 국가로 부상하고 있습니다. 총 336.3억 달러의 흑자를 유지하여 우리나라 전 교역량의 17.3%에 해당됩니다.

일본은 전년대비 6%가 증가한 281.8억 달러의 수출과 15.1%가 증가한 643억 달러의 수입으로 361.2억 달러의 만성적으로 우리나라 최고의 무역 적자를 기록하고 있습니다. 대일 무역적자 수지 개선이 우리나라 무역환경 변화에 매우 중요하며 일본을 대체할 수 있는 기술개발, 소재개발과 수입 다변화 정책이 필요합니다.

한국무역협회 국제무역연구원이 발표한 '세계 수출시장 1위 품목으로 본 우리 수출의 경쟁력 현황' 보고서에 따르면 지난 2016년 인도는 수출시장 점유율 1위 품목이 156개인 것으로 파악됐습니다. 이는 전년대비 30개 증가한 것으로, 같은 기간 49개 감소한 중국과 대조를 이루고 있습니다. 이렇게 중국의 1위 품목 수가 감소한 것은 지난 2005년 1위로 올라선 이후 최초이며, 내수시장 위주의 성장과 각국 보호무역 조치의 영향을 받은 것으로 분석됩니다.

전체 순위는 독일 · 미국 · 이탈리아 · 일본 등이 중국의 뒤를 이었으며, 한국은 13위로 나타났습니다. 우리나라의 1위 품목 수는 71개로 2015년 대비 3개 증가했으며, 이는 2010년 이후 최고치입니다.

71개 중 화학제품과 철강은 각각 25개와 15개였으며, 지난 5년간 1위를 유지한 품목 역시 이들 제품이 대부분이었습니다. 또한 2016년에는 군함과 프로펜 등 17개 품목이 1위가 됐으나, 선박추진용 엔진 · 건조기 부분품 등은 1위에서 내려왔습니다.

71개 품목 가운데 16개 품목은 2위와의 격차가 5%p 미만인 것을 근거로 현재 1위에 오른 품목들도 경쟁국들의 추격으로 앞으로 낙관하기 어렵다고 보았습니다.

이를 자세히 살펴보면 다음과 같습니다.

| 표 10-1 | 주요 국가별 세계 수출시장 점유율 |

국가명	2014		2015		2016		품목수 증감
	순위	품목수	순위	품목수(a)	순위	품목수(b)	(b-a)
중국	1	1,634	1	1,742	1	1,693	-49
독일	2	710	2	635	2	675	40
미국	3	562	3	606	3	572	-34
이탈리아	4	224	4	195	4	209	14
일본	5	179	5	175	5	178	3
인도	7	140	7	126	6	156	30
네덜란드	6	148	6	145	7	144	-1
프랑스	8	117	8	101	8	98	-3
벨기에	9	96	9	83	9	87	4
캐나다	12	79	11	77	10	82	5
한국	13	67	14	68	13	71	3

자료 : UN Comtrade
주 : 국가는 2016년 순위를 기준으로 정렬

제 4 절　무역과 경제성장

1 국제수지와 국민경제

　　한 국가의 국제수지 적자는 타국들의 국제수지 흑자를 의미하고 국제수지의
변동은 국민경제에 지대한 영향을 미칩니다.

　　국제수지의 균형상태는 독자적 거래만으로 이루어지는 외화의 수입과 지출
이 일치하는 상태를 말하며 바람직한 형태라고 할 수 있습니다. 외화의 지출이
수입을 지나치게 초과 시 국가보유의 외화가 바닥나면 생산에 필요한 원자재의
수입이 불가능하게 되고 결국 국가경제가 파탄될 가능성이 있습니다. 외화수입
이 지출을 지나치게 초과 시 외국의 소비재, 자본재, 원자재를 수입함으로써 국
민들의 생활수준이 향상되고 경제발전에 도움이 될 수도 있지만 통상마찰이 발
생할 우려가 있습니다.

이와 반대로 국제수지 불균형상태는 각종 독자적인 거래에 따른 외환의 수입과 외환의 지출이 서로 일치하지 않는 상태를 말합니다. 기후불순이나 노동자의 파업에 따른 계절별 및 변칙적 불균형과 교역국들의 물가, 생산, 고용수준의 변화 등으로 인한 순환적 불균형, 수출시장의 기호의 변화나 소득분배의 변화 그리고 특정수출품의 수요변동으로 인한 구조적 불균형을 들 수가 있습니다.

외환의 수입이 외환의 지출보다 클 때 국제수지 흑자가 발생하며 상품생산이 증가하면서 고용이 확대됩니다. 따라서 국민소득이 증가하고 국민경제가 성장 및 발전하는 것입니다. 둘째, 국가경제의 건실한 운영으로 외채가 감소하고 주요 원자재의 안정적 확보, 해외직접투자가 가능하게 됩니다. 이를 통해 경기부양을 위한 경제정책수단의 폭이 확대되면서 경제의 안정적 운용이 실현됩니다. 셋째, 생활수준이 향상되면서 외국상품을 다양하게 수입, 국민들의 외화사용한도가 확대됩니다. 넷째, 국내통화량이 증가하면서 정부의 통화관리가 힘들어지며 교역상대국과의 통상마찰을 야기할 수도 있습니다. 이러한 국제수지 흑자가 지속될 경우에는 물가상승의 가능성이 더욱 커지게 됩니다.

국제수지 적자는 외환의 지출이 외환의 수입을 초과할 때 나타납니다. 첫째, 수입이 많아지면 국내에서의 상품생산이 감소하면서 실업이 증가하게 되고 소득은 감소합니다. 둘째, 수출로 인한 획득 외화로 수입대금지급이 곤란해지기 시작하면서 차관을 도입하게 되고 외채상환 어려움이 커지면 국제적인 신용도도 하락합니다. 이러한 어려움이 반복되면 더 높은 이자율이 지급되는 악순환을 겪게 됩니다.

모든 경제에 대한 변수는 그때그때의 상황에 따라서 긍정적으로 또는 부정적으로 볼 수도 있습니다.

환율정책도 마찬가지입니다. 환율의 인상은 달러화의 가치가 올라가고 원화의 가치가 내려가는 것을 의미합니다. 환율의 인하는 달러화의 가치가 내려가고 원화의 가치가 올라가는 것을 의미합니다.

환율이 인상되면 수출업자는 미 달러화로 같은 가격에 같은 물량을 수출하였다 하더라도 원화를 더 받게 됩니다. 달러의 금액은 적지만 원화로 평가되는 금액은 오히려 더 늘어나게 됨으로써 기업의 입장에서는 다른 경쟁국의 기업보다는 유리한 것이죠. 그래서 경쟁력이 생겨 수출이 늘게 됩니다. 그러나 수입업자는 수입하는 물품이 미 달러화로 같다고 하더라도 과거보다 더 많은 원화를 지불하여야 하기 때문에 수입품의 국내 가격은 올라가게 됩니다.

유학생의 경우에는 과거보다 같은 금액을 한국에서 송금 받더라도 원화로 환산한 금액은 과거보다 많은 원화가 필요하므로 경제적으로 부담이 됩니다. 외국인이 국내에 투자하는 경우는 환율의 인상이 되면 과거보다 원화를 더 받을 수 있으므로 유리하게 됩니다. 그러나 내국인의 국외투자는 원화를 더 지불하여 환전해야 함으로써 불리하게 됩니다.

이 밖에도 내국인의 해외여행은 불리하고, 외국인의 국내여행은 유리하게 됩니다.

환율이 인하되면 이와 반대의 상황이 나타나게 됩니다. 따라서 환율 상승이 좋다 또는 나쁘다라고 특정하여 정의하기는 어렵습니다.

우리나라와 같이 대외의존도가 높고 대외환경에 영향을 받는 국가에서는 환율의 인상 또는 인하가 경제에 미치는 영향이 중요하다는 사실은 분명합니다.

이러한 근본적인 이유는 모든 수출과 수입은 원화로 결제할 수가 없기 때문입니다. 일반적으로 국제무역에 있어서 대금결제는 미 달러화로 거래를 하고 결제를 하기 때문에 국내소비자에게 공급하는 모든 물품은 원화로 받지만 원자재, 소비재, 중간재 등을 소비자에게 공급하기 위해서는 수입을 해야 하는데 이러한 수입을 위해서는 달러화를 사서 결제를 해야 하기 때문에 달러화의 공급이 문제가 되는 것입니다.

달러화의 공급은 대표적으로 수출기업이 한다고 할 수 있습니다. 수출기업은 수출을 하고 대금을 결제받는데 이렇게 결제를 받은 달러화로는 국내에서 노동자의 임금, 세금, 공과금을 낼 수 없기 때문에 원화가 필요해서 수출기업은 외화인 달러화를 시장에 팔고 원화로 환전하기 때문에 외환시장에서는 이들을 외화의 공급자라고 합니다.

한편 환율 인상 시에는 외국인이 기존의 환차손을 방지하기 위하여 투자된 자금을 회수를 하려고 할 것이기 때문에 환율 인상의 속도가 빨라질 수 있습니다. 그러므로 주식시장이나 채권시장 및 부동산 등의 투자자산의 가치가 하락할 수 있습니다. 또한, 환율 하락 시에는 원자재, 중간재, 자본재, 소비재 등의 결제 금액이 하락합니다. 수입기업에는 좋겠지만 수출기업에는 악재입니다.

우리나라와 같이 국민경제에 있어서 수출의 비중이 높은 나라에서는 너무 높은 환율 수준도, 그렇다고 너무 낮은 수준도 긍정적이라고 할 수 없습니다. 적정 수준의 유지가 좋다고 볼 수 있습니다.

② 경제성장과 무역

우리나라는 무역의존도가 높은 나라입니다(제4장 4. 우리나라와 무역 참조). 뿐만 아니라 미국이나 캐나다처럼 무역의존도가 낮은 나라라 할지라도 무역은 국민경제와 불가분의 관계에 있습니다.

무역이 국민경제에 미치는 영향을 수출과 수입 측면에서 나누어 살펴보면 수출의 경우 첫째, 무역은 고용 및 소득을 유발합니다. 특정국가의 수출의 증대는 수출과 직접 또는 간접으로 연관성을 갖고 있는 관련산업의 생산활동을 촉진시켜 고용을 창출하게 합니다.

둘째, 외화조달 및 경기조절기능을 가집니다. 국내에서의 수요가 줄어드는 경우 위축된 국내시장을 보완한 생산수준의 저하와 실업의 증가를 방지하며 이와 반대로 국내수요가 급격히 증가할 경우에는 수출증가의 억제를 통하여 경기를 조절할 수 있게 됩니다.

셋째, 수출의 증대는 대량생산을 통한 규모의 경제를 실현시켜 산업구조의 고도화를 촉진시킵니다. 즉, 수출의 증대는 곧 생산증대로 이어지고 생산의 증대는 생산비용의 하락을 통하여 규모의 경제를 실현시켜 줍니다. 저렴한 비용에 의한 대량생산은 경쟁력 강화로 연결되고 경쟁력강화를 통한 수출증대는 당연한 것이라고 할 수 있습니다.

넷째, 수입을 유발합니다. 수출품 생산에 필수적인 원자재 및 시설재의 수입은 장래의 확대 재생산에 사용될 것이기 때문에 수입유발도의 증가에 따른 소득유발효과의 감소보다는 새로운 투자를 통한 소득증대 효과가 더 중요할 수 있으며 대표적으로 우리나라나 대만의 경우를 예로 들 수 있습니다. 두 나라는 공업화 과정에서 절대적으로 필요한 원자재 및 시설재의 도입을 통한 가공무역형태를 택하였으며 그 결과로 높은 경제성장을 달성하게 되었습니다.

수입 측면에서의 국민경제와의 관계는 첫째, 국내에 부족한 원자재의 수입은 국내원자재의 활용기회를 확대할 뿐만 아니라 국내원자재와 보완적으로 결합되어 생산설비의 가동을 촉진시킵니다. 또한 관련 생산품이 다른 산업의 중간재로 사용될 경우 연쇄적인 생산 및 고용효과를 낳게 되는 장점이 있습니다.

둘째, 국내산업의 경쟁력이 제고됩니다. 어떠한 나라든 공업화 또는 경제개발의 초기에는 수입대체산업의 육성과 뒤이은 수출산업의 촉진정책을 택하게 되는데 이러한 정부의 정책은 소비자의 희생하에 기업가 혹은 수출업자에게 혜택을 주게 됩니다. 그러나 경제적 능력이 일정수준에 도달하게 되면 그동안 정부의 과잉보호 속에서 혜택을 누린 기업들은 보호의 틀에서 벗어나 국제경쟁사회에 적응하지 않을 수 없습니다.

셋째, 국내상품의 품질 및 가격조건이 개선됨으로써 국내소비자는 물론 국제시장에서 경쟁력도 제고되며 수출의 증대도 도모할 수 있습니다. 그러나 국내소비자들의 외제선호경향은 장기적으로 볼 때는 관련국내기업의 도산을 초래하여 국내산업의 기반이 붕괴될 수 있는 위험을 내포하고 있습니다. 따라서 국산제품의 양질화와 저가격화를 통한 국제경쟁력 배양이 필요합니다.

📖 참고자료

제5장 참고

1. 자본주의1부 : 돈은 빚이다.
   https://www.youtube.com/watch?v=0LYMTsj_eqc

2. 자본주의2부 : 소비는 감정이다.
   https://www.youtube.com/watch?v=JswkII5vrBk

3. 자본주의3부 : 금융지능은 있는가
   https://www.youtube.com/watch?v=Iu-w6STAz64

4. 자본주의4부 : 세상을 바꾼 위대한 철학들
   https://www.youtube.com/watch?v=LaGYPiGXynU

5. 자본주의5부 : 국가는 무엇을 해야 하는가
   https://www.youtube.com/watch?v=-E9nCQbHRPM

제9장 참고

1. 베네수엘라 인플레이션

* 베네수엘라 인플레이션[8]

국제통화기금(IMF)이 베네수엘라의 2018년 물가상승률이 140만%가 될 것이라고 9일(현지시간) '2019년도 세계경제전망 보고서'에서 밝혔다. AFP 보도에 따르면 지난 7월 IMF는 100만%를 전망했지만 이 날 이를 이같이 상향했다.

2019년은 더욱 심해진다. 지난해부터 1000%라는 상상하기 어려운 초인플레이션에 도달한 베네수엘라는 올해는 140만%, 내년에는 1000만%라는 살인적인 인플레이션을 갖게 될 전망이다.

베네수엘라 경제는 2014년부터 서서히 붕괴해 왔다. 국제유가가 급락한 뒤 오랜 기간 반등에 실패하면서 국가의 주수익원이 감소했다. 여기에 지난 5월 니콜라스 마두로 정권이 부정 선거를 통해 집권하며 미국 등이 제재를 강화해 사정이 더 악화됐다.

이에 막대한 보조금 지급 등 베네수엘라가 유지해 온 사회주의적 경제시스템의 지탱도 어려워졌다. 경제위기가 심화되며 베네수엘라에선 식량을 구입하거나 기본적인 의료 서비스에도 접근하기 어려운 상황이 빈번하게 발생했고, 다른 국가로의 '엑소더스'가 급증했다.

정부는 자국통화인 볼리바르를 평가절하하고 최저임금을 인상하는 등의 조치를 취했지만 경제는 나아지지 않고 있다.

베네수엘라 경제는 2017년 14% 마이너스 성장했고 2018년 또 다시 18% 마이너스 성장할 것으로 예상됐다. 더 악화될 여지가 없어 2019년에는 5%만 하락할 것으로 보인다.

1인당 국내총생산(GDP)는 2013~2017년 사이의 5년간 35% 이상 감소한 것으로 추정된다. 2013년과 2023년 사이 10년간은 60% 가까이 감소할 것으로 예상된다고 IMF는 말했다.

IMF는 지역 및 신흥시장 인플레이션 평균 계산에서 베네수엘라를 뺐다. 베네수엘라를 제외한 신흥국 시장 인플레는 올해 평균 5%가 될 것으로 전망됐다.

---

8) 2018년 10월, IMF 발표 기사 발췌

PART

03

무역정책

무역학을 이루고 있는 3대 요소는 무역이론, 무역정책, 무역사입니다. 앞서 우리는 제2부에서 무역이론을 공부하였습니다. 제3부에서 살펴볼 무역정책은 이론적인 무역정책과 실무적인 무역정책으로 나눌 수 있는데, 이론적인 무역정책이란 국민경제적 관점, 즉 거시경제학의 관점에서 분석하는 것이고, 실무적인 무역정책이란 법과 제도를 중심으로 분석하는 것을 말합니다.

오늘날 무역정책은 크게 자유무역주의와 보호무역주의가 대립되어 논의되고 있습니다.

자유무역주의는 비교생산비의 원리를 근거로 하여 국가가 무역에 대해서 간섭을 하지 않는 것이 경제적으로 자국에 유리할 뿐만 아니라 국가경제에 대해서도 유리하다는 주장입니다.

이 자유무역주의는 중상주의에 반대하여 주장되었으며, 19세기에는 관세의 인하를 구체적 내용으로 하였고, 20세기, 특히 제2차 세계대전 후에는 수입제한 · 외환관리제와 같은 직접적 무역통제의 폐지를 구체적 내용으로 하여 GATT를 설치하였습니다.

이에 대하여 보호무역주의는 경제발전이 늦은 국가에서 무역을 자유롭게 하면 국내의 기존 산업 또는 장래 발전 가능성이 있는 산업이 외국과의 경쟁에 의해서 위협을 받거나 발전의 기회를 상실하게 되므로 국내 산업의 보호를 위하여 수입을 제한하여야 한다는 주장입니다.

제3부에서는 다음과 같이 살펴봅니다.

Chapter

무역정책의 발전과정

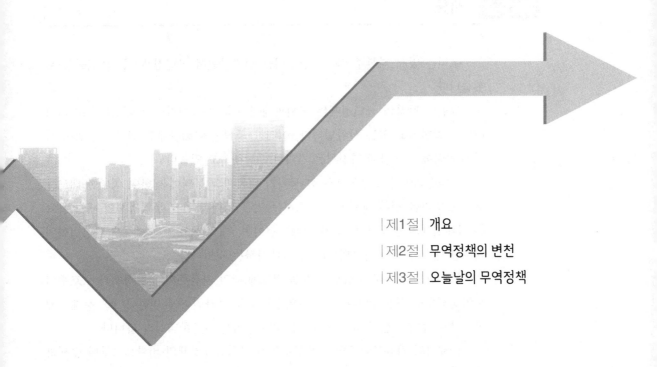

|제1절| **개요**

|제2절| **무역정책의 변천**

|제3절| **오늘날의 무역정책**

보호무역주의는 공업화의 이익에 기초를 두고, 19세기 후반 독일의 **F.리스트**에 의한 유치산업보호육성론과 미국의 **A.해밀턴**에 의한 공업보호론에서 출발하여, 1930년대에 와서는 관리무역으로 발전되었습니다. 그리고 1970년대의 세계적인 자원 파동 이후 선진공업 국가들이 채택하고 있는 신보호무역주의적 경향은 국제무역에 큰 장애 요인으로 등장하고 있습니다.

이 같은 자유무역주의와 보호무역주의는 오늘날까지 꾸준히 무역정책상의 논쟁의 대상이 되어왔습니다. 그러나 제2차 세계대전 이후부터 세계 각국의 무역정책은 균형무역주의라고도 할 수 있는 새로운 경향을 띠게 되었습니다. 그리하여 협조적 국제주의하에 무역자유화가 전체적인 흐름으로 되어 있습니다. 바꾸어 말하면, 오늘날의 국제무역은 협조적 국제주의와 이기적 국민주의가 무역정책상에서 융화되는 시기라고 할 수 있습니다.

제1절 개요

우리는 앞서 자본주의와 공산주의를 설명하면서 국민경제라는 의미를 공부했습니다.

그런데 각각의 국민경제는 이해관계에 따라 세계시장에서 때로는 경쟁하고 때로는 화합하고 있는 상황입니다. 이러한 극심한 이해관계를 해결하기 위해 각국은 자국에 유리한 무역정책을 기획하고 실행하고 있습니다.

무역정책이란 일반적으로 한 국가가 타국과의 무역에 대하여 어떠한 태도를 취할 것인가를 정부 차원에서 규정하는 것을 의미합니다. 무역정책의 대내 목표는 국내경제의 안정과 산업 간 균형발전이며, 대외 목표는 국제경제 환경변화의 적절한 대응을 통해 자국의 이익을 극대화하는 것입니다.

무역정책의 형태는 정부의 간섭 정도에 따라 자유주의 무역정책과 보호주의 무역정책으로 구분합니다. 자유무역정책이란 국가권력에 의한 보호 · 통제 · 제한 · 금지 등의 간섭이 없는 자유로운 외국무역을 자유무역이라 합니다.

19세기의 자유무역주의는 중상주의적 무역통제정책의 비판으로부터 발생하여, **리카아도(Ricardo, D.)**의 비교생산비원리에 의하여 이론적 기초가 부여되었습

니다. 즉 비교생산비원리가 지향하는 방향으로 생산을 특화함으로써 자원의 최
적배분이 확보된다고 하는 것입니다. 인위적으로 무역을 통제하는 것은 자원의
최적배분을 왜곡시키므로 비능률적이라는 것입니다. 그러나 자유무역주의는 그
전제로서 경제의 발전단계가 동등한 국가 간의 자유무역이라는 것, 자유경쟁에
의한 무역이익이 각국에 예정조화적으로 배분된다는 것, 금본위제에 의해 가격
과 국제수지가 자동조정된다는 것을 포함하고 있습니다.

　　자유무역의 주도국인 영국이 실제로 대폭적인 관세인하를 단행하고 자유무
역시대를 출현시킨 것은 1860년부터이나, 10년이 채 지나지 않아 당시의 후진국
독일에서 보호무역주의가 시작한 것은 위의 세 가지 전제가 현실적으로 충족되
지 못한 것을 의미합니다.

　　또한 제1차 세계대전 후 금본위제로의 복귀를 통한 자유무역의 경향은 경기
변동 특히 불황의 파동에 의해 봉쇄되었습니다. 이는 19세기의 자유무역론이 경
기순환의 문제를 포함하지 않고 완전고용하에서의 자원의 최적배분만을 문제로
삼고 있었기 때문이었습니다. 제2차 세계대전 후 각국이 부흥됨에 따라 무역자
유화의 움직임이 강화되어 왔습니다. 그 원리는 가격 메커니즘이 갖는 자원배분
의 능률에 중점이 두어진 것이나, 다른 점은 WTO · IMF와 같은 국제기구를 가지
고, 또한 동시에 EU에서 보는 바와 같은 지역적인 협력기구를 통해서 자유화에
의 추진이 행하여지고 있다는 점입니다.

　　우리가 알고 있는 중상주의 무역정책은 상공업을 중시하고 국가의 보호 아
래 국산품의 수출을 장려하고 수입은 통제함으로써 국부의 증대를 꾀하려는 보
호무역정책입니다. 이와 반대로 자유무역정책은 국가 간 자유무역을 통해서 자
국이 외국보다 싸게 생산할 수 있는 재화를 수출하고, 그 반대의 경우에는 수입
을 해야 한다는 것입니다.

　　한 걸음 더 나아가 보호무역정책은 국가가 상품 및 서비스의 국가 간 무역을
포함한 국내 산업이나 국내 고용 등에 대해서 인위적인 간섭을 해야 한다는 무
역정책을 말합니다. 자유무역정책은 국가의 인위적 개입이 불필요한 정책이므로
특별한 정책수단은 존재하지 않습니다. 그러나 보호무역정책은 국가가 다양한
정책수단을 통해 무역에 개입을 하므로, 일반적으로 무역정책의 수단이라고 하
면 보호무역의 정책수단을 의미합니다. 또한 국가의 보호무역정책은 수출지원정
책과 수입규제정책으로 구분할 수 있는데 일반적으로 보호무역정책이라고 하면

수입규제정책을 의미합니다.

수입규제정책을 위한 수단에는 크게 관세정책과 비관세정책이 사용되고 있습니다. 관세정책이란 수입되는 상품에 관세부과를 함으로써 무역정책을 적극적으로 활용하는 정책을 의미합니다. 관세부과를 통해 재정당국은 가격효과, 소비효과, 산업보호효과, 재정수입효과, 국제수지보호효과, 소득재분배효과, 고용효과, 교역조건효과 등의 경제적 효과를 얻을 수 있습니다.

수입규제정책을 위한 또 다른 수단으로는 비관세장벽을 설치하는 것입니다. 비관세장벽(NTB: Non-Tariff Barriers)이란 국제무역에서 원활한 상품의 이동을 저해하는 관세 이외의 모든 무역정책 수단을 의미합니다. 비관세장벽은 형태나 실행 규정 등이 매우 복잡하기 때문에 그 분류가 용이하지 않지만 크게 수입을 제한하기 위한 비관세장벽과 수출을 촉진하기 위한 비관세장벽으로 구분할 수 있습니다.

가국의 무역정책은 시대적 환경에 따라 자유주의 무역정책과 보호주의 무역정책을 선택하거나 혼합하여 시행하고 있으며, 보호주의 무역정책도 품목에 따라 관세정책(가격정책)과 비관세정책(비가격정책)을 혼합하여 시행하고 있습니다.

세계 전체적으로 볼 때 어떤 국가도 완전한 자유무역정책을 시행하고 있는 국가는 없습니다.

구체적인 보호무역정책의 내용으로는 수입제한정책과 수출진흥정책이 있습니다. 수입제한정책의 구체적인 방법에는 관세정책 외에도 수입할당제(Quota system), 구상제(Barter system), 연계제(Link system) 등이 있으며, 수출진흥정책에는 수출금융우대, 수출장려금이나 보조금 지급, 수출업체 감면세제, 수출행정의 근대화, 해외시장개척지원 등이 있습니다.

제2절 무역정책의 변천

1 중상주의 시대(보호무역)

중상주의는 15~18세기 상업자본주의 단계에서 유럽 국가들이 채택했던 경제정책과 이를 뒷받침한 경제이론을 말합니다. 중상주의는 널리 사용되는 개념이지만 그 의미가 엄격히 정의되지는 않았습니다. 이 개념은 프랑스의 중농주의 경제학자인 **미라보**(Marquis de Mirabeau)가 처음 사용한 것으로 알려져 있지만, **아담 스미스**(Adam Smith)가 1776년에 출간한 「국부론」에서 기존의 경제정책과 경제이론들을 비판하기 위해 사용하면서 널리 쓰이기 시작했습니다.

따라서 경제학설사 측면에서 중상주의는 자유로운 무역과 시장경제를 강조하는 고전경제학(고전학파)이 등장하기 이전까지 유럽 국가들의 경제정책을 뒷받침했던 이론체계를 가리키는 말입니다.

중상주의는 어떤 특정한 학설이나 사상을 의미하지 않으며 매우 다양한 경향과 주장들을 폭넓게 포함합니다. 똑같이 중상주의의 범주로 분류되어도 자본주의의 발달 양상에 따라 나라마다 그 내용이 크게 다르다. 그리고 같은 나라에서도 동인도회사와 같은 상업자본의 이익을 대변하느냐, 모직공업과 같은 산업자본의 이익을 대변하느냐에 따라 큰 차이를 보이기도 합니다.

역사적으로 중상주의는 15세기 후반 대항해시대가 시작된 이후 18세기 후반 시민혁명과 산업혁명을 거쳐 영국과 같은 선진 자본주의 국가에서 자유무역정책이 실행되기 전까지 나타난 경제정책과 경제이론들을 말합니다.

한편 후발 자본주의 국가들에서는 19세기 이후에도 무역수지를 개선하고 자국의 유치산업을 보호·육성하기 위해 자유무역정책보다는 중상주의적 경제정책들을 채택했습니다.

이를 '신중상주의(neo-mercantilism)'라 부르기도 하는데, 20세기 중반 이후 급속한 공업화에 성공한 신흥공업국들이 신중상주의에 기초해 경제개발을 이루었습니다. 이런 점에서 중상주의는 자본주의의 초기 단계에서 자본의 원시적 축적을 위해 실행된 경제정책과 그것을 뒷받침한 이론체계를 가리키는 개념으로 폭넓게 이해되고 있습니다. 경제정책으로서 중상주의는 금·은과 같은 귀금속을 축적해 국가의 부를 증대시키는 것을 목적으로 합니다.

초기 자본주의 단계에서는 국가의 부는 금·은의 보유량에 비례한다고 생각함으로써 유럽의 각국은 경쟁적으로 식민지 정복에 나서게 됩니다. 또한 이 시기는 절대왕정과 시민혁명을 거치며 상비군과 관료제를 기초로 한 근대국가가 건설되던 시기이기도 합니다. 이 때문에 절대왕정에서 나타난 중상주의를 왕실중상주의(royal mercantilism), 시민혁명 이후의 중상주의를 의회중상주의(parliamentary mercantilism)로 구분하기도 합니다.

중상주의는 이윤이 생산과정이 아니라 유통과정에서 발생한다고 생각했으며, 모든 나라에서 무역거래의 결제수단으로 통용되는 금이나 은과 같은 귀금속을 부의 기본으로 보았습니다. 따라서 초기의 중상주의는 무역을 엄격히 통제해 개별거래에서 금·은의 유출을 막고 유입을 장려해 보유량을 늘리려는 중금주의를 특징으로 했습니다.

그러나 17세기 이후에는 무역의 차액(差額)으로 국가의 부를 늘려야 한다는 무역차액설(theory of the balance of trade)이 등장했습니다. 무역차액설은 엉국의 **토머스 먼(Thomas Mun)**에 의해 확립되었는데, 그는 1621년에 발표한 「영국에서 동인도로의 무역론」에서 개별 무역거래에서 금화가 유출되더라도 국가의 총수출이 총수입을 넘어선다면 손해가 아니라고 주장했습니다.

무역차액설에 기초해서 각국 정부는 금·은의 유출량보다 유입량이 많은 유리한 무역수지를 형성하기 위해 국민경제에 대해 적극적인 개입정책을 펼쳤습니다.

중상주의는 수출을 촉진하기 위해 국내 산업에 대한 보호·육성정책들이 실시되었습니다. 제조업자의 원료 구입가격을 낮추기 위해 원료의 수출을 금지하거나 높은 관세를 부과했으며, 주요 수출산업들에는 보조금과 면세 등의 혜택이 주어지기도 했습니다. 수입을 억제하기 위해서 매우 높은 관세가 부과되었으며, 일부 상품은 수입을 금지하기도 했습니다.

1651년 영국과 영국의 식민지를 향한 모든 물품의 운송을 영국 국적의 선박으로 제한하는 항해조례(navigation acts)를 반포한 **올리버 크롬웰(Oliver Cromwell)**이나 프랑스 루이14세의 재무장관이였던 **장 바티스트 콜베르(Jean-Baptiste Colbert)** 등의 정책은 이러한 중상주의 경제정책의 특징을 잘 보여 주고 있습니다.

한편, 이러한 정책들을 뒷받침하기 위해 경제학을 둘러싼 논의와 연구도 활발히 진행되었고, 이는 근대경제학의 출현에 중요한 밑바탕이 되었습니다.

16~17세기에 스페인의 살라망카 대학에서 활동했던 **프란시스코 데 비토리 아**(Francisco de Vitoria), **도밍고 데 소토**(Domingo de Soto) 등의 살라망카학파는 라틴아메리카에서 금과 은이 대량으로 유입되면서 나타난 가격혁명의 원인과 구조를 체계적으로 분석해 근대 경제학의 발달에 선구적인 역할을 했습니다.

17~18세기에 프로이센과 오스트리아에서 활동했던 **제켄도르프**(Veit Ludwig von Seckendorff), **베허**(Johann Joachim Becher) 등의 관방학파는 재정학을 중점적으로 연구했고, 프랑스의 **장 보댕**(Jean Bodin)은 화폐수량설을 주장했습니다.

이 밖에도 영국왕립거래소를 설립한 **T. 그레셤**(Thomas Gresham), 중금주의의 입장에서 **토머스 먼**과 대립한 **말린스**(Gerard de Malynes) 등이 이 시기에 활동했던 중상주의자들이며, 1767년에 출간된 **J. 스튜어트**(James Steuart)의 「정치경제학 원리」는 중상주의의 이론체계를 총괄했다는 평가를 받고 있습니다.

② 자유주의 시대(자유무역 > 보호무역)

자유주의란 개인의 자유와 자유로운 인격 표현을 중시하는 사상 및 운동으로 사회와 집단은 개인의 자유를 보장하기 위해 존재한다고 보는 이론을 말합니다. 자유주의란 매우 다의적인 개념으로, 그 규정도 천차만별입니다. 하지만 자유주의는 지난 4세기 동안 서양문명을 이끌어 온 대표적인 사상이기도 합니다.

이러한 자유주의 사상은 무역에도 영향을 끼쳤습니다. 자유무역은 대외무역에 있어서 국가의 간섭을 가급적 배제하고 국제무역을 자유롭고 무차별하게 행하고자 하는 것을 말합니다.

즉 세계의 모든 국가가 완전한 개방정책을 실시한다면 각 국가가 자국에 가장 유리한 업종에 종사하게 되어 분업과 대량생산에 의해 생산비용을 줄일 수 있고, 소비자들은 값싼 제품을 구입할 수 있어 인플레이션을 막을 수 있다고 보았습니다. 그러나 이러한 자유주의 무역은 대부분 당시의 선진국들에 의해 주도되었습니다.

③ 보호주의 시대(자유무역 < 보호무역)

보호무역이란 국가가 자국산업보호의 목적을 위해 무역에 제한적 조치를 취해야 한다는 입장으로 '보호무역주의'라고도 하여 '자유(무역)주의'와 대비됩니다.

보호주의의 역사는 오래되었으며, 실제로 미국 통상법의 모체인 **스무트-홀레이법**(Smoot-Hawley Act 1939)은 그 대표적인 것이라고 할 수 있습니다.

1960년대를 거치면서 선진국 간에 경제적 상호 의존 관계가 심화된 결과 각국은 보호주의적 경향이 강해졌습니다. 특히, 미국은 자국산업에 대한 보조금이나 외국제품에 대한 관세부과, 수입수량 제한 등 무역에 있어 정부의 제한적인 규제가 많이 나타났습니다.

미국의 무역정치를 분석한 **데슬러**(I. M. Destler)와 **오델**(John S. Odell) 등에 의하면 이러한 보호주의를 요청하는 미국 국내의 이익단체에 대해 수출산업 중에는 미국정부의 보호주의가 외국정부에서의 보복조치를 초래하여 그것이 자신들의 이익에 반한다고 생각하는 반보호주의 세력이 조직되어 미국의 무역정책이 자유무역의 원칙에서 완전히 괴리하는 것을 방지하고 있다고 주장했습니다.

보호주의는 미국의 보호주의와 독일의 보호주의가 있으며, 이 둘은 내용면에서 다릅니다. 미국의 보호주의는 **해밀턴**의 공업보호론을 의미하는데 당시 미국의 공업이 유럽국가에 비해 경쟁력이 떨어지므로 공업의 보호조치가 필요했기 때문입니다.

이에 비해 독일의 리스트가 주장한 유치산업보호론은 유치산업을 국가가 보호하지 않고 그대로 방치하면 이 산업은 타국과의 경쟁으로 인해 쇠퇴할 가능성이 있기 때문에, 향후 성장가능성이 있는 산업을 선정하여 보호할 필요가 있다는 것입니다. 이는 선진국경제에 대한 후진국경제의 입장과 필요성을 정확하게 이론적으로 접근한 것입니다.

4 신보호주의 시대(자유무역 = 보호무역)

신보호주의란 1970년대 중반 이후에 본격화된 무역제한조치를 말합니다. 이는 선진국 간의 무역 불균형에 따른 무역마찰 심화, 개발도상국의 발전에 따른 선진국의 경쟁력 약화, 미국의 만성적인 국제수지 적자, 빈번한 국제통화위기, 브레튼우즈 체제의 붕괴, 2차에 걸친 석유파동 이후의 세계경제 침체, 선진국의 실업률 증가 등을 배경으로 하여 국내 산업의 보호가 강화되기 시작하였는데, 특히 1970년대 중반 이후 선진국들의 비관세 수단을 이용한 무역제한조치를 말합니다.

　　신보호주의는 보호대상이 주로 선진국의 사양산업이라는 점이 후진국의 유치산업이었던 고전적 보호주의와 구별됩니다.

5 신자유주의 시대(자유무역 = 보호무역)

　　신자유주의는 자본주의 경제의 근본적 불안정성을 전제로 정부의 적극적 개입을 내세운 케인즈주의가 쇠퇴하면서 재등장한 신고전파 경제학 전통을 이어받은 이념으로 개방화, 자유화, 민영화, 탈규제, 탈복지 등을 내세우고 있습니다. 신자유주의는 국가권력의 시장개입을 비판하고 시장의 기능과 민간의 자유로운 활동을 중시하는 이론입니다.

　　신자유주의는 1970년대부터 **케인즈** 이론을 도입한 수정자본주의의 실패를 지적하고 경제적 자유방임주의를 주장하면서 본격적으로 대두되었습니다.

　　케인즈 경제학은 제1차 세계대전 이후 세계적인 공황을 겪은 많은 나라들의 경제정책에 이론적 기초를 제공하였습니다. 미국과 영국 등 선진국들은 **케인즈** 이론을 도입한 수정자본주의를 채택하였는데, 그 주된 내용은 정부가 시장에 적극적으로 개입하여 소득평준화와 완전고용을 이룸으로써 복지국가를 지향하는 것이었습니다.

　　케인즈 이론은 이른바 '자본주의의 황금기'와 함께하였으나, 1970년대 이후 세계적인 불황이 다가오면서 이에 대한 반론이 제기되었습니다.

　　즉 장기적인 스태그플레이션은 **케인즈** 이론에 기반한 경제정책이 실패한 결과라고 지적하며 대두된 것이 신자유주의 이론입니다. 시카고학파로 대표되는 신자유주의자들의 주장은 미국 **닉슨(R. Nixon)** 행정부의 경제정책에 반영되었고, 이른바 레이거노믹스의 근간이 되었습니다.

　　신자유주의는 자유시장과 규제완화, 재산권을 중시합니다. 신자유주의론자들은 국가권력의 시장개입을 완전히 부정하지는 않지만, 국가권력의 시장개입은 경제의 효율성과 형평성을 오히려 악화시킨다고 주장합니다. 따라서 '준칙에 의한' 소극적인 통화정책과 국제금융의 자유화를 통하여 안정된 경제성장에 도달하는 것을 목표로 하였습니다. 또한 공공복지 제도를 확대하는 것은 정부의 재정을 팽창시키고, 근로의욕을 감퇴시켜 이른바 '복지병'을 야기한다는 주장도 펴고 있습니다.

신자유주의자들은 자유무역과 국제적 분업이라는 말로 시장개방을 주장하는데, 이른바 '세계화'나 '자유화'라는 용어도 신자유주의의 산물입니다. 이는 세계무역기구(WTO)나 우루과이라운드 같은 다자간 협상을 통한 시장개방의 압력으로 나타나기도 합니다. 신자유주의의 도입에 따라 **케인즈** 이론에서의 완전고용은 노동시장의 유연화로 해체되고, 정부가 관장하거나 보조해 오던 영역들은 민간에 이전되었습니다.

신자유주의는 자유방임경제를 지향함으로써 비능률을 해소하고 경쟁시장의 효율성 및 국가 경쟁력을 강화하는 긍정적 효과가 있는 반면, 불황과 실업, 그로 인한 빈부격차 확대, 시장개방 압력으로 인한 선진국과 후진국 간의 갈등 초래라는 부정적인 측면도 있습니다.

제 3 절 오늘날의 무역정책(자유무역 = 보호무역)

관세 및 무역에 관한 일반협정(GATT)과 세계무역기구(WTO)는 자유무역주의의 입장에서 수량제한의 금지, 관세의 인하, 비관세장벽의 감축 등을 시행해 왔으며, 오늘날 국제경제질서에서 보호주의는 일반적인 정통성을 잃고 있습니다.

일반적으로 자국의 안전보장과 보복을 위해 보호주의를 취하는 것은 인정되지 않습니다. 단, 경쟁력을 잃은 국내 산업에는 보호주의적인 조치를 취하도록 국내적 압력을 발휘하는 것은 현재에도 많은 국가에서 인정하고 있으며, WTO 협정도 이를 일부 인정하고 있습니다.

1 다자주의시대(WTO)

국제무역에서 미국이 전통적으로 추구해 온 또 다른 신념으로는 다자주의를 들 수 있습니다. 이것은 오랜 세월 미국이 국제적인 무역협상에서 성공적인 결과를 얻어 내고 리더십을 발휘해 온 근간이었습니다.

다자주의는 여러 국가가 협의하에 국제경제기구를 설립하고, 이 기구가 정하는 규칙에 따라 무역자유화를 통한 무역확대, 통화가치의 안정 등을 추구하는 것을 말합니다.

무역에 관한 협상인 일명 '케네디라운드'로 권위를 인정받은 미국은 1962년 무역확대법을 제정하였습니다. 동 법은 국가 간 무역의 80%를 차지하는 53개국이 평균 35%의 관세를 삭감하기로 합의함으로써 절정에 달했습니다.

1979년 도쿄라운드로 인해 미국과 100여 개의 국가는 추가적인 관세 삭감은 물론이고 수입할당제(쿼터제)와 까다로운 수입허가 절차 같은 비관세 장벽을 줄이기로 합의했습니다.

GATT체제하의 우루과이라운드는 1986년 9월에 시작되어 거의 10년 만에 관세를 줄이고, 나아가 비관세 장벽을 없애며, 농업 관세와 보조금 일부를 삭감하고, 지적 재산권에 대한 새로운 보호조치를 취하기로 합의했습니다.

그러나 무엇보다 중요한 것은 우루과이라운드에서 국제무역 분쟁을 해결할 새로운 장치인 세계무역기구(WTO)를 창설하게 된 것입니다.

② 지역주의시대(FTA)

다자주의가 지역적 한계를 넘어선 포괄적 개념이라면 이와 대조되는 FTA는 양자주의 혹은 지역주의는 무역협정을 통해 두 나라 간 또는 특정 지역 협정당사국 간에 관세를 낮추거나 없애 무역장벽을 낮추는 접근방식입니다.

1995년 정식 출범한 WTO체제 출범 이후 다자간 무역 강화에도 불구하고 최근에는 국제경쟁이 치열해지면서 자유무역협정(FTA)과 같은 양자주의가 오히려 확산되는 추세입니다.

이는 특정 지역의 여러 국가들이 무역, 통화, 산업, 금융 등에 관한 협정을 체결하여 하나의 광역경제권을 형성하고, 회원국 간에는 상품 및 서비스의 이동을 자유롭게 하며, 통화, 금융상의 상호 협조정책을 실시하는 지역적 경제협의체입니다.

특히 미국은 다자주의에 매진하면서도 최근에는 지역주의와 쌍무주의적인 무역협정을 추진했습니다. 이렇게 협상 통로를 좁힘으로써 더 광범위한 부문에서 더 쉽게 합의를 도출해 낼 수 있었습니다.

미국이 시작한 첫 번째 지역무역협정은 미국과 이스라엘 간의 자유무역지역 협정으로 1985년에 시행되었고, 두 번째 미국과 캐나다 간의 자유무역협정은

1989년에 발효되었습니다. 특히 후자의 협상은 미국과 캐나다, 멕시코가 참여한 1993년 북미자유무역협정(NAFTA)으로 발전하여 총 8조 5,000억 달러의 재화와 용역을 생산하는 4억 명의 사람들에게 영향을 미치게 되는 무역협정을 체결했습니다.

북미자유무역협정으로 멕시코가 미국 제품에 부과하는 평균 관세는 10%에서 1.68%로 낮아졌고, 미국이 멕시코 제품에 대해 부과하는 관세는 평균 4%에서 0.46%로 낮아졌습니다. 다만 미국은 합의문에 미국이 소유하고 있는 특허권과 상표권, 판권, 무역 비밀에 관한 권리는 보호되어야 한다는 점을 포함시켰습니다. 이는 컴퓨터 소프트웨어와 영화에서부터 의약품, 화학약품에 이르기까지 미국 제품에 대한 도용과 위조에 대한 우려가 높아지고 있기 때문입니다.

이러한 NAFTA는 2018년 10월 새로운 미국 · 멕시코 · 캐나다 무역협정 (USMCA, United States – Mexico-Canada Agreement)으로 타결되었습니다. 이 협정은 북미자유무역협정(NAFTA) 근대화를 목적으로 내용을 개정한 결과 NAFTA 대신에 새로운 무역협정으로 탄생된 것입니다.

③ 공정무역과 불공정무역

일반적으로는 자유무역을 저해하게 되는 불공정한 무역관행을 총칭하여 불공정무역이라고 합니다. 그러나 무엇이 불공정무역인가에 대한 통일적 견해는 현재 국내적으로도 국제적으로도 확립되어 있지 않습니다. 그 원인은 역으로 무엇이 공정무역(fair trade)인지에 대한 견해가 분분한 것에 있다고도 할 수 있습니다. 공정무역이란 '자유롭고 공정한 무역'을 의미하고 자유무역과 거의 동일시하는 입장이 있으며, 다른 한편으로 공정무역이라는 것은 적어도 부분적으로는 자유무역주의와 저촉하지 않는 대립하는 개념이라는 견해도 존재합니다. 후자의 입장에서 공정무역이라는 개념은 1980년대 중반 이후 미국의 경제력의 저하에 따라 발생한 것으로 미국에 있어서 바람직하지 않은 결과를 초래하는 원인을 불공정무역이라고 인정하고 있으며, 그 해소를 위해 상호주의적 절차를 이용하는 견해로서 파악됩니다.

이와 같은 불공정무역에 대한 미국의 입장을 단적으로 볼 수 있는 것이 1974년 무역법 301조와 1988년 포괄무역경쟁력법 수퍼 301조입니다. 이 규정은 대통령에게 외국정부의 불공정무역 관행으로의 보복조치를 취할 권리를 부여하는 것인데 그것에 의하면 불공정무역 관행이란 다음을 말합니다.

① 무역협정 위반행위

② 미국의 국제법상의 권리를 침해하는 '부정(unjustifiable) 행위'

③ 미국의 상품, 서비스, 투자에 대한 내국민대우 또는 최혜국대우를 거부하는 '차별적(discriminatory) 행위'

④ 시장기회 · 기업기회의 거부 등의 반드시 국제법상의 권리침해에 이르지 않지만 불공정하고 불공평한 '불합리한 행위'

이러한 미국의 입장은 불공정무역의 판정기준을 당시 GATT 등의 국제적 합의에만 요구하는 것이 아니라 보다 넓은 범위를 불공정무역 관행으로서 취할 수 있도록 한 것입니다.

Chapter 12

관세정책

관세정책이란 보호무역정책 중 가장 일반적인 수단으로서 가격기구를 통해 자국의 국민경제에 여러 가지 영향을 끼치는 간접적인 보호무역정책을 말합니다. 제12장에서는 관세부과의 일반적 효과를 알아보고, 소국의 관세부과 효과와 대국의 관세부과 효과에 대해 알아봅니다.

제 1 절 관세부과가 국민경제에 미치는 영향

1 관세부과의 메커니즘

수입물품에 대하여 관세가 부과되면 해당국가의 국민경제에는 여러 가지 경제적 효과가 발생합니다. 관세의 부과는 생산, 소비, 사회후생, 교역조건, 관세수입, 국민소득과 고용 및 국제수지에 변화를 초래합니다.

〈그림 11-1〉에서 D는 수입상품에 대한 한 국가의 국내수요곡선을 의미하고, S는 그 상품에 대한 국내의 공급곡선을 의미합니다. P^*는 자유무역하의 국제가격으로 분석의 대상이 소국이기 때문에 공급곡선 Sf가 수평으로 나타나고 있습니다. 이는 상대국의 수출공급곡선과 수입수요곡선이 무한히 탄력적이기 때문에 회축과 평행한 직선이 됩니다.

그림 11-1 관세부과의 경제적 효과

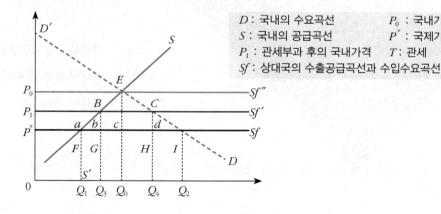

관세의 부과국이 대국인 경우 상대국이 관세를 부과하였을 때 해당물품이 전체 수출공급량에서 차지하는 비중이 작으므로 비탄력적이지만, 소국의 경우 상대국의 관세부과 등 가격변화에 민감하여 수출공급량의 변화율이 상당히 큽니다. 따라서 소국인 경우 수출공급곡선과 수입수요곡선이 무한히 탄력적이라고 가정한 것입니다.

관세가 부과되지 않는 상태의 자유무역하에서 P^*가격으로 교역을 한다면 국내생산이 OQ_1, 국내소비가 OQ_2가 되어 $Q_1Q_2(OQ_2-OQ_1)$만큼 수입에 의존하게 됩니다. 왜냐하면 국내소비량은 OQ_2인데 OQ_1만큼은 국내생산으로 충당할 수 있고, 나머지 초과 수요분은 해외로부터 수입을 해야 하기 때문입니다.

현실의 경제에는 다수의 시장이 존재하고 시장에 영향을 미치는 요인들이 많은 것이 사실이지만, 분석의 편의를 위해 경제규모가 작은 소국에서 수입품에 대해 관세가 부과되면 국내가격은 국제가격보다 관세부과액만큼 상승하는 부분균형분석을 통해 관세의 효과를 살펴보기로 합니다.

② 관세부과의 경제적 효과

1) 소비억제 효과

해외로부터의 수입을 규제하기 위하여 P^*P_1만큼 t율의 관세를 부과하면 수입품의 국내가격 P_1은 관세부과율(t)만큼 국내가격 P^*보다 높아지게 됩니다. 국내가격 P_1 수준에서 국내소비량은 OQ_4이고, 국내생산량은 OQ_3로 Q_3Q_4만큼을 해외로부터 수입에 의존해야 한다. 즉 국내생산량은 관세부과 이전의 수입상품에 대해 관세를 부과할 경우 그 상품에 대한 국내가격은 관세율(t)만큼 인상되며, 생산량은 OQ_1에서 OQ_3로 Q_1Q_3만큼 증가하고 소비량은 OQ_2에서 OQ_4로 Q_2Q_4만큼 감소합니다. 따라서 수입상품에 관세를 부과하면, 그 상품의 국내가격은 관세율만큼 상승하게 되고, 이에 따라 국내의 생산량이 증가하고 소비량은 감소하게 됩니다. 소비자의 손실은 $PICIP^*$의 면적 즉 $a+b+c+d$가 된다. d부분의 경우 소비자가 외국상품을 구매할 때 CIQ_2Q_4만큼 증가시킬 수 있는데도 불구하고 외국의 저렴한 상품에 관세를 부과함으로써 관세분만큼 동 상품의 국내가격이 인상됨으로써 그만큼 소비가 감소하게 됩니다. 따라서 가격이 P^*에서 PI로 인상되어 CIQ_2Q_4만큼이 감소하게 됩니다. 그러므로 d면적($CIQ_2Q_4-HIQ_2Q_4$)이 사실상 국제교환이 어렵게 됨으로써 발생하는 손실입니다.

2) 가격상승효과

관세를 부과할 경우 국내 소비자는 관세부과 이전에 P^*보다 높은 PI 수준의 가격에서 상품을 구매해야 합니다. 수입국에서 수요가 있기만 하면 수출국이 얼마든지 공급이 가능한 경우, 즉 교역상대국의 수출공급이 무한히 탄력적인 경우를 가정한 분석이기 때문에 결국 국내 소비자가 관세부과액만큼의 가격상승분을 부담해야 합니다.

3) 국내산업보호효과

관세의 보호효과는 수입상품에 대하여 관세가 부과될 경우 수입량의 감소로 인하여 국내산업이 보호를 받는 것을 의미합니다. 국내산업의 보호효과는 수입수요의 가격탄력성 및 국내공급의 가격탄력성의 크기와 관세율의 차이에 따라 영향을 받게 됩니다. 만일 양자의 탄력성이 크고 관세율이 높을 경우에는 보호효과는 크며, 반대의 경우에는 보호효과가 작게 됩니다.

그림에서 소비자들을 국내가격의 상승과 소비량의 감소로 인하여 $a+b+c+d$의 소비자 잉여의 감소를 경험하게 되고, 생산자들에게는 a만큼의 생산자 잉여가 추가됩니다. 재정수입 c를 고려한다면 관세부과로 인한 사회적 손실은 $b+d$입니다.

만일 어떤 상품을 국내에서 생산하지 않고 해외에서 수입할 경우 수입비용은 FGQ_1Q_3이지만, 이를 국내에서 생산할 경우 생산비는 FBQ_3Q_1로 b만큼의 추가비용이 들게 됩니다. 따라서 b영역은 관세부과로 말미암아 발생된 국내생산의 증가이므로 이를 국내산업의 보호효과라고 할 수 있습니다. 즉 관세의 부과로 국내에서 증가된 생산량의 비용은 이를 외국으로부터 수입하는 비용보다 더 비싸기 때문에 관세의 보호비용이라고 합니다.

4) 재정수입증대효과

관세부과로 인해 정부는 재정수입을 얻게 됩니다. 그림에서 정부는 단위당 관세율(t)에 관세부과로 인한 수입량 Q_3Q_4를 곱한 만큼의 c면적이 정부가 관세부과로 인하여 얻는 재정수입입니다. 그러나 재정수입을 얻기 위하여 관세를 부과하는 데는 일정한 한계가 있습니다. 지나치게 고율의 관세를 부과하면 수입이 억제될 수 있으므로 오히려 재정수입은 감소될 수 있습니다. 따라서 관세율의 변화와 수입량의 변화 간의 상관관계를 고려하여 적정관세율이 책정되어야 합니다.

5) 소득재분배효과

소득재분배효과란 실질소득이 소비자에게서 생산자로 재배분되는 것을 의미하는 것으로 관세부과는 소득의 재분배효과를 가져옵니다. 관세부과는 소비자에게는 잉여의 감소를 가져오지만, 생산자에게는 잉여의 증가를 가져올 뿐만 아니라 정부의 재정수입도 증가합니다. 그림에서 관세를 부과하면 소비자 잉여는 $P_1 CIP^*(P^* ID' - P_1 CD)$, 즉 a+b+c+d만큼 감소합니다. 한편 생산자 잉여는 $P_1 BF^*(P_1 BS' - P^* FS')$, 즉 a의 면적만큼 증가합니다. 이와 같이 관세부과로 소비자 잉여는 감소하지만 이 감소분의 일부는 생산자(a)와 정부(c)로 전환되는데, 이러한 효과를 재분배효과라고 합니다. 하지만 b와 d의 두 삼각형 면적은 관세의 부과로 경제 전체로 볼 때에는 부(−)의 효과가 발생하는데 이를 관세의 비용이라고 합니다.

6) 수입대체효과

국내에서 생산이 가능하면서도 수입가격이 낮아 외국으로부터 수입되는 경우에 관세를 부과할 경우 국내 상품보다 가격이 높아지게 되어 수입은 억제되고 억제된 수입량만큼 국내에서 더 생산하게 되고, 이러한 생산의 증가가 완전고용 상태하에서 요소보수의 증가로 나타나게 되는 효과를 수입대체효과 또는 소득효과라고 합니다.

7) 교역조건 개선효과

관세의 교역조건 개선효과란 관세가 부과되어 관세부과국의 교역조건은 개선되고, 교역상대국의 교역조건은 악화되는 것을 의미합니다. 관세부과로 인한 교역조건의 효과는 관세부과국과 교역상대국의 오퍼곡선의 탄력성에 따라 다릅니다.

8) 국제수지 개선효과

국제수지 개선효과란 수입물품에 대한 관세의 부과로 수입이 감소되고, 국내의 생산량이 증가하여 국제수지가 개선되는 것을 의미합니다. 그림에서 관세의 부과로 생산면에서 Q_3Q_1의 생산증가와 소비면에서 Q_4Q_2의 수입감소가 발생하여 금액을 계산할 경우 $OP^* \times (Q_3Q_1 + Q_4Q_2)$로 수입의 감소분만큼 정(+)의 국제수지 효과로 나타납니다.

한편 2개 국가 이상이 자유무역을 하게 되면 생산량이 극대화되고 모든 국가들이 이익을 얻게 됩니다. 그러나 현실적으로는 모든 국가들이 무역을 제한하고 있습니다. 또한 관세를 부과하여 자국의 이익을 극대화하고 있습니다. 따라서 무역을 하는 국가가 소국이냐 대국이냐에 따라 관세부과의 영향이 달라지게 됩니다.

현실의 경제에는 다수의 시장이 존재하고 시장에 영향을 미치는 요인들이 많은 것이 사실이시만, 분석의 편의를 위해 경제규모가 작은 소국에서 수입품에 대해 관세가 부과되면 국내가격은 국제가격보다 관세부과액만큼 상승하는 부분균형분석을 통해 관세의 효과를 살펴보기로 합니다.

❸ 소국의 관세부과효과

소국이란 국가의 크기에 따른 것이 아니라 수입상품에 대해 세계 시장가격에 영향을 미치지 않는 국가를 말합니다. 다시 말해, 가격결정에 영향이 없는 국가입니다.

〈그림 11-2〉에서 Dx는 X에 대한 수요곡선이며, Sx는 X에 대한 공급곡선입니다. 무역을 하지 않을 시 공급곡선과 수요곡선이 만나는 E점에서 가격이 결정되어집니다.

만약 무역을 할 경우 1달러에 세계시장가격이 정해져 있을 때에 소국은 1달러에 공급곡선인 20만을 생산하며, 80을 수입으로 대체하게 됩니다. 여기에서 소국은 공급이 줄어든다고 해서 세계가격에 영향을 미치지 못하기 때문에 그대로 가격을 수용하게 되며 나머지를 수입할 수밖에 없습니다.

이 상태에서 국가가 1달러의 관세를 부과하면 100%의 관세를 적용하게 됩니다. 따라서 가격은 2달러로 올라가게 되며, 국가는 80의 소비를 하게 됩니다. 그

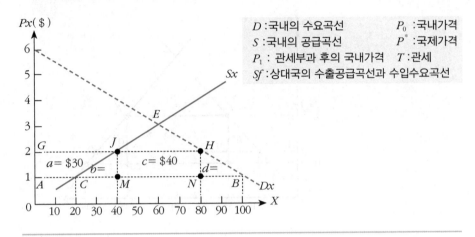

그림 11-2   소국의 관세부과효과

러면 생산은 +20이 늘어난 40을 생산하게 되며, 수입은 80에서 40이 줄어든 40을 수입하게 됩니다.

이런 방식으로 관세의 소비효과(국내소비의 감소)는 −20(1달러일 경우 100을 소비하지만 관세를 적용하면서 소비가 20 줄어든다.), 생산효과(관세로 인한 국내생산의 증가)는 +20이 되며, 무역효과는 관세를 부과하기 전 80에서 40으로 줄어들게 됩니다. 또한 수입효과(관세수입)는 40달러가 됩니다. 따라서 관세로 인하여 소국은 세계가격에 영향을 끼치진 못하지만, 국내생산을 늘리는 효과와 관세수입을 얻게 됩니다. 이것이 소국의 관세효과입니다. 만일 수요곡선이 더욱 탄력적이라면 소비효과는 더욱더 커지게 됩니다.

4 대국의 관세부과효과

대국이란 무역을 통하여 상품의 세계가격에 영향을 주는 국가를 말합니다. 따라서 관세로 인한 가격상승은 소비자들의 수요가 감소하면서 생산자의 공급가격이 하락하는 즉 가격결정에 영향을 주는 국가입니다.

다음의 〈그림 11-3〉에서 알 수 있듯이 소국과 마찬가지로 1달러의 관세를 부과하였을 때, 소비자의 소비가 줄어들면 생산자는 가격을 내릴 수밖에 없습니다. 따라서 소국에선 2달러에 거래가 되었지만, 이번에는 1.75달러에 거래가 형

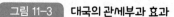

그림 11-3 대국의 관세부과 효과

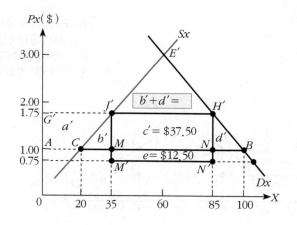

성되면서 대국이 가격결정에 영향을 주는 걸 알 수 있습니다.

　다른 선들은 소국과 비슷하며, a'는 생산자잉여, c'는 소비자로부터 징수한 관세수입, $b'+d'$는 후생손실입니다. 후생손실은 소국보다 가격상승이 적었으므로, 그만큼 소국보다 적은 손실을 가지게 됩니다. 여기에서 c'는 국내소비자로부터 징수한 관세수입이며, e'는 생산자로부터 징수한 관세수입입니다. 따라서 c'는 소국과 마찬가지로 소비자가 징수한 관세수입이지만, e'는 대국이 가격결정에 영향을 미치게 되므로 가격이 하락하면서 생산자 또한 관세를 징수하는 역할을 감당하게 됩니다.

　e' 같은 효과를 관세의 교역조건 효과라고 하며, 이것은 대국이 수입상품에 관세를 부과할 때 나타나는 수입상품 가격하락을 뜻합니다.

　대국은 후생적 손실이 $b'+d'$(계산 시 11.25)를 얻게 되지만 생산자는 관세를 징수하면서 12.5달러의 관세를 징수하므로, 오히려 후생에 손해가 아닙니다.

5 최적관세효과

1) 최적관세율(optimal tariff)

　최적관세란 교역량의 감소에서 발생하는 부정적 효과에 대해 교역조건의 개선으로부터 발생하는 이익을 극대화하는 관세를 말합니다.

즉, 자유무역에서 시작한 국가가 교역조건의 개선에 따른 순이익을 증가시켜 국가의 후생이 최대점에 도달합니다. 하지만 이 점에서 안주하지 않고, 더욱더 관세를 증가시키면 후생은 오히려 감소하게 됩니다. 궁극적으로는 금지관세가 되는 경우 자급자족의 상태로 돌아가게 됩니다. 즉 관세를 부과하면 국내생산이 증가하는데 계속해서 증세하면 국내생산이 늘어가다가 궁극적으로는 국내생산만으로 자급자족의 형태가 되어 버리는 것입니다.

2) 최적관세율의 도출

최적관세율의 무역균형점은 과세국의 무역무차별곡선이 상대국의 오퍼곡선과 만나는 점입니다. 오퍼곡선은 여러 교역조건에 대한 그 나라의 기업 및 소비자가 모두 경쟁적 균형을 이루고 있을 때 그 나라의 균형무역량을 표시하는 곡선입니다. 〈그림 11-4〉는 이를 잘 보여 주고 있습니다.

그림 11-4   **최적관세율**

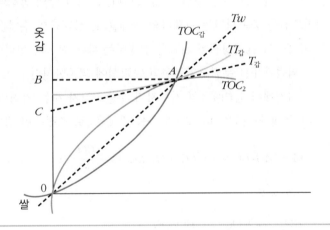

최적관세율의 기본 공식은 다음과 같습니다.
최적관세율을 t^*, 상대국의 오퍼곡선 탄력성을 εf 라 할 때,

$$t^* = \varepsilon f - 1 \cdots\cdots\cdots\cdots\cdots\cdots (1)$$

또, 오퍼곡선의 탄력성은 수입수요의 교역조건 탄력성으로 표시되므로,

ηf를 상대국의 수입수요의 탄력성이라 할 때 최적관세율은 다음과 같습니다.

$$t^* = \frac{1}{\eta f - 1} \cdots\cdots\cdots\cdots\cdots\cdots (2)$$

이는 상대국의 수출공급의 탄력성이 무한대라고 가정한 경우입니다. 상대국의 수출공급의 탄력성을 εf라 할 때는 다음과 같습니다.

$$t^* = \frac{\dfrac{1}{\varepsilon f} + \dfrac{1}{\eta f}}{1 - \dfrac{1}{\eta f}} \cdots\cdots\cdots\cdots\cdots\cdots (3)$$

이 식은 최적관세율의 대표적 공식으로, **비커다이크 · 에지워드 · 칸 · 리틀 그라프공식**(Bickerdikee · Edgeworthe · Kahne Littlee · Graff formula)이라고 합니다. 이상과 같은 최적관세율의 개념은 어떤 공식으로 표시되든, 무엇으로 측정하든 간에 현실적으로는 구할 수 없습니다. 그러나 앞의 공식에서 나타난 것처럼, 최적조건을 충족시키는 관세국의 관세율과, 상대국의 수입수요 탄력성과의 관계를 파악하여 관세정책의 지표를 설정하는 데는 참고가 됩니다.

최적관세는 무역오퍼곡선의 탄력성에 의존합니다.

여기에서 갑(甲)국의 거주자가 수출하고자 하는 가격비율(AB/BC : $T T$갑의 접선)과 국제가격비율(AB/OB)의 차를 관세율 t로 조정하면 됩니다.

$$(1+t)AB/BO = AB/BC = AB/BC, \quad t = \frac{BO}{BC} - 1$$

여기에서

$$\frac{BO}{BC} = \frac{BO/OC}{BC/OC} = \frac{BO/OC}{BC/OC - 1}$$

(AB/OB가 오퍼 곡선의 가격탄력성척도 e)

$$\therefore \frac{BO}{BC} = \frac{e}{e-1} \quad \therefore t = \frac{e}{e-1} - 1 = \frac{1}{e-1}$$

⑥ 실효보호관세율

실효보호관세율은 완제품 수입에 부과되는 명목관세뿐만 아니라 중간재 수입에 부과되는 관세도 고려하여, 전체로서의 관세구조가 국내의 수입경쟁산업에 미치는 실질적 효과를 검토하기 위해 이용되는 보호율의 산정기준으로서, 관세 보호하에 있는 산업의 부가가치 증가율에 의해 계산됩니다.

즉, 어떤 국내산업을 보호하기 위해 수입품에 대해 관세를 부과할 때, 관세 부과로 인한 그 산업의 부가가치가 관세부과 전의 부가가치를 얼마만큼 증가하게 했는가를 나타낸 것입니다. 이때 어떤 산업에 주는 보호는 그 생산물에 대해서뿐만 아니라 그의 투입중간재에 대해 부과된 관세가 얼마만큼 높은가에 의존합니다. 수입을 통해 투입될 중간재에 대해서는 낮은 관세를 부과하고, 이 중간재를 사용하여 생산된 것과 같은 외국의 최종상품 수입에 대하여는 높은 관세를 부과한다면, 그러한 국내상품의 산업은 매우 높은 실효보호율을 갖게 되지만, 이와 반대의 경우는 매우 낮아 적자의 실효보호율을 나타내게 될 수도 있습니다.

실효보호관세율은 다음과 같은 몇 가지 전제조건하에서 계산될 수 있습니다. ① 해당상품의 생산투입계수가 불변이고, ② 자국 내에서의 수입공급곡선과 해외의 수출수요곡선의 탄력도가 무한대이며, ③ 생산자의 경제행위의 동기가 이윤극대화가 아닌 부가가치극대화이며, ④ 전기·수도 등과 같은 국내의 비교역품의 공급도 그 탄력도가 무한대라는 점 등입니다.

이러한 전제조건하에 **B.발라사**에 의한 실효보호관세율의 공식은 다음과 같습니다.

* 실효보호관세율 $= (B-C)/A$
  A: 생산물의 부가가치계수
  B: 생산물에 대한 관세율
  C: 투입재에 대한 가중관세율

그런데 이러한 실효보호관세율은, 첫째, 관세로 인한 자원의 비효율적 배분의 정도를 볼 수 있고, 둘째, 산업의 보호구조와 그 효과를 수량화하기 때문에 특정 산업의 보호를 위한 관세율 조정요구를 비교·검토하는 데 주요한 근거가 되며, 셋째, 관세의 누증적 구조를 설명하기 쉬워 실효보호관세율에 관한 지식은 관세율 인하에 대한 다국간 협의에서 관세 장벽의 철폐 및 저하의 노력을 위한 주요한 무기가 되고, 넷째, 가격 구조를 왜곡시키는 요인을 밝혀낼 수 있다는 데 그 유용성이 있습니다.

7 메츨러(Metzler)의 역설

메츨러(Metzler)의 역설이란 관세를 부과한 산업(수입재생산 산업)이 보호되지 않는 현상을 말합니다. 관세를 부과했는데 오히려 그 산업이 생산하는 물건의 가격이 하락하는 현상을 말합니다.

일반적으로 수입품에 관세가 부과되면 수입재의 국내가격이 상승하고 수입경쟁재인 상품의 국내생산이 늘어남에 따라 그 생산에 집약적으로 사용되는 요소의 소득이 증대하는 **스톨퍼–사무엘슨(Stolper–Samuelson)**의 정리가 성립하게 됩니다. 그러나 일국이 수입관세를 부과했음에도 불구하고 수입재의 가격이 오히려 인하되는 경우가 발생한다면 **스톨퍼–사무엘슨**의 정리와는 반대되는 결과를 가져오게 됩니다.

수입관세는 수입품의 국내가격을 인상시키지만 관세부과국의 교역조건을 개선시켜 수입품의 상대가격을 인하시킬 수도 있습니다. 이 두 개의 상반된 효과 가운데 교역조건개선 효과가 수입품의 가격인상 효과보다 더 크게 작용한다면 관세부과는 수입품의 가격을 하락시키는 반면 수출품의 가격은 인상시킬 수 있습니다.

이러한 가격변화가 일어날 경우 수출품 생산은 늘어나고 국내자원은 수입경쟁산업에서 수출산업으로 전환하게 됩니다. 이에 따라 수출산업에 집약적으로 투입되는 생산요소의 가격은 상승하고 그 요소의 소득은 증가하게 되며, 수입품에 집약적으로 투입되는 요소의 가격은 오히려 하락하게 됩니다. 이러한 **메츨러**의 역설이 성립되기 위해서는 다음과 같은 조건이 성립되어야 합니다.

* $n < 1 - k$

n : 자국의 수출재에 대한 상대국의 수요탄력성

$1 - k$: 자국 수출재에 대한 자국의 한계소비성향

자국이 관세부과국이라고 할 때 자국 수출품에 대한 상대국 수요의 탄력성

보다 그것에 대한 자국 내 한계소비성향이 더 클 경우에는 관세부과로 인해 수입품의 국내시장가격이 오히려 하락하는 예외적 현상이 생길 수 있습니다. 즉 일국의 수출재에 대한 상대국 수요의 탄력성이 작으면 수출재의 상대가격 상승에도 불구하고 수요는 크게 감소하지 않게 됩니다.

반면 수출재에 대한 자국의 한계소비성향이 크면 관세수입으로 인한 소득액 중에서 수출재 소비에 충당하는 비중이 그만큼 커지게 됩니다. 이러한 여건하에서 일국이 수입관세를 부과하면 수출재 시장에서 초과수요가 발생하게 되어 수출재 가격은 상승하는 반면 수입재의 상대가격은 하락할 수 있습니다.

그러나 일반적인 경우에는 한계소비성향이 0보다 크고 1보다 작으므로 위의 조건식 우항은 1보다 클 수 없으며, 수출재에 대한 좌항의 외국수요의 탄력성이 1보다 큰 경우에는 **스톨퍼-사무엘슨**의 정리가 성립하게 됩니다.

따라서 **메츨러**의 역설이 성립하려면 관세수입이 국내소비자에게 완전하게 환원되어야 하고, 상대국의 오퍼곡선이 관세부과 범위 내에서 비탄력적이어야 합니다. **메츨러**의 역설이 이론적으로는 가능하나 실제로 일어나는 경우는 거의 없습니다.

제2절　관세의 분류 및 평가

1 일반적 분류

관세란 국가가 재정수입 및 국민의 안전을 보호하기 위해 관세영역을 출입하는 물품에 대하여 법률 또는 조약에 의거하여 조세를 강제적으로 징수하는 것을 말합니다. 이러한 관세는 보호효과와 가격효과에 의해 수입을 간접적으로 제한하게 됩니다.

관세는 여러 가지 기준에 의해 그 종류를 구분할 수 있는데, 이를 요약하면 다음과 같습니다.

표 11-1		관세의 종류

구 분	종 류	의 의
재화의 이동방향에 따른 분류	수출세	수출물품에 부과하는 관세
	수입세	수입물품에 대하여 부과하는 관세
부과목적에 따른 분류	재정관세	정부가 재정수입을 확보하기 위하여 부과하는 관세
	보호관세	국내유치산업을 보호·육성하거나 기존산업의 유지를 목적으로 부과하는 관세
과세표준에 따른 분류	종가세	물품의 가격을 세액결정의 기준으로 삼아 부과하는 관세
	종량세	물품의 수량을 세액결정의 기준으로 삼아 부과하는 관세
	혼합세	종량세와 종가세를 병행하여 부과하거나 또는 이들 중 관세액이 높은 쪽을 선택하여 부과하는 관세
세율결정에 따른 분류	국정관세	일국의 국내법에 의하여 정하여진 관세율에 의해서 부과되는 관세
	협정관세	한 나라가 다른 나라와의 협정에 의거하여 특정물품에 대하여 관세율을 협정하고 그 협정의 유효기간 중에는 그 세율을 변경하지 아니하는 의무를 지는 관세

2 관세제도에 의한 분류

① 일반관세 : 특정국가의 기준 관세

② 특혜관세 : 특정국가나 특정지역으로부터 수입되는 물품에 대해 관세할인 등 혜택을 주는 관세

③ 차별관세 : 특정한 경우에 특정국가로부터 수입되는 품목에 대해 낮거나 또는 높은 세율을 적용하는 관세

④ 탄력관세 : 행정부에 일정한 범위 내에서 관세율 조정권을 위임하여 조정·변경할 수 있도록 한 관세

⑤ 덤핑방지관세 : 수입국에서 수입증가를 방지하고 국내산업을 보호할 목적으로 기본관세 이외에 덤핑마진금액 이하로 부과하는 관세

⑥ 보복관세 : 외국이 차별대우를 취하는 경우 이에 대한 대응으로 수입되는 물품에 대해 부과하는 관세

⑦ 상계관세 : 국내 산업이 피해를 받거나 받을 우려가 있는 경우 수입국에서 수입품의 경쟁력을 상쇄하기 위해 부과하는 할증관세

③ 관세평가

관세평가는 각종 거래내역 및 가산요소, 공제요소 등을 고려하여 수입물품에 부과할 관세가격을 결정하는 과정이나 절차를 말합니다. 관세를 부과하려면 과세물건이 있어야 하고, 부과된 관세에 납입 부담을 지는 납세 의무자가 있어야 하며, 적정한 관세를 계산하는 데 필요한 세율과 과세표준이 있어야 합니다. 이를 관세부과의 4대 요건이라 합니다. 이 요건 중에서 관세평가의 핵심은 관세율과 과세표준입니다.

그러나 세율은 이미 국제적 협약으로 정의된 상품 분류에 따라 입법 절차를 거쳐 확정되어 있습니다. 반면, 과세표준은 통관 과정에서 매번 개별 과세 물건에 적정한 금액이 평가되고 있습니다. 예를 들어, 외국에서 수입된 자동차의 경우, 세관에서는 자동차에 관세를 부과할 수 있도록 과세표준을 정합니다. 관세법에 의하면 관세의 과세표준은 수입물품의 가격 또는 수량이므로, 관세를 부과하기 위해서는 자동차의 가격이나 수량에 의해 결정됩니다. 그러나 수량을 과세표준으로 하는 경우는 극히 드물기 때문에 일반적으로 관세평가라고 할 때는 과세표준인 가격을 결정하는 경우를 말합니다.

관세평가는 수입품의 가치를 산정하는 방법으로서 국제무역 체제에서 끊임없는 논쟁을 불러일으킨 분야입니다. 국가 간 거래 물품의 선적가격 평가는 간단한 작업으로 보일 수 있지만, 수입업자와 수출업자가 선적가격을 과소평가(understatement)하고 수입국의 관세당국이 이를 과대평가(overstatement)하는 그간의 공통적인 관행 때문에 매우 복잡한 논쟁을 불러일으킬 수 있는 문제점을 가지고 있습니다.

WTO는 이행에 관한 협정 및 그를 통해 상품가치 평가에서 자의적이거나 임의적인 관세평가를 배제하고 공정하고 통일된 중립적인 체제를 제시하는 것을 목표로 하고 있습니다.

GATT 1994에 의한 관세평가협정은 관세평가방법으로 거래가격(제1차 관세가격)을 이용하도록 하고, 이것이 불가능할 경우 동종동질상품의 거래가격(제2차 관세가격), 유사상품의 거래가격(제3차 관세가격), 공제가격(제4차 관세가격), 산정가격(제5차 관세가격)을 순차적으로 이용하도록 하며, 이것도 불가능할 경우 합리적 방법으로 과세가격을 결정하도록(제6차 관세가격) 규정하고 있습니다.

제 3 절 관세와 국제규범

1 HS

HS는 세계적으로 통일된 무역상품분류방식으로 국제관세협력이사회(CCC)가 1973년 신상품 분류개발을 결의한 후 1983년 6월 통일시스템에 관한 국제조약을 채택한 후, HS 체계를 완성하여 1988년 1월 1일부터 세계 60개국과 20개 이상의 국제단체가 실시하고 있습니다. 우리나라도 1988년 1월부터 실시하고 있습니다.

이 분류방식은 품목수를 종전보다 5배 많은 5,019개 품목으로 늘렸으며 품목번호를 4자리에서 6자리로 세분화했습니다. 1987년 8월 한국과 미국의 정부 및 섬유업체 대표들은 HS 도입에 따른 섬유류의 물량이동부적용을 최소화한다는 데 합의하고 이와 함께 직물원사 그룹에서는 새로운 카테고리(229)를 신설, 전체 카테고리도 늘인 바 있습니다.

국제통일상품분류방식은 현행 각국의 관세분류가 관세부과나 무역통계 및 보험 · 운송 등 사용목적에 따라 그 내용이 다르기 때문에 무역상품의 이동에 따라 일일이 상품분류를 변경 적용해야 하는 불편함을 해소하기 위해 이를 통일시켜 시간 및 경비부담을 줄이기 위한 것입니다.

이 제도는 국제통일상품분류제도(HCDCS:harmonized commodity description and coding system)의 약칭으로 SITC, CCCN, TSUSA(미국 관세율표) 등을 국제적으로 통일하기 위해서 채택하였습니다.

종래의 CCCN이 순수하게 관세부과 목적인 데 반해 HS는 관세 · 무역 · 통계 · 운송 · 보험 등 전 분야에 사용될 수 있도록 CCCN을 보완한 다국적 상품분류입니다.

2 CITES

CITES(Convention on International Trade in Endangered Species of Wild Fauna and Flora)는 멸종위기에 처한 야생동식물의 국제거래를 일정한 절차를 거쳐 제한함으로써 멸종위기에 처한 야생동식물을 보호하는 협약을 말합니다.

세계적으로 야생 동식물의 불법거래나 과도한 국제거래로 인하여 많은 야생 동식물이 멸종위기에 처함에 따라 국제적인 환경보호 노력의 일환으로 1973년 미국 워싱턴에서 세계 81개국의 참여하에 CITES 협약을 체결했습니다. 우리나라는 1993년에 가입하였습니다.

CITES 협약은 국제적으로 보호되는 동식물종을 지정하고 수출입증명서 확인 등 일정한 요건과 절차를 거치게 하여 수출입을 규제하고 있으며 회원국은 수출입허가부서, 수출입허가확인부서(세관 등), 단속부서(세관, 경찰 등)로 협약을 운용해야 합니다.

이 협약에 따르면, 규제되어야 할 야생동식물의 종류를 크게 3가지 범주로 나누어 멸종위기에 처한 동식물, 교역을 규제하지 않으면 멸종할 위험이 있는 동식물, 각국이 교역에 의한 규제를 위해 국제협력을 요구하는 동식물로 분류하고 있습니다.

위 범주에 속하는 동식물에 대해서는 각 국가가 수출입을 허가하도록 되어 있으며, 특정한 종의 수출입이 생존을 위협하지 않는 경우에만 허가가 가능합니다. 수출국가는 특정한 종의 수출이 국내법에 의해 합법적으로 인정되는 경우에 동식물을 학대하지 않는 방법으로 운반해야 하며, 수입국가는 이를 상업적 목적으로 이용하지 않고, 적합한 생활환경을 보장해 주어야 합니다.

❸ AEO

AEO(Authorized economic operator)는 9·11 테러 이후 미국세관에서 안전을 강조하면서 통관이 지연되자 세계관세기구(WCO)에서 관련 규정을 강화하기 위해 도입한 것을 말합니다. 이는 수출 기업이 일정 수준 이상 기준을 충족하면 세관에서 통관 절차 등을 간소화시켜 주는 제도입니다.

AEO 적용대상에는 제조자, 수입자, 관세사, 운송인, 중개인, 항구 및 공항, 배송업자 등이 모두 포함됩니다.

한편, 미국은 C-TPAT라는 용어를 쓰고 있습니다. 이 제도는 2010년 6월까지 전체 154개 회원국이 의무적으로 도입했습니다. 한국은 2008년 관세법 개정 등을 통해 이미 도입한 상태이며, 현재 종합인증 우수업체제도라는 명칭으로 시행되고 있습니다.

4 기타 관세관련 국제협약

관세는 국제조세의 범주에 속합니다. 이에 따라 일국이 관세를 부과하면 상대국도 이에 대응하여 관세를 부과하게 되고, 결국에는 무역이 축소되어 각국은 오히려 무역에 의한 이익을 가질 수 없을 뿐만 아니라 무역마찰을 일으키게 됩니다. 국제사회는 이를 해결하기 위해 관세와 관련한 각종의 협약을 체결하여 무역 원활화에 기여하고 있습니다.

다음의 〈표 11-2〉은 이러한 관세 관련 국제협약을 보여 주고 있습니다.

표 11-2   **관세 관련 국제협약**

번호	관세행정관련국제협약명	발효일	관련기구
1	관세와무역에관한일반협정(GATT)	67. 4.14	WTO
2	WTO설립을위한마라케쉬 협정	95. 1. 1	〃
3	1994 관세및무역에관한일반협정	95. 1. 1	〃
4	GATT 제6조(덤핑방지에 관한 규정)의시행에관한협정	95. 1. 1	〃
5	GATT 제7조(과세가격 평가)의시행에관한협정	95. 1. 1	〃
6	보조금및상계관세 협정	95. 1. 1	〃
7	무역관련지적재산권 협정(TRIPs)	95. 1. 1	〃
8	선원의후생용품에 관한 관세협약	68. 7. 2	WCO
9	선원의후생용품에 관한 관세협약	76. 1.21	〃
10	전시회, 전람회, 회의, 기타유사한행사에서의전시또는사용을 위한물품의 수입상편의에관한협약	76. 1.21	〃
11	포장용기의일시적수입에관한국제협약	76. 1.21	〃
12	직업용구의일시수입에관한관세협약	78. 7. 3	〃
13	물품의일시수입을위한일시수입통관증서에관한관세협약(ATA Carnet협약)	78. 7.3	〃
14	과학장비의일시수입에관한관세협약	82. 9.18	〃
15	교육용구의일시수입에관한관세협약	82. 9.18	〃
16	세관절차의간소화및조화에관한국제협약(교토협약)	83.10.15	〃
17	컨테이너에관한관세협약	85. 4.19	〃
18	통일상품명및부호체계에관한국제협약(HS협약)	88. 1. 1	〃
19	개정 세관절차의간소화및조화에관한국제협약(개정 교토협약)	06. 2. 3	〃

20	마약에관한단일협약	64.12.13	UN 및 기타
21	상품견본및광고용물품의수입편의를위한국제협약	78. 7.12	〃
22	문화재의불법적인반출입및소유권양도의금지와예방수단에관한협약	83. 5.14	〃
23	멸종위기에처한야생동식물종의국제거래에관한협약	93.10. 7	〃
24	1961년 마약에관한단일협약개정의정서	75. 8. 8	〃
25	향정신성물질에관한관세협약	78. 4.12	〃
26	국제도로면세통관증서의담보하에행하는화물의국제운송에관한관세협약(TIR협약)	82. 7.28	〃
27	1972년 컨테이너에관한단일협약	85. 4.19	〃
28	유해폐기물의국가간이동및처리통제에관한바젤협약	94. 5.30	〃
29	마약및향정신성물질의불법거래방지에관한국제협약	99. 3.28	〃
30	세계지적소유권기구설립에관한협약	70. 4.26	WIPO
31	공업소유권보호를위한파리협약	70. 4.26	〃
32	국제민간항공협약	52.12.11	ICAO
33	런던덤핑협약	75. 8.30	IMO

Chapter

비관세정책

비관세정책이란 보호무역정책 중 관세부과 이외의 모든 보호무역정책을 말합니다. 비관세정책은 국내산업보호를 위한 수입억제정책과 수출장려정책으로 무역을 직접적으로 제한하는 것과 간접적으로 제한하는 것으로 구분합니다.

제 1 절 비관세장벽의 개념

비관세장벽은 1970년대 이후 GATT에 의한 '케네디라운드' 협상에 따라 일반특혜관세(GSP)가 시행되면서 관세부과가 더 이상 수입을 규제하는 기능을 하기 힘들어지면서 선진국은 보호무역주의로 무역정책의 방향을 전환시킴과 동시에 자국의 산업을 보호하기 위해 비관세장벽을 강화하기 시작하였습니다.

비관세장벽이 국제무역에 등장한 것은 오래되었지만 관심의 초점이 된 이유는 '케네디 라운드' 등 여러 차례 협상으로 인한 관세부과로 국내산업을 보호하기 어렵기 때문에 등장한 비관세장벽이 국내산업 보호에 있어서 관세효과보다 더크고 또한 그 대상국에 주는 영향도 막대하기 때문입니다.

그러나 비관세장벽은 ① 효과측정상의 곤란성 ② 복잡성 ③ 불확실성 ④ 개발도상국에의 차별적인 성격 때문에 관세와는 달리 국제 간의 협상이 비교적 어렵습니다.

GATT에서는 '케네디 라운드'의 최종적인 타결이 있은 뒤에 비관세장벽의 철폐가 본격적으로 국제교역의 증대를 위한 정책과제로서 등장하였으나 WTO 설치 이후에도 아직 효과적인 협의는 이루어지지 못하고 있는데, 이는 선진제국의 산업보호 체제상의 불균형, 세계시장의 경쟁조건의 이해 등의 이유 때문이라고 할 수 있습니다. 이와 같이 GATT의 비관세장벽에 대한 구속력이 약화하면서 이후 WTO에서는 비관세장벽에 대한 국제적인 강제성을 가지는 여러 형태의 협정을 논의하고 있습니다.

제 **2** 절 비관세장벽의 형태

오늘날 세계 각국에서 사용하고 있는 무역 관리를 위한 보호정책수단은 크게 보아 무역진흥수단과 무역규제수단 및 무역균형수단으로 나누어 볼 수 있습니다. 그러나 비관세장벽의 분류에 있어서도 통일된 분류가 없이 과거 GATT나 UNCTAD(국제연합무역개발회의) 등의 국제기구들은 정책적 · 실무적 입장에서 비관세장벽을 분류하였고, 학자들은 원칙적 · 이론적으로 분류하고 있습니다. 비관세장벽의 유형은 다음과 같습니다.

■ 수출촉진 정책

한국정부는 과거 수출지원 정책을 크게 강화시키기 위해서, 수출보조금 · 조세감면 · 수출우대금융 등과 같은 수출업체에 대한 차별화를 시도했습니다. 그리고 현재에도 수출용 원자재와 자본재에 대해서는 관세 감면의 정책을 실시하고 있습니다. 수출촉진 수단은 세제상의 수단, 금융상의 수단, 외환상의 수단으로 구분할 수 있습니다. 우리나라의 경우, 세제상의 수단으로는 조세감면규제법상의 지원, 법인세법상 투자세액공제제도, 부가가치세법상 수출에 대한 영세율제도를 들 수 있고, 관세법상의 관세환급제도 및 관세징수유예제도, 보세공장제도, 관세분할납부제도, 관세감면제도, 지정관세제도, 일괄수출신고제도, 면허후관세납부제도, 면허전반출제도, 수입예정신고제도, 부두직통관제도 등을 들 수 있습니다.

금융상의 수단으로는 수출산업에 대한 금융우대제도로서 무역금융제도 및 내국신용장제도, 무역어음제도, 외화대출제도, 중장기연불수출금융제도 등을 들 수 있습니다. 다음 외환상의 수단으로는 선물환제도, 보증신용장제도 및 연지급수입제도를 들 수 있습니다. 이외에도 수출대금 미회수에 따른 위험을 커버하기 위한 수출보험제도도 주요한 무역진흥수단에 해당합니다.

수출촉진 정책의 대표적인 수단으로는 보조금의 지급이 있습니다. 수출보조금이란 국가 혹은 공공단체가 국내생산물의 수출을 증가시키기 위하여 국내 수출산업이나 또는 수출업자에게 제공하는 재정적 지원을 의미합니다. 수출보조금은 각국에서 여러 가지 형태로 지급되고 있으나, 주로 수출산업의 생산량을 증가시키고, 또한 수출량을 증대시키기 위하여 수출업자에게 지급되고 있습니다. 이 수출보조금은 수출장려 정책의 유력한 수단의 하나입니다.

이런 특성상 수출보조금은 직접적으로 시장에 영향을 미치고 있습니다. 따라서 수입국은 수출국의 수출보조금 때문에 자국의 경쟁 물품이 피해를 입을 수 있습니다.

② 수입제한 정책

1) 수량할당

기본적으로 관세와 동일한 효과를 나타냅니다. 다만 부과된 관세가 수입업자에게 이전되는 경우에는 수입업자에게 이득이 돌아가게 됩니다. 때로는 정부가 수입허가를 경매에 부쳐 독점할 수도 있습니다.

2) 수출자율규제

수출국에서 자율적으로 수출을 제한하는 정책을 말합니다. 수입국은 낮은 가격의 혜택을 못 보고 수출국만 좋아질 수도 있습니다.

① 수출자율규제
수입국의 요청에 따라 특정제품의 수출을 자율적으로 규제한다.

② 수입할당제
특정제품의 수입에 대해 일정량 이상의 수입을 불허한다.

③ 수입과징금제
수입품에 대해 관세 이외에 추가적으로 조세를 부과한다.

④ 수입담보금제
국내수입업자가 수입승인 시 수입신청액의 일정비율에 상당하는 금액을 외국환 은행에 적립(수입예치금제)하여야 한다.

⑤ 국가무역
국가기업이 독점적으로 행하는 무역이나 정부로부터 수출입 독점권을 부여받은 민간기업만 수입을 허가한다.

⑥ 행정지도

정부가 직접 무역활동에 개입하지 않고 민간기업들로 하여금 국산품을 우선적으로 구매하도록 한다든가, 보건위생규정의 적용, 내국세제도 적용의 방법을 사용하는 등 간접적으로 무역활동에 개입한다.

3) 긴급수입제한조치

특정 품목의 수입이 급증해 국내 업체에 심각한 피해가 발생하거나 발생할 우려가 있을 경우 수입국이 관세인상이나 수입량 제한 등을 통해 수입 규제를 할 수 있는 제도를 말합니다. WTO 체제에서 국내산업 보호를 위해 '심각한 피해' 등 일정 조건이 확인되는 경우에는 이 조치를 인정해 주고 있습니다.

WTO 협정에 따르면 이 조치는 심각한 피해를 방지하거나 치유하고 구조조정을 용이하게 하는 데 필요한 정도로만 취해져야 한다고 규정하고 있습니다. 수입국은 세이프가드 조치를 취할 경우 원산지에 관계없이 해당 물품의 수출국에게 협의할 기회를 제공하고 적절한 보상을 해줄 것을 권고하고 있습니다.

PART

04

무역사

학문이해의 첩경은 그 학문의 역사 즉, 그 학문의 옛날이야기에 관심을 가지는 일부터 시작해야 합니다.

역사는 객관적 사실과 주관적 기술의 두 측면으로 볼 수 있습니다.

역사라는 개념은 또한 넓은 의미에서 사건이나 사물의 자취를 총칭하기도 합니다. 따라서 동서양 인류 문명의 뿌리라고 볼 수 있는 무역의 역사를 관찰하고 이해하는 것은 중요한 일입니다.

지금까지 세계문명은 농업혁명 → 상업혁명 → 산업혁명(산업자본주의) → 지식정보혁명(지식자본주의)에 이어 미증유의 제4차 산업혁명(융복합)으로 변화, 발전하고 있습니다.

이와 더불어 오늘날의 세계 무역이 나아가고 있는 큰 방향은 국경 없는 무역의 자유화입니다. 그런데 이 자유화는 2개의 상이한 축을 근간으로 하고 있습니다. 하나는 WTO(세계무역기구)를 통한 범세계적 자유화이고, 다른 하나는 동맹을 맺은 국가 간의 권역 내 자유화인 FTA입니다.

후자의 경우, 즉 경제블록화의 대표적인 사례는 이미 정치적 통합의 전단계까지 이르는 EU(유럽연합)을 비롯하여, 지역 내 협정으로 이루어진 USMCA(NAFTA: 북미자유무역협정)와 LAFTA(남미자유무역협정) 등을 들 수 있습니다. 이러한 현상은 아시아 지역 내에서도 ASEAN을 중심으로 가시화되고 있습니다.

이제 세계무역의 역사를 통해 왜 이러한 방향으로 발전하게 되었는지 더듬어 봅니다.

제4부에서는 다음과 같이 살펴봅니다.

제14장 세계무역사
제15장 한국무역사
제16장 우리나라 무역의 특징
<참고자료>

Chapter

14

세계무역사

제 1 절 상업혁명과 중상주의

상업혁명(Commecial Revolution)이란 15C 말 신대륙의 발견, 신항로의 발견으로 시작된 유럽경제의 변화와 무역이 비약적으로 발달한 것을 말합니다.

이 상업혁명의 발단은 지리상의 발견으로 시작하였으며, 그 주체는 스페인과 포르투갈이었습니다. 우리가 역사를 통해 잘 알고 있는 콜럼버스와 바스코 다 가마가 신상품을 매매하기 위하여 동양과 서양의 항로를 개발하면서 시작되었던 것입니다.

이 시기의 무역은 무역의 중심지가 지중해로부터 대서양 연안으로 이동했다는 데 큰 의의가 있으며, 이제 유럽의 무역권이 전 세계적으로 확대되면서 거래상품의 양적 증가와 신상품이 등장하게 되었습니다. 그 결과 무역을 통해 당시부의 상징이었던 금과 은을 확보함으로써 국가의 부를 달성하게 되었습니다.

경제학의 아버지로 불리우고 있는 **아담 스미스(A.Smith)**는 자신의 저서 「국부론」을 통해 중상주의를 무역차익을 확보하려는 정책체계로서 부=화폐=금, 은이라는 사상이라고 했습니다. 또한 독일출신의 미국 경제학자 **리스트(F.List)**는 중상주의라 하는 것은 국가, 국민적 사이에서 국민의 이익을 의식하고 공업의 중요성을 인식하여 국민적 산업을 발달시키기 위한 정책체계라고 하였습니다.

중상주의의 핵심내용은 첫째, 국가의 이득을 개인의 이득보다 우선시합니다. 둘째, 국부의 축적을 국가의 주요 과제로 삼았고, 금·은 등 귀금속의 축적을 국부의 축적이라고 보았습니다. 셋째, 이러한 귀금속이라는 국부를 축적하기 위해서는 국내 부존량이 제한되어 있어서 해외로부터 귀금속을 유입해야 한다고 생각했습니다.

그 당시에는 무역 이론 발전 초기에 한 나라가 무역을 통해 이득을 얻게 되면 무역 상대국은 반대로 손실을 보게 된다고 생각하였습니다. 왜냐하면 귀금속량은 한정되어 있기 때문에 무역 당사국은 무역을 통한 국부(귀금속의 양)를 증진하기 위해 장려금 제도나 식민지 건설을 통해 수출은 적극 장려하고, 관세나 규제조치를 통해 수입은 억제하는 보호무역 정책을 실시하였습니다.

이러한 정책은 자국의 소비자를 희생시키면서 상공업자에게 막대한 이득을 안겨 준다고 비판받았으며, **아담 스미스**는 국부를 "모든 국민이 해마다 소비하는 생활필수품과 편의품의 양"으로 규정하여 중상주의의 사상적 근거를 무너뜨렸습니다.

제 2 절 무역이론의 흐름

1 초기 무역이론

1) 아담스미스의 절대우위이론

아담 스미스는 사회의 구성원이 분업에 의해서 만든 물품을 서로 교환한다면 각자가 필요한 물품을 직접 만드는 것보다 훨씬 많은 양의 물품을 획득할 수 있다고 보았습니다. 이렇게 하여 시장이 확대되면 분업의 범위와 규모도 커지고 분업으로 인한 이익의 크기도 커질 것이라고 했습니다. 이러한 분업론에 입각한 **아담 스미스**의 이론이 가장 잘 적용된 분야가 국제무역입니다.

한 개인이 분업을 통해서 어떠한 물품의 생상에만 전념할 필요가 있듯이 한 나라도 다른 나라에 비해서 절대 우위가 있는 물품생산에 전문화할 필요성이 있다는 것입니다. 즉 국제분업을 통해 각국이 절대 우위에 있는 상품에 주력함으로써 각국의 후생을 증대시킬 수 있다는 것입니다.

아담 스미스에 의하면 두 나라 간의 무역은 한 나라가 다른 나라보다 절대우위에 있는 물품을 특화 내지 전문화하여 생산, 수출하고 절대열위에 있는 물품의 생산을 중단하여 수입함으로써 이익을 얻는다고 보았습니다.

또한 **아담 스미스**가 「국부론」에서 묘사한 "단순 명백한 자연적 자유의 질서"인 자유시장은 그 핵심 원리가 '자유방임' 시장입니다. 이러한 자유방임 원리는 그대로 국가 간 무역이론에도 확대 적용되어, 국가권력은 무역에 간섭해서는 안 된다는 의미를 내포하고 있습니다. **아담 스미스**는 국가 간의 자유무역은 국부의 증진에 도움이 된다며 자유무역을 일관되게 옹호하고 있습니다.

절대우위이론에 의하면 국제무역이 발생하기 위해서는 각국이 2개의 물품가운데 하나의 절대 우위를 가져야만 합니다. 그런데 대개의 경우는 한 나라가 2개의 물품 모두에 절대우위를 갖거나 절대열위를 가지는 경우가 일반적입니다. 따라서 절대우위이론은 이러한 경우를 설명하지 못하는 한계가 있습니다.

2) 리카아도(D.Ricardo)의 비교우위론

절대우위이론의 한계와 문제점을 극복한 무역이론이 **리카아도(D.Ricardo)**의 비교우위이론입니다.

비교우위이론은 어느 나라가 다른 나라보다 2가지 모두 싸게 생산하는 경우와 비싸게 생산하는 경우라도 다른 나라보다 생산비가 상대적으로 싼 물품생산에 전문화 내지 특화하여 수출하고 다른 나라보다 상대적으로 생산비가 비싼 물품생산을 중단하여 수입하면 무역을 통해 이익을 얻게 된다고 보았습니다.

리카아도는 자유무역을 옹호하기 위해 '비교우위이론'을 제시하였습니다. 이 이론은 사실 **맬더스**와의 곡물법 논쟁에서 이론적 무기로 제시한 '차액지대론', '노동가치론', 그리고 '자유무역론' 중의 하나였습니다.

그러나 이 비교우위이론에 입각하면 무역을 하는 데 수출품과 수입품 간에 있어서 두 물품의 유리한 교환 비율에 대한 설명이 없습니다.

3) 밀(J.S.Mill)의 상호수요 이론(상호균등의 법칙)

밀(J. S. Mill)의 상호수요이론은 각국이 수출품을 얼마만큼 수출하느냐 하는 것은 수출품과 교환할 수 있는 수입품의 양에 달려 있다고 보고 이러한 수출품과 수입품의 교환비율이 교역조건인데, 이 교역조건은 한 나라의 물품에 대한 상대국의 수요와 상대국의 물품에 대한 한 나라의 수요가 일치하는 곳에서 결정된다고 보았습니다.

밀의 상호수요이론은 상품의 교역조건 결정과 교역조건에 의한 무역이익에 배분문제를 규명하고 있으나, 고전학파 경제학의 노동가치설을 벗어나지 못했으며, 수요적인 측면만 중시하고 공급의 측면을 등한시했습니다.

2 보호무역 이론

앞의 고전학파의 자유무역이론을 반박한 학자들이 있습니다. 이들은 보호무역을 주장하였습니다.

1) 맬더스(Thomas Malthus)

맬더스(Thomas Malthus)가 리카아도와의 곡물법 논쟁에서 제시한 논리적 근거 중 '식량안보 논리'와 '농업자본 파괴 논리'는 오늘날에도 여전히 유효합니다.

2) 리스트(F. List)

리카아도의 자유무역 이론을 비판한 **리스트**는 독일의 경제학자이자 사업가, 열혈 정치가였습니다.

이 이론에 의해 나폴레옹의 대륙봉쇄령 덕택에 그때까지 유치한 단계에 있던 독일의 산업이 성장할 수 있었는데, 대륙봉쇄령이 해제되면서 영국의 값싸고 품질 좋은 상품이 대거 밀려들어 독일의 상공업자에게 커다란 경제적 위기를 주었습니다.

이에 따라 **리스트**는 자유방임시장은 신뢰하면서도 국내에서의 상품거래에 따른 관세를 폐지하여 독일을 하나의 시장으로 묶으려고 노력했으면서도, 국가 간 자유무역에는 반대하는 이론을 만들어 냈습니다.

리스트는 철저히 독일의 국가이익의 관점에서 모든 대상을 분석 · 정리하였습니다. **리스트**의 보호무역 이론의 핵심은, 공업생산력이 뒤진 나라가 앞선 나라와 자유무역을 하게 되면 반드시 앞선 나라의 지배를 받을 수밖에 없기 때문에, 독일의 공업이 우세한 영국의 공업과 경쟁할 수 있는 힘을 가질 때까지 높은 관세를 유지하여 국내의 공업을 보호하여야 한다는 것입니다. 이러한 논리는 오늘날에도 여전히 유효하게 작용하고 있으며, 그 당시 영국보다 열위였던 미국의 정부와 자본가들도 **리스트**의 견해에 동조하였습니다.

③ 마르크스(K. Marx)의 무역이론

앞서 살펴본 경제학자들이 자기가 속한 계급이나 국가의 이익의 관점에서 무역 이론을 전개한 것과는 달리, **마르크스(K. Marx)**는 국가라는 틀을 벗어나 자본주의의 성장과정에서 국제무역이 어떤 역할을 감당했는지를 관찰 · 분석하였습니다.

마르크스의 통찰이 뛰어난 이유는, 지금까지의 경제학자들이 자기 계급 및 자국의 이익을 위해 보호무역을 해야 하느냐 아니면 자유무역을 해야 하느냐에만 초점을 맞추었던 점에 반해 **마르크스**는 부르주아의 발생 및 성장 즉, 자본주의 성장의 원동력은 '산업혁명에 따른 대공업 생산양식'과, '대량상품의 국제적 무역'이어서, '국제무역'은 자본주의 국가의 경제성장을 위해서는 선택의 여지가 없는 필수적인 요소로 보았다는 것입니다. 다시 말해, **마르크스**는 자유무역의 찬반을 떠나, 세계시장의 출생은 자본주의적 생산방식이 처음부터 내포한 것으로, 진화론적인 관점에서 파악했으며, 교환의 세계화(국제무역)가 없었다면 자본주의의 성장은 없었을 것이라고 분석하고 있습니다.

④ 보호무역의 재등장

16~18세기에 진행된 중상주의적 보호무역을 지나 **아담 스미스, 리카아도** 이후 신흥 자본가계급의 자유무역운동의 전개를 통해 가장 우월한 경제력을 보유했던 영국을 중심으로 자유무역이 크게 진전되었습니다. 그러나 1929년에 발생한 대공황에 대처하기 위해 미국을 비롯한 많은 국가가 관세인상, 무역장벽을 실시하였고, 영국도 1932년에는 보호무역주의적인 일반관세법을 제정하고 영연방특혜제도를 실시하여 마침내 자유무역정책을 포기하였습니다.

⑤ 신자유주의의 무역이론

1) 세계화

세계화(Globalization)란 각 국가경제의 세계경제로의 통합을 의미합니다. 즉 세계화란 국가 및 지역 간에 존재하던 상품, 서비스, 자본, 노동, 정보 등에 대한 인위적 장벽이 제거되어 세계가 일종의 거대한 단일시장으로 통합되어 나가는 추세를 말합니다.

세계화를 표방하는 신자유주의는 1970년대 이후 **케인즈**주의와 사회주의 경제체제에 대한 반발로 시작되었으며, 19세기의 고전적 자유주의를 소생시키고 부흥시키려는 현대 경제사상운동을 말합니다. 세계화와 동의어인 신자유주의의 핵심은 '자본이동의 자유', '무역규제 철폐', '노동의 유연화', '공기업 민영화' 등입니다. 현재 세계화에 대한 찬·반 논쟁이 뜨거운 상태로, 세계화를 주도하는 쪽은 미국 등 선진 자본주의 국가이며, 세계화를 통해 이점을 누릴 수 있는 국내 산업 자본가들입니다. 하지만 세계화를 반대하는 쪽은 국가경쟁력이 낮은 개발도상국 및 후진국이며, 국내에서는 농업, 의료, 교육분야 등입니다.

2) 신자유주의

세계화의 정의는 국가 간의 권력관계가 생략된 경제적 개념입니다. 하지만 세계화나 신자유주의는 '순수한' 상태의 국가 간 시장개방을 의미하는 것이 아니고, 국가 간 권력관계의 결과입니다.

따라서 순수한 상태의 국제무역과, 오늘날의 세계화는 분명히 구분할 필요가 있습니다. **조반니 아리지**(Giovanni Arrighi)는 현 자본주의 역사를 '세계 헤게모니 상속의 역사'로 정의하면서 첫 번째 단계는 중상주의 무역에 의해 만들어진 '농업과 음식의 세계화', 두 번째 단계는 1500~1800년 사이에 성행한 '강제노동의 세계화', 세 번째 단계는 18세기 후반 이후의 산업혁명에 따른 '산업생산의 세계화', 마지막 네 번째인 현 단계는 1970년대 초에 자본의 자유로운 국제적 이동에 제약을 가했던 브레튼 우즈(Bretton Woods) 체제가 붕괴되면서 시작된 '금융자본의 세계화'로 구분하고 있습니다.

결국 세계화란 미국을 중심으로 자국의 이익을 위해 '자유시장'이라는 순수 이념을 악용하여 시장개방을 정당화한 현상이라고 보고 있습니다. 사실 미국은 19C 영국의 자유무역운동을 통한 자유무역체제가 완비되는 동안에도 자국의 산업을 보호하기 위해 보호무역정책을 폈으며, 1930년 경제공황 이후에도 또다시 보호무역체제로 회귀하는 등, 미국시장의 개방여부는 철저히 자국의 이익 여부였습니다. 이것이 힘의 논리가 작용하는 현 시대에 무조건 잘못이라고 비난할 수도 없습니다. 다만 이러한 현실 속에서 어떻게 해야 할 것인가를 고민해야 합니다.

세계화와 관련하여 또 하나 짚고 넘어가야 할 중요한 사실은, 세계화의 가장 중요한 추진 방법이 무력이었다는 사실입니다. 존스 홉킨스 대학의 **프란시스 후쿠야마**(Francis Fukuyama) 교수는 "세계화는 강력한 정부권력, 특히 미국정부에 의해 만들어진 결과"임을 주장했으며, **니난 코쉬**(Ninan Koshy)는 "세계화는 군사화와 동전의 양면이다"라고 말했고, **칼 폴라니**(Karl Polanyi)는 "자율적인 자본주의 시장경제가 자연적인 것이며, 역사적 필요에 의해 스스로 자라났고, 또 언제 어디서나 순수한 형태로 나타난다는 생각은 순진한 허상에 불과하다"라고 꼬집고 있습니다.

3) 신자유주의 무역 이론

하이예크(Friedrich August von Hayek)는 '신자유주의의 아버지'로 불리며, 신자유주의 사상의 철학적 경제적 기초를 쌓은 경제학자입니다. 그는 시장과 관련하여 시장을 '자생적 질서', 곧 "경쟁적 시장에 의해 창조되는 자생적 인간의 질서"로 파악하고 있습니다.

신자유주의 무역 이론이란 고전적 자유주의 무역 이론을 계승한 것이며, 더나아가 **하이예크**의 경제철학적 기초인 신자유주의적 시장근본주의의 이데올로기에 따라 '사회정의' 및 '이웃사랑'이라는 중요한 기독교 원칙을 철저히 외면한 결과, "급속한 경제발전은 사회적 불평등 때문에 가능했으며, 만약 사회적 불평등이 없었다면 인류는 오늘날과 같은 규모의 경제에 이르지 못했을 것이다"라고 주장합니다. **하이예크**의 솔직한 주장처럼, 오늘날 국가 간, 국내 계층 간 소득격차는 더욱더 커지고 있습니다. 실제로 개발도상국의 많은 국민의 생활수준은 1960년대에 비해 개선되지 않았거나 오히려 더 열악해지고 있습니다.

사실 신자유주의 무역이론이란 구체적인 정의는 존재하지 않고 사용하는 사람들마다 의미가 조금씩 다르지만, 보통 시장의 순기능을 강조하고, 자유무역과규제 철폐를 옹호하는 정치적 이념 혹은 기조를 일컫는 용어입니다. 서구 자본주의의 황금기라 불리웠던 1950년대~1960년대 고도의 경제 성장기에 이어 나타났으며, 1980년대에 영국의 **대처**(M. H. Thatcher)와 미국의 **레이건**(R. W. Reagan)이대표적으로 이 개념을 사용했습니다.

신자유주의는 인간의 탐욕에 대한 지나친 호의로부터 발생한 개념입니다. 상기한 170년대부터 2000년대까지 존경받는 사회과학적인 경제학 이념이었습니다. 그러나 2008년 미국발 세계금융위기에서 드러났듯이 자본주의 사회에서도존재하는 '도덕적 해이'로 인해 신자유주의의 이념은 몰락해 버렸습니다.

신자유주의는 1929년 대공황 이후 20세기 중반을 풍미했던 **케인즈**주의가 오일쇼크와 영국병, 스태그플레이션 등을 통해 그 생명력이 다했다는 평가를 받으며 한계가 나타나자, 그 경제적 대안으로 대략 1970년대부터 급부상했습니다. 그로부터 2000년대 중반까지 약 30여 년에 걸쳐 구미 선진국의 경제적 부흥을 이끌어 내 끝내 공산주의 진영의 자본주의 국가로의 변신을 이끌어 낼 정도로 각광을받았고, 국내에서도 IMF의 빠른 극복에 공헌했다는 평가를 얻기도 했으나, 2008년 세계 경제위기가 터지면서 그 한계가 드러나기도 하였습니다. 이후 신자유주의 책임론이 대두하며 "**프리드먼**(M. Fridman)의 이론과 명성은 파산했다"라는 평가를 받기도 하였으나, 2013년에 **유진 파마**(Eugene Fama)와 **라스 피터 핸슨**(Lars Peter Hansen)이 노벨경제학상을 수상하면서 자존심을 회복하였습니다.

자유주의의 확산은 신고전학파의 '합리적 기대'의 영향이 약화되고, 시카고학파의 위상이 커진 게 큰 이유입니다. 그러나 주류 경제학계 다수의 경제학자들은 신자유주의라는 용어를 그다지 진지하게 받아들이지 않고 있습니다.

우리나라에서는 '신고전학파 = 신자유주의'로 인식하는 경향이 있지만, 이는 거시경제발달사를 이해하지 못해 나온 오류입니다. 신자유주의로 알려진 **프리드먼**은 사실 신자유주의와 정반대되는 주장을 여러 차례 내놓았습니다. 게다가 케인지언은 통화정책보다는 재정정책이 경기 부양에 더 효과적으로 보았습니다. 이와는 대조적으로, **프리드먼**은 재정정책(감세 정책)은 별 효력이 없다고 보았으며, 통화정책이야말로 경제에 큰 영향을 미친다고 보았습니다. 사실 경제학에서는 신자유주의라는 용어를 전혀 다루지 않고 있습니다.

Chapter

한국무역사

우리나라는 1964년 처음으로 수출 1억 달러를 달성함으로써 수출입국의 꿈을 키워 나가기 시작한 이후 한강의 기적이라는 고도의 성장을 짧은 기간에 달성하였고, 21세기에 들어서는 세계 최고의 경쟁력을 갖고 수출하는 품목이 반도체, 조선을 비롯하여 여러 가지가 있습니다. 후진국들은 우리나라를 하나의 사례로 벤치마킹할 정도로 성장했던 과정을 살펴보고, 당면한 문제와 미래에 경쟁력은 무엇인가를 살펴보기로 합니다.

제 1 절 고대의 무역

한반도에서 발달한 가장 오랜 부족 국가 가운데 하나인 부여의 경우에는 이미 1세기 중엽부터 중국과 교역을 하고 있었습니다. 서기 49년에 부여 왕은 사신을 후한의 광무제에게 보내어 공물을 바쳤는데 이에 광무제도 답례물을 많이 주었고 이후부터는 두 나라 사이에 교역이 계속되었다는 기록이 있습니다.

동양 전통 사회에 있어서 국가 사이의 교역은 대체로 사신을 통하여 공물을 주고받는 형식으로 이루어졌습니다. 더구나 한반도 지역에서 발달한 국가는 중국과의 교역을 통해서 경제적, 문화적 욕구를 충족하였으므로 중국에 사신 파견은 그만큼 경제적, 문화적 의미가 큰 것이었습니다. 이 때문에 부여의 경우도 한번 중국과의 교역을 한 후에는 더욱 적극성을 띠고 교역 관계를 지속하였습니다.

한편 같은 시기에 발달한 또 하나의 부족 국가인 고구려도 역시 후한의 광무제 시대에 교역을 개시한 이후 80여 년 동안 계속했다는 기록이 있습니다. 한반도의 북반부에서 발달한 부족 국가들의 대외 무역이 주로 중국과 이루어졌다면 남반부에서 발달한 부족 국가, 즉 삼한의 여러 나라들은 중국과도 관계를 가지는 한편 바다 건너 일본과도 일찍부터 교역을 하였습니다.

제 2 절 **삼국 및 통일신라시대의 무역**

우리나라 역사에 있어서 대외교역기록은 삼국시대 이후에 나타나고 있으며, 고대3국의 대외무역은 주로 중국(진, 송, 당), 대일교역으로 조공형식의 무역이 주류를 이루었고, 국가와 국가 간 이루어지는 공무역이었습니다.

1 삼국시대의 무역

삼국시대의 외국 무역, 특히 중국과의 무역은 대체로 조공무역을 중심으로 발달하였습니다. 먼저 고구려 경우를 보면 고대 국가로 발달하던 당초인 1세기 초엽부터 이미 중국의 후한과 조공을 통한 교역을 벌이고 있었습니다. 고구려는 중국과의 교섭에서 정치적인 효과뿐만이 아니라 문화적, 경제적 이익을 얻기 위하여 자주 사신 무역을 행하였습니다. 사신 무역을 통하여 고구려가 중국 측에 수출한 물품은 대채로 금, 은, 말, 피물류, 무기, 특히 활 등이며, 반대로 중국에서 수입한 물품은 비단을 비롯한 직물류가 중심이었습니다. 고구려는 삼국 중에서도 가장 정복성이 강한 국가로서 이웃 부족 국가 등에 대한 정복 전쟁에 성공할수록 그 경제력이 높아져 갔습니다. 따라서 정복 전쟁이 최고조에 이르렀던 4세기 말에서 5세기에 걸치는 시기, 즉 광개토대왕과 장수왕 시대에 경제적으로도 크게 발전하였고 이 때문에 외국과의 교역량도 늘어났습니다.

한편 백제의 경우에도 이미 마한 때부터 제주도 등지에서 해상 교역을 하고 있었다는 기록이 있지만, 고대 국가로서 형태를 갖추고 발전한 후부터는 중국의 남조 및 일본 등지와 빈번한 교역을 하였습니다. 백제와 중국과의 교역은 모두 바다를 통해 이루어졌는데 대체로 양자강 이남의 지역과 교역을 하였습니다. 백제가 중국에 수출한 물품은 주로 금포, 해물, 과하마, 금갑, 명광개 등이었고, 중국으로부터 수입한 물품은 비단과 불교 경전이었습니다. 일본과의 교역은 초기부터 빈번하였고, 이미 널리 알려진 바와 같이 일본의 고대 문명 형성에 크게 도움을 주었습니다.

신라도 일찍부터 중국과 교역하였는데 처음에는 고구려를 통한 육로를 통하여 내왕하였으나, 차차 백제와 같이 바닷길로 중국과 교역하게 되었습니다. 3국통일 이전에도 신라와 당나라 사이에는 빈번한 사신의 교환이 있었습니다. 이를 통하여 신라가 당나라에 보낸 물품은 금, 은, 동, 유황, 인삼, 수달피 등이었고, 당나라가 답례로 보낸 물품은 비단과 금은 세공품, 서적 등이었습니다. 한편, 신라와 일본과의 관계는 대체로 평화로운 것만은 아니었지만 일본 측의 문화적, 경제적 욕구 때문에 어느 정도 이루어지고 있었습니다.

② 통일신라시대의 무역

신라는 당나라와의 공무역(중국의 산둥반도에 신라관 등)을 실시하였지만 이 시대에 두드러진 활동으로 장보고의 해상무역이 있습니다. 장보고는 기존 무역의 틀에서 벗어나 자유로운 교역의 틀을 이룩하였습니다. 그는 국가 중심적으로 이루어지던 공무역을 개인 활동의 자유를 보장하는 사무역 체제로 유도하여 무역의 본질을 변화시켰습니다. 그리고 장보고는 당 · 일본과의 거래는 물론 아라비아 · 페르시아 · 동남아시아 등 무역 거래 관계를 넓힘으로써, 국제무역을 더욱 활성화시켰습니다.

이를 좀 더 구체적으로 살펴보면 지금의 완도에 청해진이라는 군사체제 · 무역체제 · 외국자치체제로 구성된 기관을 설치하여 종합무역관 형식을 갖추고 광범위한 무역활동을 하였습니다.

장보고의 해상무역 왕국은 선단식 또는 문어발식 다각화를 추진하는 오늘날 한국의 재벌과는 다른 종합무역상사의 개념으로 볼 수 있습니다. 종합무역상사는 세계 곳곳에 거미줄 망을 쳐놓고 시너지 효과와 복합화 경쟁력을 지닌 글로벌 다각화를 추진합니다. 청해진에 본거지를 둔 장보고 상단과 서해안에서 활약했던 군소 해상 세력(물류 운송업자), 당과 신라, 일본의 상류층(소비자)을 연계하는 국제무역망을 갖고 있었던 것입니다. 이는 청해진의 민부가 거대한 무역조직으로 오늘날의 종합상사와 초국적기업과 같은 무역거래를 했음을 의미하는 것입니다.

신라의 통일 전쟁 과정에서 당나라와 대립하고 군사적인 충돌도 적지 않았으나, 당나라는 한반도의 지배가 불가능함을 알고 이를 포기하자 두 나라 사이에는 친선 관계가 수립되어 당나라가 멸망할 때까지 계속되었습니다.

삼국 통일이 가져다준 경제적 여유와 당나라와의 오랜 평화적 관계가 바탕이 되어 신라의 중국과의 교역은 대단히 빈번해졌고, 이 시기를 통하여 신라인의 해상 활동과 중국 지역에의 진출도 전에 없이 활발해졌습니다. 통일 이후 당나라와의 교역은 대체로 조공 무역과 민간 무역의 두 측면에서 이루어졌습니다. 통일 이후 신라의 생산이 급격히 성장한 증거는 당나라와의 조공 무역에서도 나타났습니다.

한편, 통일신라는 일본과의 교역도 상당히 활발했습니다. 신라인들의 해상 활동은 역시 장보고의 출현이 하나의 큰 계기를 이루었습니다. 일찍이 당나라에 건너가서 무령군 소장을 지낸 바 있는 그가 해적 등에 의하여 신라인들이 노예로 팔려 오는 것을 보고 이를 막기 위하여 귀국하여 청해진을 설치한 것은 838년(흥덕왕 3년)이었습니다.

장보고의 활동은 서해와 남해에 출몰하는 해적을 퇴치하는 일에서 시작하여 일본과 중국을 대상으로 국제 무역을 하였습니다. 결국에는 신라의 왕위 쟁탈전에 개입하여 불행한 최후를 마쳤지만, 위와 같은 활동을 하는 데 있어서 청해진이 가지는 지리적 위치와 청해 대사가 된 그의 관직상 위치가 주는 의미도 크다 할 것입니다.

제 3 절   고려시대의 무역

고려는 중국의 송나라와 주로 교역하였으며, 고려사절단과 상인이 통과하는 곳에 고려관을 설치하는 등 친선정책을 펼쳤으나, 몽고의 침입 시에는 세공으로 금, 은, 모피 등을 바치기도 하였습니다.

1 송나라와의 무역

고려와 송나라와의 국교가 처음 열린 것은 10세기 중엽, 즉 고려 광종 시대였습니다. 이때 동북지방에서 거란이 크게 일어나자 송나라는 고려와 연합하여 거란을 견제하기 위하여 고려의 환심을 사기 위해 노력하던 때였습니다. 그러므로 자연히 두 나라 사이에 사절의 내왕이 활발하였고, 따라서 민간상인들의 왕래도 활발하였습니다. 고려와 송나라 사이에 실시되는 무역은 크게 3가지 종류로 나누어 볼 수 있는데 첫째, 두 나라 정부와 정부 사이에 실시되는 일종의 공무역 같은 것이고 둘째, 민간 상인과 정부 사이에 실시되는 무역이며, 셋째로, 두 나라의 민간 상인들 사이에 이루어지는 사무역입니다.

② 기타 지역과의 무역

고려와 거란과의 관계는 922년(태조5년)에 거란이 사신을 보내옴으로써 시작되었습니다. 그러나 알려진 바와 같이 고려 측에서는 거란이 발해를 멸망시킨 나라라 하여 교섭을 거절하였습니다. 그것이 원인이 되어 거란과 여러 번에 걸친 전쟁을 치르게 되었습니다. 그 후 두 나라 사이에는 일정한 외교적 교섭이 계속되었고, 이에 따라서 의례적인 교역이 이루어졌습니다. 여진과의 교역도 일찍부터 행해졌습니다.

고구려와 발해의 지배를 받던 여진은 발해가 멸망한 후 그 일부는 두만강과 송화강 유역에 흩어져 살았고, 다른 일부는 거란의 지배를 받았습니다. 그러나 어느 경우이건 이들 유목민 사회는 가까운 이웃에 있는 고려의 농경 사회와 관계를 맺어 그것으로부터 문화적, 경제적 욕구를 충족하려 하였습니다. 몽고와 고려와의 접촉은 처음부터 침략하고 또 그것을 받는 관계로 시작했지만, 경제적 문제에 있어서는 처음부터 교환 관계라기보다는 징발의 형식으로 시작되었습니다. 금나라가 망할 무렵 한때 독립하였던 거란인들을 쫓아 고려까지 오게 된 몽고군은 고려 땅에 쫓겨온 거란인들을 함께 공격한 후 그것을 핑계로 해마다 막대한 공물을 고려에 요구하였고, 공물을 받아 가던 사신이 도중에 피살하자 그 책임을 물어 침략을 감행하였던 것입니다.

고려 정부가 강화도로 옮겨 가서 저항하던 40년간은 두 나라 사이에 교역 관계가 이루어질 수 없었습니다. 이 동안 몽고군은 전국에 걸쳐 갖은 것을 약탈을 다했는데, 유목민으로서의 몽고인들이 농경 사회인 고려에서 필요한 물품을 취득할 수 있는 좋은 기회가 되었습니다. 무신 정권이 무너지고 고려 정부가 다시 개성으로 오면서 몽고와의 종속 관계가 이루어졌고, 그 이후에는 조공무역의 형식으로 교역이 이루어졌습니다. 또한 몽고와의 공식적인 외교 관계에 따라 이루어지는 교역뿐만 아니라 고려 말기에는 몽고와의 내왕이 빈번해짐에 따라 두 나라 사이에 밀무역도 상당히 이루어졌습니다. 고려 시대에는 외국과의 교역 범위가 비교적 넓어서 멀리 대식국, 즉 아라비아와의 상인들과도 교역이 있었습니다.

제 4 절 조선시대의 무역

조선시대는 쇄국주의 정책으로 대외무역은 소극적이고 퇴보적이었습니다. 명나라와는 성절사(명제의 탄일), 정조사(원단), 천추사(명후탄일), 동지사(동지에 보내는 사신), 진하사(명황실에 경사) 등 조공무역을 하였고, 청나라와 무역은 병자호란 등의 사대의 예를 갖춰 각종 사절을 보내 공물을 바치는 형식으로 무역을 하였고, 임진왜란 중에는 명의 원군의 뒤에 수많은 상인이 뒤따라 와서 식량과 금, 은을 교환하는 등 압록강변 의주일대 해안에서 이루어졌던 사무역이 왕성하여 매년 50~60만 량의 은이 청국으로 유출되자 정부에서 상인들의 물품에 대하여 일종의 세금을 부과하여 국고수입을 늘리다가 마침내 영조 30년(1754년)에는 책문후시를 공인함으로써 사무역을 인정하게 되었습니다.

세종 때는 대일무역으로 부산포, 내이포(창원), 울산의 감포(방어진과 장생포 사이)등 3포를 개방하여 일본인의 왕래를 허용하여 대일 무역이 성행하였습니다.

조선시대에는 국내 상업의 발달과 때를 같이하여 대외 무역도 점차 활기를 띠게 되었습니다. 17세기 중엽부터 청과의 무역이 활발해지면서, 국경 지대를 중심으로 공적으로 허용된 무역인 개시와 사적인 무역인 후시가 이루어졌습니다. 청에서 수입하는 물품은 비단, 약재, 문방구 등이었고, 수출하는 물품은 은, 종이, 무명, 인삼 등이었습니다.

한편, 17세기 이후로 일본과의 관계가 점차 정상화되면서 왜관 개시를 통한 대일 무역이 활발하게 이루어졌습니다. 조선은 인삼, 쌀, 무명 등을 팔고, 청에서 수입한 물품들을 넘겨주는 중계 무역을 하기도 하였습니다. 반면에 일본으로부터는 은, 구리, 황, 후추 등을 수입하였습니다.

이렇게 국제 무역에서 사적 무역이 허용되면서 상인들이 무역 활동에 적극적으로 참여하게 되었습니다. 이들 중에 두드러진 활동을 보인 상인들은 의주의 만상과 동래의 내상이었으며, 개성의 송상은 양자를 중계하며 큰 이득을 남기기도 하였습니다.

이러한 조선시대 무역의 특징은 다음과 같습니다.

1) 사신 무역과 역관 무역

조선시대에는 엄격한 쇄국주의 때문에 고려시대와는 달리 민간 상인의 외국

진출이 일절 금지되었습니다. 그러므로 민간 상인에 의한 외국 무역은 원칙적으로 이루어질 수 없었고, 결국 외국과의 물품 교역은 사신의 내왕에 의존하는 사신 무역이 이루어졌을 뿐입니다.

중국과의 사신 교환은 조선 왕조 측으로서는 경제적, 문화적 욕구를 충족하는 창문의 역할을 했습니다. 그러므로 명나라와의 사신 교환이 처음 이루어진 건국 초기에는 조선 측에서는 될 수 있으면 사신을 자주 중국에 보내려 노력하였고, 반대로 명나라 측에서는 사신의 왕래 수를 가능한 줄이려고 하여 일종의 외교 분쟁이 일어나기도 하였습니다. 조선 왕조 전기에는 중국과의 무역이 대체로 조공무역을 중심으로 발달하였고, 여기에 사신 일행에 의한 물품의 교환이 자역스럽게 발달했습니다.

그러나 왕조의 후기에 와서는 조공무역보다 오히려 사신 일행이 가져오거나 가져가는 물품이 훨씬 많아졌고, 특히 조선 측의 사신 일행이 중국의 물품을 교역해 오는 양이 급격히 많아졌습니다. 그리고 사신 일행 중 특히 물품의 교역에 주동적인 역할을 한 것은 중국 상인들과 직접 언어가 통하는 역관들이였고, 이 때문에 역관무역이라는 말이 생겨났습니다.

2) 개시 무역과 후시 무역

조선시대에 들어와서 민간 상인들의 외국 무역이 일절 금지되고 사신 무역만이 계속되었으나 그것만으로는 부족하여서 차차 민간 상인들이 외국 무역에 참여하게 되었다. 그 단초를 연 것이 개시 무역이었습니다. 개시 무역은 조선 정부와 중국 측의 명나라 청나라 정부와의 합의 아래 일정한 교역이 이루어지는 것이었습니다. 양쪽 정부의 감시 아래 이루어지는 것이기는 하였지만 이로써 민간 상인의 외국 무역이 열린 것입니다.

3) 왜관 무역

중국과의 무역이 조선 왕조 측에게 경제적, 문화적 이익을 가져다주었고, 그러므로 중국 측의 소극적인 태도에 비하여 오히려 적극성을 띠고 있었지만 일본 측과의 무역은 반대로 조선 왕조 측의 소극성과 일본 측의 적극성에 의하여 유지되었습니다.

제 5 절   개항 후의 무역

1 일본과의 무역

일본과의 계해약조(1443) 이후 왜관을 통하여 무역 관계가 계속되어 왔지만, 그것은 대단히 소극적인 것이고 제한된 것이었습니다. 1876년의 강화도조약이 체결되기 이전까지의 한일 간의 무역액은 일본 돈으로 대체로 5만 원 정도였으며 수입과 수출이 균형을 이루고 있었습니다. 균형을 이루는 가운데 소극적으로 유지되던 조선과 일본 사이의 무역은 강화도조약 이후 크게 변했습니다. 일본은 미국과 영국 등 자본주의 제국의 침략을 받으면서 여건이 성숙되지 않는 가운데 스스로 자본주의를 지향하게 되었고, 이 때문에 조선 침략에 발벗고 나서서 강제로 강화도조약을 체결하게 된 것입니다.

2 청국 및 러시아와의 무역

청국은 병자호란 이후로 조선과 조공무역, 개시무역, 후시무역들을 유지해 왔으나, 근대적인 무역관계는 강화도조약을 강행한 후의 일로써 일본보다 한 걸음 뒤졌습니다. 이후 임오군란을 계기로 하여 청국은 조선에 대한 적극적인 정책을 취하고 두 나라 사이에 '상민수륙무역장정'을 체결하여 근대적인 무역을 전개하였습니다. 러시아와의 무역은 우수리 지방이 러시아 영토가 된 후부터였습니다. 접경이 이루어진 당초에는 일정한 규정 없이 두 나라 국민들 사이에 교역이 이루어지다가 1888년에 조로통상조약이 체결됨으로써 공식적인 교역이 시작되었습니다. 이후 두 나라 사이에 교역이 발달함에 따라 러시아는 1894년에 무역사무관을 조선에 주재시키기도 하였고, 조선 정부는 두 나라의 접경 지역인 경흥세관을 설치하였습니다.

3 해방 이전

조선시대의 쇄국정책은 1876년 강화도조약이 체결되면서 강제로 개국이 시작되었습니다. 이 조약에 의해 부산항이 개항되고, 이어 원산, 인천항이 개항되었으며, 1882년 한미수호 통상조약으로 미국과의 통상조약이 성립된 데 이어 청

국, 영국, 독일, 러시아, 이탈리아, 프랑스 등과 차례로 수호통상조약을 맺어 전
반적인 대외무역을 시작하게 되었습니다. 이 시기는 열강의 각종 경제, 무역의
이권다툼으로 크고 작은 전쟁이 일어났던 선진 경제국의 수탈장이 되었습니다.

한편 일본에 의한 주권상실 이후 한국경제는 경제적 암흑기를 겪게 되었으
며 이 시기의 무역은 종주국의 제품시장, 원료, 식량공급 기지라고 하는 전형적
인 식민지 무역이었습니다. 결국 진정한 자주무역은 해방 이후에나 가능하게 되
었습니다.

4 해방 이후

1945년 해방과 더불어 한국무역협회가 창립(1946년)되면서 무역질서가 확립
되기 시작하였습니다.

해방 후 대외무역은 정치 · 경제적 혼란 속에서 밀무역이 성행하는 무질서
상태이었습니다. 1946년 105개 무역상사가 한국무역협회를 창립하여 근대적 무
역질서와 대외무역의 방향을 정립하는 역할을 하기 시작하였습니다.

1950년대에는 경제적 기반이 형성되지 못했으며 한국의 대표적 경제품은 중
석이었습니다. 한국은 광산을 개발하고 각종 광산물을 채취하여 외국에 수출하
기 시작했습니다. 이 시기에도 경제의 초점은 대외수출이었지만 투자가 없는 수
출경제가 한국을 지배하고 있었습니다.

제 6 절 근대의 무역

1 1960년대

이 시기는 무역기반 조성기로서 그간 전후복구를 위한 미국의 원조가 감소
하면서 수입대체형 경제발전전략(내수 중심)에서 수출주도형 경제발전전략으로
급선회하는 시기였습니다.

제3공화국이 출범하면서 '수출경제확대회의'를 열어 업계와 긴밀한 결속 아
래 과감한 투자정책이 시작되었습니다. 한국의 기술은 낙후되어 있었고, 한국의

국내시장은 경제성장을 약속할 수 없을 만큼 협소했으므로 한국은 외국의 선진기술을 적극적으로 도입하였고, 국외시장으로 눈을 돌려 수출 지향적인 생산을 시작했습니다. 한국정부는 수출지원정책을 크게 강화시키기 위해서, 수출보조금·조세감면·수출우대금융 등과 같은 수출업체에 대한 차별화를 시도헸습니다. 그리고 수출용 원자재와 자본재에 대해서는 관세 감면의 정책을 실시했습니다. 그리고 원조가 종결되는 시기를 감안, 외국자본을 적극적으로 유치하기 위해 노력했습니다.

기술·국내시장·자본, 그리고 자원이 없었던 한국으로서는 수출이 경제성장의 열쇠였던 것입니다. 이러한 정부 주도의 경제정책은 한국경제가 빈곤을 밟고 일어서는 결정적인 힘이 되었습니다.

한국정부는 먼저 수송 능력을 갖추기 위해 도로와 철도 등과 같은 사회간접자본 건설에 대한 투자를 결정했습니다. 외국에서 끌어들인 자본은 기술력 향상과 기계 수입을 위해 쓰여졌고, 수입된 원자재를 제품화하는 제조업은 수출로 이어졌습니다. 그 결과 1960년대에는 합판, 신발 등의 경공업이 수출 주력 상품으로 급부상하였고, 50년대의 광산물 수출은 거의 사라지게 되었습니다.

경제개발계획은 목재상품과 신발의 수출이 성공으로 인하여 경제발전의 실마리를 제공하게 되었습니다. 이 시기에는 가발의 제작 및 수출이 세계적으로 인정을 받으면서 한국 가발의 세계시장 점유율은 상당히 높았지만, 가발 수출에 대한 정책에도 불구하고 참여 기업이 적어서 큰 발전은 이루지 못했습니다. 한국이 갖고 있는 인적 자원과 노동집약적인 산업이 결합되면서, 한국은 경공업 부문에서 지속적인 성장을 계속하게 되었습니다. 그 결과, 한국은 1965년 이후 7.1%라는 세계적으로 유례없는 경제 성장률을 기록하게 되었습니다.

2 1970년대

이 시기는 무역진흥기(100억 달러 수출, 1000달러 소득)로서 그간의 양적인 성장에서 서서히 질적인 성장을 추진하였습니다. 장기수출계획의 수립을 통해 수출의 본격적인 확대를 도모하였습니다. 중화학공업의 육성과 자본재의 수입의존을 지양함으로써 국민경제의 자립화 기반을 더욱 다지는 한편 농업개발에 치중하는 등 전반적으로 성장과 안정의 균형을 시도하였습니다.

그리하여 계획 당시 연평균 10.5%의 고도성장을 기록했던 60년대 2차계획의 실적에 비하여 3차계획 기간에는 연평균 8.6%라는 성장률을 목표로 삼았습니다. 이 시기는 전 세계적으로 석유파동이라는 엄청난 시련과 불황에 직면하였음에도 불구하고 3차계획 기간 중의 연평균 성장률은 11.1%를 기록함으로써 양적인 성장도 오히려 2차계획 때보다 더욱 가속되었습니다. 이와 같은 고도성장은 석유파동으로 인한 커다란 시련에도 불구하고 획기적인 수출신장을 수반하였습니다.

70년대 상반기는 한국경제가 대외지향적 고도성장의 추구에 의하여 형성된 자원과 시장의 해외의존율의 심화가 얼마만큼 불안전한 체질을 초래하였는가를 절감케 한 시기였습니다. 국제통화체제의 격변과 석유 파동을 기점으로 하는 국제자원파동은 기존가격균형의 혼란과 국제유동성의 편재를 수반하면서 세계경제를 인플레와 불황으로 몰아넣었습니다.

또한 무엇보다도 비산유 개발도상국과 자원이 부족한 개발도상국의 국제수지 악화를 일층 악화시켰습니다.

이 시기에 세계각국은 무역수지의 불균형을 보였으며, 특히 선진공업국이 국제균형을 위해 국내균형을 희생시켰던 데 반하여 우리나라는 개발과정에서 성장을 크게 희생시키지 않았기 때문에 더욱 격심한 타격을 받게 되었습니다. 다시 말하면 선진공업국은 국제수지의 균형을 위해 자체 경제성장을 희생시킴으로써 1974년과 1975년에 제로 또는 마이너스 성장을 하였으나, 우리 경제는 8.7%와 8.3%의 비교적 높은 성장을 지속적으로 유지한 것은 성장의 잠재력이 있기도 하였지만 국제수지를 희생한 대가이기도 한 것입니다.

❸ 1980년대

이 시기는 우리나라의 국제화 지향기로서 1980년을 전후하여 세계 20위의 수출국으로 발돋움하자 선진국으로부터 수입규제가 강화되기 시작됨으로써 1978년 수입자유화 대책위원회를 발족하고 1984년에는 연도별 수입자유화 품목을 예시하는 등 다각적인 통상진흥활동이 전개되었습니다.

1985년 중반부터 시작된 소위 3저효과(3低效果)로 인하여 경제개발 이후 처음으로 4년간 무역흑자를 재현하였습니다. 3저효과(3低效果)란 유가하락, 금리하락, 달러화 하락을 일컫는 것으로 유가하락으로 100% 수입에 의존하는 원유의 수입부담이 줄고, 국제금리 하락으로 외채이자 부담이 크게 낮아졌고, 달러화의 하락 즉 엔화의 강세로 수출경쟁력이 크게 향상되어 무역수지가 큰 폭으로 개선되었던 것입니다.

4년간의 흑자 지속으로 외국의 통상압력이 거세어지자 수출지원제도가 대폭 축소되고 국내시장의 개방을 급속히 추진하게 되었습니다.

④ 1990년대

이 시기는 글로벌화와 구조조정기로 무역수지가 반전되었습니다.

즉, 시장개방 확대 → 수입증대, 수출의 중요성에 대한 인식 쇠퇴 → 수출에 대한 열의 냉각, 중국, 아세안 등 후발국의 추격 → 시장 상실 등으로 이어져 무역 및 경상수지 적자가 큰 폭으로 확대되었으면서, 한편으로는 대외신인도가 급속히 하락함으로써 1997년 11월 금융·외환위기가 발생하였습니다. IMF는 우리 경제에 어려움을 가져다준 동시에 그동안의 양적 성장을 반성하고 기업재무구조의 건실화, 기업지배구조의 개선, 경영의 투명화 등 한국경제의 구조개선을 추진할 수 있는 계기가 되었습니다.

제 7 절   현대의 무역

① 21세기의 변화

미래학자들의 주장과 연구기관들의 견해들을 종합해 볼 때 21세기 사회의 특징은 다음과 같이 예상할 수 있습니다.

첫째, 무한경쟁을 강요하는 개방화, 국제화의 시대가 될 것입니다.
둘째, 밀레니엄 라운드(MR)를 통한 무역 주도권 싸움이 더욱더 강화될 것입니다.
셋째, 지식정보화에 토대를 둔 지식기반 경쟁시대의 도래와 그에 따른 패러다임의 변화가 절실히 요구되는 시대가 될 것입니다.

넷째, 과학기술의 발달에 따른 신산업혁명은 사업구조의 재편과 인간의 생존전략을 바꾸어 놓게 될 것입니다.

다섯째, 삶의 질과 감성을 중시하는 개성과 다양성의 시대가 도래하게 될 것입니다.

여섯째, 의학기술의 발달은 미래사회의 모습과 생활 양태를 변모시키게 될 것입니다.

일곱째, 중국의 경제성장과 WTO 가입 등으로 인해 한국의 경쟁력은 더욱 고전할 것입니다.

이와 더불어 심각한 환경문제와 다양한 갈등과 분쟁이 야기될 수 있는 가능성의 시대가 도래할 것이며, 정치적 국경은 존재하지만 경제적, 문화적 국경은 존재하지 않는 시대가 될 것입니다.

2 21세기의 무역

이제 21세기 무역전쟁에서 경쟁력을 확보하려면 인터넷의 활용도를 높여야 합니다. 인터넷 활용을 통해 우리가 경쟁력을 확보할 수 있는 항목을 잘 협상한다면 우리에게 오는 실익이 클 것입니다.

이에 따라 무역도 인터넷을 중심으로 다음과 같이 크게 변화할 것으로 예상됩니다.

① 국내, 국외의 차이가 없는 거대한 단일시장 형성

국내에 있든 지구 반대편에 있는 무역중개상이든 인터넷을 통한 접속에서는 차이가 없으며, 상대방이 같은 국가 안에 있는가 아닌가는 중요 문제가 아니게 됩니다.

② 소프트 제품에서 하드 제품으로 확산

전자상거래에서 활발했던 물품은 주로 네트워크를 통해 전달할 수 있는 소프트웨어, 디지털로 저장한 서적, 신문, 음악, 사진 등입니다. 하드 제품의 경우 교환되는 정보가 복잡하고 많아지고 있어 인터넷의 활용 효과가 커지고 있으며 확산될 것입니다.

③ 정보의 흐름과 물류가 분리

하드 제품군은 상품의 물리적 수송이 필요하며 여러 기관이 참여하는 통관, 무역 절차가 필요합니다. 무역의 전체 과정에서 물건의 이동보다는 무역거래에 관여하는 여러 기관 사이에 오가는 정보의 흐름과 교환이 중요성이 훨씬 크고 많은 비용을 발생시키게 될 것입니다. 인터넷의 활용으로 무역거래 과정을 효율적으로 그리고 신속하게 처리할 수 있게 됩니다.

④ 중간 에이전트 역할의 변화

인터넷 무역에서는 중간 에이전트가 얼마나 많은 정보를 갖고 있는가와 얼마나 효율적으로 무역 정보를 수집, 접속, 처리, 분배할 수 있는가의 능력이 더 중요합니다.

⑤ 중소기업과 대기업의 구분 모호

인터넷을 활용하여 그동안 확보하기 어려웠던 국제 상품정보 및 거래처 정보, 국제무역에서 나라마다 요구하는 제도와 절차의 차이에 대한 정보, 국제 무역 절차와 환경 변화에 대한 정보를 대기업과 같은 수준으로 이용할 수 있게 됩니다.

⑥ 교역상품과 서비스 가격의 단일화 및 하락

전문 정보 검색 엔진을 이용하여 특정 상품을 어떤 나라의 어느 기업이 공급하고 있는지 쉽고 빠르게 찾을 수 있게 됨으로써 기업과 소비자 간 철저한 시장 원리가 적용되어 가장 경제적 합리적 거래가 이루어질 수 있게 됩니다.

⑦ 전 세계를 대상으로 해외활동 수행

최소의 비용으로 전 세계를 대상으로 마케팅 활동을 수행하게 됩니다. 음성, 동화상으로 다양하고 효과적으로 제품 소개가 가능해짐에 따라 시간과 공간의 제약을 극복할 수 있게 됩니다.

⑧ 거래 비용의 획기적 절감

판매 구매자 간의 상담, 상품 정보, 거래 성사를 위한 각종 서류의 교환 형태가 비정형화 의사표시는 전자우편, 공식적 문서는 전자문서교환에 의해 컴퓨터 통신망으로 통합 처리됩니다.

⑨ 전화 화폐에 의한 대금 결제

신용장을 대신하여 인터넷을 통한 전자 지불 시스템으로 대금 결제가 이루어질 것입니다.

⑩ 새로운 국제운송물류 시스템 도입

생산자와 소비자와의 직거래가 가능해짐에 따라 주문과 동시에 소비자 욕구에 맞춰 현지 생산, 현지 보관, 현지 배달이라는 새로운 상품배송 시스템과 함께 ITS가 구축되어 갈 것입니다.

Chapter

16

우리나라 무역의 특징

우리는 앞서 제2부에서 우리나라의 무역의존도와 국제수지 그리고 우리나라 경제에 있어서 무역의 역할을 자세히 살펴보았습니다. 이 장에서는 이를 토대로 우리나라무역의 현황과 특성을 알아봅니다.

제 1 절 한국무역의 최근 동향

1 2017년

2017년도 우리나라의 수출은 2015년 이후 세계 수출 6위를 회복했고, 이와 함께 사상 최고의 세계시장 점유율을 달성했습니다. 무역을 통한 수출의 증가는 기업의 실적개선을 통해 설비투자의 확대로 또한 일자리 창출로 이어지는 선순환의 효과가 있습니다.

한편 세계경제는 2008년의 글로벌 금융위기 이후 생산 및 무역회복 등으로 인해 성장세가 뚜렷하게 나타나고 있습니다. 선진국과 신흥국 모두 2010년 이후 처음으로 성장세가 동시에 확대되면서 세계경제 성장률은 2018년 3.7%로 높아질 전망입니다. 글로벌 경기선행지수도 2016년 2월 이후 18개월 이상 상승세를 보이고 있습니다. 세계교역량도 2016년에 비해 최근 5년간의 연평균 성장률을 상회하고 있습니다.

이에 따라 우리나라의 수출도 2017년 사상최대의 실적을 달성했습니다. 2017년 우리나라의 수출은 세계 10대 수출국 중 가장 높은 수출 증가율을 기록하면서 수출 순위가 상승하고 사상 최고의 세계시장 점유율을 기록했습니다.

질적인 측면에서도 벤처기업과 신성장산업의 수출호조, 시장 다변화 등 수출구조도 개선되어 가고 있습니다. 벤처기업의 수출은 사상 최대치를 기록했으며, 신성장산업은 전체 수출 증가율을 앞서고 있습니다. 또한 한·미 FTA 재협상과 중국과의 사드 갈등에도 불구하고 중국과 미국에 편향되었던 수출의존도가 아세안, EU, 인도 등으로 수출비중이 상승하면서 시장 다변화를 보이고 있습니다.

그러나 대기업에 의한 수출의존도가 심화되면서 중소기업의 수출비중이 하락하고 수출품목 다변화는 경쟁국에 비해 미흡한 실정입니다.

한편 2017년 들어서 시현된 수출 증가는 경제성장과 일자리 창출에도 기여하고 있습니다. 우리나라의 경제성장률은 2014년 이후 처음으로 3%를 상회하였습니다. 이에 대한 수출기여도는 78.5%로 지난 5년 이후 최고를 기록하였습니다. 이와 같은 수출호조는 기업실적개선 및 제조업의 고용창출로 이어질 것입니다.

앞으로도 당분간은 세계경기의 회복, 글로벌 IT산업의 경기 호조 등 해외시장에 의한 호재가 지속될 전망이므로 수출 확대를 통해 양질의 일자리를 창출하는 것이 중요합니다. 또한 대외무역 환경에 좌우되지 않으면서 수출이 일자리 창출 효과를 높이고 국내경제와 조화롭게 성장하기 위해서는 FTA를 적극적으로 활용하고, 신시장 개척을 통해 수출시장을 다변화하고, 수출품목의 고부가가치화와 함께 수출잠재력이 있는 중소기업의 수출기반 확대 등이 필요합니다.

② 2018년[9]

2017년 우리나라 수출이 사상 처음으로 6천억 달러를 돌파하며 최대치를 기록했습니다. 산업통상자원부는 2018년 연간 수출액이 사상 최대인 6천55억 달러로 잠정 집계됐다고 1일 밝혔습니다. 이는 2017년 대비 5.5% 증가한 것으로, 1948년 수출을 시작한 이후 70년 만의 최대 실적입니다. 6천억 달러 돌파는 2011년 5천억 달러 달성 이후 7년 만입니다. 지금까지 미국, 독일, 중국, 일본, 네덜란드, 프랑스가 6천억 달러를 돌파했으며 우리나라가 세계에서 7번째입니다.

수입도 전년대비 11.8% 증가한 5천350억 달러로 사상 최대였고, 무역액 역시 역대 최대인 1조1천405억 달러를 기록했습니다. 수출·수입·무역액 모두 최고실적을 낸 가운데 무역수지는 705억 달러로 10년 연속 흑자를 기록했습니다. 세계 수출 순위는 2년 연속 6위를 지켰으며 세계 무역에서 우리 무역 비중은 역대 최대인 3.1%였습니다. 연간수출을 품목별로 보면 13대 품목 중 반도체·석유화학·일반기계 등 6개 품목 수출이 증가했습니다. 반도체는 1천267억 달러로 단일 품목 사상 세계 최초로 연간 수출액 1천억 달러를 돌파했습니다. 일반기계·석유화학도 사상 최초로 연간 500억 달러 수출을 달성했습니다. 중동·중남미를 제외한 모든 지역으로 수출이 증가한 가운데 주력시장인 미국, 중국과 신

9) 2018년 무역액 사상 최대, 2019.1.1.일자 신문기사를 저자가 수정보완하였음

그림 16-1 우리나라 수출액 증가 추이

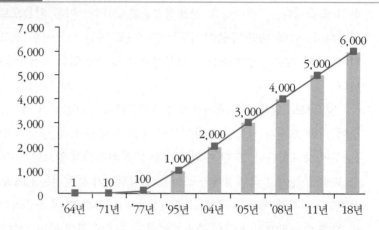

남방 지역인 아세안, 베트남, 인도 등에서 최대 수출을 기록했습니다. 주요 지역별로는 중국(1천622억 달러, 14.2%), 아세안(1천3억 달러, 5.3%), 미국(728억 달러, 6.0%), 베트남(486억 달러, 1.8%), 인도(156억 달러, 3.7%) 순으로 수출액과 증가세를 보였습니다. 산업통상자원부는 "수출 6천억 달러 돌파의 히든 챔피언은 중소기업이었다"면서 "중소기업의 자체 R&D 강화, 해외시장 개척 등 글로벌 경쟁력 강화 노력이 결부돼 달성한 대기록"이라고 말했습니다.

제 2 절 한국무역의 특징

1 수출주도형 경제개발

우리나라의 수출주도형 경제개발정책은 1962년 경제개발 5개년 계획으로 본격화되었습니다. 실제로 제3공화국 시기에는 국내자원의 조달과 노동력 동원을 극대화시키면서 대외 균형을 달성하기 위해 수출을 진흥하고 수입을 억제하는 데에 목표를 두고 경제개발계획을 추진하였습니다.

한편, 우리나라의 무역의존도는 대외지향형의 경제개발계획이 수립되기 이전인 1960년에는 무역의존도가 16.8%이던 것이 경제개발계획이 실시되던 해인

1965년에는 5%로 증가하였습니다. 또 1970년의 전체 무역의존도는 41.4%였으며, 2010년 우리나라의 무역의존도는 88%를 상회하고 있는 실정입니다. 이러한 무역의존도는 우리나라 경제가 그만큼 세계 경제 환경 변화에 영향을 많이 받고 있다는 것을 나타내고 있습니다.

② 정부주도형 경제 성장

이러한 대외지향형 경제의 특징은 지난 정부주도하의 경제개발 5개년 추진 계획에서 나타납니다. 수출 제일주의 슬로건 아래 가능한 모든 제도적. 행정적 지원을 하였습니다. 구체적으로 첫째 법규를 정비하였습니다. 기존의 무역법 이외에 1962년 3월에는 「수출진흥법」을 제정하여 수출용 원자재의 수입 등에 대해서는 특혜를 주는 등 해외 활동에 최대한 자유를 보장하였습니다. 또한 1967년에는 무역법, 수출진흥법, 무역장려법을 하나로 통합하여 「무역거래법」을 제정하였으며, 1968년 12월에는 수출 지원을 위한 「수출보험법」이 제정되었습니다. 두 번째로 환율의 조작을 통하여 수출을 진작시키려고 하였습니다. 세 번째로 각종의 수출 금융 및 세제상 지원을 통해 수출을 진작시켰습니다.

③ 단순 가공 제품 중심의 수출 전략

우리나라가 부존자원은 빈약한 반면에 노동력은 풍부하였던 점 때문에 노동집약적 산업에 특화하였습니다. 풍부한 노동력과 저임금을 배경으로 하는 노동집약적인 경공업에의 특화는 이들 산업이 수요신장률이 낮고 기술 진보가 낮을 뿐만 아니라 선진 제국에서 쇠퇴하는 산업이므로 경제 개발의 단계에서는 당연한 것이었습니다.

1960년대에 추진된 두 차례의 경제개발 5개년 계획은 투자를 노동집약적인 경공업 분야에 집중적으로 배분하였기 때문에 섬유 산업과 합판 제조업, 가정용 전기제품, 신발류 수출이 급신장하였으며, 정유 산업, 석유 산업, 제철 공업 등 중화학 공업 분야에 기틀을 다져 나갔습니다.

4 기술 및 자본의 해외 의존성

　　우리나라는 1960년대 초까지 자본 및 기술개발 능력의 부족에 따라 선진국으로부터의 자본의 도입과 기술의 도입을 통한 자립화를 도모하기 위한 각종 시책을 수립하여 추진해 왔습니다. 우리나라의 자본과 기술 도입은 선진국, 특히 미국과 일본에 편중된 현상을 나타내고 있습니다. 이는 우리나라가 경제개발 과정에서의 기술 도입이 미국과 일본에 편중되어 있었다는 것을 나타냅니다.

　　또한 경제개발 과정에 필요로 하는 것은 자본이지만 우리나라는 일제 36년간 민족자본의 형성이 거의 이루어지지 않았기 때문에 외국자본의 지속적인 확대 도입에 의존하였습니다. 외자에 의한 실물 자본도입은 사회간접자본시설 및 생산시설의 확충으로 나타나 노동력의 고용을 증진시키고 국내 생산력을 제고시키는 데 기여하였습니다. 그러나 이 외자 및 기술 도입을 대외 분업에 기초한 산업 구조와 관련시켜 볼 때는 자본재 부문의 지속적 해외 의존을 초래하고, 국민경제의 성과 분배면에서 보면 원리금, 로열티의 지불 부담으로 나타났습니다.

5 불균형적 경제 성장 구조

　　산업 구조면에서 볼 때 수출 주도형의 대외분업은 단순노동을 이용한 경공업 또는 조립 가공형 산업만을 중점 육성시킴으로써 공업 제품에 소요되는 원료, 중간재, 자본재의 조달에 있어서 국내의 농업 또는 타제조업 부문과의 보완관계를 충분히 갖지 못했습니다. 또한 생산된 상품의 판로에 있어서는 주로 해외시장의 개척에 의존한 결과 공업화 과정에 있어서 국내 각 산업 부문 간의 전후방 연관 효과가 충분하지 못하였습니다. 따라서 농업은 공업에 비해 상대적으로 크게 정체되었기 때문에 식량 공급의 대외 의존도를 심화시키는 동시에 농촌이 내수시장으로서 역할을 충분히 다할 수 없게 되었습니다. 그리고 농축 부문의 잠재 실업인구가 도시로 이동하여 유통 과정에 집중됨으로써 제3차 산업이 비정상적으로 확대되는 결과를 가져왔습니다.

6 산업의 이중구조

　　정부 주도의 수출 우선주의 정책은 대외 경쟁력 조건으로 규모의 이익을 실현할 수 있는 생산 시설을 필요로 하였습니다. 이에 따라 각종의 수출 지원 정책 (조세, 금융, 외환 등)이 대기업에 편중되어 지원되었으며, 대기업 그룹에의 경제력 집중으로 나타났습니다. 그 결과 규모의 이익에 의한 생산력 확대와 경쟁력은 정착시켰지만, 정부의 각종 개입과 더불어 경쟁적 시장을 크게 약화시키고 자원 배분면에서의 비효율성을 초래하였습니다. 이것은 선진국 제국과는 달리 한국의 중소기업들은 대기업에 투입 요소를 제공하는 상호보완적인 관계에 있는 기업의 비중은 아주 낮고, 많은 대기업들이 저임금을 기반으로 한 노동집약적 생산 부문에 집중했기 때문입니다.

📖 참고자료

제16장 참고

1. 한국경제70년 그들이 있었다 1부 : 자본주의, 싹을 티우다.
   https://www.youtube.com/watch?v=KYBrW6djo98

2. 한국경제70년 그들이 있었다 2부 : 수출, 세계에 한국을 세우다.
   https://www.youtube.com/watch?v=lm8bOM6P4Eg

3. 한국경제70년 그들이 있었다 3부 : 중화학공업, 산업혁명을 일으키다.
   https://www.youtube.com/watch?v=jx9dz0P_tm0

4. 한국경제70년 그들이 있었다 4부 : 국가에서 시장으로, 한국경제의 패러다임이 바뀌다.
   https://www.youtube.com/watch?v=G39HRT2FXs4

5. 한국경제70년 그들이 있었다 5부 : 세계화, 확장과 위험
   https://www.youtube.com/watch?v=UFIK7vtNxWk

6. 한국경제70년 그들이 있었다 6부 : IMF위기, 시련을 맞서다.
   https://www.youtube.com/watch?v=GTBjb9tHo6c

7. 한국경제70년 그들이 있었다 7부 : 새로운 도전
   https://www.youtube.com/watch?v=5bvxme_a_TE

PART
05

무역상무

무역의 현장을 이해하는 것은 쉬운 일이 아닙니다. 무역의 현장은 실제로는 법과 관습에 의해 이루어지고 있습니다.

인간은 언제부터 서로 다른 생활양식을 가진 사람들과 교류를 해 왔을까? 그리고 언제부터 서로 다른 문화권 사이에서 무역거래를 해 왔을까? 개인이든 국가든 간에 이와 같은 무역거래가 지금까지 어떻게 이어져 왔으며 앞으로도 계속될 수 있는 것일까?

서로 다른 문화 사이에 언제부터 최초로 무역거래가 이루어져 왔는지를 정확하게 알 수는 없지만 서로 다른 문화가 충돌하면서 발생하는 문제들 때문에 무역거래는 양쪽의 이익과 안전을 보장해 주는 제도적 장치가 필요하게 되었습니다.

무역학이 무역학답다는 것은 무역실무의 현장이 살아 숨쉬고 있기 때문입니다.

이제 무역의 현장을 논리적으로 이해하고 간접경험을 통해 문제해결이 가능한 무역인이 되기를 두 손 모아 빕니다.

제5부에서는 다음과 같이 어떻게 무역을 하는지에 대해 살펴봅니다.

Chapter

17

무역거래와 실정법

제 1 절 법지식의 필요성

사회생활에 있어서 개인이 주고받는 모든 거래관계는 법률관계로 이어져 사회생활 관계가 곧 법률관계로 규정됩니다. 법률관계는 권리와 의무의 관계를 의미하므로 개인의 권리를 바르게 행사하고 의무를 차질없이 이행하기 위해서는 기본적인 법률지식을 알고 있어야 합니다.

사회생활을 규율하는 법을 이해한다는 것은 자기자신의 권익을 보호할 뿐만 아니라 사회활동에 적극적으로 참여하는 길이기도 합니다. 현대국가는 법치국가를 의미하므로 개인의 사회생활은 법률관계로 귀결되어 개인 자신의 의사와는 무관하게 법과 직접적인 관련을 갖게 됩니다. 현대생활에서 법에 대한 인식은 생활의 필수적 요건이며, 사회생활을 위한 하나의 교양입니다. 법은 법 위에서 잠자는 자를 보호하지 않으며, 더욱이 법의 무지는 용서받지 못하는 것이므로 법을 알지 못하였다는 것으로 언제나 무죄가 되지는 않습니다. 또한 법이 개인의 권리를 명백히 보장하고 있을지라도 그것을 행사하지 않으면 권리는 사장되고 마는 것입니다.

인간은 사회적 존재이므로 서로 모여 공동생활을 영위하는 동시에 사회의 구성원으로서 스스로의 삶을 누리고 있습니다. 사회의 개체로서 개인의 생활이 자기 나름의 개성적인 생활일지라도 사회라는 기관이 있어서 가능한 것이고, 그것은 곧 사회의 공동생활과 연계되는 것입니다.

인간은 개체로서의 취약성을 집단적인 협조와 방어, 그리고 상부상조의 공동생활을 통하여 공존함으로써 다른 동물들과는 달리 지구상에서 우수한 지위를 독점하여 왔습니다.

인간의 생활은 자연적 존재로서의 인간중심의 복합적 생활양식입니다. 그러나 인간은 이를 충족시키기 위하여 그 중심무대인 사회 전체의 공익을 저버리는 이기주의적 경향이 있습니다. 따라서 현대사회의 기본문제 중 하나는 이와 같은 사익과 공익의 이익충돌의 양극화현상을 지양하고, 인간이라는 개체와 사회라는 전체의 조화를 어떻게 슬기롭게 결합하여 개인의 발전은 물론 나아가 사회의 발전을 추구하는가 하는 것입니다.

인류의 역사는 이러한 이상적 사회를 실현하기 위한 노력의 과정입니다. 그러나 인간이 사회적 공동생활을 통하여 각자의 목적을 달성하려고 할 때에 그곳에는 이해관계가 충돌하기도 하고 때로는 일치하기도 합니다. 이해관계의 문제가 발생하여 상호 대립하는 경우에 그 해결책을 준비하는 것이 사회제도가 갖는 또 하나의 존재기능입니다. 사회에 질서가 없다면 사회생활은 근본부터 파괴되어 급기야는 계층 간 이해의 충돌과 갈등의 심화로 그 기능이 마비되어 존립할 수 없게 됩니다. 따라서 모든 사회는 그 사회 자체를 유지할 질서를 필요로 하는 것입니다.

고대의 미개한 사회에서는 도덕, 관습, 종교 등으로 사회질서의 유지가 가능하였습니다. 그러나 사회생활이 복잡·다양해지고 그 규모가 거대해져 개인의 의식수준이 높아진 문명사회에 이르러서는 단순한 사회규범이 아닌 강한 법규만이 사회의 질서를 유지할 수 있으므로 법은 다른 사회규범에 분화하여 사회의 질서유지를 위해 중심적 역할을 맡게 되었습니다.

상이한 많은 규범이 있는 국가사회에서 법만이 국가에 의해 조직적 강제력을 가질 수 있는 것은 국가가 권력의 지배가 아닌 법의 지배를 필요로 하기 때문입니다. 이와 같이 법은 사회규범 중 가장 중요한 위치를 차지하고 있으므로 사회를 규율하고, 사회정의를 실현하는 규범으로서의 법은 모름지기 이상적이고 신성한 규범이어야 합니다.

제 2 절 법의 개념과 법규범

1 법의 개념

법은 일반을 뜻하며 법률뿐만 아니라 법규범 전체를 의미합니다. 또한 법률은 입법기관이 제정한 제정법을 의미합니다(형식적 의미). 그리고 법규는 법규범의 뜻으로 쓰이나 일반적인 성문화된 제정법을 의미합니다. 법령은 입법기관의 제정법은 물론 시행령도 의미하며(실질적 의미), 법전은 성문화된 법령을 종합적이고 체계적으로 편성한 문서를 의미합니다.

2 법규범

국가의 모든 법질서는 그 법의 존재형태가 각기 다르더라도 일반적으로 논리적인 성격을 달리하는 3종류의 법규범으로 구성되어 있습니다. 법은 대체로 '~하게 된다'는 이른바 가언명제의 형식을 취하고 있어서, '~하라 또는 ~하지 말라'라고 하는 정언명제 형식을 갖는 도덕과 구별됩니다.

- 행위규범 : 행위규범은 '~하여야 한다' 또는 '~해서는 안 된다'고 금지하는 규범을 말합니다.
- 강제규범 : 강제규범이란 일정한 행위규범을 전제로 하고 그 행위 규범에 위반하는 행위에 대하여 일정한 제재를 가함으로써 강제력으로 사회질서를 유지하려는 규범을 말합니다. 예컨대, "사람을 살해한 자는 사형, 무기 또는 5년 이상의 징역에 처한다"는 규정은 사람을 죽이지 말라는 도덕적 행위규범을 전제로 하고 있는 것이므로 이에 속합니다.
- 조직규범 : 조직규범의 직접적인 규율 대상은 국가기관입니다. 국민 일반의 사회생활을 규율하는 것이 아니므로 행위 규범도 아니고, 위반행위에 대해 강제력을 발동하는 것도 아니므로 강제규범도 아닙니다. 예컨대, 국회법, 정부 조직법, 공무원법 등이 이에 속합니다.

3 법과 관습

관습이란 특정한 사회에서 같은 행동이 다수인에 의해 반복되고 계속됨으로써 무의식중에 생겨난 행위의 준칙으로서 그 구성원을 구속하는 사회규범을 말합니다. 관습은 사회의 관행에서 발생하여 그에 기반을 두는 것이므로 불합리성도 많으나, 실제성을 가지고 있어 다른 사회규범보다 현실적 의미가 강합니다.

원래 근대국가 성립 이전까지의 모든 사회규범은 관습의 형태로 존재하였고 관습은 사회통제의 수단이었습니다. 그러나 사회발전에 따라 관습은 스스로 분화과정을 거쳐 법과 도덕, 종교 등의 다른 규범으로 분리되었습니다.

법은 만들어지는 것이고 관습은 생성되는 것이라고 일단 구별할 수 있으나, 법과 관습은 인간의 외면적 사회활동의 규범이라는 점에서만 유사하나 그 성립기반, 제재력 등에서 구별되어야 합니다. 법은 사회의 조직적 권력에 의하여 강행되는 데 반하여, 관습은 사회에서 비조직적으로 생성되어 자유로운 규범의식을 갖고 있고 법의 강제력과는 달리 사회의 비난을 두려워하는 심리적 압박이 제재력이 됩니다. 그러나 법과 관습의 차이는 단순한 공동생활의 규범에 대하여 법이나 관습이 어떠한 의미를 갖고 있는가 하는 정도에서 다루어지며, 실생활에 있어서 양자의 구별은 사실상 의미가 없다 할 것입니다.

④ 법의 연원(淵源)

법의 연원이란 실질적 의미에 있어서 법이 성립하는 기초인 법의 타당성 근거를 뜻하고, 형식적 의미에 있어서는 법의 존재형식 즉, 법이 실제로 나타나는 형식과 종류의 뜻으로 사용됩니다. 법의 연원은 그 표현형식에 따라 성문법과 불문법으로 나누어지며, 이들 법의 연원 사이에는 그 효력면에 있어서 서로 상위법 또는 하위법의 종속관계의 법질서를 구성합니다.

- 성문법 : 문서의 형식을 갖추고 일정한 절차와 형식에 따라서 권한 있는 기관이 제정, 공포한 법을 말하며 제정법이라고도 합니다. 현대국가는 법질서에 있어서 성문법을 기본으로 하고 있습니다. 성문법에는 헌법, 법률, 명령, 자치법규 및 국제조약 등이 있습니다.
- 불문법 : 문장으로 표현된 제정법이 아니고 실제로 관행으로 존재하는 성문법 이외의 법원을 말합니다. 오늘날 성문법국가에서도 불문법은 일반적으로 성문법의 보충적 효력을 위해 그 필요성이 인정되고 있습니다. 불문법에는 관습법, 판례법, 조리 등이 있습니다.

⑤ 법의 계통

법은 인간의 사회생활을 규율하기 위하여 만들어진 하나의 제도이므로 국가 또는 사회생활과 불가분의 관계를 가지고 발전하여 왔습니다. 즉, 법은 어느 특정 국가의 역사와 문화 또는 민족성, 종교적 색채 등에 기인하여 각각 특색 있는 발달을 하게 됩니다. 한 국가 민족의 문화는 다른 국가 민족에 영향을 주며 서로 교류하고, 때로는 융합하는 현상을 나타내기도 합니다. 이에 따라 법문화도 상호간 밀접하게 영향을 미치며 공통된 특색을 지닌 하나의 법 문화권이 형성됩니다.

법의 계통(법계)이란 특정국가(들)의 법질서가 속한 법의 계보를 의미합니

| 표 17-1 | 법계의 비교 |

구분	사용국가	법체계	구성	재판	구체적 사항
대륙법계	대부분국가	성문법	공·사법구분	법의 해석중심	논리적, 연역적
영미법계	영국, 미국	불문법	×	판례중심	사실적

다. 현대세계의 법계 중에서 가장 광범위한 분포를 보이고 있는 것은 로마·게르만법계입니다. 이는 주로 유럽대륙에서 시행되고 있었으므로 대륙계법계라는 표현을 사용하고 있습니다. 또 하나의 중요한 법계에는 영국에서 형성되어 발전한 보통법(Common law)계입니다. 이 법계는 영국에서 형성되어 그 식민지였던 미국·캐나다·오스트레일리아·뉴질랜드 등 여러 나라에서 채택하였었으므로 우리나라에서는 흔히 영미법계라고 부릅니다.

대륙법계는 로마법을 기초로 발달하여 온 법계로서 법학자들에 의해 발전해 왔고, 이는 성문법전의 제정을 통하여 법체계를 정립하였으므로 성문법주의가 이 법계의 특징입니다. 반면에 영미법계는 법관들이 법 실무에서 개인들 간의 분쟁을 해결하는 판결을 통하여 형성되었으므로 대륙법계처럼 일반 법규칙을 제정하기보다는 구체적인 분쟁소송에서 해결책을 주는 데 중점을 두고 불문법주의 아래에서 발전하여 왔습니다.

대륙법계와 영미법계는 상호간에 많은 교류를 통하여 법제도에 깊은 영향을 줌으로써 세계의 법문화를 발전시켜 왔으며, 이들을 합쳐 서구법이라고 부르기도 합니다. 양법계의 발달된 법은 서구의 힘을 배경으로 하여 서구 이외의 각국 고유의 법문화를 압도함으로써 오늘날 세계의 법문화를 이끌어 가고 있습니다.

6 법의 분류

법은 크게 실정법과 자연법으로 구분할 수 있으며, 실정법은 국내법과 국제법으로 다시 구분됩니다. 또한 국내법은 다시 공법, 사법, 사회법 등으로 구분할 수 있으며, 국제법은 국제조약과 국제관습법 등으로 구분할 수 있습니다.

1) 실정법과 자연법

실정법이란 그 사회에서 만들어져 실제로 행해지고 사람들이 지키고 있는 법을 말하며, 자연법에 상대하여 이르는 말로 실증법이라고도 합니다. 제정법(문서로 제시된 헌법, 민법, 상법, 형법 등 모든 법률), 관습법, 판례법이 이에 속합니다. 이에 비해 자연법은 인간, 사회의 본질에 기초하는 영구불변의 규범으로서 때와 장소에 따라 달라지는 실정법에 대해서 항구적이고 보편타당한 법이라 할 수 있습니다.

2) 국내법과 국제법

국내법이란 국가 안에서 국가와 국민 또는 국민 상호 간의 관계를 규율하는 법을 말합니다. 국내법은 크게 공법과 사법으로 나눌 수 있습니다. 공법은 공적

그림 17-1   법의 분류

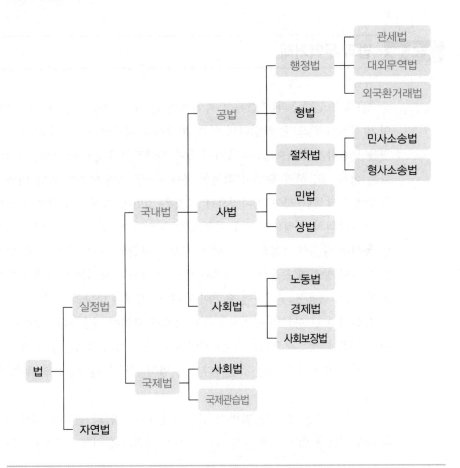

인 생활 관계를 규율하며, 사법은 개인 상호 간의 사적인 생활관계를 대등한 관계에서 규율합니다. 공법에는 헌법, 행정법, 형법, 민사소송법, 형사소송법 등이 있고, 사법에는 대표적인 것으로 민법과 상법이 있습니다. 한편, 사회생활이 복잡해짐에 따라 사회정의의 실현을 위해 사회법이 생겨났습니다. 사회법에는 경제법, 노동법 그리고 사회보장법 등이 있습니다.

이에 비해 국제법은 국제 사회에서 통용되는 법으로서 조약과 국제관습법이 있습니다. 조약은 국가 간의 합의에 의하여 성립되며, 관습법은 묵시적 합의인 관습에 의해서 성립되며, 국내의 헌법과 같은 성문법이 아니라 불문법입니다. 이와 같은 국제법은 국내법과 같은 입법 기관이 없다는 것과 국제법의 침해에 대하여 법을 집행하는 강제적인 절차가 없는 것이 단점입니다.

제 3 절　법과 무역거래

근대적 민주주의는 경제적 측면에서 볼 때 자본주의의 이념을 바탕으로 하여 발전하여 왔으며, 산업혁명 이후 20세기를 지나면서 자본주의의 모순과 취약점을 보완하기 위하여 그 자체에 수정이 가해지고 있습니다. 모든 사람에게 인간다운 삶을 보장하기 위하여 적정한 분배질서를 실현하려는 법의 이념은 경제의 원칙에서 발생한 것이 아니었으나 이것은 일반적 경제의 원칙에 우선하여 오늘날 민주주의의 원리로서 신봉되고 있는 것입니다. 인간은 사회적 · 정치적 동물인 동시에 경제적 동물입니다. 법과 경제는 인간의 사회생활에 필요하며 서로 영향을 주며 발전해 왔습니다. 경제는 법에 의하여 규제되는 인간의 경제생활 자체이며, 법의 내용을 결정하는 요인이 됩니다. 경제는 하나의 사실인 데 대하여, 법은 사실이 아닌 사회의 규범으로서의 경제와 관련이 있습니다. 그렇지만 법이 경제의 원칙에 맹목적으로 따르는 것이 아니라 오히려 경제활동에 대해 가치판단의 근거를 제공하고 있는 것입니다. 즉, 법의 이념은 경제활동의 우위에 있게 됩니다.

경제의 기본 원리는 일반적으로 존재하는 필연의 원리에 의해 합목적성의 추구에 있으나 법의 목적은 당위적 가치인 정의의 실현에 있습니다. 어떠한 경우에나 법은 경제에 대해 합목적성을 인정하면서도 경제의 원칙을 일탈하지 않는 범위 내에서만 일정한 자유를 부여하며, 법을 위반하는 경제활동을 허용하지 않습니다. 경제활동의 부조리를 경제법에 의하여 이를 수정·보완하는 것이 현대국가의 법질서입니다.

1 헌법과 무역거래

헌법은 국가의 기본법으로 국가의 통치조직과 그 작용의 원리를 정하고 국민의 기본적 권리와 의무를 보장하는 국가 최고의 근본법을 말합니다. 우리나라 헌법의 경제질서는 자본주의 경제를 원칙으로 하되, 모든 국민에게 인간다운 생활을 보장하며 국민생활의 균등한 향상을 시도하는 사회복지주의의 실현을 위한 사회적 시장경제질서를 내용으로 하고 있습니다. 특히 무역거래와 관련하여 헌법 제125조는 "국가는 대외무역을 육성하며, 이를 규제, 조정할 수 있다"라고 하여 대외무역법 설치의 근거이유를 밝히고 있습니다.

2 행정법과 무역거래

행정은 국가작용의 일부분으로서 성립, 발전된 관념입니다. 근대국가의 작용이 입법, 행정, 사법 등으로 분리되면서 근대적 의미의 행정의 관념이 성립되었으나 국가작용을 원활히 수행하기 위해서는 이들 3권을 엄격히 분리하기가 어렵기 때문에 실질적 의미인 입법, 행정, 사법은 현실과 반드시 일치하지는 않습니다.

무역거래와 관련하여 행정법의 제규정을 행정관청이 제한 또는 통제함으로써 실제 무역거래가 개인에 의하여 이루어지지만 공익과 질서유지를 위해 대외무역법, 외국환거래법 그리고 관세법 등이 각각 산업통상자원부, 기획재정부, 관세청 등 주무관청의 운용하에서 존재하고 있습니다.

3 민법과 무역거래

민법은 시민사회에 있어서의 일반적인 사회생활에 관한 사법으로서 시민이 영위하는 일상생활과 거래관계를 규율합니다.

민법의 주체는 자연인과 법인이며 민법의 객체는 동산과 부동산, 주물과 종물, 원물과 과실인 바, 민법의 주체가 민법의 객체를 지배하는 모든 행위를 민법에서 물권법과 채권법으로 크게 나누어 다루고 있습니다.

무역거래와 관련하여서는 특히 민법상 채권법이 주종을 이루고 있는데 채권이란 특정인이 특정인에 대하여 특정한 행위를 청구할 수 있는 권리를 말합니다. 물권법이 물건에 대한 직접적 · 배타적 지배를 내용으로 하는 데 대해, 채권은 대인적 권리로서 물건을 대상으로 하는 때에는 사람의 행위를 개입시켜 간접적으로 효력을 미치게 하는 것입니다. 채권법에 있어서 강조되는 이념은 계약자유의 원칙입니다.

4 상법과 무역거래

상법이란 기업을 대상으로 하는 법입니다. 기업이란 영리목적을 달성하여 계획적이고 계속적인 의도에서 영리행위를 실현하려는 독립된 경제적 조직체입니다. 상법은 기업에 대해서 기업의 설비, 기구, 수단 등에 관한 기업의 조직적인 측면과 기업의 활동에 관한 기업거래의 측면에 대해서 법적 규제를 가하고 있습니다.

상법은 민법에서와 같은 전통이나 관습속에 지배되지 않고 자유로이 상관습법이 형성되며, 상법전이 적시에 보충 · 개정되어 시간적으로는 진보적 경향을 띠게 됩니다.

상법은 합리주의가 지배하는 영역이므로 각국의 상법전의 내용이 대체로 유사하며, 또한 세계경제의 결속으로 인하여 각국 상법의 통일이 요구되고 있습니다. 무역거래와 관련하여서는 가장 관계가 깊은 법이 바로 상법입니다. 특히 보험, 운송, 결제에 관한 내용이 상세하게 명시되어 있으며 대외무역법의 모법(母法)에 해당한다고 볼 수 있습니다. 무역거래도 상행위인 이상 상법상의 저촉을 받게 되고, 무역회사의 대부분이 주식회사의 형태를 취하며 그 업을 유지하고 있으므로 무역거래와 밀접한 관계가 있습니다.

5 형법과 무역거래

형법은 공법으로서 어떤 특정범죄에 대해 그것이 국가적 법익을 침해했거나 사회적 법익을 침해했거나 또는 개인적 법익을 침해한 경우 그 범죄행위자에게 형사제재로서 어떠한 형벌을 가할 것인지를 정한 법규범입니다. 실질적 형사제재로서는 형법에 규정한 사형, 징역, 구금, 구류, 자격상실, 자격정지, 벌금, 과료, 몰수 이외에 민법, 상법 기타 행정법규 등에 규정된 과태료, 징계 등과 같이 법익을 박탈 또는 제한하는 것을 그 내용으로 하고 있습니다.

무역거래와 관련해서는 공공의 신용에 대한 죄로서 통화, 유가증권, 문서, 인장 등을 위조, 변조하거나 이것을 행사하는 범죄를 들 수 있습니다. 이러한 것들은 물건의 교환매개 또는 사실증명의 수단으로서 경제적·법률적 거래에 있어서 중요한 기능을 하는 것이므로 형법에서는 공공의 신용을 보호하기 위하여 이를 죄로 인정하고 있습니다.

⑥ 국제법과 무역거래

국제법이란 국제사회의 법을 말합니다. 오늘날의 세계는 아직 통일적인 세계사회를 형성하기까지에는 이르지 못하고 있으나, 적어도 국가라는 지역적 단체를 구성단위로 하여 이것을 통하여 일정한 사회를 형성하고 있습니다. 지금까지의 국제법은 국가 간의 관계를 규율하는 법으로서 국가의 권리 의무만을 주장하였습니다. 그러나 최근에는 국제사회가 조직화됨으로써 국가 간의 관계뿐만 아니라 국제조직에 관한 법도 포함하게 되었고, 또한 점차로 개인의 지위가 향상됨에 따라 개인도 직접 국제법상의 권리와 의무를 가지게 됨으로써 국제법은 개인에 관하여서도 직접 규정을 하게 되었습니다.

국제법의 법원으로서는 조약과 국제관습법이 있습니다. 통일적인 입법기관이 없는 현재의 국제사회에서 국제관습법은 국제법의 중심적인 역할을 담당하고 있습니다. 또한 우리나라 헌법 제6조1항은 "헌법에 의하여 체결 공포된 조약과 일반적으로 승인된 국제법규는 국내법과 같은 효력을 가진다"고 규정하고 있으므로 조약은 국내법의 특별한 제정 없이 직접적으로 국내법으로서의 효력을 가지게 됩니다(예 : IMF조약, WTO조약 등).

조약은 문서에 의한 국가 간의 명시적 합의를 말하며, 협정, 약정, 협약, 규약, 헌장, 규정, 의정서, 결정서, 선언, 합의문, 잠정협정 등의 명칭으로도 불립니다. 그러나 의회의 동의 없이 행정부에서 체결되는 행정협정은 넓은 의미의 조약(Treaty)과는 다릅니다. 행정협정은 조약이나 법률에 의해 수권된 사항을 정한 다든지, 조약을 시행하기 위하여 필요한 세부적 사항을 행정부가 의회의 동의 없이 단독으로 체결하는 것을 말합니다(예 : HS협약 등).

무역거래와 관련하여서는 조약은 물론이거니와 행정협정들도 일반적으로 승인된 국제법규의 개념에 포함하는 것으로 봅니다.

제 4 절 법의 제재

법의 제재란 사회공동생활을 규율하는 법이 그 목적을 달성하기 위하여 법을 위반한 자에 대하여 행하는 법적인 여러 가지 강제수단을 말합니다. 즉, 사회의 질서유지와 사회정의의 구현을 위하여 국가의 공권력이 법의 위반자를 규제하는 국가의 작용을 의미합니다. 법치주의의 원칙에 따라 법의 제재도 법적 근거와 절차에 의하여야 하며, 개인에 의한 사적 제재는 인정되지 않습니다.

1 헌법상의 제재

헌법상의 제재로는 탄핵심판, 정당해산, 국회의원의 징계 등이 있습니다. 따라서 무역거래와 관련한 헌법상의 제재는 존재하지 않습니다.

2 행정법상의 제재

1) 행정강제

행정강제란 행정법상의 의무위반에 대하여 의무자에게 과하여지는 행정상의 처벌의 일종으로서 의무의 이행을 강제하는 수단으로 과하여지는 행정법상의 제재를 말합니다. 행정강제에는 대집행, 직접강제, 강제징수 등이 있습니다.

2) 행정벌

행정벌이란 행정법상의 의무위반(행정법상의 명령·금지 위반)에 대하여 일반통치권에 의거하여 부과되는 제재로서의 처벌을 말합니다. 행정벌의 종류로는 통고처분, 즉결심판 등이 있습니다.

3) 직위해제 및 징계

행정강제, 행정벌, 기타제재가 일반국민에 대한 제재라면 직위해제 및 징계의 경우는 공무원에 대한 제재입니다.

4) 기타제재

기타제재로는 행정조사, 과징금 부과, 가산금, 편익제공 거부, 인허가 철회 등이 있습니다.

③ 형법상의 제재

형법상의 제재로는 사형, 징역, 금고, 구류, 자격상실, 자격정지, 벌금, 과태료, 몰수 등이 있습니다.

④ 민법상의 제재

민법상의 제재로는 손해배상, 강제집행, 실권 등이 있습니다.

⑤ 국제법상의 제재

국제법상의 제재는 국제사회에 있어서 국제법규를 위반한 국가에 대하여 가하는 강제수단으로서 외교단절, 경제적 단교, 교통로 봉쇄, 무력제재, 전쟁 등이 있습니다. 그러나 이 제재는 당해 국가 상호 간에 의하여 제약을 받을 수밖에 없기 때문에 제재로서는 매우 불완전합니다. 더욱이 국제사회에는 아직 국가권력과 같은 조직적인 중앙집권적 권력이 확립되어 있지 않아 국내법과 같은 강력한 제재는 존재하지 않습니다.

Chapter

18

무역거래의 관리

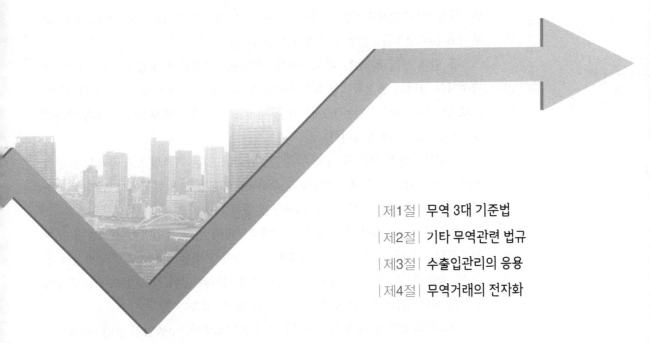

제 1 절 무역관련 3대 기준법

우리나라의 대외무역은 헌법 제125조에 의거 무역관리에 대하여 명문화하고 있으며, 수출입거래의 기본법으로 대외무역법과 대외무역과 직접적으로 관련이 있는 법률로 관세법, 외국환거래법, 수출품품질향상에 관한 법률, 수출보험법 등이 있습니다. 이들 외에 특별법에 근거한 무역거래 관계법률로는 마약법, 식품위생법, 검역법 등이 있습니다.

이 중 대외무역법, 관세법, 외국환거래법은 이른바 무역의 3대 기본법으로 우리나라 무역관리제도의 근간을 이루고 있습니다.

1 대외무역법

우리나라 대외무역거래의 전반을 기본적으로 관리/조정하기 위한 일반법이며, 수출입거래에 관한 기본법인 대외무역법은 종전의 무역거래법에 수출조합법, 산업설비수출촉진법을 통합시켜 1986년 12월 31일 법률 제3895호로 제정/공포되어 1987년 7월 1일부터 시행되고 있습니다.

동 법의 제정 목적은 "대외무역을 진흥하고 공정한 거래질서를 확립하여 국제수지의 균형과 통상확대를 도모함으로써 국민경제의 발전에 이바지함을 목적"으로 합니다. 구성은 전문 60개조와 부칙 9조와 이하 동법시행령, 대외무역관리규정으로 이루어져 있습니다.

대외무역법의 기능 및 성격은 수출입관리를 위한 기본법으로 국제성을 인정하여 국제상관습이나 국제조약을 준수하며, 국제법규나 협정에서 무역에 관한 제한규정이 있을 경우 최소범위 내에서 운영하도록 하고 있습니다.

이러한 대외무역법의 특징으로 ①대외무역에 관한 일반법이며 기준법 ②대외무역의 자유화를 원칙으로 ③자유롭고 공정한 무역을 원칙으로 ④국제성의 인정 및 제한의 최소화를 원칙으로 ⑤제한적인 기능을 많이 갖고 있으며 ⑥수출입질서와 대외신용의 유지향상을 중요시함을 들 수 있습니다.

대외무역법의 관리체계는 무역업의 고유번호부여, 수출입의 승인, 수출입공고/통합공고, 외화획득용 원료의 승인, 수입에 의한 산업 영향조사, 불공정 수출입의 금지, 벌칙 등입니다.

❷ 외국환거래법

외국환거래법은 외국환과 그 거래, 기타 대외거래를 관리하여 국제수지의 균형과 통화가치의 안정 및 외화자금의 효율적 운용을 목적으로 1961년 12월 31일 법률 제933호로 제정·공포된 법으로 국제성과 위임입법성, 제한완화주의 및 민주적 규제를 특징으로 하고 있습니다.

동 법은 전문 8장 38조와 부칙으로 구성되어 있으며, 이하 동법시행령, 외국환거래규정의 체제를 갖추고 있습니다.

외국환거래법의 목적은 외국환과 그 거래 기타 대외거래를 합리적으로 조정 또는 관리를 통하여 대외거래의 원활화를 기하고 국제수지의 균형화와 통화가치의 안정을 도모하여 국민경제의 건전한 발전에 이바지하는 데 있습니다.

외국환거래법에서 외국환관리수단으로는 국제수지의 균형, 통화가치의 안정과 외화자금의 효율적인 운용을 기하기 위하여 환율의 조작, 환율의 공정, 외국환의 집중, 외화채권의 회수의무, 자본이동의 제한, 대외지급의 제한, 거래의 비상정지 방법 등을 통하여 관리의 효율성을 제고시키고 있습니다.

외국환관리의 적용대상을 인적대상과 물적대상으로 구분하고, 전자는 다시 거주자와 비거주자로 나누어 관리하되 거주자에 대한 권리를 비거주자보다 강화하고 있습니다. 물적대상은 대외지급수단, 외화증권, 외화채권, 내국지급수단 및 대외지급준비로서의 잠재적 능력이 있는 귀금속이 이에 해당합니다.

우리나라 외환 관리기구는 정책수립 등 고차원적인 관리업무는 중앙행정관청으로서의 기획재정부장관이 담당하고, 현실적이고 세부적이며 기술적인 사항은 외환관리의 점진적인 자유화 흐름에 따라 한국은행/외국환은행/세관 및 체신관서에 위임하고 있습니다.

❸ 관세법

관세법은 관세의 부과/징수 및 수출입물품의 통관을 적정하게 하여 국민경제의 발전에 기여하고 관세수입의 확보를 기하기 위하여 1967년 12월 29일 법률 제1976호로 제정된 조세법으로서의 성격, 통관법으로서의 성격, 행정법으로서의 성격, 형사법으로서의 성격을 지닌 법입니다.

관세법은 타 법과는 달리 국제성, 경제통제성, 총합산성, 즉물성(수출입되는 현물에 즉응해서 규제), 탄력성 내지 위임입법성, 기술성 갖는 성질을 가진 법이기도 합니다.

동 법은 관세법시행령과 시행규칙의 체제를 갖고 있으며, 별표로서 관세율표가 있습니다. 관세법을 보완하는 법규로서는 국세징수법과 국세기본법이 있고, 관세법상의 규정에 대한 특례로서 관세 등 환급에 관한 특별법을 갖고 있습니다.

관세법은 관세의 부과/징수/요건/대상/절차를 규정하고 있어 조세법적 성격과 수출입물품의 통관에 대하여 규정하고 있는 통관법적 성격 및 벌칙과 조사처분에 관하여 규정하고 있는 형사법적 성격을 갖고 있습니다. 관세법상 주요 관리제도로는 관세환급제도, 관세분할납부제도, 신고납부제도와 부과고지제도, 탄력관세제도, 보세제도, 관세평가제도 등이 있습니다.

현행 관세법의 구성은 11개장 243개조로 되어 있으며 제1장 총칙, 제2장 과세, 제3장 운수기관, 제4장 보세구역, 제5장 운송, 제6장 통관, 제8장 세관공무원의 직권, 제9장 벌칙, 제10장 조사와 처분, 제11장 보칙으로 이루어져 있습니다.

제 2 절 기타 무역관련 법규

기타 무역법규로는 수출품의 품질 및 대외성가의 유지향상을 도모하여 건전한 수출무역을 목적으로 하는 수출검사법, 수출무역 및 대외거래에서 발생하는 위험과 재산상의 손실을 보상하는 수출보험법, 사법상의 분쟁발생 시 중재인의 판정에 의하여 신속한 해결을 목적으로 하는 중재법 등이 있습니다.

이 외에도 무역에 관한 일반법인 대외무역법에 대하여 예외적으로 우선 적용되는 특별법으로서 농업협동조합법, 수산업협동조합법, 물품의 수출입에 관하여 특별한 규정이 있어 그에 따라 수출입을 하여야 하는 약사법, 마약법, 식품위생법, 공산품품질관리법, 전기용품 안전관리법, 고압가스 안전관리법, 폐기물관리법 등 50여 종의 법률이 있습니다.

제 **3** 절   **수출입관리의 응용**

수출입은 실제로는 주무기관(세관)과 외국환거래은행에 필요서류를 제출하는 것으로 관리가 이루어집니다.

현재, 수출입거래는 원칙적으로 자유입니다. 하지만 사전허가 또는 승인이 필요한 경우도 있으며 이 밖의 거래가 있어도 외국환 및 무역을 관리하는 법체계에 기초하여 거래상대방이 필요로 하는 서류 외에 관청과 거래은행에 필요한 서류를 제출하여야 합니다.

사전허가와 승인이 필요하지 않은 품목에서도 수출에서는 수출신고서를 세관에, 수출환어음매입의뢰서를 거래은행에 제출합니다. 한편, 수입에서는 수입신고서를 세관에, 신용장개설의뢰서를 거래은행에 제출합니다.

사전에 수출입허가 승인을 필요로 하는 경우는, 각각의 주무관청/거래은행 및 관계기관의 허가 승인 증명 등을 취득하여야 합니다.

이렇게 필요한 허가 승인 증명 등이 갖춰지지 않으면 수출신고/수입신고를 세관에 제출해도 세관의 검사를 통과하는 것은 불가능합니다.

수출에 대해서 원칙은 자유지만, 최소한의 조정 및 규제도 시행되고 있습니다. 그것은 ①국내관계법에 의한 수출규제(쌀, 문화재 등) ②워싱턴조약 등 국제조약에 의한 멸종 우려가 있는 동식물수출 등 ③국제협력에 의한 특정국에 대한 핵관련품목, 화학제품, 통신기기, 공작기계 등은 규제대상 ④위조통화, 풍속을 해칠 우려가 있는 서적, 마약, 국보급 문화재 등은 수출금지품입니다.

이 외에도 공정거래위원회는 내외가격차를 축소시키려는 정책목적으로 독점적 수입업자의 병행수입 및 수입상품에 대한 방해를 규제하고 있습니다.

❶ 수출에 관한 규제

특정 거래에서는 사전 허가와 승인이 필요합니다. 대외무역법은 외국환과 외국무역 그 외 대외거래가 자유롭게 이루어지는 것을 원칙으로 합니다. 그러나 필요한 경우 최소한의 관리 또는 조정을 실시하는 것도 규정하고 있습니다.

수출에 대해서는 국내관계법에 의한 규제, 과당경쟁에 의한 수출가격의 불안정화와 특정시장에 대한 집중되는 수출품목 자체의 규제 외에 수출검사를 필요로 하는 품목 등이 규제대상이 되고 있습니다.

이들 품목을 수출할 경우에는 수출금지품을 제외하고 수출허가 승인신청서를 주무기관에 제출하고 해당기관장의 수출허가 승인을 미리 취득하여 수출통관시에 세관에 제출하여야 합니다.

우리나라는 현재 대외무역법, 외국환거래법, 관세법 이외에도 실제로 몇 개의 국내법에서 수출이 규제되어 있는 물품이 있습니다. 따라서 확실한 금지품 이외의 수출을 할지라도 관계되는 주무기관장의 허가/승인이 필요한지 주의해야 합니다.

① 수출금지품에 관한 국내법
문화재보호법, 마약단속법, 대마단속법 등

② 허가/승인이 필요한 주요법률
식물방역법, 가축전염병예방법, 특수조류의 양도 등 규제에 관한 법률(워싱턴조약 및 동식물방역), 유전자조작작물법 등

② 수입에 관한 규제

수입도 원칙은 자유지만, 수입관리 및 조정은 수출보다 다소 복잡하므로 수입할 경우에는 사전조정이 필요합니다.

수입규제에는 ①대외무역법에 의한 수입금지 제품, ②그 밖에 국내법에 의한 수입규제(약사법, 식품위생법, 전기제품단속법, 소비생활용제품안전법 등) ③국제협조행동 및 세이프가드발동에 의한 수입규제 등이 있습니다. 수입 금지품목으로 마약, 위조지폐, 음란물 등은 상식적으로 당연히 이해할 수 있을 것입니다.

그 외에도 사전조사가 필요한 것으로는 특허권을 침해하는 물품과 위조브랜드물품이 있습니다. 수입자가 선의라 할지라도 수입 금지품은 세관에서 몰수하기 때문에 수입대금을 사전에 지불하거나 현금지불의 개인수입, 수입환어음 결제인 경우에는 손해를 입을 수 있습니다.

1) 농산물의 시장개방

농산물은 1995년도부터 원칙은 수입자유화(단계별 확대)입니다.

1994년 12월 우루과이라운드에 의해 지금까지 국가무역에서 수입을 제한했

던 밀, 보리, 전분, 콩, 땅콩, 쌀 등은 단계별로 원칙수입 자유화되어, 누구라도 관세를 납부하면 수입 가능한 것으로 되었습니다.

또한, 이미 자유화된 쇠고기와 오렌지 등 농산물과 천연치즈, 아이스크림, 캔디 등 가공식품도 관세가 인하되었습니다.

2) 수입관리와 그 목표

수입 금지품 이외의 품목에 대해서는 수입할당과 승인, 통관 시에 확인 등으로 운용되고 있습니다. 수입도 수출과 마찬가지로 원칙자유지만, 필요최소한의 관리 또는 조정이 행해집니다.

수입관리 조정에는 국내관계법에 의한 규제, 대외무역법에 의한 수입금지품, 농림수산식품부가수급을 관리하는 쌀, 밀, 보리의 주식, 수입할당품목(수출입거래법에 기초한 수입승인을 요구하는 품목＝Import Quota: IQ품목), 국제협조에 의한 수입제한 등이 있습니다.

수입이 몇 개의 형태로 제한되는 품목의 경우, 수입금지품을 제외하고, ①수입할당을 받고, 수입승인도 받은 경우 ②할당품목 이외에 수입승인을 받고 ③사전확인을 요하며 ④통관 시 확인을 받는 등 절차가 필요합니다. 그렇다고 해도 WTO에 의한 시장개방으로의 이행기이므로 새롭게 수입시장에 참여할 때에는 사전에 절차를 확인해 두어야 할 것입니다.

3) 국내관계법에 의한 수입규제

대외무역법을 시작으로 각 주무기관이 담당하는 여러 가지 법령이 있으며, 그 예로 마약, 위조지폐, 음란물, 특허권을 침해하는 물건, 위조브랜드물품 등이 있습니다.

4) 세이프가드발동에 의한 수입제한

이는 특정농산물과 공업제품의 수입급증에 따른 대응조치입니다. 농산물과 공업제품의 특정품목 수입이 급증하여 국내생산에 중대한 손해를 끼친 것을 회피하기 위해서 정부가 그 품목을 일시적으로 제한하는 조치로, WTO협정에서도 인정되고 있습니다.

세이프가드에는 3종류가 있습니다.

① 일반세이프가드

② 특별세이프가드

③ 섬유제품을 위한 세이프가드

특별세이프가드는 우루과이라운드 관세화품목이 대상으로 일정수준의 수입량 증가와 그 결과 가격하락이 있다면, 자동적으로 발동됩니다. ①과 ③은 피해상황을 파악하고 수입이 원인인 것을 정부가 증명할 필요가 있으며, 2개국 간 교섭을 통하여 해결되지 못할 시 발동됩니다.

5) 수입할당품목과 수입승인절차

할당품목의 수입은 할당허가에 이어 수입승인이 필요합니다. 수입공고에서 표시된 수입할당(IQ)품목을 수입할 경우에는 할당 허가를 받은 후 수입승인이 필요합니다.

수입할당품목 중에서는 무기 마약 등과 같이 국내안전을 위한 목적으로 수입제한을 하고 있는 물품도 있습니다.

IQ품목에 관해서는 할당이 행해질 때마다 수입할당신청절차가 발표되며 이것을 할당품목고시라 합니다. 또한 일반적인 주의사항인 수입거래주의사항이 통합공고와 고시에 의해 공시됩니다. IQ품목을 수입할 경우, 그 품목이 IQ품목인지 아닌지, 관세율은 어느 정도인지를 수입상품조회제도를 이용하여 확인하는 것이 필요합니다.

제 4 절 무역거래의 전자화

한편, 수출입의 양당사자, 선박회사, 보험회사, 은행 등의 무역거래관계 서류의 인도와 인수도 1999년부터 전자화되고 있습니다.

최근 수출에 대해서는 무기로 전용될 우려가 있는 제품과 핵연료물질, 암호입력제품 등 약 330품목, 수입에 대해서는 수급조정을 실시하고 있는 농수산제품 등 약 100품목이 수출입허가를 취득하도록 되어 있습니다. 이 취득절차는 온라인상으로 주무기관에 신청과 허가를 받을 수 있습니다.

또한 수출입의 당사자, 선박회사, 보험회사, 은행 등이 무역거래에 관한 서류를 항공우편으로 주고받을 수 있습니다. 이것을 전자데이터화하는 것과 동시에 컴퓨터 통신망을 구축하고, 실시간 확인이 가능하게 되며, 이로 인해 절차가 진행되는 시간과 결제까지의 시간이 큰 폭으로 단축되고 있습니다.

무역거래의 사전준비

무역을 통하여 국제거래를 하려면 먼저 거래선의 개척을 위해 국내외의 견본시장에 지속적으로 참가하거나 대한무역투자진흥공사(KOTRA) 혹은 한국무역협회(KITA) 등의 정보를 활용하고, 특정예상 고객에 대해 신용조사를 하거나 해외시장조사를 해야 합니다. 특히 잘 모르는 특정국가의 상대방과 거래를 함으로써 발생하는 문제를 예방하기 위해서는 사전준비가 매우 중요합니다.

제 1 절 거래선 개척과 마케팅 활동

거래선의 개척과 함께 수출의 경우 마케팅 체크포인트로서 중요한 것을 열거해 봅니다.

1) 취급상품

'어떤 품질, 기능, 사양, 디자인의 상품을 어떤 브랜드를 취급할 것인가?'를 결정합니다.

2) 가격

'싼 가격을 무기로 하여 해외시장에서의 시장점유율 확대를 목표로 할 것인가? 아니면 비싼 가격정책으로 점유율은 낮아도 확실한 고객층을 형성하여 고수익을 목표로 할 것인가?'를 결정합니다.

3) 거래방법

'해외의 도매업자, 수출자, 수입자와 직접거래를 할 것인가? 대리인을 통해 거래를 할 것인가? 이러한 직접거래가 아닌, 한국 또는 한국에 진출해 있는 외국계 기업이나 이 회사들을 통해 간접거래를 할 것인가? 그리고 또 직접거래라 하더라도 자기브랜드로 할 것인가? 아니면 상대방 브랜드에 의한 OEM수출을 할 것인가?'를 선택합니다.

4) 홍보

카탈로그, 팸플릿 등의 인쇄물, 관련업계 잡지의 광고 및 TV, 라디오, 홈페이지 등의 홍보매체를 결정하고 해외고객과의 비용 분담방법을 고려합니다.

5) 법제

우리나라 및 거래상대방 국가의 독점금지법의 규정 및 운용, 수출의 경우에는 대리점보호법, 주로 미국에 수출하는 경우에는 제조물책임법(PL) 등에 대해 면밀하게 검토하여야 합니다.

■ 거래선 개척방법

세계 각국의 견본시장과 KOTRA, KITA 등의 기관을 이용하여 정보를 수집하는 것이 우선입니다.

1) 세계 견본시장 이용

국내에서 개최되는 국제견본시장, 외국에서 정기적으로 열리는 견본시장(전시회, 박람회)에 목적을 두고 참가하는 것도 효과적입니다.

2) KOTRA, KITA 이용

KOTRA, KITA는 우리나라의 수출지원기관입니다. 이 외에도 업종별, 품목별로 많은 수출지원기관이 있습니다.

3) 주한각국대사관, 상공회의소 등을 활용

우리나라에 상주하고 있는 각국 대사관을 비교적 적은 비용으로 이용할 수 있습니다.

4) 홈페이지 개설

인터넷에 홈페이지를 개설하여, 자사를 홍보합니다.

■ 상대방 신용조사방법

조사기관과 은행을 이용하는 것이 일반적이며, 무엇보다도 스스로 확인하는 것이 최선의 방법입니다. 해외거래선의 신용을 확인하는 것은 안심하고 거래를 진행하는 데 불가결한 요소입니다.

신용조사를 의뢰하는 경우에는 흥신소와 상대방의 거래은행에 의뢰하는 방법이 있습니다. 흥신소에는 뉴욕의 Dun&Bradstreet Corp.이 세계적으로 유명하며, 그 조사보고서인 Dun report는 중요하게 여겨지고 있습니다.

또한, 상대방의 은행조회처(Bank Reference)를 확인하여 직접 또는 한국의 거래은행경유로 조회하는 것도 유효한 방법입니다. 단, 은행의 신용조사서는 추상적 표현에 머무르는 것이 단점입니다.

그 밖에 Dun사의 「연간국제시장가이드」 활용도 가능하지만, 신용조사보고서에만 의존하지 말고 현지에 가서 직접 확인하는 것이 가장 중요합니다.

❸ 해외시장조사

거래처에 대한 자료와 정보를 분석하고 현장방문 외에, 경우에 따라서는 타기업의 이용도 검토합니다.

수출과 수입에 있어서 취급하는 상품의 특성으로부터 상대국 또는 원산지는 자연히 결정됩니다. 따라서 거래를 시작하면 관계 자료의 분석, 직접 상대방과의 상품 카탈로그 견본의 교환, 대사관과 상공회의소 등으로부터 정보수집, 해외견본시장의 이용 등, 시장조사에 충분한 시간과 노력을 기울일 필요가 있습니다.

어느 정도 대상이 좁혀지면, 다음은 상대국을 직접 방문해야 합니다. 회사 내에서 전담부서를 만들어 스스로 해외와의 직접거래가 가능한 규모의 회사는 별도로 하고, 일반적으로는 다른 기업을 이용하는 것도 하나의 방법입니다. 전 세계에 네트워크가 있는 종합상사와 그 산하에 있는 전문기업 외에도 특정지역과 상품에 강한 중소기업도 많기 때문에 이들과 상담해 보는 것도 좋은 방법입니다.

❹ 수출마케팅과 판매정책

대리점을 이용할 경우, 선정에 신중한 조사가 요구됩니다. 판매정책에는 제품의 품질, 기능, 사양, 디자인, 브랜드, 가격설정, 채널(판로)결정, 홍보방법, 시장의 경쟁관계, 상대국의 독점금지법과 제조물책임법 등 몇 개의 체크포인트가 있습니다.

그중에서 채널정책에 대해서는, 직접해외의 수입자와 무역을 하는 직접무역과, 우리나라에 거주하고 있는 외국계상사와 원화결제로 상품을 파는 간접무역이 있습니다.

또한, OEM수출(수입자가 지정하는 브랜드로 수출)로는, 직접/간접의 쌍방수출이 있습니다. 직접수출에는 수입자가 본인거래(Principal)를 하는 Distributor 거래와, 중개료로 고객을 중개하는 대리인(Agent)거래가 있으며, 상대방 선정에는 신중한 조사가 필요합니다.

5 대표적 무역지원기관

우리나라의 국제무역거래에 있어 중심적 역할을 담당하는 기관은 KOTRA와 KITA가 있습니다. 이와 유사한 기관으로 일본에는 JETRO와 MIPRO가 있습니다.

1) KITA

1946년 설립한 비영리 사단법인으로서 수출기업의 해외시장의 조사 및 연구, 해외시장정보제공 및 자료의 간행, 해외시장 개척 및 전시회 개최 및 참가 등을 지원하고 있습니다.

2) KOTRA

1962년 설립한 정부투자기관으로서 무역입국을 위한 수출지원정책을 지원해 왔으며, 최근에는 우리나라에 대한 투자유치 등에도 참여하고 있습니다.

제 2 절 은행 등의 이용

국제무역거래에서는 대금지급의 원활화를 위해 은행, 물품의 운송을 위해 해운·항공회사 및 보험회사 등과의 관계도 중요하며, 각각의 관계는 각 장에서 나뉘어 설명하겠지만, 여기에서는 은행과의 기본거래를 설명합니다.

1 은행거래를 시작할 때

수출/수입에 있어서 몇 개의 약정서가 요구됩니다. 국내외를 불문하고, 매매를 할 때는 은행과의 거래가 필수입니다. 통상 은행과의 거래를 시작할 때에는 은행거래 약정서를 은행과 교환하지만, 그 외에 무역거래를 위해서 다음과 같은 추가 약정서가 필요합니다.

1) 수출의 경우

외국환어음거래약정서 : 수출업자가 수출을 하고 은행으로부터 수출대금을 회수한다는 실제적 의미는 수출업자가 은행에 화환어음 등의 서류를 파는 행위입니다. 즉, 은행으로부터 차입을 하게 됩니다. 이를 위해 필요한 계약서가 외국환어음거래약정서입니다. 그 약정서에 기초하여 수출업자는 선적이 완료되면, 수출신고서와 약정서 등에 일치하는 운송서류가 준비된 단계에서 매입은행이 어음을 매입(대금지급)합니다.

2) 수입의 경우

상업신용장약정서, 수입담보화물약정서 : 수출업자가 수입업자의 신용을 믿지 못하는 경우에는 수입업자가 신용장개설에 이르러 외국환 취급은행인 신용장개설은행으로부터 신용장을 개설하여야 하는데, 이때 필요한 서류가 상업신용장약정서, 수입담보화물약정서입니다. 또한, 수입신용장을 개설할 때에는 은행이 정한 신용장개설의뢰서에 필요조항을 기입하여 제출하여야 합니다.

제 3 절　무역과 통신

무역통신의 수단으로는 이메일, 전신과 팩스가 주류이며, 무역거래의 절차에는 서신에 따른 의사소통과 긴급 시 국제전화도 사용되고 있습니다. 오늘날에는 이외에도 각종 형태의 소셜미디어(Social Media)를 이용하기도 합니다. 서신에 의한 상업통신을 'Correspondence'라 하며, 예전부터 약속이나 형식 등이 남아 있다고 말할 수 있으나 최근에는 구애받지 않고 있습니다.

무역통신은 거래상대방과 의사소통하기 위해 정확성, 신속성, 확실성, 증거보존이 필요하며, 비용도 고려해야 합니다.

상대방과 충분한 의사소통을 하는 가장 효과적인 방법은 상호방문에 의한 면담, 국제전화에 의한 통화입니다. 다만, 비용이 들고 후일 분쟁 시에는 증거가 남지 않는 것이 단점입니다.

이에 비해 문서에 의한 방법은, 정확성, 확실성, 증거보존, 비용 등의 면에서 많이 이용되고 있습니다. 텔렉스와 팩스는 서신에 의한 Correspondence보다 신속합니다.

무역통신에 있어서 정확성 면에서 주의해야 할 점은 5W4H입니다. 즉, Who(누가), When(언제), Where(어디서), What(무엇을), Why(왜), How much(가격), How many(수량), How to transport(운송방법), How to pack(포장)입니다. 이 중에서 하나라도 부족하다면 문제의 원인이 될 수 있습니다.

1 무역통신의 주류

오래전부터 비즈니스레터(Correspondence)는 중요하게 여겨져 왔습니다. 이전에는 Correspondence라 불리는 비즈니스레터와 전보가 주요한 무역통신 수단이었습니다. 급한 경우의 통신수단으로는 전보(Cable)를 사용하였지만, 텔렉스와 달리 어휘수로 요금을 책정하기 때문에, 경비를 절약하기 위해 뜻을 전할 수 없는 상황이 발생하여 Correspondence의 의존도가 높아졌습니다.

Correspondence에는 독특한 약속과 표현방법이 있었지만, 전통적인 영국식보다 실용적인 미국영어가 사용되어 왔기 때문에, 보통의 영어실력이 된다면 Correspondence를 사용하는 것은 어렵지 않습니다. 텔렉스, 팩스가 발달한 현재에도 Correspondence가 필요하지 않게 된 것은 아니므로 상대방에 대한 예의를 갖추고 싶을 때, 무역거래의 절차에서 최소한의 Correspondence 지식이 요구됩니다.

2 이메일 · 텔렉스 · 팩스통신

첨단기술의 고도화로 무역통신도 변화되고 있습니다.

1) 이메일

전 세계적으로 컴퓨터에 의한 통신의 보급과 더불어, 이메일 통신도 대표적인 통신수단이 되고 있습니다. 다만, 이메일 통신에서도 팩스 통신과 마찬가지로 Correspondence의 기본에 충실한 문체가 필요합니다.

2) 텔렉스

과거의 대표적인 무역통신 수단이었습니다. 텔렉스를 이용하는 기업은 약어표를 사용하여 경비를 절약하기도 합니다.

3) 팩스

전화회선으로 편지나 도면을 그대로 전송할 수 있기 때문에 회선에 여유가 있거나, 설비가능한 장소에서는 텔렉스로 대신하여 계속 보급되었습니다. 전화와 같이 지정할인 등을 이용하면 텔렉스보다 더 저렴한 이점이 있습니다.

③ 국제우편

크기가 작은 물품이라면, 통상우편과 소포우편도 이용가능합니다. 소형포장물의 발송은 우체국에서 송부가능하며, 주의할 점으로는 보내는 물품의 가격, 중량, 크기의 제한을 받고, 일반적인 물품 외에 선화증권, 녹음테이프, 자기테이프도 송부가능하고, 규정제한은 국가별로 차이가 있습니다.

④ (수입)외국우편물의 취급

소액의 경우, 면세의 대상이지만 보통은 수입신고서 수속 없이 수취됩니다. 서신과 엽서를 제외한 우편물은 과세 통관절차의 유무에 따라 다음과 같이 구별됩니다.

1) 직과세취급

수취인은 과세통지서의 뒷면에 세액상당의 수입인지를 붙이고, 지정우체국에 제출하면 수취할 수 있습니다. 단, ①과세가격이 허용금액을 초과하는 경우 ②내용, 과세가격이 불명확한 물품 ③수입허가, 승인 등을 요구하는 물품 ④재수입품 등의 감면세 대상이 되는 것으로 간주되는 경우는 제외합니다.

2) 증여품

술, 담배를 제외한 개인적으로 사용하는 물품은 과세가격이 400달러까지는 면세, 초과하면 과세됩니다.

3) 별송품, 장신구, 이삿짐 등의 별송품

입국 시, '별송품신고서'를 제출하면 면세기준에 의해 면세가 됩니다.

제 4 절 수출입절차

1 수출절차

일반적인 수출의 절차는 다음의 〈그림 19-1〉과 같습니다.

그림 19-1   수출절차도

STEP 1 수출준비

– 거래선 발굴

아이템 선정, 해외시장조사, 자사 홍보물의 제작·배포, 박람회 및 무역사절단 참가, 인터넷홍보 등의 방법을 통하여 거래선을 확보한다.

– 신용조회

상대업체의 특성, 자본, 대금지불능력 등을 거래은행 또는 상공회의소 등을 통하여 조회한다.

STEP 2 수출계약

어느 한쪽의 청약(Offer)에 대해 승낙(Acceptance)을 하게 되면 계약이 성립되며, 제품가격, 수량, 선적시기 및 방법, 대금결제방법 등에 대한 조건을 결정한다.

STEP 3 신용장내도

대금지급방법으로 신용장방식을 선택할 경우 통지은행을 통해 신용장을 받은 수출업체는 먼저 신용장상의 조항이 매매계약서의 내용과 일치하는지를 검토하고, 신용장의 진위성 여부, 개설은행의 신용상태 등을 세심하게 체크해야 한다.

STEP 4 수출승인

대외무역법 등에 의해 수출이 제한되는 품목만 수출승인이 필요하며, 그 외의 경우 승인절차 없이 수출이 가능하다.

STEP 5 수출물품확보

수출물품을 확보하기 위해서는 자체 제조·생산하거나, 완제품(원자재)을 내국신용장 또는 구매확인서에 의하여 구매(수입)하는 방법이 있다. 수출물품 또는 원자재를 구입 시 구매 및 운전자금 등의 무역금융 지원이 가능하다.

STEP 6 수출검사

생산이 완료된 수출물품이 수출검사 대상품목인 경우 수출통관 절차를 밟기 전에 수출검사 과정을 거쳐야 한다.

STEP 7 수출통관

물품을 수출하고자 하는 자는 수출하고자 하는 물품을 선박(항공기)에 적재하기 전까지 수출하고자 하는 물품의 소재지를 관할하는 세관장에게 수출신고를 하고 수리를 받아야 한다. 수출신고는 화주(수출자), 관세사, 통관법인 또는 관세사 법인의 명의로 할 수 있다.

    – 수출통관 시 구비서류

    * 수출신고서

    * 수출승인서(수출승인 물품에 한함)

    * 상업송장 및 포장명세서

    * 기타 수출통관에 필요한 서류

STEP 8 물품선적

– 수출화물 선적

수출물품의 생산이 완료되면 운송을 위하여 운송회사를 물색, 선정한 후 지정된 선박에 수출품을 선적하고 선박회사로부터 선하증권(B/L)을 교부받는다.

– 수출보험

일반적으로 INCOTERMS상 수출거래조건이 CIF, CIP, DAP, DAT, DDP인 경우, 또는 신용장 조건에서 수출자가 부보해야 하는 조건이 있을 경우에는 보험회사에 보험을 부보 후 보험증권을 발급받는다.

STEP 9 선적서류 매입요청

수출물품을 선적 완료한 수출업체는 신용장에서 요구하는 서류를 구비하여 거래 외국환은행에 선적서류의 매입 또는 추심을 의뢰하게 되며, 매입은행은 선적서류를 매입 또는 추심하고 수출대금을 수출자에게 지급한다.

STEP 10 수출대금 회수

수출대금을 지급한 외국환은행은 신용장 개설은행에 환어음과 선적서류를 송부하여 동 대금을 회수한다.

STEP 11 사후관리

물품을 수출하고 해당하는 대금을 회수한 경우에는 별도의 사후관리가 필요하지 않으나, 대금이 회수되지 않은 경우 외국환거래법 등에 따라 사후관리를 해야 한다. (즉 외국환거래법상 50만 달러를 초과하는 수출대금은 만기일 또는 조건성취일로부터 1년 6개월 이내에 회수하도록 되어 있다.)

또는 수입자로부터 클레임이 제기된 경우에는 관련법 및 계약에 따라 사후관리가 필요하다.

② 수입절차

수입절차는 수출절차의 역순으로 이해할 수 있습니다. 그중에서 가장 중요한 절차는 통관입니다.

수입자는 화물이 도착하면 품명, 수량, 가격 그 외에 필요사항을 기재한 수입신고서(Import Declaration)를 운송서류 사본과 함께 세관장에게 제출합니다. 세관장에게 수입신고서 및 운송서류를 제출하면 수입검사가 이루어집니다.

세관은 ①실제로 수입된 화물이 수입신고서와 동일한지를 확인 ②과세가격을 결정 ③국내관계법령의 수입에 관한 규정요건을 만족하는지를 확인하기 위해서 수입검사를 실시합니다. 이 검사는 현장, 본선, 검사장 등 어디서든 이루어질 수 있습니다.

수입검사 종료, 수입관세 납부 후에 수입자는 수입화물을 세관구내에서 외부로 반출하는 것이 가능합니다. 또한 수입자는 수입보고서를 외환거래은행을 통해서 산업통상자원부장관에게 제출합니다. 예외적으로 수입보고서를 제출하지 않아도 되는 경우도 있습니다.

우리나라는 모조품이 아닌 정상상품의 병행수입은 누구라도 자유롭게 할 수 있습니다. 병행수입은 수입총대리점과 연결하고 있는 수출입자가 취급하고 있는 상품에 대해서 이 총대리점계약의 당사자가 아닌 한국의 수입자가, 같은 당사자가 아닌 별도의 수출자로부터 그 대상상품을 수입하는 것입니다.

상품은 위조브랜드물품이 아니라 정상물품이어야 하며, 독점금지법을 집행할 공정거래위원회는 총대리점계약의 수입자가 병행수입을 방해하지 않도록 총대리점계약의 당사자를 지도하고 있습니다.

대상상품으로는 양주(위스키, 브랜디, 와인 등), 가공식품(홍차, 초콜릿, 쿠키 등), 핸드백, 넥타이, 향수, 화장품, 자동차, 스포츠용품(골프, 테니스 등), 라이터, 손목시계, 만년필, 전기면도기 등입니다.

Chapter

무역계약

|제1절| 무역계약 성립 이전까지의 단계
|제2절| 계약서 작성

제 **1** 절 ## 무역계약 성립 이전까지의 단계

무역계약이 성립하기까지의 일반적인 과정은 다음과 같습니다.

① 수출자가 수입자에게 카탈로그, 샘플 등 송부

② 수입자가 수출자에게 문의(Inquiry)

③ 수출자가 수입자에게 가격 등 거래조건 견적서(Proforma invoice) 발송

④ 수입자가 수출자에게 청약유인(Invitation to offer)

⑤ 수출자가 수입자에게 확정청약서(Firm offer) 발송

⑥ 수입자의 승낙(Accept)

⑦ 계약(Contract)

이때 문의와 청약유인, 확정청약, 승낙행위는 수출자와 수입자의 입장이 정반대로 되는 경우도 있습니다.

확정청약은 수출자, 수입자를 불문하고 청약이 수락된다면 계약이 성립되는 것을 전제로, 계약의 필요최소한의 항목인 상품, 단가, 수량, 지불조건, 납기를 명시하는 것과 동시에 회답기한을 기재합니다. 기한 내에 수락의 의사표시가 있으면 계약은 성립됩니다. 수락방법은 구두, 전화, 이메일 등 어떤 방법으로도 정확하게 전달된다면 유효합니다.

확정청약에 명시된 조건 중에서 수락할 수 없는 부분(가격, 지불조건, 납기 등)이 있으면 청약 받은 쪽으로부터 자기 희망을 명시하여 확정청약과 마찬가지로 기한을 붙여 청약제안자에게 제출하는데 이것을 반대청약이라 합니다. 반대청약도 당초 청약제안자가 수락한다면 계약은 성립됩니다.

확정청약과 내용 및 기한설정이 전부 동일하다면, 기한 내에 수락해도 당초 청약제안자가 확인하지 않으면 계약이 성립되지 않는 청약이 있습니다. 이것을 최종확인조건부청약(Offer subject to final confirmation)이라고 합니다. 이는 상품시세 변동이 심한 상품이나 외환시세가 불안정한 경우에 이용됩니다.

제 2 절   계약서 작성

일반적으로 국내거래를 포함하여 상품거래는 구두나 문서로도 성립합니다. 그러나 국제무역거래에서는 반드시 계약확인을 위해 계약서를 2통 작성하여 각자 1통씩 보관하는 것이 관습입니다. 계약서는 수출자 또는 수입자가 준비하고 있는 양식이 이용되고 있습니다.

계약서 항목에는 상품(명칭, 등급, 규격, 사이즈, 타입, 사양, 상표 등을 명시), 품질, 수량, 단가 및 계약금액, 지불조건, 납기, 보험조건, 필요하다면 포장/화인 등을 기록합니다.

1 일반거래조건

매매계약서는 표면과 이면으로 이루어집니다. 표면에는 상품명, 상품명세, 단가, 수량, 납기, 지불조건 등 각각의 구체적 거래의 명세가 계약 시마다 기재됩니다.

이면에는 각각의 기업이 독자적으로 기본적인 일반거래조건(General Terms& Conditions)를 미리 기재합니다. 일반거래조건에는 무역거래조건(Trade Terms), 환변동위험의 부담자, 불가항력, 양당사자의 계약불이행, 지적소유권의 불침해, 품질보증 및 클레임 제기조건, 중재, 준거법 등의 항목이 포함됩니다.

예를 들면, 지적소유권의 침해와 관련된 조문은 "구매자는 판매국가 이외 특허권, 상표권, 저작권, 판권, 기타를 포함하는 일절의 공업소유권침해에 대해 판매자에게 손실을 끼치지 않는 것으로 한다"라는 문구가 삽입되는 등 지적소유권 침해에 대해서는 국제적으로 관심이 높아지고 있으므로 주의가 필요합니다.

이 조건이 수출자와 수입자의 각각의 거래를 기반으로 한 것이므로 어느 쪽의 계약서 양식을 사용할 것인지를 유의하고 권리, 의무를 명확하게 해 두어야 합니다.

상대방의 계약서 양식을 사용할 때는 일반거래조건 중에서 수락할 수 없는 항목이 있으면 즉시 상대방과 교섭하며 정정할 것은 수정해 두어야 합니다.

② 계약서 작성 시 유의점

무역거래는 언어, 인종, 법률, 문화 등이 다른 이국 간의 거래로서, 오해와 분쟁이 발생하기 쉽고, 일단 문제가 발생하면 생각하는 방식이 달라 해결이 어렵게 됩니다. 또한 국제거래는 국내거래와 비교하여 내용이 특수, 복잡하여 구두이해만으로는 불충분하여 위험합니다. 따라서 거래는 신속하고 원활하게 수행하며 오해와 분쟁방지를 위해서 수출자/수입자 쌍방 합의에 이른다면 반드시 당사자 간 매매계약의 모든 조건을 포함한 계약서를 교환하는 것이 중요합니다.

계약서에 기재된 일반적인 내용은 아래〈표 20-1〉과 같습니다.

표 20-1 계약서 기재사항

항 목	내 용
계약일	쌍방이 계약서를 보관하고 합의한 날이 계약체결일이 된다.
품명, 품종	1) 등급, 성분, 길이, 규격, 형식, 사양, 브랜드 등 2) 사양의 상세는 첨부별지를 사용해도 좋다.
품질	1) 견본매매(Sample) 2) 설명매매(Sale by Description) 3) 사양서매매, 규격매매, 표준품매매 등
수량	1) 중량(Weight) : 파운드(Lb), kg, 중량톤, 용적톤 등 2) 용적 : 목재와 기름 등 3) 개수 : Dozen, Gross 등 4) 포장 : Bag, Case, Carton, Drum, Bale 등 5) 길이 : 미터, 인치, 야드 등 6) 면적 : 평방피트(Square Foot)가 기준 7) 과부족허용범위 등
계약 금액	거래가격의 산정은 달러, 유로, 엔 등
지불 조건	L/C, D/P, D/A, 송금 등
납기	인도장소, 방법, 시간, 기간, 선적기한 등
해상보험	CIF, CIP계약이면 판매자가 조건명시 후 부보
클레임 처리	당사자 간 제3자개입 등을 명기
인도 장소	무역조건으로 규정된다. 1) FOB BUSAN 부산본선인도 　·부산항에서 지정된 본선 갑판 위가 인도장소 2) CIF NEW YORK 　·수출항 본선 갑판 위에서 화물을 인도하고 운송서류를 구매자에게 전달

인도 방법	1) 직접인도 2) 간접인도 – 운송인과 수화인의 위탁자에게 화물을 넘겨준다.
인도 양식	1) 인도양식 – FOB 2) 상징적 인도(Symbolic Delivery)
인도 시기	· 선적기간(Time of Shipment)
특정 기간	1) 단월선적 (예) 9월 선적 (September shipment: Shipment during September) ⇨ 9월 1일부터 9월 30일까지 기간에 선적 2) 연월선적 2개월 또는 그 이상의 월수에 걸쳐 결정된 경우, 계약수량을 2회 이상 으로 분할하여 선적(Partial shipment)
선적 완료의 입증	· 선적완료는 선화증권(B/L)의 일자(B/L Date)로 입증

계약 시에는 특히 납기(Time of delivery), 즉 화물인도시기는 무역의 경우 보통 선적기간(Time of shipment)으로 정하고, 품질, 가격, 수량 등과 함께 계약상의 기본조건입니다. 문제의 원인이 되기 쉬운 중요요건인 만큼 지연방지에 유의해야 합니다.

③ 일반거래조건의 내용

계약서의 이면에는 일반적거래조건에 대해 다음과 같은 내용을 미리 협의하는 것이 좋습니다. 이 협정은 계약 시 매번 작성하지는 않습니다. 최초의 계약 시에 1회 작성하는 것이 일반적입니다.

1) 불가항력

모든 사태를 예상하고 계약불이행 시 면책내용을 잘 기록합니다. 천재, 전쟁, 폭동, 전염병, 화재, 파업, 정부의 정책 법령에 의한 당해상품의 수출입금지 등, 당사자가 책임질 수 없는 사유에 의해 계약이행이 불가능한 사태를 '불가항력(Force Majeure)'이라 말하며, 일반거래조건에 반드시 명기되어야 할 사항입니다.

불가항력의 발생에 의해 계약이행이 불가능한 당사자는 면책되지만, 어떠한 경우가 불가항력사태에 해당하는지를 둘러싸고 분쟁이 발생하기 쉬우므로, 사태를 예상할 수 있는 만큼 구체적으로 내용을 지정하여, 그러한 사태가 발생한 경우 면책내용을 당사자 간에 결정해 두는 것이 필요합니다.

따라서 수출입계약서뿐만 아닌 대리점계약 등에서도 반드시 불가항력약관이 기입되어 당사자의 계약이행의무를 면제, 또는 상당기간 유예한다는 사항을 기재하게 됩니다.

2) 준거법

계약내용의 채택이 어느 국가의 법률에 준거하는 것인지를 미리 결정해 두는 것이 중요합니다.

수출입계약뿐만 아니라 합병사업계약, 대리점계약 등 여러 가지 국제계약은 통상 당사자가 2개국에 걸쳐 체결됩니다. 따라서 표현이 같아도 법률이 다르면 그 의미와 해석이 달라지는 경우가 있으므로 계약내용의 해석을 어느 국가의 법률에 준거할 것인지를 미리 결정해 둘 필요가 있습니다.

이것은 당사자 간에 해석 차이가 발생한 경우에만 중요한 것이 아니라, 분쟁의 해결에 이르러 재판소와 중재인이 계약서내용을 해석하기 위한 근거가 됩니다. 이러한 준거법(Governing Law)을 설정할 때에는 국가에 따라 약간의 차이가 있으므로 유의하지 않으면 안 됩니다.

한국은 당사자의 합의를 우선한다고 규정하고 있어서 한국의 재판소에 소송하는 경우, 계약에 규정된 법률이 준거법이 됩니다. 그러나 국가에 따라 인정할 수 없는 경우도 있기 때문에 준거법조항은 분쟁해결과 같이 정해 둘 필요가 있습니다.

3) 품질보증

무역클레임의 대부분은 품질과 관련해 발생합니다. 계약물품의 품질보증은 매매의 방법에 따라 다르며, 그 개요는 아래와 같습니다.

① 견본매매의 경우 : 제조가공품거래에 많이 사용되며, 판매자는 견본대로 현품을 공급할 책임이 있다.

② 표준품매매의 경우 : 농수산, 임산, 축산물은 자연조건에 좌우되며, 견본거래가 불가능하므로 판매자는 표준품과 거의 동일한 현물을 공급할 의무를 갖고 있다.

③ 브랜드매매의 경우 : 지명도와 사회적인 평판이 높은 상품에 대해서 상표

와 브랜드로 품질을 결정한다.

④ 사양서매매의 경우 : 대형기계, 선박, 브랜드 등 견본을 사용할 수 없는 상품의 경우는 사양서에 의해 품질을 결정한다.

⑤ 규격매매의 경우 : 시멘트, 양모, 철강 등과 같이 국제적으로 규격이 인정되고 있는 상품은 규격에 근거하여 품질을 결정한다.

⑥ 품질결정의 시점 : 품질에 관한 최종결정을 선적, 양륙 어느 쪽 시점으로 할 것인가를 미리 결정해 둘 필요가 있다.

4) 소유권과 위험의 이전

무역계약은 쌍방에서 미리 상품의 소유권과 위험의 이전을 결정해 두는 것이 중요합니다.

무역거래에서는 국내 판매와 비교되지 않을 만큼 해난과 항공사고, 도난 등의 위험이 크기 때문에 판매자와 구매자간에 미리 어떤 시점에서 상품의 소유권 및 위험을 이전할 것인지 결정해 두는 것이 중요합니다.

판매자와 구매자는 대상상품의 소유권 및 위험부담의 이전에 대해서 교섭 후 특약을 가지고 자유롭게 결정하는 것이 가능합니다.

단, 실제로 무역거래는 대부분이 FOB, CFR 및 CIF조건의 정형조건이므로 이 무역거래조건에 따라 소유권과 위험의 이전시점이 명확하게 됩니다. 대부분의 무역업자는 소유권과 위험의 이전이 명확한 인코텀스를 사용하고 있습니다.

5) 소유권의 이전과 영미법채택

통상, 상관습으로 이행되는 무역거래조건의 해석에는 영국과 미국의 법률이 모델이 되고 있습니다. 그러나 이러한 영미법에도 약간의 차이가 있습니다.

영국법의 Sales of Goods Act 1979에 의하면 소유권 이전은 당사자가 결정하게 되어 있습니다. 소유권이 계약 성립 시에 아직 특정되지 않은 경우에도 선화증권(B/L)이 발행되어 있을 때에는 원칙으로 선화증권과 함께 이전하는 것으로 봅니다. 선화증권이 발행되어 있지 않을 때에는 운송인에 대해 화물이 인도된 시점에서 소유권이 이전된 것으로 간주합니다.

한편, 미국법에서는 목적물이 지정되어 있지 않는 경우 소유권은 이전하지 않는다고 보며, 매매계약상 판매자가 발송지에 대해 목적물의 인도를 해야 할 때에는 인도 시에, 발송지에서의 인도가 요구되지 않을 때는 선적 시에 구매자에게 이전된다고 봅니다. 이에 따라 위험부담도 원칙적으로 인도 시에 이전됩니다.

6) 판매점과 대리점의 차이

판매점은 본인의 판단과 위험으로 판매를 하지만, 대리점은 중개만을 행합니다. 일반적으로 판매점은 Distributor나 Importer, Wholesaler 등으로, 대리점은 Agent로 부릅니다.

① 판매점

신용장을 개설하여 상품을 매입하고, 소매점, 사용자, 판매업자 등에게 재판매합니다. 따라서 이익도 손실도 자기 자신에게 귀속됩니다. 판매자로부터 독점수입권과 독점판매권을 얻은 경우에는 총수입자(Sole Distributor 또는 Exclusive Distributor)가 됩니다.

② 대리점

판매자의 의뢰에 기초하여 판로를 개척하고 판매자와 고객과의 거래를 중개하는 것이 대리점으로 자기 판단과 위험으로는 거래를 이행하지 않습니다. 독점판매권을 갖고 있는 경우는 총대리점(Sole 또는 Exclusive Agent)이 됩니다.

판매점계약과 대리점계약을 체결할 경우는 계약기간, 취급상품, 판매지역, 수수료, 판매가격, 연간판매수량 등을 명확하게 정해 두는 것이 필요합니다. 판매점계약을 Distributorship Agreement, 대리점계약을 Agency Agreement라 부릅니다.

7) 제조물책임

제조물책임(Product Liability, PL)이란 제품의 결함에 의해 소비자가 생명 등에 피해를 입은 경우, 그 제품의 제조업자 과실 책임으로 피해자에 대해 배상책임을 지는 것을 말합니다.

미국에서는 제조업자 또는 도매업자, 소매업자가 '무과실'이라도, 배상책임을 지는 관습법제도가 정착되어 있습니다.

미국의 제조물책임재판에서는 ①제조업자의 무과실 입증 책임 ②배심제 ③ Class action(일종의 집단소송) ④기업에 대한 징벌적인 배상액의 결정 등 한국의 재판 구조와는 상당히 다른 방식으로 재판이 진행되므로 배상액이 극단적인 액수로 올라갈 수도 있습니다. 따라서 많은 주에서는 배상액의 상한을 규제하고 있습니다.

PL의 대응책으로는 보험에 가입하는 것과 사용매뉴얼을 명기하는 것이 필요합니다.

미국 이외의 국가에서도 PL입법화가 진행되고 있으며, 앞으로도 세계 각국에서 제조물책임법이 계속하여 입법화될 전망입니다. 아시아에서는 필리핀(1992년), 중국(1993년), 대만(1994년), 일본(1995년)이 각각 시행하고 있으며, 한국은 2002년 7월부터 시행하고 있습니다.

④ 국제상관습

국제 간의 거래는 법에 의한 거래이기도 하지만, 현재 무역거래에 대한 통일된 국제법이 존속하지 않는 상태에서 무역 당사국 간에 발생하는 분쟁을 사전에 예방하고, 후일 분쟁발생 시 원만한 해결을 위해 가장 신경써야 할 부분은 국제무역거래관습에 대한 이해가 선행되어야 합니다. 이러한 무역거래의 분쟁과 마찰을 제거하고, 국제무역의 확대를 도모하기 위하여 무역거래의 관습과 용어의 통일화 운동이 국제상업회의소와 국제법률협회 등에 의해서 활발히 전개되어 왔습니다.

다음에서 후술하겠지만 오랜 역사를 가진 무역관행을 법으로만 강제할 수는 없습니다. 무역거래의 각 단계마다 그 지역의 관습에 따라 행해져 온 상거래는 오랫동안 상관습의 형태를 거치면서 오늘날에 이르러서는 일정한 성문법의 형태를 취하고 있으며, 무역거래 당사자들은 이를 숙지하고 무역거래를 진행하고 있습니다.

이렇게 국제상거래 관습에 대한 이해가 중요한 이유는 국제관습법은 조약과 함께, 국제법을 이루는 두 가지 주요한 법원(法源)이기 때문입니다. 즉, 국제법은 조약이라는 성문법과 국제관습법이라는 불문법으로 구성되어 있습니다. 이러한 성문법과 불문법의 구조는 헌법이 헌법전이라는 성문법과 관습헌법이라는 불문법으로 구성되고, 민법, 형법에서와도 역시 동일합니다.

조약은 다자조약(多者條約-WTO)과 양자조약(兩者條約-FTA)이 있는데, 어떤 경우에도, 해당국이 그 조약에 가입을 해야 국제법으로서 그 국가에 강제력이 생기게 됩니다. 따라서 어떠한 다자조약이 존재한다고 하여도, 세계 모든 국가에 강제력을 갖지는 않게 됩니다. 반면에, 국제관습법은 세계 모든 국가에 대해 법률상 강제력을 갖게 됩니다.

독일의 경우에는 국제관습법을 의미하는 일반적인 국제법규가 연방법률보다는 상위이지만 헌법보다는 하위의 효력을 가집니다. 일본과 이탈리아는 국내법률보다 우월한 효력을 인정하고 있습니다.

영국과 미국은 국제관습법을 기본적으로 보통법으로 인정합니다. 따라서 그 시간의 전후와는 관련 없이 의회 제정법보다 우위성을 인정합니다. 특히 미국은 입법부, 행정부, 사법부의 행위와 충돌하는 국제관습법의 적용을 배제하고 있습니다.

우리나라 헌법 제6조 제1항에는 "헌법에 의하여 체결, 공포된 조약과 일반적으로 승인된 국제법규는 국내법과 같은 효력을 가진다"고 규정하여, 조약과 국제관습법이 국내법, 즉 법률과 동일한 효력이 있다고 규정하고 있습니다.

Chapter

21

무역거래조건

제 1 절 무역관습

다른 민족과의 상품교역은 기원전부터 지중해연안 제국에서 활발하게 이루어졌으며, 로마제국시대를 거쳐 민족대이동 후 유럽대륙에서 상관습법이 발달되어 왔습니다. 특히 영국은 영국을 중심으로 하는 스페인, 포르투갈, 네덜란드 등과의 대서양무역의 발달에 따라 상거래에 관한 판례법이 발달해 왔습니다.

영국은 산업혁명을 통해 증기선이 개발되고 18세기 후반부터 무역상과 해운업자가 분리 · 독립하고, 금융업과 보험업이라는 무역거래에 필수인 산업도 함께 성장해 왔습니다. 선화증권(B/L)에 의한 소유권인도와 보험증권, 환어음의 조합에 따른 무역결제시스템은 이미 19세기에 확립된 것입니다.

이후 거의 동시대에 유럽의 많은 국가에서도 근대적 통일국가가 성립되고, 국제거래계약에 대해서도 성립, 이행, 지불, 중재, 집행 등에 관해 법체계가 정비되어 법해석도 확립할 수 있게 되었습니다.

무역관습은 산업혁명 이후의 해상운송 발전에 따라 19세기에 들어 기초가 확립되었습니다.

다른 민족과의 무역역사는 오래되었으며, 기원전 페니키아를 중심으로 하는 지중해연안 국가 간 교역까지 거슬러 올라갑니다.

그 당시에는 무역상이 화물을 옮기는 외항선의 소유자임과 동시에 무역화물의 소유자로, 각 무역항(수입항)에서 그 지역의 상관습법에 기초한 거래가 이루어졌습니다. 그에 따라 각 수입항의 상관습에 공통점이 보이게 되었으며, 로마법시대의 소송절차 제정, 이탈리아의 길드조직의 상관습법이 유럽대륙국가에 보급되었습니다.

12~14세기경에는 프랑스의 북동부에서 이탈리아 영사가 대륙제국의 상사분쟁을 재판하였지만, 해양국인 영국에서도 판례법이 싹튼 시대였고, 16세기에는 스페인, 포르투갈, 영국이 세계 바다를 지배했지만, 18세기 후반 산업혁명 이후, 무역해운이 분리되기 시작하여 19세기에 들어 현재의 무역관습 기초가 만들어졌습니다. 이후 근대적 통일국가의 성립과 함께 국제계약에 대한 해석이 확립되었습니다.

19세기에 들어, 교통통신수단이 발달하고, 또한 계약자유원칙도 확립되어 운송업, 보험업, 금융업, 무역업 등의 각 기관의 분업화가 진행되었습니다. 그리고 선화증권에 의한 소유권의 인도를 중심으로 한 보험증권과 환어음의 조합도 확립되었습니다.

19세기의 유럽대륙국가는 근대적 통일국가가 성립된 시대입니다. 각국은 법체계를 정비하고 국제계약의 성립(또는 성립지), 이행(지), 지불(지), 분쟁(지), 중재(지), 집행(지)등의 해석이 확립되어 왔습니다.

무역화물의 소유권 이전은 FOB계약이 물리적인 이전에서 선화증권에 의한 이전으로 이행되었고, CIF계약의 소유권 이전이 FOB와 같이 출항지 본선 갑판 위라는 것도 19세기에 확립된 것입니다.

제 2 절 와르소-옥스퍼드 규칙

국제무역계약이 해상운송을 전제로 하여 이루어지는 여러 가지 조건들 중 CIF라는 조건이 있습니다. 오늘날에도 가장 많이 사용되고 있는 국제무역거래 조건인데 그 해석을 둘러싸고 이견이 생기는 경우가 많습니다. 이에 국제공법과 국제사법의 연구·해명·진흥·법률·충돌의 해결에 관한 제안과 법률의 통일화 및 국제 이해와 친선 촉진 사업 활동을 주요 목적으로 하고 있는 국제법협회가 해상무역에 있어서 매매관습의 국제적 통일을 위한 규칙을 제정하기로 결의한 것은 1926년 개최된 동 협회의 「비엔나(Wien)」회의였습니다. 이 회의의 결과에 따라 CIF계약에 관한 통일 규칙을 기초할 위원이 선임되었으며 초안이 1928년 와르소(Warsaw)회의에 상정되어 「1928년 와르소 규칙」(Warsaw Rules 1928)으로 채택되었습니다.

국제상업회의소와 무역거래조건위원회는 와르소 규칙에 관심을 표하고 특히 미국과 독일로부터 수정안이 제출되고, 1930년에 개최된 국제법협회의 뉴욕 회의에서 이 규칙을 개정하기로 결정하였습니다. 특히 국제상업회의소의 지원 아래 1931년 10월 와르소 규칙의 개정초안이 작성되었으며, 1932년에는 옥스퍼드(Oxford)에서 개최된 국제법협회의에서 개정되었는데 이를 와르소-옥스퍼드 규칙(Warsaw Oxford Rules for CIF Contract, 1932)이라고 합니다.

이 규칙은 서문과 총 21개 조항으로 구성되어 있습니다. 동 규칙은 CIF계약에 있어서 매도인과 매수인의 의무, 화물의 위험 및 소유권의 이전시기 등에 관한 규정이 있으며, 매도인(수출자)과 매수인(수입자)를 위하여 부보해야 할 해상보험의 담보조건 등에 대한 규정을 포함하고 있습니다. 이는 영국의 CIF 관습과 이에 관한 판례를 토대로 작성되었습니다.

이 와르소-옥스퍼드 규칙은 CIF계약을 체결하고자 하는 당사자에게 임의로 채택할 수 있는 통일적 해석 기준을 제공하는 것을 그 목적으로 하고 있으므로 개개의 매매계약서 중에 본 규칙에 의한다는 뜻을 명시 하지 않으면 당사자를 구속하지 못합니다.

동 규칙은 CIF계약의 해석에 관하여 분쟁이 생기는 경우에 인코텀스 (Incoterms) 및 미국무역정의 등과 함께 유익한 분쟁해결의 기준이 되기도 합니다.

제 3 절 인코텀스

외국무역에 관해 각국의 법령이 정비되기 시작했지만, 20세기에 들어 국제상업회의소(ICC)는 국제무역에서 정형적인 거래조건을 제정하였습니다. 특히 중요한 것은 수출자와 수입자 간 비용부담의 한계와 위험부담의 한계를 지정한 것입니다.

즉, ICC는 각국의 상관습이 다른 것으로부터 발생할 거래조건의 오해와 분쟁, 소송을 방지하기 위해 1936년에 '정형적 거래조건의 해석에 관한 국제규칙'을 제정하였는데 이를 인코텀스(Incoterms)라고 합니다.

인코텀스는 제정 이후, 지금까지 6차에 걸친 개정이 있었으나 국제무역거래조건은 항상 그 당시의 관습에 따라야 하는 국제무역거래의 특수성과 당위성에 따라 2010년 제7차 개정을 하게 되었습니다. 2010년 인코텀스는 다음과 같이 11가지로 구성되어 있습니다.

Ⓐ 공장인도조건(EXW: Ex Works)

Ⓑ 운송인인도조건(FCA: Free Carrier)

Ⓒ 운송비지급인도조건(CPT: Carriage Paid to)

ⓓ 운송비보험료지급인도조건(CIP: Carriage and Insurance Paid to)

ⓔ 터미널인도조건(DAT: Delivered at Terminal)

ⓕ 목적지인도조건(DAP: Delivered at Place)

ⓖ 관세지급인도조건(DDP: Delivered Duty Paid)

ⓗ 선측인도조건(FAS: Free Alongside Ship)

ⓘ 본선인도조건(FOB: Free on Board)

ⓙ 운임포함인도조건(CFR: Cost and Freight)

ⓚ 운임보험료포함인도조건(CIF: Cost, Insurance and Freight)

이러한 인코텀스는 1936년 제정 시 10년에 한 번씩 개정한다는 전제 아래 2020년에 제8차 인코텀스로 개정될 예정입니다.

제 4 절 개정미국무역정의

미국무역정의란 미국이 다른 나라와의 국제거래 또는 주와 주 간의 국내거래에서 사용할 수 있도록 한 무역거래조건을 말합니다. 1919년에 처음으로 제정되어 1941년과 1990년에 개정되었습니다. 이 무역정의의 특징은 무역거래조건중 FOB조건에 대한 해석규정입니다. 미국에서 FOB만을 별도로 규정하고 있는이유는 전통적인 FOB조건은 영국을 중심으로 해상매매를 위하여 이용되었으나이는 운송수단이 다양한 미국에는 적절하지 않기 때문입니다.

대륙 국가인 미국의 경우 운송수단이 선박뿐만 아니라 철도화차, 부선, 화물자동차 등이 존재하며 FOB조건의 위험과 비용의 분기점이 전통적인 영국의 FOB조건과는 다릅니다. 따라서 미국상인과의 무역거래에서 FOB조건의 해석에관한 분쟁이 종종 발생하였습니다. 이에 1919년 전미국무역협회(National Foreign Trade Council)가 개최되었고, 이 회의에서 「수출가격조건의 정의」(Definition of Export Quotations)가 채택되었습니다. 즉, 미국무역정의란 미국의 지리적 특수성에 따라 다양하게 발생되는 무역거래조건에 대한 해석을 통일한 것을 말합니다.

1919년 최초의 정의에서는 FOB조건을 7가지로 세분화하여 표준해석을 하였습니다. 1941년 개정이 있었고, 그 후 1941년 개정무역정의가 공표된 이후 무역 관행의 변화에 부응하고 ICC의 Incoterms를 참조하여 1990년 제2차 개정이 있었습니다. 이 정의에서는 6가지의 조건을 규정하고, FBO를 종전과 같이 미국적인 특성을 감안하여 그 적용 유형을 인도장소를 기준하여 다음과 같이 6가지로 세분하고 있습니다.

(1) EXW(Ex Works named place)

(2) FOB

  ① FOB(named inland carrier at named inland point of departure)

  ② FOB(named inland carrier at named inland point of departure)

  ③ FOB(named inland carrier at named inland point of departure)

  ④ FOB(named inland carrier at named point of exportation)

  ⑤ FOB Vessel (named port of shipment)

  ⑥ FOB (named inland point of in the country of importation)

(3) FAS Vessel(named port shipment)

(4) CFR(named point of destination)

(5) CIF(named point of destination)

(6) DEQ(Delivered Ex Quay)

제 5 절 비엔나 협약

비엔나 협약의 공식명칭은 "국제물품매매계약에 관한 유엔 협약"입니다. 이는 유엔국제무역거래법위원회에서 제안되었고, 1980년 3월 비엔나에서 개최된 유엔 외교회의에서 만장일치로 통과된 후 1988년 1월 1일부터 발효되었습니다. 일명 UNCCISG, CISG, 비엔나 협약으로도 불리고 있습니다.

이 협약은 기본적으로 국제물품매매계약에 관하여 국제적으로 통일된 관습을 성문화함으로써 무역거래의 법률적인 장벽을 제거하는 데 공헌하였으며, 국제무역의 발전을 증진시키기 위한 협약입니다. 본 협약은 미국통일상법전의 영향을 받은 것으로 알려져 있으며 우리나라에서는 2005년 3월 1일 발효되었습니다.

비엔나 협약은 종전의 헤이그 협약에 비하여 매우 합리적인 내용을 담고 있습니다. 또한 여러 당사국의 환경을 고려하여 서방국가뿐만 아니라 사회주의 국가 및 제3세계 국가의 다양한 의견을 수렴함으로써 더욱 조화롭고 실용적이며 유연성을 가지고 있습니다.

비엔나 협약의 주요 특징은, 제1조 1항에서 규정하고 있는 것과 같이 동 협약은 당사자의 영업소가 모두 체약국 내에 있거나 국내사법의 규칙에 따라 체약국의 법률이 적용되는 국제매매에만 이를 적용하도록 하고 있습니다. 또한 비엔나 협약은 계약 위반의 유형을 세분화하지 않고, 단순히 매도인에 의한 위반과 매수인에 의한 위반으로만 구분하고, 이에 따른 상대방의 구제방법을 규정하고 있습니다. 마지막으로, 동 협약을 해석함에 있어서 헤이그 협약과는 달리 국제무역거래시의 신의성실의 준수에 대한 고려를 할 것을 추가로 명시하고 있습니다.

동 협약의 주요 내용은 매매계약의 성립 및 당사자의 의무, 당사자의 의무위반에 대한 구제조치, 위험부담의 이전에 관한 규정을 두고 있습니다. 그러나 비용부담의 이전에 관한 규정은 두고 있지 않습니다.

비엔나 협약은 체결국에 판매자와 구매자가 있거나, 섭외사법으로 비엔나 협약을 적용하도록 하는 경우에만 적용 됩니다. 따라서 우리나라와 다른 체결국 간의 거래나, 우리나라의 법원에서 분쟁을 처리하는 경우 이 협약이 적용될 수 있습니다.

이 협약은 우리나라의 주요 무역상대국인 미국, 중국, 독일, 프랑스, 캐나다 등 전 세계 63개국이 가입한 국제물품매매에 관한 통일법으로서 국제물품매매에 적용될 준거법이 명확해짐에 따라, 관련 법적 분쟁의 예방과 효율적 해결이 기대되고 있습니다.

제 6 절 국제상거래계약의 원칙

UNIDROIT(The International Institute for the Unification of Private Law)는 1994년에 국제상거래계약의 원칙(Principles of International Commercial Contracts)을 제정하였고, 10년 만인 2004년에 개정하였습니다.

UNIDROIT는 국가 간 사법을 조화·조정할 수 있는 방법을 찾아 실체법을 통일하는 정부 간 국제기구입니다. 1926년 국제연맹의 보조기구로 시작해서 1940년 UNIDROIT 규정에 근거해 국제기구로 발족했습니다. 회원국은 현재 63개국이며, 주요 활동은 상법 분야이며 현재 11건의 국제협약과 2개의 모델법(영업특허 정보공개 모델법, 리스 모델법)을 채택하고 있습니다. 국제상사계약 원칙, 국제 본점 영업특허 약정 지침, 국경을 초월한 민사소송 원칙 등도 제정해 국가 간 법률충돌을 줄이고 있습니다.

국제무역거래는 서로 상이한 법률체계를 가지고 있는 국가 간의 거래입니다. 따라서 문제가 발생하는 경우 어느 나라의 법을 따라 그 문제를 해결해야 하는가의 문제가 발생합니다. 이때 특정국가의 국내법이 국제거래의 준거법이 되는 경우 국제성 결함으로 인하여 많은 문제가 발생하게 됩니다. 이러한 문제점을 해결하기 위한 방법으로 국제거래의 준거법을 법률적 지위가 없는 일반 규칙으로 제정하고, 당사자 사이에 채택함으로써 당해거래의 준거규범의 지위를 부여하는 방안이 모색되었습니다. 그 결과 나타난 것이 바로 이 UNIDROIT Principles입니다.

UNIDROIT의 국제상거래계약 원칙은 국제거래에 가장 적합한 준칙들을 제시하고 있지만, 다른 국제협약들처럼 각 국의 계약법의 내용을 취합하는 타협적인 결과물이 아니며, 국제상거래에 적용하기에 적합한 보편적인 계약의 원칙을 제시하는 데 그 목적이 있습니다. 따라서 이 원칙은 중재법정에서 분쟁해결기준으로 이용하는 데 유용한 자료가 되고 있습니다.

이 원칙에서는 국내법 또는 통일사법의 결함을 보완하는 광범위한 관습과 당사자의 진정한 의사를 존중하는 조항을 반영함으로써 계약의 해석을 위한 실체성을 확보하고 있습니다.

이 원칙의 가장 큰 특징은 CISG(비엔나 협약)와 같은 협약이 아니기 때문에 각 국에서 비준절차를 거쳐 국내입법을 할 필요가 없다는 것입니다. 따라서 이 원칙은 일체의 구속력을 갖지 않으며, 오로지 설득력에 의해서만 실무상 적용이 가능합니다.

UNIDROIT의 국제상거래원칙은 전문과 총 7장 119개 조문, 유권해석과 사례로 구성되어 있습니다. 이 원칙은 다음과 같은 점에서 그 중요성을 가집니다.

첫째, 국내외 입법자가 일반계약법의 분야에서 또는 특정의 거래영역에서 새로운 입법을 준비할 때 UNIDROIT 원칙에서 아이디어를 얻을 수 있습니다.

둘째, 이 원칙은 각국의 법원이나 민간의 중재인으로 하여금 기존의 국제규칙을 해석하고 보완하는 데 유용한 기준을 제공합니다.

셋째, 협약이 아니므로 일체의 구속력을 갖지 않습니다. 그러므로 서로 다른 법체계를 가지고 있는 계약당사자가 이를 지침서로 활용하기가 용이합니다.

넷째, 법은 아니지만 일반원칙으로서의 사명을 가지고 있습니다. 이에 따라 공정한 국제무역규칙의 역할을 담당하고 있습니다.

다섯째, 각국의 법원이나 중재인이 선호하는 국제무역규칙입니다.

제 7 절 영국물품매매법

국제무역거래에서 국제물품매매계약에 적용되는 통일적인 성문법은 없으나 날로 증가하는 국가 간의 교역증대로 인하여 국제거래가 원만히 해결되기 위해서는 국제물품매매계약에 적용되는 법원칙이 필요합니다.

오늘날 국제거래를 주도하고 있는 국가들은 미국, 영국, 영미법계 국가들이며, 그러한 국가들의 정형화된 계약서 양식이 국제물품매매계약의 배경을 이루는 원칙들은 대개 영미법상의 원칙에서 유래된 것들입니다. 특히 영국의 물품매매법은 국제물품매매계약을 연구하는 데 근원이 되는 법으로 국제물품매매계약을 전반적으로 이해하는 데 영국물품매매법의 이해는 필수적입니다.

영국의 물품매매법은 영국과 스코틀랜드에서의 수출무역에 관련되는 법률 제정을 목적으로 영국 하원의원이었던 찰머스(M. Chalmers)경이 1603년 이후의 판례를 기초로 1888년 초안으로 발의하여, Herschellrud에 의하여 1889년과 1891년에 귀족원의 특별위원회(Select Committee)에 상정되고 1892년에는 그 적용범위를 잉글랜드, 웨일스 및 아일랜드뿐만 아니라 스코틀랜드에도 확대하도록 한 최종법안을 확정하여 1893년에 「물품매매에 관한 법규를 규정한 법」으로 귀족원을 통과함으로써 제정되었고, 1894년 1월 1일부터 시행하였습니다.

그 후 1908년, 1967년, 1973년, 1977년, 1979년에 일부가 개정되고, 1979년 12월 6일에 귀족원의 동의를 얻어 전면적으로 개정된 후 1980년 1월 1일부터 발효되어 오늘에 이르고 있습니다. 일반적으로 단순히 영국물품매매법이라고 하면 1979년에 개정된 영국물품매매법을 의미합니다.

본 법은 제1장 본법의 적용, 제2장 계약의 성립, 제3장 계약의 효력, 제4장 계약의 이행, 제5장 지급받지 못한 매도인의 물품에 대한 권리, 제6장 계약위반에 대한 소송, 제7장 보칙(Supplementary)과 같이 총 7개의 장, 64개조로 구성되어 있습니다.

특히 영국의 물품매매법은 소유권의 이전, 처분권의 유보, 물품의 인도, 매도인의 유치권(lien), 운송정지권(Stopage in transit) 및 매도인과 매수인의 구제 등에 대하여 무역계약과 관련하여 이론적인 바탕을 제공하고 있습니다.

제 8 절 전자상거래 모델법

전자상거래 모델법은 유엔국제무역거래법위원회에서 제정했습니다. 이것은 모든 국가들이 서류에 기초한 통신문 형식의 정보 자료를 보관하는 대신, 대체 수단으로서 전자상거래에 관한 제도적 장애를 제거해 전자문서 사용을 규율하는 입법을 추진하는 데 도움을 줄 목적으로 제정되었습니다.

전자상거래 모델법의 특징은 소프트 법(Soft Law)의 형식을 취하고 있습니다. 이는 여러 나라가 체약국으로서 참가하는 조약법이 아니라 각국이 전자상거래법을 제정할 때 참고할 수 있는 규정 형식인 모델법을 취하고 있습니다. 따라서 그 자체로 구속력을 갖는 것이 아니고, 각국에서 국내 입법화하도록 표준안을 제시한 것입니다.

또한 모델법의 적용 범위를 국제거래에 한정시키고 있지는 않습니다. 전자상거래는 전통적인 의미의 국경을 넘어 이루어지는 것이 통상관례이므로, 국제거래에 한해 이를 적용한다는 것은 오히려 전자상거래의 법적인 장애 요인이 되는 결과를 가져오기 때문입니다. 그 대신 각국은 국제 거래에 대한 적용을 한정할 수 있는 규정을 둘 수는 있습니다.

이 모델법은 기본적으로는 전자상거래를 대상으로 하고 있지만, 그 개념을 직접 규정하고 있지는 않습니다. 물론 표준화된 형식으로 컴퓨터에서 컴퓨터로

데이터를 전송하는 EDI도 대상에 포함하고 있습니다. 하지만 그에 국한하지 않고 전자 메일을 통해 전자 메시지를 전송하고, 인터넷을 이용해 자유로운 형식의 메시지를 교환하는 매체 중립적인 입장을 취하고 있습니다.

이 모델법의 가장 큰 특징은 종이문서의 가독성 · 보존성 · 진정성 · 증거력 등의 기능을 전자 문서로 대체할 수 있는 대체성의 수단으로 인정했다는 것입니다. 이러한 접근 방법을 취하더라도, 전자상거래 당사자들이 종이문서보다 더 엄격한 안전성 기준이나 비용을 부담해서는 안 되므로, 모델법은 탄력성 있는 기준을 채택하고 있습니다. 이에 따라 전자상거래 모델법은 종이문서와 기본적인 요건을 추출하여 데이터 메시지가 그 요건을 충족하면 종이문서에 갈음하는 법적 효력을 인정받도록 하고 있습니다.

이 모델법은 2부 17개 조로 구성되었는데, 제1부는 전자상거래 일반, 제2부는 특정 영역에서의 전자상거래로서 물품 운송 거래 및 운송 서류에 관한 2개 조항을 두고 있습니다.

이와 같이 유엔에서 제정한 전자상거래 모델법을 참고로 하여 우리나라는 전자거래기본법을 1998년에 제정하였고, 이후 전자상거래의 3대법규라고 일컫는 전자서명법과 소비자보호법 등을 제정하였다.

이외에도 전자상거래와 관련되는 기타법규로는 약관의 규제에 관한 법률, 방문판매 등에 관한 법률, 할부거래법, 저작권법 등이 있습니다.

Chapter

22

무역운송과 통관

제 1 절 무역운송의 개요

수출입화물의 운송형태에는 해상운송, 항공운송, 복합운송, 우편소포가 있습니다. 어떤 운송방법을 선택할지는 상품의 성격, 중량, 용적, 가격, 운송량, 운송의 긴급성, 운임 등을 고려하고 수출자와 수입자 당사자 간의 합의에 따라 결정합니다.

일반적으로 해상운송은 수출입계약으로 정해진 납기에 맞춰 선복을 예약하는 것으로 시작합니다. 예약한 선박의 사정으로 수출화물의 전부 혹은 일부를 선적하지 못하는 경우에는 부적운임을 지불하게 됩니다. 수출자는 선복예약 후, 통관업자에게 선적의뢰서를 전달하고, 수출화물을 세관의 보세지역에 반입하며, 검량/검수를 받아 필요서류를 준비하고, 수출허가서 취득 등의 수출통관을 실행하게 됩니다.

수출자는 수출화물을 본선에 선적한 후, 본선이 발행하는 본선수취서(Mate's Receipt, M/R)를 해운회사에 제출하여 선화증권(B/L)을 발행받게 됩니다. B/L은 수출자가 이서하고 직접 혹은 은행을 경유하여 수입자에게 발송합니다.

해상운송업자에 의해 운송되어진 화물이 수입자의 항구에 도착하면, 수입자는 수입화물의 적화목록과 함께 수입신고서를 세관에 제출하고, 선화증권(B/L)은 해운회사에 제출하고, 인도지시서(Delivery Order, D/O)를 수취하고, 수입허가가 완료되면, 화물의 반출허가를 취득합니다. 이후 수입자는 운송회사에 수입부대비용을 납부하고 화물을 인도받게 됩니다.

항공운송은 용적이 비교적 작고, 가격이 비교적 비싸며, 긴급한 상품의 경우 이용되었고, 최근에는 특정물품보다 신속을 요하는 물품에 널리 이용되고 있습니다. 항공운송의 절차는 해상운송절차와 유사합니다. 다만 사용하는 용어에 차이가 있습니다.

컨테이너운송은 컨테이너선의 대형화, 고속화에 따라 공업제품의 운송에 세계적으로 널리 이용되고 있습니다. 또한, 소형컨테이너가 보급되어 육·해·공 운송수단 조합에 의해 복합일관운송도 발달하게 되었습니다.

국제운송을 하기 위해서는 운송수단이 필요합니다. 운송수단으로 대표적인 것은 선박, 항공기, 철도, 트럭에 의한 단일운송 수단과 이러한 단일운송수단이 둘 이상 결합하는 복합운송수단(피기백, 피시백 등)이 있습니다. 무역거래 시 화물운송방법은 아래와 같이 구별됩니다.

1 선박

가장 많이 이용되는 것으로 통상 화물선과 특수화물선의 전용선(자동차, 유류, 펄프 등), 항로와 운임이 미리 정해져 있는 정기선(Liner)과 부지정항로를 용선계약에 기초하여 운항하는 부정기선(Tramper) 등이 있습니다.

2 항공기

운임이 상대적으로 비싸므로 운임부담능력이 있는 고액상품과 긴급운송에 이용됩니다.

3 복합운송

해상운송과 철도운송, 트럭운송과 같이 다른 운송수단을 조합하여 사용합니다. 국제 간에는 Door to Door운송을 합니다.

4 우편소포

상품견본발송 등에 자주 이용되며, 항공편, 선편, 복합방식의 SAL(Surface Air Lifted), 우편(소포전용과 인쇄물 전용의 2종) 등이 있습니다.

이들 운송수단에 대해 구체적으로 살펴봅니다.

제 2 절 해상운송

1 정기선과 부정기선

정기선(Liner)이란 정기항로에 취항하고 있는 선박으로, 정해진 기항지를 정해진 일정에 따라 운항하는 것을 말합니다. 정기선화물은 주로 공업제품과 반제품입니다. 정기선에는 컨테이너화물전용의 컨테이너선과 컨테이너를 쌓는 것이 불가능한 재래선이 있으며, 주요 정기항로에는 컨테이너선이 이용되고 있습니다.

부정기선(Tramper)이란 철광선, 석탄, 곡물류, 설탕, 소금, 목재, 원유 등 대량으로 거래되는 벌크화물 등의 상품을 해상운송의 수요에 대응하여 수시로 용선계약(Charter Party)에 기초하여 운항되는 것을 말합니다. 도쿄, 런던, 뉴욕에 부정기선 시장이 있으며, 세계 곳곳에서 모인 해운정보를 바탕으로 항로, 화물, 계약조건에 따라 각종 운임률이 형성되어 있습니다. 또한, 특정화물용의 전용선도 건조되어 있습니다.

② 해상운송 절차

1) 해상운송계약

수출자는 화물의 준비와 동시에 선복을 예약합니다. 잡화와 같이 비교적 작고, 다수의 화물을 특정 정기선에 운송하는 개품운송에서는 운송인(수출자)은 적출항으로 화물출하에 맞춰 특정본선의 선복예약신청을 진행합니다. 해운회사로부터 운송승낙을 확인받은 선복예약(Space Booking)은 정식으로 운송내용을 기록한 선복신청서를 송화인으로부터 해운회사에 송부하며, 서명확인을 합니다. 단, 절차가 번잡하고 시간적 제약이 있으므로 실제로는 전화 등 구두확인으로 끝나며, 그것으로 운송계약은 유효하게 성립됩니다.

2) 해상운송의 흐름

수출화물의 통관과 선적절차는 보통 통관업자 등의 전문업자가 대행합니다.

① 준비단계

화주(수출자)는 화물의 선적시기에 맞춰 본선스케줄을 체크하고, 운송서류를 작성한 후, 통관업자와 협의합니다. 신용장(L/C)거래의 경우에는 그 선적시기를 염두에 두고 선적독촉 및 확인을 하는 것이 필요합니다.

② 선복예약과 선적의뢰서

선복예약을 실시하며, 선적의뢰서를 통관업자에게 전달하여 업무를 위탁합니다.

③ 화물의 위탁

수출화물은 통관절차를 위해 통관업자가 보세지역에 반입 후 검량, 검사를 받습니다.

④ 수출통관 절차

필요한 서류를 준비하여 수출통관을 실행합니다.

⑤ 보세장치장에서 선측으로 이송

세관의 수출허가취득 후, 선적을 위한 화물을 이송하고 본선에 선적합니다.

⑥ B/L발행

선적완료 후, 선화증권(B/L)을 수령합니다.

③ 검량과 검수

검량과 검수란 수출입화물의 수량과 상태를 공식면허를 가진 업자에 의해 검사받는 것을 말합니다.

화물이 본선에 선적되거나 본선으로부터 하역될 때, 검수인이 화주와 선주를 대신하여 화물의 검량과 상태를 체크하고, 그 결과에 기초하여 신고서를 작성합니다. 검수결과는 수출의 경우 운임계산의 기초와 선적량의 증명이 됩니다. 반대로 수입의 경우는 선박회사로부터 수취량 및 수입량의 증명이 됩니다.

검량 · 검수는 거래량의 증명이 목적이므로 반드시 검수업자에게만 의존하지 말고 공장출하 시 제조자에 의한 검량, 검수와 양륙지 전문업자에 의한 양륙지검량, 검수 등, 당사자 간에 취하는 방법도 있습니다.

④ 해상운임과 운임의 구조

해상운송을 위한 선박에는 정해진 기항지를 정해진 일정에 따라 취항하는 정기선과 벌크화물을 실은 상품을 적재하기 위해 화주와 선주 사이에서 한 항해마다 용선계약을 체결하여 운항되는 부정기선이 있습니다.

해상운임의 결정은 ①중량 ②용적 ③종가 ④개수의 4가지 기준이 있습니다.

정기선의 해상운임단위는 화물에 따라 다릅니다. 정기선화물인 공업제품은 용적이 작아도 중량이 큰 것, 중량은 가벼운데 용적이 큰 것, 용적은 작은데 중량도 작은 것에 가격이 높은 것 등 여러 가지입니다. 이것을 일률적으로 중량, 용적만으로 운임을 결정하는 것은 적절하지 않습니다. 그리하여 운임은 ①중량기준운임 ②용적기준운임 ③종가기준운임 ④개수기준운임의 4가지 중 선택적으로 사용되고 있습니다.

중량기준운임 또는 용적기준운임의 적용은 해운회사가 선택하는 것으로 되어 있으며(Owner's option) 일반적으로 그중 고가를 채택합니다.

또한 정기선에는 운임동맹에 가입하고 있는 해운회사가 운항하는 동맹선과 동맹에는 가입해 있지 않은 맹외선이 있으며, 일반적으로 맹외선의 운임이 낮게 책정되어 있습니다.

정기선의 운임은 모두 Berth term가 기본이 됩니다. 동맹선이란 세계 각국의 특정해운회사가 조직한 운임동맹에 속하는 것으로, 특정항로마다 독점적인 협정운임이 설정되어 있습니다. 이 동맹에 속하지 않고 독자운임 서비스로 운항되는 것이 맹외선입니다.

동맹선을 이용할 경우, 수출자(화주)는 동맹 간 계약을 맺고, 맹외선에 선적을 하지 않는다는 약속을 통해 저렴한 운임률을 제공하는 계약운임제(Contract rate system), 또는 충성할인제도(Fidelity rebate system) 등의 우대조치를 받게 됩니다.

동맹선, 맹외선을 불문하고 정기선운임은 'Berth term(Liner term)'라 불리며, 적입비용과 양륙비용이 해상운임에 포함됩니다. 해상운임에는 화물의 적입 및 화물 양륙비용을 포함하고 있는 Berth term(Liner term), 적입 및 양륙비용을 포함하지 않는 F.I.O(Free In & Out), 적입을 포함하지 않는 F.I, 양륙을 포함하지 않는 F.O가 있습니다.

부정기선운임은 부정기시장의 용선자 측 수요와 해운회사의 공급관계, 화물의 특성 등에 의해 건건마다 교섭을 통해 결정합니다. 해운회사에서 본다면, 적입비용과 양륙비용 부담여부에 따라 Berth term, F.O, F.I, F.I.O로 나뉘어 있습니다.

⑤ 수입화물의 하역

수입화물은 세관장 지정의 적화장소를 거쳐 해운회사 지정의 보세장치장, 컨테이너야드(CY)에 반입됩니다. 화물의 적화는 원칙으로 적화목록의 세관제출

후에 이루어집니다. 본선과 화주 사이에 화물의 인수/인도는 직접 실시되는 것이 아니라, 양자의 대리인인 양륙대리점업자가 서명한 화물인수증의 교환에 의해 이루어집니다. 선측 또는 기측으로부터 보세지역 등으로의 화물이송은 보세운송에 의한 것이 원칙이지만, 근접보세지역의 경우는 편의로 항공화물운송장(Air Way Bill)에 의한 운송이 인정되고 있습니다.

해상일반화물은 보세장치장 내에 입고 후, 컨테이너는 CY에 반입 후에 세관에 반입서류를 제출하고, 해운회사에서 B/L을 D/O(Delivery Order＝화물인도지시서)와 교환하여 받은 후, 세관에 수입신고를 하고, 반출허가를 받아 국내운송이 이루어집니다. 일반적으로는 통관업자가 적입부터 통관, 반송까지의 일괄작업을 수행합니다.

6 선화증권(B/L)의 흐름

수출화물을 본선으로 적재완료하면, 재래선의 경우 본선에 제출된 선적지시서(Shipping Order, S/O)에 의해 선적의 확인이 이루어집니다. 그리고 본선의 일등항해사는 본선수취증(Mate's Receipt, M/R)에 확인서명을 하고, 통관업자에게 교부하며 이 M/R에 기초하여 본선 출항 후, B/L이 발행됩니다. B/L은 본선에 선적, 출항 후에 발행됨으로써 효력(유가증권으로서의)이 발효되며, 양도가 가능합니다.

컨테이너운송의 경우에는 먼저 Dock Receipt(D/R)가 컨테이너야드(CY)에서 발행되며, 이것에 근거하여 수취B/L(Received B/L)이 발행됩니다. 그 후 화물이 선적되어 본선이 출항하면 수취B/L에 출항일과 회사의 책임자 서명이 되어, 은행매입용의 선적B/L(On Board B/L)이 됩니다.

신용장거래의 경우, 발행된 B/L은 송화인(수출자)이 L/C에서 요구하는 조건에 따라 이서에 의해, 정당한 소지인이 화물의 인도를 요구할 수 있게 됩니다.

제 3 절 항공운송

최근 항공기의 대형화와 화물전용기의 출현에 의해 항공운송의 이용도가 높아지고 있습니다. 적입방식도 벌크화물적재로부터 팔레트(일정규격의 알루미늄판), 컨테이너 선적으로 진행되고 있습니다. 항공운송에 있어서는 수출자가 항공화물을 항공화물대리점(Carrier)에 인도하거나, 항공운임을 지불하거나, 항공운임과 보험료를 지불하는 거래조건으로 수출하는 것이 일반적입니다.

수출자의 위험이전시기는 화물이 항공회사 혹은 항공화물대리점에 인도되는 시점입니다. 그러나 도착조건의 경우에 수출자의 위험부담한계는 최종목적지 도착시점입니다.

항공화물에 대해서는 항공회사가 항공화물운송장(AWB)을 발행하게 되는데, 이것은 항공회사의 화물수취증, 운송조건 등을 의미하는 증서입니다. 이는 해상운송 시 화물의 소유권을 나타내는 유가증권의 성질을 갖고 있는 선화증권(Bill of Lading, B/L)과는 크게 다릅니다.

항공운송은 항공회사와 직접계약을 맺는 것 외에 중간 혼재업자(Consolidator)에게 위탁하는 경우도 있습니다.

항공운송에서는 통관이 신속하게 이루어질 수 있도록 배려되어, 항공화물운송장(AWB)또는 항공화물간이수출(입)신고서에 의해 수출입신고가 이루어지고 있습니다.

제 4 절 복합운송

복합운송이란 선박과 철도 등 2개 이상의 운송수단을 조합한 일관운송을 의미합니다.

컨테이너의 보급은 운송기술의 혁신을 가져왔고, 육해공의 운송수단조합에 따른 복합일관운송을 용이하게 하였습니다. 이것에 의해 운송은 수출국의 발송지로부터 수입국의 최종인도지까지 일관되게 이루어졌으며, 복합일관운송을 준비하는 복합운송인은 스스로 구간운송 여부와 상관없이 전 운송구간의 운송에 있어 계약의 이행책임을 지는 경우도 많아지게 되었습니다.

이와 같은 경우, 육상, 해상, 항공 각각의 운송에 관한 법체계와 운송인의 책임원칙이 다르며, 그것들은 국가에 따라 다르므로 복잡한 문제를 발생시키게 되었습니다.

그리하여 해상운송의 선화증권(B/L)과 같이 국제복합운송증권을 통일하려는 움직임이 선진국 간에 높아지고 있었으며, 1980년에 국제복합물품운송조약이 성립되었습니다.

제 5 절 컨테이너운송

컨테이너는 하역도구로써 하역과 운행을 간편화하고 Door to Door의 일관운송을 실현할 수 있는 장비입니다.

미국의 Sea-Land사가 1966년 북대서양항로에서 최초로 풀컨테이너선을 취항시킨 이래, 주요 국제항로에 있어 컨테이너화, 컨테이너선의 대형화, 고속화가 급속하게 진행되었습니다.

컨테이너선은 컨테이너에 의해 화물의 단위화가 가능하며, 하역의 기계화에 의해 합리적인 적재가 가능하므로 선박의 정박일수가 현저하게 단축되며, 따라서 가동률도 높아지게 되었습니다.

컨테이너운송의 이점을 간단하게 말하면 다음과 같습니다.

- Door to door 일관운송 실현
- 하역의 기계화
- 우천하역작업 가능, 정박일수 단축, 항해일수 감소
- 반복이용 가능, 운임비용 경감
- 수출소포장경비 절감

컨테이너 화물은 컨테이너 1개를 채우는 화물인 FCL화물(Full Container Load

Cargo)과 1개를 채우지 못한 LCL화물(Less than Container Load Cargo)로 분류됩니다. FCL은 수출자가 공컨테이너를 빌려, 컨테이너에 적입 후 CY(Container Yard)에 반입합니다. LCL은 화물을 CFS(Container Freight Station)에 반입합니다.

제 6 절 무역화물의 통관

통관절차는 번거롭고 숙련도를 요구하므로 수출자/수입자가 통관업자에게 수출입통관과 선적/양륙절차의 대행을 의뢰하는 것이 일반적입니다.

1 수출통관

수출화물은 수출통관절차를 진행하기 위해서 세관의 보세지역에 반입하고 검량/검수 등을 받는 것과 함께 세관에 수출신고를 합니다. 통관, 선적업무는 직접 하는 것도 가능하지만, 전술한 것처럼 보통은 전문업자에게 의뢰합니다.

법에서 정한 특정품목, 위탁가공무역과 같은 특수결제의 경우는 산업통상자원부장관의 승인이 필요하므로, 수출품이 자유품목인지 규제품목인지, 특정거래인지, 표준결제인지 특수결제인지를 체크하고, 소정의 방법에 따라 절차를 진행해야 합니다.

2 수입통관

수입통관은 개항과 국제공항에 설치된 세관에서 외국으로부터 화물을 수입할 때 진행됩니다. 구체적으로는 화물을 양륙하여 보세지역에 반입한 후, 세관에 반입(납세)신고서를 포함한 필요서류를 제출하고, 수입심사와 현물검사를 받습니다. 이후 세관조사와 관세를 납부하고 수입허가를 받아, 화물을 인도합니다.

제 7 절 세관과 관세납부

1 세관

세관은 관세행정을 직접 담당하는 관세청 산하기관이며, 대외무역법 및 관세법에 기초하여 일정범위의 무역관리업무도 실시하고 있으며, 주요업무는 아래와 같습니다.

① 관세, 톤세(입항외국선의 등록톤수에 대응하여 부과하는 조세)의 부과/징수
② 수출입화물/선박/항공기/여객의 감독
③ 보세지역의 감독
④ 세관통계작성
⑤ 수출입화물에 대한 국내소비세의 부과/징수 및 면세/환급세
⑥ 대외무역법 및 관세법에 기초한 화물의 수출입 감독
⑦ 그 외에 법령에 의한 수출입화물의 감독

2 관세납부

관세는 수입품에 부과되는 세금입니다. 수입세의 기능에는 개도국에서 많이 보이는 재정수입확보를 위한 재정관세와 선진국에서 많이 보이는 국내산업보호를 위한 보호관세가 있습니다. 관세는 관세율표에 정해져 있습니다.

① 기본세율 : 전 품목을 21부, 99류, 1010호로, 각호를 4단계로 분류하고, 각각 세율이 정해져 있으며, 전부 2,245품목이 지정되어 있습니다.
② 잠정세율 : 기본세율을 일시적으로 수정할 필요가 있는 경우에 일정기간 적용되어, 현재 3,408품목이 지정되어 있습니다.
③ 특혜세율 : 특정의 개도국으로부터 수입품에 적용합니다.

관세의 납부는 신고자(수입자)에 의한 적정한 절차를 전제로 하고 있습니다. 이것을 신고납세제도라고 합니다.

과세가격은 수입신고를 하는 항구 또는 공항에서의 CIF가격으로, 수입(납세)신고서에 첨부할 상업송장(Commercial Invoice)이 외화기준인 경우에는 원화로 환산하여 신고합니다. 대상이 되는 수입화물의 관세부과 여부는 관세율표에서 정하는 대로 합니다.

수입화물에는 관세 외에, 무상화물을 포함하고 소비세가 부과됩니다. 긴급원조물품과 재수입화물 등은 면세입니다.

신고납세방식적용의 과세화물관세와 소비세의 납세는, 담보제공을 조건으로 3개월 이내 유예가 인정되며, 납세 전에는 수입허가를 얻어 화물인도가 가능합니다.

제 8 절 일반특혜관세

기본세율과 잠정세율이 모든 국가로부터의 수입품에 대해 일률적으로 적용되는 것에 대해 특혜관세는 특정국에 대해 제3국에 부과하는 세율보다 낮게 적용되는 것을 말합니다.

제2차 세계대전 후, 선진공업국을 중심으로 하는 국제경제거래는 GATT의 자유화원칙에 따라 촉진되어 왔으나 남북문제를 발생시켰습니다. 이를 배경으로 개도국의 요청을 선진국이 받아들인 것이 일반특혜관세(GSP)입니다.

그러나 일반특혜관세제도는 여러 선진국들이 특정 개도국에게 적용했지만, 상품마다 연간 한도액이 설정되어 있어서 제약이 없으면 통상세율이 적용되므로 주의가 필요합니다. 러시아, 미국, 호주, 일본에서는 그 외에 개도국에 대해서는 특별특혜세율을 적용하고, 실링(Ceiling)에 의한 제한을 배제하고 있습니다.

제 9 절 보세제도

보세는 수입화물에 대한 관세부과를 유보하는 것으로, 정해진 보세지역에서는 관세의 납부가 일시적으로 유보됩니다. 지정된 보세지역부터 화물을 반출할 때에는 유보한 관세를 지불하게 됩니다. 보세지역은 목적에 따라 다음과 같은 종류가 있습니다.

① 지정보세지역 : 항구 또는 공항에서 통관을 신속하게 진행하기 위해서 지정합니다.
② 보세장치장 : 외국화물의 적화, 운반 및 장치가 가능합니다. 화물은 2년까지 장치가능합니다.
③ 보세공장 : 수입 원료를 보세상태로 생산가공할 수 있으며, 위탁가공무역에 이용됩니다. 또한, 국제견본시장 등의 보세전시장도 일종의 보세지역입니다.

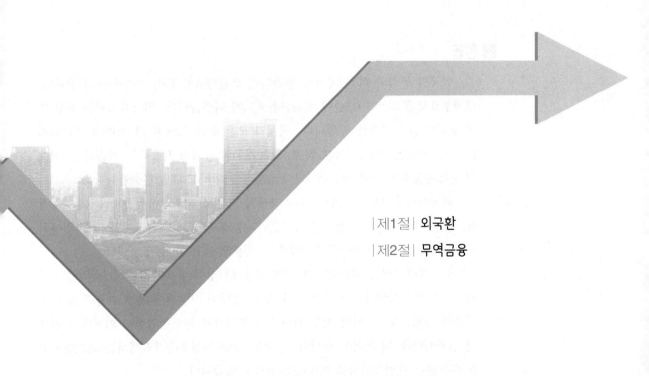

Chapter

외국환과 무역금융

제 1 절 　외국환

국제무역거래에서는 각각 자국의 통화로 현금 수수가 이루어지지 않고 은행에 의해 자금을 이동시키는데 이것을 외국환이라 부릅니다.

즉, 수출입 등의 무역수지, 운임보험료 등의 무역외수지, 주식투자/기업매수/정부채구입/이자배당 등의 자본수지 등, 국제 간 자금수지는 각각의 국가통화를 현금으로 수수하는 것이 아닌 은행에 의해 자금을 이동시키는 방법을 택하고 있습니다.

은행의 외국환 거래는 환어음, 송금수표 등의 서류를 사용하는 방법과 전신을 이용하는 경우가 있습니다. 또한, 이 자금이동은 채무자로부터 송금하는 송금환과, 채권자가 요구하는 역환이 있습니다. 무역거래결제에서는 L/C 및 D/P, D/A는 수출자가 화환어음을 작성하여 수출국은행에 매입의뢰하며, 수출대금을 회수합니다.

1 환율

일국의 통화와 다른 국가의 통화와의 교환비율을 환율(환시세)이라 합니다. 세계주요국 통화는 1973년에 변동환율제도가 되었습니다. 외국환시세는 통상 대미 달러의 교환비율을 말합니다. 세계의 모든 통화가 국제 간 거래에 사용되지 않고 미국달러를 기축통화로 하여 약 20개국의 통화가 사용되고 있습니다. 현재의 변동환율제 아래에서는 주말과 공휴일을 제외하고 매일 변동합니다.

외국환시세변동의 요인으로는 경제의 기본적 제조건이라 불리는 경제성장률, 국제수지, 물가상승률, 금리, 실업률 등과 타국과의 협조개입, 각국정부와 중앙은행의 발표, 정치불안 요소발생, 국제분쟁 등을 들 수 있습니다.

무역거래에서는 원화약세가 되면 수출채산성이 유리하게 되며, 원화강세가 되면 수입채산성이 유리하게 됩니다. 일단 계약이 성립된 후에는 수출의 경우 환어음의 매입까지, 수입의 경우 환어음의 결제까지 환변동위험을 회피하기 위해서 선물예약을 해 두어야 합니다. 플랜트 등의 연불수출계약에서는 환변동보험을 부보하여 환변동위험을 커버하는 방법도 있습니다.

일반적으로 환율은 은행 간(인터뱅크)환율로, 대고객환율은 각각의 거래에 의해 현물환율과 선물환율로 나누어집니다. 또한 은행으로 보면, 외국환 매도율(수출)과 매수율(수입)로 세분합니다.

② 외환시장

세계에서 24시간 휴일 없이 거래가 이뤄지는 글로벌 시장입니다.

외국환을 취급하며 외국환은행의 전문가인 외국환딜러가 전화교환으로 시장을 형성합니다. 하루 동안 외환시장은 시차관계로 뉴질랜드의 웰링턴으로부터 시작되어 시드니, 도쿄, 홍콩, 싱가포르, 바레인, 프랑크푸르트, 런던, 뉴욕으로 전개되며 각각 다음시장에 영향을 끼치고 있습니다.

특히 주요국의 정부요인과 중앙은행의 책임자 발언, 정치/경제의 큰 움직임은 즉시 외환시세에 영향을 미칩니다.

③ 외국환거래의 자유화

우리나라는 1999년 4월 1일부터 외국환관리법이 개정되어, 외국통화를 포함한 외국환거래가 자유화되었습니다. 자유화에 의해서 국내의 외화결제와 국제적인 상쇄거래가 가능하게 되었습니다.

그 결과 국내의 기업 간(상사와 제조자)의 수출입거래를 외화로 결제할 수 있게 되었고, 해외은행에서 외화 예금구좌를 자유롭게 개설하고 수출입거래에서 발생하는 채권/채무를 상쇄할 수 있게 되었으며, 종래 사전허가 등을 필요로 하는 외국환거래의 대부분이 사후보고로 되었습니다. 또한 기업, 개인도 외국 유가증권의 구입, 직접투자가 가능하게 되었으며, 수출보고서, 수입보고서의 제출이 필요하지 않게 되었습니다.

④ 외국환거래

1) 선물거래

무역거래에서는 환변동위험을 회피하기 위해 선물예약을 하는 것이 일반적입니다.

현물시세는 외국환은행과 외국환거래가 성립함과 동시에 외국환거래가 행해지는 경우에 적용되는 환율을 말합니다. 그러나 선물시세는 외국환 수수가 미래에 이루어지지만, 비율은 현시점에서 결정해 두는 경우에 적용되는 환율입니다. 외환시세표에는 6개월 전까지 전신매도환율이 표시됩니다.

수출입거래는 긴급한 경우의 항공운송을 제외하고는, 대부분 미래의 거래가 많아 계약시점부터 선적/외국환 결제까지가 장기간에 걸쳐 있는 것이 보통입니다. 그러므로 그 기간 외환변동에 의한 위험을 회피하기 위해서 통상 선물예약을 합니다. 은행에 따라서는 컴퓨터로 외환예약이 가능합니다.

2) 스왑거래

환차손을 회피하기 위한 방법으로 스왑거래가 있습니다. 스왑거래는 인수일이 다르며 같은 금액의 외국환 현물과 선물, 또는 선물과 선물을 동시에 판매하는 것을 말합니다.

스왑거래를 하는 목적에는 ①외국환 변동위험의 회피, ②환차익을 노린 투기적 거래의 2가지가 있습니다.

외국환 변동위험을 회피하는 예로는, 외화기준 주식, 채권 등을 구입할 때 현물시세로 사서 선물외환매도를 하여 보유기간 변동위험을 피하는 것입니다.

선물시세는 2가지 통화의 미래 금리차로부터 산출된 스왑비율을 바탕으로 계산합니다. 달러가 원에 대해 선물이 현물보다 높아질 것을 프리미엄, 선물이 현물보다 낮아질 것을 디스카운트라 하며, 환차익을 노린 스왑거래에서는 미래 금리변화를 예측하는 것이 매우 중요합니다.

3) 환시세의 변동과 수출입거래

환차손을 회피하기 위해서는 원화기준거래와 선물예약의 방법이 있습니다.

외국환시장의 환율은 토요일 및 휴일을 제외하고는 매일 변동합니다. 따라서 원화약세 상태가 되면 한국의 수출 채산이 유리하게 되며, 원화강세 상태가 될 경우 수입채산이 유리하게 되는 것이 보통입니다.

이것은 수출입거래계약의 성립 이전 얘기로, 일단 계약이 성립한 후에는 수출로 환어음의 소지/매입까지, 수입에서는 환어음의 결제까지 그 사이의 변동은 수출매상금액과 환어음결제금액의 증감에 큰 영향을 끼치며, 환차손익이 발생하게 됩니다.

　이 환차손익의 발생위험을 회피하기 위해서는 ①수출입계약을 원화기준, 원화지불로 하며, ②환예약을 반드시 한다는 2가지 방법이 있습니다. 또한 채산에 비교적 여유가 있을 경우, 계약교섭 시 채산을 취할 때에 일정액을 현물시세에 대해 수입에서는 플러스, 수출에서는 마이너스해 두는 방법이 있습니다.

제 2 절 　무역금융

　무역에 관한 금융에는 수출금융, 수입금융이라 하는 수출입거래를 위한 금융과 해외지점과 현지법인/공동경영회사를 위한 현지금융이 있습니다.

　수출입거래를 원활하게 하기 위해 수출금융은 수출 전 생산과 납품에 대한 수출전대금융과 화물반입 이후의 대금회수금융이 있으며, 수입금융에는 수입신용장개설, 수입결제자금금융, 수입결제자금의 유예(수입Usance), 수입화물대금회수 등이 있습니다.

　현지금융은 해외지점, 현지법인, 합병회사 등 해외에 진출한 기업이 현지에 있는 자국의 은행지점/법인과 현지은행으로부터 운전자금을 차입하는 것입니다. 이들 자금의 용도는 현지생산, 대일수출입거래, 제3국과의 수출입거래를 위한 것입니다.

1 수출금융

　수출금융은 거래 단계에 의해 3종류로 구분할 수 있습니다.

　수출금융은 제조업자 및 상사에 대한 것으로 ①수출계약 이전단계에서 예상 생산을 하기 위한 금융 ②수출계약 성립 후, 환어음약정까지 기간금융 ③화물선적 후 화물대금회수금융의 3가지 종류가 있습니다.

　수출전망생산금융은 과일과 어류 통조림과 진주 등 예측생산으로, 수출계약이 성립하면 수출전대금융으로 전환됩니다. 수출자금전대금융은 상사가 수출계약 성립 후, 제조업자에 대해서 지불하는 수출화물매입금융과 제조업자의 생산/

가공 등을 위한 자금융자를 말합니다. 화물대금회수금융은 플랜트류의 수출에 관한 것으로 대금회수가 장기연불이 되기 때문에 수출입은행을 중심으로 시중은행의 협조융자를 받는 금융을 말합니다.

② 수출자금전대제도

수출자금전대제도는 수출계약 성립 후, 수출선적으로부터 환어음약정까지 이르는 동안에 계약화물의 납입과 생산에 필요한 자금을 단기로 빌려 주는 제도입니다.

③ 수입금융

수입자에게 운임과 결제자금을 융자하거나, 대금지불유예를 실행하는 것을 말합니다. 수입금융은 수입업무에 필요한 자금금융으로 화물의 수입결제자금 및 운임관계에 필요한 결제자금 금융과 국내의 수요자(제조업자 또는 도매업자)로의 화물판매로부터 대금회수까지 금융(수입Usance)이 있습니다.

① 수입결제/수입운임관계 준상업어음

일람불어음(L/C, D/P)으로 수입한 때, 기한부어음(L/C, D/A) 결제 시에 이 어음의 지불자금 조달과 운임보험료 지불을 위해서 수입자가 외환거래은행에서 발행하는 어음입니다. 일정요건을 갖춘 것으로 어음기간은 4개월 이내입니다.

② 수입Usance

수입Usance는 수입자에게 수입화물대금 지불을 일정기간 유예하는 것입니다. 운송서류 도착 후 2년간 지불이 유예된 외환거래은행의 신용과 수출자가 지불유예를 인정하는 Shipper's Usance가 있습니다.

지불을 유예하는 수입기한부(Usance)에는 수입자에 있어서 수입대금지불이 일정기간 유예된 것으로 외국환거래은행에 의한 금융과 수출자에 의한 금융이 있습니다.

• 외환거래은행에 의한 기한부(Usance)

외국의 외환거래은행에 의한 외환기한부(Usance)와 외환거래은행에 의한 현지자국은행 Usance가 있습니다. 원금리가 외화금리보다 낮은 경우에 외환기한부

(Usance)를 사용하지 않고 원용자로 합니다. 기한부(Usance)기간은 2년입니다.

- Shipper's 기한부(Usance)

수출자의 수입자에 대한 신용으로 대금지불유예를 수출자가 인정하는 것입니다. 기간은 수입화물의 통관 후 1년입니다.

④ 현지금융

현지금융은 한국기업의 해외지점과 현지법인, 합병회사 등이 현지 현지자국은행지점/법인과 현지은행으로부터 현지생산, 대일 및 제3국가 간 수출입거래 등의 현지지점의 운전자금을 차입하는 것을 말합니다.

차입방법으로는 ①현지자국은행 현지지점/법인으로부터 직접차입 ②현지은행으로부터 직접 차입 ③현지자국은행 현지지점 또는 법인의 보증에 의해 현지은행으로부터 차입 ④본사보증에 의해 외국외환거래은행으로부터 발행되는 Standby Credit를 기본으로 현지자국은행현지지점법인 또는 현지은행으로부터 차입 등이 있습니다.

우리나라는 1990년대 이후 기업의 해외진출이 급격히 늘어나면서 기업들의 국외활동을 지원하기 위해 현지금융에 대한 규제를 점차 완화해 왔습니다. 다만 현지금융으로 조달한 자금이 국내로 유입되거나 다른 용도로 전용되는 사례가 있어 정부는 현지금융의 용도와 한도를 엄격하게 관리하고 있습니다.

특히 1995년 중국의 WTO가입 이후 우리나라 기업의 중국진출이 확대되고 있는바 우리나라의 은행들도 중국의 현지은행에 대해 원화 무역금융을 통해 현지금융을 확대해 오고 있습니다.

2017년에는 '우리은행'이 국내은행 최초로 중국 현지은행에 원화 무역금융을 제공하고 있습니다. 중국은행·교통은행·중국농업은행·절상은행 등 중국 현지은행이 대상이며, 중국의 우리은행 지점을 통해 총 850억 원(미화 7400만 달러) 상당의 원화 기한부신용장 신용공여한도를 부여했습니다.

이는 2016년 중국우리은행이 국내은행 최초로 '원화 청산은행'으로 선정되면서 중국 외환시장에 직접 유동성을 공급하고, 중국 내 원·위안화 직거래시장에서 시장참여자들이 거래할 수 있도록 원화를 직접 청산 또는 결제하는 역할을 하게 됨에 따라 가능해졌습니다.

이와 같은 무역금융은 한국 수출기업의 거래은행에게 수출대금을 원화로 즉시 입금해 주고 신용장 만기일까지 무역금융을 제공해 만기일에 수입기업의 거래은행인 중국현지은행으로부터 결제자금 원금과 이자를 원화로 받는 방식(Banker's Usance)입니다.

이로 인해 한국과 중국 간 무역거래에서 한국 수출기업은 신용장 결제만기일까지 수출대금입금을 기다릴 필요 없이 빨리 수출대금을 받을 수 있어 자금 회전율 및 유동성 관리 측면에서 유리하게 됩니다. 중국 수입기업 역시 신용장 결제만기일까지 위안화보다 낮은 금리수준의 원화금융지원을 통해 자금유동성 확보가 가능하게 됩니다.

이러한 현지금융은 한국 수출기업이 그동안 USD(미국 달러화) 등 외화로 개설된 신용장을 이용해 환율변동으로 인한 환리스크에 노출됐으나, 원화 신용장은 결제 대금이 원화로 확정되기 때문에 환리스크가 제거되는 장점이 있습니다. 이렇게 원화 신용장이 활성화되면 국내기업의 환전비용 축소 및 결제통화 다변화를 통한 USD 편중 해소 등에도 도움이 될 것입니다.

Chapter

24

무역대금결제

수출입거래에서 수출자에게 가장 중요한 문제는 수입자로부터 수출한 물품의 수출대금을 받는 일입니다. 이러한 수출입거래의 대금지급을 국제결제라고 합니다. 대금지급방법에는 크게 신용장이 있는 대금결제와 신용장이 없는 대금결제로 구분할 수 있습니다. 일반적으로 신용장이 없는 대금결제는 송금결제와 환어음결제로 구분합니다. 환어음결제는 그 내용상 D/A결제방법과 D/P결제방법이 있습니다. 이들 내용을 구체적으로 살펴봅니다.

제 1 절 신용장이 없는 대금결제

1 송금결제

무역거래의 대금지급 방법을 환어음을 기준으로 살펴보면 환어음이 있는 결제(화환어음결제)와 환어음이 없는 결제(무화환어음결제)의 2가지가 있습니다. 우리는 지금까지 환어음은 있으나 신용장이 없는 결제로 D/P결제와 D/A결제를 공부했습니다.

이제 환어음을 사용하지 않는 결제방법인 송금결제에 대해 알아봅니다. 송금에는 전신/우편송금이 송금수표(Demand Draft, D.D)를 사용하며, 여기에는 사전송금과 후불송금이 있습니다.

수출입거래에서는 송금은 소액의 거래에 이용되며 수입자의 신용도가 낮은 경우에는 사전송금, 수입자의 신용도가 높은 경우에는 사후송금방법을 사용합니다. 장기간 거래를 계속하고 있는 고객과 자사의 현지법인과의 거래에서는 사후송금이 자주 이용되고 있습니다.

실제의 송금은 외국환거래은행을 통해서 전신, 우편, 수표 등의 방법으로 대금을 송금합니다. 환어음을 사용하지 않는 송금의 경우에서도 외국환거래은행이 큰 역할을 담당하고 있습니다.

수입의 경우, 외국환거래은행으로부터 수출자의 거래은행 구좌에 전신송금하는 방법(Telegraphic Transfer, T.T), 우편으로 송금하는 방법(Mail Transfer, M.T), 외환거래은행에 송금수표(Demand Draft, D.D)를 작성받아 이것을 수출자에게 직송하는 방법이 있습니다.

수입승인을 취득할 필요가 없는 품목으로 계약이 후불, 운송서류가 수출자로부터 직송받은 경우에는 '수입화물의 대금지불에 관한 보고서'를 세관에 제출하여 수입허가 취득 후, 외국환거래은행에 송금을 의뢰합니다.

수출에서는 T.T 혹은 M.T의 경우는 불필요하지만, D.D의 경우는 외국환거래은행에 '외화수표 등 매입의뢰서'를 제출합니다. 개인수표는 통상 개설하지 않으며, 수출화물대금 사전인수증명서를 외국환거래은행에 제출합니다.

② 환어음결제

송금결제도 신용장이 없는 대금결제방법이지만 신용장이 없는 대금결제방법의 대표적인 것이 환어음결제이며, 환어음 결제, D/A, D/P 등을 제대로 이해하기 위해서는 다음의 용어들에 대해 제대로 알아야 합니다.

1) 환어음(draft)

환어음을 영어로 draft라고도 하는데 영국의 환어음법은 환어음을 "어음발행인이 일정금액의 금전을 요구 시에, 지정된 또는 결정될 장래시기에 특정인 또는 그 지시인 또는 지참인에게 지급하도록 하는 서면의 무조건적 지시이다"라고 정의하고 있습니다.

국제환어음 및 국제약속어음에 관한 UN협약(United Nations Convention on International Bills of Exchange and International Promissory Notes, 1988)은 환어음에 관해 다음과 같이 규정하고 있습니다. "환어음은 ①수취인이나 그의 지시인에게 일정한 금액을 지급할 것을 발행인이 지급인에게 지시하는 무조건의 위탁(명령)을 표시하고 있고, ②일람출급 또는 정기출급의 조건이며, ③발행일을 표시하고 있으며, ④발행인의 서명이 있는 서면의 증권이다. 이상과 같이 환어음은 일종의 지급지시서라고 할 수 있다."

이를 종합적으로 정의하면, 첫째, 환어음은 발행인(drawer)이 지급인(drawee)에게 무조건 지급을 지시하는 양도성 증권이라고 볼 수 있습니다. 일반적으로 환어음 발행인은 매도인 또는 수출업자가 되고, 지급인은 매수인 또는 수입업자가 됩니다.

둘째, 발행인이 서명합니다.

셋째, 지급인은 일정시기에 일정금액을 일정장소에서 발행인 또는 그 지정인에게 지급하여야만 합니다.

넷째, 지급인의 나라가 아닌 다른 나라에서 발행한 환어음을 국제환어음이라고 합니다.

환어음은 지급위탁 형식의 어음이라는 점에서 지급약속 형식의 약속어음과는 본질적으로 다릅니다.

2) 환어음의 특징

① 지급위탁의 형식이므로 어음당사자로 발행인, 수취인, 지급인 3자를 필요로 합니다.

② 발행인은 어음의 발행자임에 그치고 어음상의 의무를 배서인과 함께 소구의무자로서 지급인에 의한 인수 및 지급을 부담할 의무가 있지만, 그 지급에 관한 담보의무에 대하여는 이를 담보하지 아니한다는 뜻을 어음에 기재할 수 없다는 점에서 배서인의 의무와는 다릅니다.

③ 발행인은 지급인에게 지급을 위탁하는 것이므로 어음 외의 관계에 있어서는 이른바 자금관계가 존재합니다.

④ 발행인에 의하여 지급인은 지급권한을 취득하지만 어음상의 지급의무를 부담하는 것은 아니며, 인수에 의하여 비로소 주된 채무자로서 어음금액 지급의 절대적 의무가 발생합니다.

⑤ 어음인수제도가 있어서 만기 전 인수제시에 대하여 인수가 거부되면 소구가 행하여지고, 따라서 소구의무자인 발행인, 배서인은 지급뿐만 아니라 인수에 대하여도 담보책임이 부과됩니다.

⑥ 그 밖에 인수제도에 대응하여 참가에는 참가지급뿐만 아니라 참가인수의 제도가 인정되고 복본은 대부분의 경우 인수를 요구하는 데 사용되므로 환어음에만 인정되고 약속어음에는 인정되지 않습니다.

3) D/P결제

D/P결제란 수출자가 발행한 화환어음에 대해서 수입자가 환어음을 받음과 동시에 수출대금을 지급하는 것을 말합니다.

수출계약에 있어서 지불조건을 D/P로 합의한 경우, 수출자는 계약에서 정해진 선적시기에 선적을 실시한 후, 계약에서 정해진 운송서류를 준비하고 송장과 같은 금액의 환어음을 2통 작성하여 외국환거래은행에 제출합니다.

외국환거래은행은 수입자 및 수입국을 체크하고 무역보험의 수출어음보험을 부보하여 수출자에 대해서 환어음금액을 지불합니다.

상대 외국환거래은행은 수입국의 매입은행(외국환거래가 이뤄지는 것을 계약한 일종의 업무제휴은행)에서 환어음과 운송서류를 2번에 걸쳐 보냅니다. 화환어음을 2통 작성하는 것은 그 때문이며, 수입자에 대해 환어음의 결제와 교환으로 운송서류(Shipping Documents)를 인도합니다.

이러한 결제를 수입자에게 어음대금의 지불(Payment)을 위해 운송서류(Documents)를 인도하는 것으로 D/P라 부르고 있습니다.

4) D/A결제

수입자가 일정기간 지불을 유예하고, 화환어음의 인수만으로 결제를 실행하는 것을 말합니다. D/A어음결제는 당초 수출계약에서 D/A ××× days와 마찬가지로 기한부 지불을 합의한 결제방법입니다. 이후의 선적, 화환어음의 작성, 운송서류의 정비, 수출어음보험의 부보, 외환거래은행의 상대은행으로의 송부까지는 D/P어음결제와 똑같습니다.

화환어음과 운송서류를 수취한 수입국의 개설은행은 이것을 수입자에게 제시하지만, 수입자는 어음금액(일반적으로 계약금액, 수출금액, 물품금액)을 즉시 지불하는 것이 아니라 ××× days(×××일 후)에 지불하기로 한 것을 약속(인수 : Acceptance)하는 것에 의해 운송서류(Documents)의 인도를 받게 됩니다.

이 방법에서는 수입자가 화물대금을 지불하기 전에 B/L을 입수하며 수입화물을 거래하고, 그것을 매각한 대금으로 환어음을 결제하면 되므로 수입자의 자금조달을 편하게 해줍니다. 사후송금과 마찬가지로 장기계속적인 고객, 자사의 현지법인 계약에서는 이용해도 좋은 조건입니다.

5) D/P, D/A어음의 매입

신용장이 수반되지 않기 때문에 수출, 수입 양쪽의 신용(성실성)이 기본이 되는 지급방법입니다.

D/P, D/A결제에서는 수출입 쌍방의 신용이 매우 중요합니다. 수출자가 환어음을 작성할 때 수입국은행이 명확하게 알 수 있도록 D/P, D/A라 명시합니다.

외국환거래은행에 대해 환어음매입의뢰서를 작성하여 제출하는데 이 의뢰서에는 환어음과 운송서류의 내용을 기재하고, 기 제출한 서류에 서명을 하거나 인감을 찍습니다. 첨부할 서류로는 화물의 수출통관 시 세관에 제출하는 수출허가서에 수출허가일을 나타내는 세관인이 찍힌 것, 선박회사가 발행한 전통의 선화증권(B/L)에 백지이서(Blank Endorsement)한 것, 보험계약의 경우에 보험증권 2통, 그 외에 수입자와의 계약에서 합의한 서류 등입니다. 외국환거래은행은 수출어음보험에 가입하고 어음금액상당의 원화를 수출자에게 지불합니다.

6) 매입은행의 의무

수입지의 은행은 매입통일규칙에 기초하여 수입자로부터 대금회수를 도모합니다. 매입통일규칙이란 매입은행의 의무를 지정한 것으로 국제상업회의소가 1956년에 제정하였습니다. 이 규칙에서는 D/P, D/A어음을 '상업서류개설'이라 정의하고 있습니다.

어음매입은행은 수출자의 은행에서 정확하고 완전한 개설지시서에 기초하여 수입자로부터 어음의 결제 또는 인수를 성립시킬 의무를 갖고 있습니다.

D/P, D/A어음은 수출자의 은행으로부터 수입자은행으로 송부합니다. 이 수입자은행은 매입은행으로 어음을 인수한 후에 D/P의 경우 수입자에 대해 어음금액의 결제를 또는 D/A의 경우에 인수를 요구합니다.

7) 환어음작성의 개요

국제결제에 있어서 일련의 어음관련행위는 각각의 행위지 법률에 기초합니다. 즉 환어음결제에 있어 어음당사자인 수출자와 수입자 국가는 다르지만 발행, 인수, 지불 등의 어음행위는 각각의 행위지 어음법에 기초하고 있습니다.

환어음에는 어음번호, 발행지, 발행일, 어음기한, 어음금액(사용통화명, 숫자), 대가문언, 기명인(통상 수입자명), 발행인 등을 기재합니다. D/P, D/A결제와 관련하여 어떠한 환어음이든 수출자는 어음을 2통 작성합니다.

이것은 환어음매입은행이 매입 후 안전을 위해 환어음과 운송서류를 2번에 나누어 수입국의 매입은행에 보내는 것이 관습으로 되어 있기 때문입니다.

8) 추심통일규칙(URC)

국제상업회의소(ICC)는 D/P결제와 D/A결제를 원활히 하기 위해, 「추심통일규칙」을 제정하였습니다. 이 규칙에는 추심의 정의, 당사자의 의무와 책임, 추심지시와 제시의 형식 등의 규칙이 정해져 있습니다.

「추심통일규칙」은 1995년판 URC522가 최신판으로 사용되고 있습니다.

9) 거절증서

수입자가 지불과 인수를 거절하는 경우에는 매입은행은 거절증서를 작성합니다.

어음매입은행은 추심의뢰은행으로부터 매입의뢰를 받아 수입자에 대해 D/P어음의 결제 또는 D/A어음의 인수를 요구하는데 수입자가 몇 가지 이유에 의해 지불과 인수를 거절할 수도 있습니다. 그러한 경우, 매입은행은 지불거절에 대해 지불거절증서를, 인수거절에 대해서 인수거절증서를 작성합니다.

이것은 어음상의 어음발행자(수출자)의 어음상 권리의 행사/보전에 필요한 증서로 어음매입은행 경유로 어음발행자에게 송부됩니다.

수출자는 증서 및 그 외에 증거서류(계약서, 운송서류사본)에 의해 다음 단계인 조정/중재/재판 등 법적 수단을 취하게 됩니다.

한편, 어음매입은행에 있어서 거절증서는 수출어음보험의 구상절차에 필요하며 중요한 서류가 되기도 합니다.

제 2 절 신용장이 있는 대금결제

1 신용장 대금결제의 개요

신용장(Letter of Credit, L/C)은 신용장개설은행(Opening Bank)이 발행의뢰자(통상은 수입자, Importer, Buyer로 L/C상에서는 Applicant, Accountee라고도 함)를 대신하여 수입대금의 지불을 확인하는 것으로, 수출입거래의 결제에서는 가장 확실한 지불조건이 됩니다.

국제상업회의소는 신용장의 취급이나 해석을 통일할 목적으로, 신용장통일규칙을 제정·개정해오고 있으며, 거래은행은 이 통일규칙에 기초하여 신용장거래업무를 하고 있습니다.

신용장개설 시에는, 우선 수입자가 신용장개설은행에 신용장개설의뢰서(L/C Application)를 제출합니다. 그것에 기초하여, 개설은행은 Application의 조건으로 개설하여, 수출국에 있는 거래은행(Advising Bank)에 연락하고, Advising Bank는 L/C의 도착을 수출자(L/C상에는 Beneficiary, 수익자)에게 통지합니다.

일반적인 신용장의 거래절차는 다음과 같습니다.

① 매매계약

수출자와 수입자는 화환신용장방식의 결제를 지급조건으로 하는 매매계약을 체결합니다.

② 신용장의 발행의뢰

수입자는 자신의 거래은행에 신용장의 발행을 요청합니다. 신용장에 기재된 조건은 매매계약의 조건과 일치해야만 합니다.

③ 신용장의 발행

수입자의 거래은행은 수입자의 신용상태를 심사하여 문제가 없으면 신용장을 발행하고, 자신의 은행과 거래관계(코레스)가 있는 수출지의 은행(통지은행)에 신용장을 송부합니다.

④ 신용장의 통지

통지은행은 발행은행의 지시에 따라 수출자에게 신용장을 통지하게 됩니다.

⑤ 선화증권입수와 운송서류준비

수출자는 신용장에 기재된 조건과 매매계약조건이 일치하는가를 확인하고 물품을 선적한 후 선화증권(B/L)을 입수합니다. 수출자는 선화증권, 상업송장, 포장명세서 등 신용장에 요구된 운송서류를 준비합니다.

⑥ 화환어음의 매입의뢰

수출자는 운송서류와 환어음을 구비한 화환어음을 수출자의 거래은행으로 가져와 신용장에 기초한 매입을 요청합니다.

⑦ 수출자의 대금지급

수출자의 거래은행(일반적으로 매입은행)은 화환어음(환어음과 운송서류)이 신용장의 조건과 일치하는가를 확인하고 문제가 없다고 판단되면, 수출자에게 환어음의 대금을 지급합니다.

⑧ 은행 간 결제

매입은행은 화환어음(환어음과 운송서류)을 발행은행에 송부하여 대금의 지급을 청구하고, 발행은행은 매입은행에 대금을 지급합니다.

⑨ 운송서류의 입수와 지급

발행은행은 수입자에게 환어음의 결제를 요구하고, 수입자는 발행은행에게 어음의 지급 또는 인수를 통하여 운송서류를 수취합니다.

⑩ 화물의 인수

수입자는 선화증권을 선박회사에 제시하여 화물을 인수하고, 운송서류를 이용해 통관 외의 수입절차를 마무리합니다.

② 신용장의 형태

신용장은 신용장의 발행은행이 환어음의 지급을 수출자에게 확약하는 보증서입니다.

1) 신용장

신용장(L/C)은 수입자의 의뢰를 기초로 수입자의 거래은행이 발행하는 지급보증서입니다.

신용장에 기재된 조건과 일치하는 서류의 제시를 조건으로 신용장발행은행은 환어음의 지급을 수출자에게 확약하는 증서입니다.

2) 신용장의 관계자(당사자)

주된 신용장의 관계자에는 신용장의 '발행의뢰인'을 시작으로, '신용장발행은행', 신용장의 이익을 받는 '수익자', 발행은행의 의뢰에 의해 신용장을 수익자에게 통지하는 '통지은행'이 있습니다. 일반적으로 매수인(수입자)이 발행의뢰인, 매도인(수출자)이 수익자가 됩니다.

3) 신용장의 기능

신용장은 수입자의 신용을 보강하는 기능과 어음의 매입이라는 금융기능을 가지고 있습니다.

(1) 신용보강기능

수출자는 신용장에 기재된 조건에 맞는 선적을 실행하는 것을 전제로, 대금회수를 발행은행으로부터 보증받는 것으로, 안심하고 선적하는 것이 가능하게 됩니다. 이처럼 신용장에는 수입자의 지급을 확약하는 서류로서의 기능이 있습니다.

(2) 금융기능

또한, 신용장방식의 화환어음은 일반적으로 수출지의 은행에서 매입을 하게 됩니다. 그렇기 때문에 수출자는 선적을 완료하고 화환어음을 수출지의 은행에 제시한 시점에서 대금을 회수하는 것이 가능합니다. 이처럼 신용장에는 어음매입이라는 형태의 금융기능이 있습니다.

3 신용장의 종류

신용장에는 취소불능신용장을 시작으로, 확인신용장이나 양도가능신용장 등 여러 종류가 있으며, 기능이나 목적에 따라 여러 조건이 붙게 됩니다.

1) 취소가능과 취소불가능 신용장

발행된 신용장을 당사자의 합의 없이도 취소할 수 있는 신용장이 취소가능신용장이며, 합의 없이는 취소할 수 없는 신용장이 취소불능신용장입니다.

(1) 취소가능신용장

취소가능신용장은 실질적으로 신용장의 기능을 달성할 수 없으므로, 2007년판의 「신용장통일규칙(UCP600)」에는 취소가능신용장의 조문은 삭제되고, 모든 신용장은 모두 취소불능신용장이 되었습니다.

(2) 취소불능신용장

취소불능신용장은 일단 발행되면, 발행은행(있다면 확인은행도)과 수익자의 합의 없이는, 조건을 변경하는 것도 취소하는 것도 할 수 없는 신용장으로서 오늘날 사용하고 있는 거의 대부분의 신용장을 말합니다.

2) 확인신용장

발행은행의 신용도가 낮은 경우나 발행은행소재 국가의 외화사정이 좋지 않아 외화송금이 불안한 경우에는, 제3국이나 수출지의 일류은행에 신용장의 확인을 요청하는 경우가 있습니다. 이처럼 확인을 하는 은행을 '확인은행', 그 신용장을 '확인신용장'이라 합니다. 확인은행은 확인을 한 시점에서 발행은행과 동등한 의무를 지고, 만일 발행은행의 결제가 이루어지지 않은 경우는 대신 결제를 해야 합니다.

3) 양도가능신용장

양도가능신용장이란 신용장의 수익자의 의뢰에 의해 제3자에게 신용장의 전부 혹은 일부를 이용할 수 있다는 것이 명기되어 있는 신용장입니다.

4) 매입지정과 매입미지정신용장

수출자가 어음매입을 할 때, 특정은행으로 매입이 한정된 조건의 신용장을 '매입은행지정신용장', 매입은행이 지정이 되지 않은 신용장을 '매입은행미지정신용장'이라 합니다.

④ 신용장에 기초한 화환어음의 매입

신용장은 선적종료 후, L/C의 조건대로 운송서류를 작성하고, 환어음(Bill of Exchange)을 작성하여, 어음매입은행(Negotiation Bank, 실무상은 Nego Bank라고 함)에 제시합니다. 매입은행은 L/C조건과 운송서류를 체크하여, L/C조건과 동일하면 환어음을 매입하는 것으로(Nego한다라고 함) 수출자에게 대금을 지불합니다. 또한, 매입은행과 통지은행은 동일은행인 것이 일반적입니다.

L/C결제는 모두 은행의 서류심사에 의해 이루어지며, 처음의 수출자와 수입자의 매매계약과는 독립하여 당사자 간에 법적인 관계가 성립합니다. L/C관계에 있어서 당사자로는 ①L/C의 Applicant(개설의뢰인, 통상은 수입자) ②L/C의 Opening Bank(발행은행) ③L/C의 Advising Bank(통지은행) ④L/C의

Beneficiary(수익자, 통상은 수출자) ⑤L/C의 Negotiating Bank(매입은행)가 됩니다.

L/C는 발행은행이 의뢰인을 대신하여 화물대금의 지불을 보증하는 것으로, 반드시 취소불능(Irrevocable)이어야 하며, 경우에 따라서는 발행은행이 경영부실로 도산하는 경우도 있기에 별도의 확인은행(Confirming Bank)이 이중으로 지불을 보증하는 것도 있습니다.

이것을 확인신용장(Confirmed L/C)이라고 하며, 이때에 당사자가 늘어나게 됩니다. 매입은행을 처음부터 지정한 L/C를 매입은행지정신용장(Restricted L/C)이라 하며, 그렇지 않은 L/C를 Open L/C라고 합니다. 또, 매입은행은 유가증권인 B/L을 포함한 운송서류를 담보하여 환어음을 매입하므로 통상의 L/C를 화환신용장(Documentary L/C)이라고 부르고 있습니다.

매입은행은 환어음의 매입에 맞춰서 운송서류의 형식, 표현, 내용 등이 L/C의 문언과 상당히 일치하고 있는가를 확인한 후, 매입하는 것을 의무로 하고 있습니다. 과거 엄밀일치의 경우에는 단순한 점의 생략이나 띄어쓰기의 상위, 탈락 등도 L/C조건의 불일치(Discrepancy)가 되었습니다.

이처럼 운송서류의 작성에 있어서는 세심한 주의가 필요하며, 불일치가 발생했을 때는 L/G(보증장)매입이라든지 케이블·네고(Cable Nego)라고 하는 방법도 있지만, 이를 활용한다면 신용의 저하를 가져올 수 있습니다.

1) 화환어음과 신용장, 그리고 운송서류

실제로 무역대금의 결제가 이루어지는 것은 L/C 때문이라기보다는 환어음에 운송서류를 첨부한 화환어음의 매입으로 결제가 이루어진다고 보는 것이 정확합니다.

화환어음이란 화물의 수출자가 수입자의 이름으로 지정하여 발행한 환어음, 수출화물을 담보하는 목적으로 선화증권과 보험증권, 상업송장 등의 운송서류를 첨부한 것을 말합니다.

화환어음에 의한 결제는 무역에서 가장 일반적인 것으로, 수출자가 화환어음에 운송서류를 첨부, 은행에 제출하면 매입을 통해 화물수출 후 바로 대금회수가 가능합니다.

신용장의 유무에 관계없이 수출대금회수의 수단으로서 화환어음이 작성되지만, 통상의 신용장거래에서 거래은행은 신용장과 운송서류에 불일치가 없는 선적·무고장선화증권(Clean On Board Ocean B/L)이 첨부되면 어음을 매입하게 됩니다. 그것으로 수출자는 화물이 수입자에게 도착하였는지와 관계없이, 수출대금의 회수가 가능해지는 것입니다.

2) 운송서류

수출자는 선적을 종료한 후, 수입자와 계약에서 합의한 관계서류를 작성하게 되는데 이러한 서류들을 통칭하여 운송서류(Shipping Document)라고 합니다.

(1) 대표적인 운송서류

대금결제에 있어 운송서류는 상당히 중요합니다. 선화증권(Bill of Lading, B/L), 상업송장(Commercial Invoice)은 절대적으로 필요하며, 계약의 내용에 따라 보험증권(Marine Insurance Policy)이 필요할 때도 있습니다.

그 외에도 계약내용에 따라 포장명세서(Packing List), 중량용적증명서, 원산지증명서(Certificate of Origin) 등이 추가될 수 있습니다.

상업송장에는 통관용과 상업용이 있지만, 기재요령은 동일하며 상업송장은 수출자가 수입자에게 보내는 출하안내서와 가격계산서를 겸하고 있습니다. 또한 포장명세서에 특별한 형식은 없지만, 각 소포장의 개수와 총수량, 정미중량, 총중량, 용적 등을 기재합니다.

이들 운송서류 중 가장 중요한 B/L에 대해 자세히 살펴봅니다.

표 24-1 운송서류의 종류

1. 선화증권(B/L)	항공화물의 경우는 Air Way Bill(AWB)이 발행됨(선박회사나 항공회사 등이 발행)	
2. 상업송장(Invoice)	상품의 명세나 운송방법, 가격, 케이스 마크 등이 명기됨(수출자 작성)	
3. 보험증권(Insurance Policy)	보험을 부보한 것(CIF, CIP계약만 해당), 손해담보조건 등이 명기되어 있음(보험회사 발행)	
4. 포장명세서(Packing List)	상품의 포장이나 수량, 중량 등 기입(수출자 작성)	
5. 통관용 송장(Customs Invoice) 영사송장(Consular Invoice)	6. 원산지 증명서 (Certificate of Origin)	7. 중량용적증명서 (Weight and Measurement List)

선화증권(B/L)은 화물의 수량 차이나 손상 등의 사고 없이, 무사히 본선에 선적된 후에 발행되는 선적B/L(On Board B/L)인 것이 중요합니다.

선화증권(B/L)은 운송회사의 화물수령증임과 동시에 정당한 소유자가 운송회사에 화물의 인도 요청을 할 수 있는 유가증권으로서, 배서에 의해 유통됩니다. 선화증권은 무고장(Clean)으로 선적(On Board Ocean Vessel)된 사실이 나타나야 합니다. 고장부(Foul)나 지연(Stale) B/L은 대금결제 시 문제를 발생시키게 됩니다.

한편 항공운송에서 B/L과 유사한 기능을 가지고 있는 운송서류가 항공화물운송장입니다. 그러나 항공화물운송장(Air Way Bill, AWB)은 항공회사의 수령증에 지나지 않으며, 유가증권이 아닙니다. 따라서 B/L과는 명확히 구분해야 합니다.

(2) B/L과 AWB의 대표적인 차이점

B/L(Bill of Lading, 선화증권)은 선박회사가 운송을 위한 화물을 선적시점에서 수취한 것을 증명함과 동시에 지정된 장소까지 운송하여, 그 화물의 양화지에서 선화증권의 정당한 소유자에게 운송화물을 인도할 것을 약속한 유가증권이며, 그 특성상 화환어음의 부속서류 중 가장 중요한 것입니다. B/L은 화환어음의 담보로서의 유가증권이며, 배서에 의해 유통성이 발생합니다.

AWB(Air Way Bill, 항공화물운송장)는 항공화물의 수령증으로서, 항공회사 또는 혼재업자가 발행하는 것입니다. B/L의 대용이 되지만, B/L과 다른 유가증권이 아닌 화물의 수령증에 불과합니다. 따라서 화환어음으로 이용하기 위해서는 화물의 수취인을 수입업자의 거래은행으로 하여, 화물을 대금결제가 완료할 때

표 24-2 B/L과 AWB의 비교

	B/L	AWB
증권의 성질	화물의 소유권을 나타내는 유가증권. 배서에 의해 양도가능 (Negotiable)	단순한 항공회사의 화물수취증에 불과(Non Negotiable)
발행시기	원칙으로서 선적이 종료한 시점	화물을 인수한 시점
수화인 (Consignee)	L/C조건 등에 의해 다름. 은행의 지도인 등의 기명식	기명식. 통상적으로 은행 (L/C발행은행 등)
부보기능	무	유

까지 은행의 담보로 하는 것이 보통입니다.

(3) B/L의 종류

B/L은 다음과 같이 분류할 수 있는데, 중요한 것은 '어떤 B/L이 대금결제 시 사용 가능한 것인가?'입니다.

① 선적B/L(Shipped 또는 On Board B/L)과 수취B/L(Received B/L)

전술한 바와 같이 B/L은 화물이 본선에 선적된 후 발행되는 선적B/L(On Board B/L)이어야 합니다. 부유(艀), 창고, 컨테이너야드 등에서 본선으로의 선적을 전제로 수취한 화물에 대해서 발행되는 것은 수취B/L입니다. 수취B/L은 원칙적으로 대금결제 시 문제가 발생합니다.

② 무고장B/L(Clean B/L)과 고장부B/L(Foul B/L)

B/L은 본선적재에 있어 화물의 외관상 문제가 없는 경우에 발행되는 CleanB/L이어야 합니다. 화물의 과부족, 손상, 포장의 불완전 등의 기재가 있는 것이 고장부B/L입니다. 고장부B/L은 원칙적으로 대금결제 시 문제가 발생합니다.

③ 지연B/L(Stale B/L)

정상적으로 발행된 B/L이라 해도 B/L은 발행한 날로부터 21일 이내에, 신용장의 사용기간 이내에 사용되어야만 합니다. 기한이 명시되어 있습니다. B/L이 발행된 날로부터 21일이 지난 B/L을 Stale B/L이라고 하며, 원칙적으로 대금결제 시 문제가 발생합니다.

④ 통B/L(Through B/L)

화물이 목적지에 도착할 때까지 둘 이상의 운송인을 경유할 때, 최초의 운송인이 전 운송기간에 대해 직접 운송책임을 지고 발행하는 B/L을 말합니다.

(4) 문제없이 은행이 매입하는 B/L

L/C에는 통상, 다음과 같은 B/L을 지정하고 있습니다.

- FULL SET OF CLEAN ON BOARD OCEAN BILL OF LADING,
- FREIGHT PREPAID/COLLECT, MADE OUT TO ORDER OF SHIPPER,
- BLANK ENDORSED, NOTIFY ACCOUNTEE.

이에 대한 해석은 다음과 같습니다.
- FULL SET - 통상은 3통 발행됨
- CLEAN - 화물에 문제가 없는 것
- ON BOARD OCEAN B/L - 선박에 화물의 선적완료되었을 때 또는 수취B/L의 경우, 적재를 증명한 on board notation을 붙임
- FREIGHT PREPAID/COLLECT - 운임선불(prepaid) 또는 운임후불(collect)
- MADE OUT TO ORDER OF SHIPPER - 수화인을 제출자의 앞으로 함
- BLANK ENDORSED - 제출자가 백지배서함
- NOTIFY ACCOUNTEE - 화물의 도착통지처(notify party)를 accountee(L/C발행의뢰인-통상적으로 수입자)로 함

5 신용장통일규칙

각기 다른 상관습을 넘어 거래의 원활화를 도모하며, 나아가 신용장의 결제업무를 원활하게 하기 위해서 국제상업회의소가 정한 규칙이 신용장통일규칙입니다.

「신용장통일규칙」은 은행의 업무나 책임을 정한 것으로 사용되는 언어의 해석 등 세부적인 규정이 있으며, 약 10년마다 개정되어, 현재는 2007년 개정판(UCP600)이 사용되고 있습니다.

1) 신용장의 중요원칙

신용장통일규칙에 정해져 있는 조항 중에서도 특히 중요한 원칙으로 '신용장의 독립추상성'과 '서류거래의 원칙'이 있습니다.

2) 신용장의 독립성

신용장은 매매계약을 기준으로 발행되지만, 일단 발행된 신용장은 매매계약과는 독립된 별개의 거래가 되는 원칙을 말합니다. 수출자와 수입자는 매매계약

에서 합의한 사항을 정확히 신용장에 기록하는 것이 요구됩니다.

3) 신용장의 추상성(서류거래의 원칙)

신용장은 서류를 다룬 거래이지, 그 서류에 기록되어 있는 물품이 실물과 같은지 혹은 서류에 기록된 서비스나 이행이 실행되었는가 하는 점에 대해서 은행은 상관하지 않는 것이 원칙입니다.

⑥ 신용장의 확인절차

1) 신용장과 계약서의 내용을 확인합니다

- 체크항목

□ 발행의뢰인명	□ 금액
□ 수익자명	□ 신용장 유효기간
□ 물품명	□ 선적기간
□ 수량	□ 운송서류의 종류와 매수 등

2) 신용장통일규칙의 적용문장의 유무를 확인합니다

- 적용문장

This Letter of Credit is subject to the "Uniform Customs and Practice for Documentary Credits"(2007 Revision) International Chamber of Commerce Publication No.600.

⑦ 불일치(Discrepancy) 신용장의 처리

불일치(Discrepancy)는 신용장의 조건과 운송서류가 틀리는 경우를 말합니다.

수출자가 실제 선적을 하는 과정에서 여러 사정이 발생하여 신용장의 조건과 운송서류 사이에 불일치가 발생하는 경우가 종종 있습니다. 전술한 것처럼 신용장의 원칙은 독립성과 추상성입니다. 따라서 어떠한 사정이 있더라 하더라도 신용장에 기재된 조건을 충족하지 못하면 신용장은 기능은 잃고 은행의 지급보증은 사라지게 됩니다. 이러한 사태가 발생되는 경우, 수익자인 수출자는 일반적으로는 다음과 같은 방법을 통해 신용장의 기능회복을 도모하게 됩니다.

1) 수정(Amendment)의뢰

수정(Amendment)의뢰란 신용장발행의뢰인인 수입자에게 사정을 설명하여 원신용장의 내용을 개정하는 것을 말합니다.

신용장의 개정은 신용장발행의뢰인과 발행은행(만약 있다면 확인은행)의 동의가 있어야만 합니다. 개정의 통지는 원신용장을 통지해 준 통지은행을 경유하여 수익자인 수출자에게 전해져야 합니다.

2) 케이블 네고

화환어음의 매입단계에서, 수출지의 매입은행에서 은행 간의 전신시스템으로 발행은행에 서류상의 상위점(Discrepancy)을 보내어, 지급의 확약을 요구하는 방법입니다.

3) 수입화물선취보증장(L/G) 매입

수익자인 수출자가, 수출지의 매입은행에 「수입화물선취보증장(L/G)」을 차입하여 매입하는 서류상의 미비를 안고 화환어음을 발행은행으로 보내는 방법입니다.

L/G네고는, 신용장의 요구를 만족시키지 못하였고, 발행은행에 의한 지급확약이 소멸하고 있으므로, 실질적으로는 신용장의 기능은 발휘되고 있지 못한다고 말할 수 있습니다.

Chapter

25

무역거래의 위험과 보험

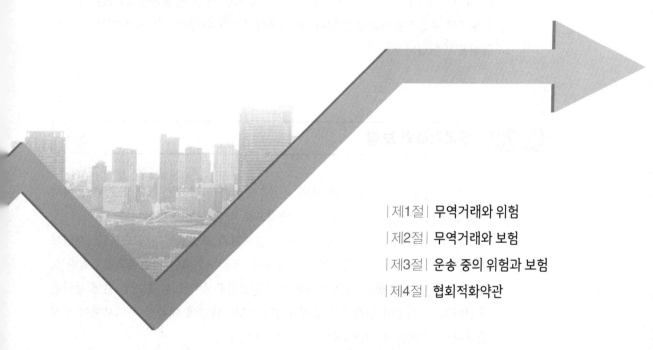

제 1 절 무역거래와 위험

국제무역거래는 국내거래와 달라 우리가 알지 못하는 많은 위험이 도사리고 있습니다. 국제무역거래의 위험을 구분한다면 크게 일반위험과 운송 중의 위험으로 나눌 수 있습니다.

일반위험은, 수출입거래에서 발생하는 불가항력, 예를 들면 상대국의 환거래제한/금지, 관세인상, 수입제한/금지, 전쟁, 혁명, 천재지변에 따른 수출불능, 대금회수불능, 또는 해외투자로 취득한 주식이 몰수되거나 하는 위험 등을 말합니다.

또한 신용위험은 상대의 신용에 관한 위험을 말합니다. 수출의 경우, 도산 등의 이유로 대금을 지불하지 않거나, 수입의 경우 선불금을 지불하였지만 도산 등에 의해 수입화물이 도착하지 않은 위험 등입니다.

이러한 위험과는 달리 수출자와 수입자 간의 공간적 괴리상태를 연결해 주는 과정(국제운송: 육상운송, 해상운송, 항공운송 모두)에서 발생하는 위험을 별도로 구분하여 운송위험이라고 합니다. 국제무역에서의 위험이라고 하면 대부분 운송위험을 말합니다.

제 2 절 무역거래와 보험

무역보험은 수출입거래와 해외투자에 있어서 발생하는 거래상 위험 중에서 통상 운송보험을 제외한 신용위험을 대상으로 하는 보험을 말합니다.

무역보험을 신청하는 방법으로는 개별보험과 포괄보험이 있습니다. 개별보험은 각각의 계약마다 보험계약을 체결하며, 포괄보험에는 기업별포괄보험과 상품별/조합별포괄보험이 있으며, 기업별포괄보험은 무역보험과 기업 간에 특약을 체결하고 그 기업이 일정기간 중에 체결한 모든 계약에 대해서 무역보험이 부보됩니다(보통수출보험, 수출대금보험, 중개무역보험 등).

또한, 보통수출보험과 수출대금보험의 포괄계약을 체결하고 있는 수출조합

등은 기계(기계설비/전기기계), 철도차량, 선박(신조/개조선박), 전선 및 자동차 등입니다.

최근에는 국제거래 확대에 따라 종래의 민간해상보험회사에서 커버할 수 없는 위험에 대하여 국가보험으로 비상위험, 기업위험, 신용위험을 커버하고 있습니다. 무역보험에는 현재, 보통수출보험, 수출대금보험, 단기종합보험, 수출어음보험, 중개무역보험, 해외투자보험, 수출보증보험, 환변동보험, 해외사업자금대부보험 등이 있습니다. 이를 자세히 살펴봅니다.

❶ 수출보험

수출보험은 수입국의 정책변경, 전쟁과 혁명 등의 불가항력에 의한 위험을 커버해 줍니다. 보통 수출보험은 다음과 같은 위험을 대상으로 하는 보험입니다.

① 수출계약 성립 후, 수입국정부의 수입제한과 환거래제한, 전쟁, 혁명, 내란 등, 또는 선적 전 계약상대방의 도산과 일방적인 계약파기 등에 의해 선적이 불가능하게 된 경우
② 선적완료 후, 수입국정부의 환거래제한/금지, 또는 전쟁, 혁명, 내란 등에 의해 수출화물대금 회수가 불가능한 경우
③ 비상위험이 발생하고 선박 또는 항공기의 항로변경, 도착항(공항)의 변경 등에 의해 해상(항공)운임과 보험료가 할증되며, 이것을 부담시키면 안 되는 경우 이 중 ③은 '증가비용보험'이라 불립니다.

보통수출보험은 신청형태에 의해 각각의 상사 등의 수출자와 생산자가 신청하는 개별보험과 상품별조합이 신청하는 포괄보험으로 나뉘며, 포괄보험이 더 보험료가 저렴합니다.

❷ 수출대금보험

플랜트나 기술수출에서의 대금회수불능의 위험을 커버합니다. 플랜트, 선박, 철도차량, 전선 등, 기계/설비류의 선적 또는 기술 등의 제공한 후에 화물대금회수가 불가능하게 되거나, 수입상대방에게 수입대금대부를 실시한 후에 회수

불능이 되거나 하는 위험을 커버하는 것이 수출대금보험입니다.

이들 연지불수출에서는 수출대금보험을 부보하는 것이 국제협력은행과 시중은행에 의한 연지불융자조건이 되고 있습니다. 수입상대방으로의 신용공여방법은 Supplier's Credit, Buyer's Credit, Bank Loan 등이지만, 어떤 방식으로도 수출대금부보를 할 수 있습니다.

③ 단기종합보험

단기종합보험은 기업과 체결하는 무역일반보험(보통수출보험/수출대금보험/중개무역보험 등)에 관계되는 '기업포괄보험제도'를 말합니다.

① 대상화물에 특별히 제한은 없습니다.
② 비상위험, 신용위험의 쌍방을 담보합니다. 신용위험의 보전범위가 넓어집니다.
③ 해외지점의 제3국수출계약도 대상이 됩니다.
④ 중개무역계약도 대상이 됩니다.
⑤ 수출어음보험에서 부보의 정도, 해외거래처의 여신제약을 사전에 취득할 필요가 없이, 포괄보험계약을 체결한 기업별로 해외거래처마다 전용여신제약(신용위험보험금지불한도액)이 설정되어 각 기업이 여신한도를 자사에서 관리 가능하고 부보사무가 효율화됩니다.
⑥ 해외상사명단의 각 거래처의 신용위험을 부보할 경우의 '신용요율'은 부보실적액 또는 포괄율에 의해 할인 또는 할증이 적용됩니다.

④ 선불수입보험

선불수입이란 외국으로부터 화물을 수입하려고 하는 수입자가 수입화물대금 전부 혹은 일부를 수출자가 선적 전에 사전지불하는 것을 조건으로 계약을 체결한 것을 말합니다.

그러나 수출자의 자금조달 악화로 생산이 불가능하게 되어 수입을 할 수 없게 된 경우, 사전지불한 화물대금의 반환청구를 해도 수출국 환거래제한과 금지 등 비상위험과 수출자의 파산 등의 신용위험이 따라다니게 됩니다. 그러한 보험을 커버하는 것이 사전지불수입보험입니다.

보험금액은 사전지불금액의 90% 이내이지만, 수출국과 수입국지역에 의해 보험금액의 상한이 제한되는 경우가 있습니다.

보험사고가 발생한 경우에는 보험금액의 사전지불금액에 대한 비율을 손실액으로 건 액수가 보험금으로써 지불되는 '비례보전제'가 있습니다.

⑤ 중개무역보험

중개무역보험은 한국의 기업이 외국에서 생산한 화물을 다른 국가에 판매 또는 임대하는 중개무역계약(제3국간무역)을 체결한 경우, 그 화물대금이 수입국 측의 환거래제한 혹은 금지, 수입자의 파산 등으로 회수불능이 된 경우에 받는 손실을 보전하는 보험입니다.

또한, 중개무역의 수입자에게 한국의 금융기관이 화물의 수입대금을 대부한 경우도, 그 회수위험을 커버해 줍니다. 보험금액은 중개무역대금의 90% 이내지만, 수입국과 지역에 의한 상한이 제한된 경우가 있습니다.

⑥ 해외투자보험

한국기업이 해외에서 사업을 하기 위해 투자한 경우에, 투자기업에 대한 주주 및 채권자로서 권리 등으로 입게 되는 비상위험(투자국정부에 의한 수용, 투자국에 있어 전쟁/내란 등에 의한 사업의 계속불능, 투자국정부의 외환제도 등)을 커버해 주는 보험입니다. 해외투자선에 대한 비상위험과 신용위험이 함께 커버되는 보험입니다.

⑦ 수출보증보험

수출보증보험은 국제입찰계약에서 외국환거래은행과 손해보험회사가 발행하는 보증장의 위험을 경감시키게 됩니다. 국제거래(프로젝트)가 점차 대형화됨에 따라 보증금액이 거액이 되거나, 은행의 위험도 커지고 있는 현실을 감안하여 이 위험을 경감시키고, 보증장발행을 원활하게 하기 위한 보험제도가 수출보증보험입니다.

한국의 기업이 외국의 국제입찰에서 낙찰받았을 때, 발주자가 낙찰자에 대해 계약을 하지 않거나, 공사 도중에 계약을 이행하지 않는 경우 보증장의 제출을 요구하는 것이 관례입니다. 그 때문에 낙찰자는 외국환은행과 손해보험회사에 의뢰하여 계약이행를 보증하는 뜻의 보증장(Bond)를 발행받아 발주자에게 제출합니다.

이 보험은 플랜트수출과 해외건설공사 등의 기술제공에 관계하여 발행되는 보증장에 대해 발주자로부터 부당한 보증채무의 이행청구를 받고 보증금을 지불한 것에 의한 은행의 손실을 보전해 줍니다.

8 기술제공 등 보험

기술제공 등 보험은 한국의 기업이 해외에서 건설공사를 한 경우 청구대금, 특허, 노하우의 제공 등, '기술제공'의 대가 회수위험을 커버하는 보험입니다.

수출계약이라 해도, 플랜트의 공사대금과 기술지도료의 수령금액이 화물대금을 상회할 경우, 이 보험으로 커버합니다. 또한, 해외건설공사 등에 사용하기 위해서 현지에서 조달한 공사용 설비가 사용된 경우와 전쟁, 폭동 등으로 인해 사용할 수 없게 된 경우의 위험도 커버됩니다.

9 외환변동보험

외환변동보험은 연불수출계약에 대해서 외환시세변동에 의한 손실을 보전하는 보험입니다. 이를 통해 환차익이 발생한 경우는 차익의 일부를 관계기관이 환수하기도 합니다.

10 해외사업자금 대부보험

이 보험은 외국법인에 대해 사업자금을 대부했을 때 다음과 같은 비상위험, 신용위험을 커버해 줍니다.
- 비상위험 : 환거래의 제한 또는 금지(전쟁/혁명/내란)으로 인한 손해
- 신용위험 : 대부처의 도산(6개월 이상의 채무 이행지체)에 의해 상대기업이 대부금원본/이자를 기한에 상환할 수 없을 때, 또는 한국기업이 보증채무

를 이행했을 때(구상권에 근거한 취득가능금액을 회수할 수 없을 때)에 의해 받
은 손해

11 제조물책임보험

이 보험은 최근 미국에서 빈발하고 있는 제조물책임배상소송에 대해 손해보
험회사가 수출자(제조업자)를 보호해 주는 보험입니다. 보험료가 비교적 고액입
니다.

제 3 절 운송 중의 위험과 보험

운송보험은 화물의 운송도중 위험을 커버하는 것으로 오랜 역사를 가지고
있습니다. 오늘날 모든 보험의 원조라 해도 과언이 아닙니다.

해상(항공)보험은 선박, 항공기자체 및 무역화물의 멸실, 손상 등 운송 중의
위험을 커버하는 보험입니다.

보험계약의 당사자는 해상화재보험회사와 해운회사, 항공회사, 수출업자,
수입업자, 해외여행자 및 그 소속단체입니다.

고대 페니키아의 모험대차에서 시작되어 해상운송화물보험의 역사는 오래
되었으며, 중세에는 해상보험증권이 이미 발달하였고, 18세기에는 영국에서 현
재의 해상보험증권약관의 기본이 완성되었습니다. 한국의 손해보험회사 보험증
권도 이에 기초하여 작성되고 있습니다.

현재도 런던은 세계의 해상(항공)보험의 중심시장이며, 각 손해보험회사는
자사가 인수한 보험의 위험을 분산시키기 위해 런던시장에서 재보험에 가입하고
있습니다.

해상/항공운송보험은 무역화물의 운송도중 발생하는 운송기관자체 및 무역
화물의 멸실, 손상 등의 위험을 커버합니다. 선박과 화물 쌍방에 발생한 손해는
공동해손이라 불리며, 피해총액을 이해관계자(선박의 소유자와 운항자, 화물의 소유
자)로 어떻게 배분하는지가 문제가 됩니다.

보험의 신청서에는 품명, 수량, 보험금액, 선명, 편명, 출범/출발예정일, 항로, 적화/양륙항구명, 보험기간, 담보조건 등을 기입합니다. 보험회사가 발행하는 보험증권은 유가증권이 아닙니다.

런던의 로이즈보험협회는 300년의 역사를 가지며 무역업의 확대와 함께 발전해 왔습니다. 특히 19세기에 들어서는 전문적으로 보험을 취급하는 보험업자로서 무역업과 해운업, 금융업과 함께 분리/독립시켜 국제무역의 신장에 공헌하고 있습니다.

제 4 절 협회적화약관

런던보험업자협회 작성의 공통양식으로 구약관과 신약관이 있습니다.

런던보험업자협회가 작성한 화물해상보험특별약관은 통칭 '협회적화약관'이라 불리고 있습니다. 현재, 무역업계에서는 1963년에 작성된 구약관과 1982년에 개정된 신약관을 사용하고 있습니다. 일정 기간 동안 두 약관이 사용되었지만, 해외 거래선이 희망할 경우에는 신약관을 사용합니다.

1963년 약관의 보험조건은 전위험담보(All Risk), 분손담보(WA), 분손부담보(FTA), 전손담보(TLO)의 4조건이지만, 1982년 약관조건은 (A)(B)(C)의 3조건이되었습니다.

신약관(A)은 All Risk와 사실상 담보내용이 같고, (B)는 WA와 (C)는 FPA와 각각 대응하게 되지만, 상세한 내용은 손해보험회사에 문의할 필요가 있습니다.

1 All risk담보

All risk담보는 1963년 협회적화약관의 하나로서, 1982년 신약관(A)와 거의 같습니다. 신약관에서는 담보되는 위험범위가 확장되었으며, 포괄책임주의를 따르고 있습니다.

그러나 다음과 같은 위험은 제외합니다.

① 전쟁위험

② 파업위험

③ 피보험자 고의의 불법행위

④ 인도지연에 따른 손해

⑤ 보험목적의 고유하자 혹은 성질(예를 들면 석탄의 자연발화 등)

①과 ②에 대해서는, 별도로 War Risk and S.R.C.C(Strike, Riot, and Civil Commotions = 파업, 폭동, 시민소요) 위험담보를 부보하고 있습니다.

항공화물도 일단 사고가 발생하면 전손이 되므로 All risk조건과 War Risk and S.R.C.C.조건으로 부보하는 것이 좋습니다.

2 예정보험

예정보험(Provisional Insurance)은 FOB 또는 CFR계약에서 수입할 때 주로 이용되는 보험입니다.

외국수출자가 항상 정확하고 신속하게 선적한다고는 할 수 없습니다. 또한, 선적통지의 연락 없이 운송을 해버리는 경우도 있습니다. 그러한 경우에 수입자가 예측할 수 없는 해상위험에 의해 발생할지도 모르는 수입화물 손실에 대비하는 것이 예정보험입니다. 보험신청은 수입화물의 수량, 적재선명, 가격 등이 미확정인 채로 되며, 후일 미확정사항이 확정된 후에 보험회사에 통지합니다.

예정보험에는 개별예정보험과 포괄예정보험(Open Policy)가 있습니다. 개별예정보험은 특정화물에 한 건마다 부보합니다. 포괄예정보험은 특정의 대량화물을 특정지역으로부터 특정기간에 계속하여 수입하는 경우에 체결하며, 각각의 선적마다 확정하는 방식을 취합니다.

3 공동해손

공동해손은 예를 들어 항해 도중에 악천후를 만나 침몰을 피하기 위해 선체를 가볍게 하려는 목적으로 선장의 판단에 의해 적화된 일부를 바닷속에 던지고, 나머지 적화와 선적의 침몰을 면할 경우, 투기된 적화의 손해를 나머지 이해관계자에게 공평하게 분담하는 제도입니다.

실제로 이 손해를 보전하는 것은, 선박보험을 인수하는 보험회사, 화물보험을 인수하는 보험회사로, 해상화물보험에 대해서는 1982년 신약관(A)(B)(C)에도 공동해손약관이 규정되어 있습니다.

공평하게 분담하기 위해서 선박소유자는 제3자인 조사원에게 손해를 감정받아, 공동해손정산인이 이해관계자의 부담액을 계산합니다. 이 공동해손에 관한 규칙을 세계적으로 통일한 것이 요오크-안트워프(York Antwerp)규칙입니다.

Chapter

26

무역클레임과 중재

제 1 절 무역클레임

국제무역거래 시 자주 발생하는 클레임으로는 품질불량과 수량차이, 납기지연, 마켓클레임 등이 있습니다.

무역클레임에는 ①품질불량과 수량부족에 관한 것 ②선적에 관하여 발생하는 ③수입자 측에 기인하는 것으로서 신용장개설의 지연, ④마켓클레임 등이 있습니다.

한국기업이 수출자인 경우에는 제조/출하지연과 수출자에게 직접책임은 없지만, 선적 및 항공기지연에 의한 선적지연에 주의해야 합니다.

또한, 품질/수량에 관해서는 계약서 이면의 일반거래조건에 클레임제기를 제한해 두는 것이 바람직합니다. 마켓클레임은 특정지역에 대해 특정기간에 특정상품이 다량으로 수출된 경우 그 시장에 있어 판매가격이 낮은 것으로 수입자가 손실을 입을 우려가 있을 경우 수출자의 작은 실수를 표면화시켜, 가격인하를 요구하는 것을 말합니다. 한국기업이 수입자인 경우는 품질불량과 납기지연에 유의하는 것이 중요합니다.

무역클레임을 예방하기 위해서는 거래상대방을 신중하게 선택하고, 특히 품질과 납기관리에 주의해야 합니다.

무역흑자의 증가에 따라 수입촉진이 주장되고 있지만, 수입에 다발적으로 발생하는 품질불량, 선적지연클레임의 주요원인의 대부분은 외국 수출자 측의 주의의무위반에 의해 발생합니다. 처음으로 거래하게 된 상대방의 경우에는 특히 품질, 선적에 관한 엄격한 요구를 이해하지 못하고 스스로 판단하는 경우가 있습니다.

따라서 이러한 클레임을 예방하기 위해서는 상대측 경영자, 간부, 종업원 전원에게 품질, 납기관리를 철저하게 하는 것이 중요하며, 수입자는 기술자파견, 연수 등에 의해 기술지도를 하거나, 자신 또는 대리인에 의한 검품과 상호 긴밀한 연락 등의 치밀한 노력을 해야만 합니다. 또한, 계약서에는 클레임조항 및 중재조항을 명기해 두는 것도 중요합니다.

만일 클레임이 발생한다면 즉시 내용을 상대방에게 통보하는 것이 중요합니다. 클레임에서 가장 많은 품질불량 클레임의 경우, 사전에 선적견본이 판매자로부터 송부되어 있으면 선적상품의 품질을 확인하여 이상이 발견되면 먼저 그 시점에 상대방에게 통보합니다. 그리고 클레임의 권리를 유보해 둡니다. 선적견본이 없는 경우, 현물이 도착 후에 개봉하여 내용을 확인하고, 클레임이 있으면 그 내용을 제3자인 검사기관의 검사보고서와 사진 등을 첨부하여 수출자에게 상세하게 문서로 통보합니다.

그 시점의 대책으로는 반품과 교환, 가격인하 등을 판매자에게 요구합니다. 클레임의 내용이 확정되어 있다면, 그 내용을 동시에 상대방에게 제기합니다. 통상적으로 수출자는 계약서 이면의 일반거래조건에 자사에게 유리하도록 클레임 제기기간을 제한하고 있는 경우가 많으므로 지체 없이 통보하는 것이 가장 중요합니다.

1 클레임 해결방법

클레임의 해결은 당사자 간의 대화가 일반적인 방법입니다. 대화에는 아래와 같이 3가지 방법이 있습니다.

① 미래에 있을 거래를 고려하여 손해배상을 포기(한국기업이 수입자인 경우)할 수도 있습니다.

② 원만하게 대화하여 배상금액을 결정하고, 송금하거나 수령합니다.

③ 배상금액을 결정함에는 계속거래를 하면서 송금/수령의 가격조절로 실행할 수 있습니다. 계속되는 거래의 가격조절이란 실제의 계약단위와 L/C 등의 결제단위를 다르게 하는 방법으로, 장기간에 걸쳐 실행하게 됩니다. 이는 장래계약의 실질적인 가격인하의 방법입니다.

2 클레임 해결 실패 시 방법

클레임 발생 시 당사자간의 원만한 해결에 실패한 경우에는 상대방과의 거래를 포기하고, 손해배상을 요구하는 것을 우선으로 하는 의사결정이 첫 번째 단계가 됩니다. 이외에도 제3자를 중개시켜 해결하는 조정, 중재, 소송이 있습니다.

① 당사자 간의 대화

클레임이 발생한 경우, 수입자는 지연 없이 수출자에게 그 내용을 공정한 제3자의 검사보고를 첨부하여 문서로 통지합니다. 동시에 해결방안을 제안하고,

원만한 해결을 위해 노력하는 것이 가장 일반적인 방법입니다.

② 조정

한국에서는 대한상사중재원, 국제기관으로는 국제상업회의소 중재재판소와 같이 제3자에게 쌍방합의 후 조정을 의뢰하지만, 조정에는 구속력이 없습니다.

③ 중재

일반적으로 조정과 같이 기관과 주요국의 중재기관, 상공회의소 등이 있으며, 계약에 당사자 간 합의된 중재조항이 있으면, 중재는 법적 구속력을 가집니다.

④ 소송

분쟁해결의 최종단계로, 국제적인 재판소가 존재하지 않으므로, 자국 또는 상대국 재판소에 소송을 제기하게 됩니다.

실효면에서 본다면 자국보다 상대국의 재판소에서 제소하는 것이 유리합니다.

클레임에 대해 자국의 재판소에서 원고로서 소송을 걸어도 판결집행에 있어 피고의 재산이 국내에 있으면 집행가능하며, 없는 경우 피고의 소재국에서 자국의 판결을 직접 집행하는 것은 어렵습니다. 따라서 상대국 재판소에 제소하여 집행을 인정받는 판결을 얻어야 합니다.

그러나 실제로는 지금까지 한국재판소의 판결이 외국에서 집행된 예는 거의 없습니다. 피고국 재판소에 제소한 경우, 당연 그 국가의 법률에 의해 재판하지만, 법체계도 언어도 다르므로 유능하고 신뢰할 수 있는 현지변호사를 발견하는 것이 어려우며, 변호사비용과 재판경비가 비싸고, 승소의 가능성이 없는 한 소송을 진행할 수는 없습니다. 단, 실효로 본다면 자국에서 소송을 하는 것보다 상대국 재판소에 제소하는 편이 유리하다고 할 수 있습니다.

그러나 상호보증이 없다면 자국에서의 판결을 상대국에서 집행시키는 것은 불가능합니다.

민사소송법에서는 상호보증이 있으면 외국판결의 효력을 인정하고 있습니다. 국제상거래상 분쟁을 소송으로 해결하는데 국제적인 재판소가 없기 때문에 자국 혹은 상대국 재판소에 제기하게 됩니다. 그러나 외국재판소판결은 그 국가의 주권행사이므로 피고국가에서 직접 집행하는 것은 불가능합니다. 피고국가 재판소에 제소하여 집행을 인정하는 판결을 얻을 필요가 있습니다.

그렇지만 외국판결의 승인에는 승인하는 국가의 주권과 자국민용호 문제가 있으므로 어느 국가에서도 외국판결에 대해서는 엄격하고, 판결을 인정할지, 인정해도 제한을 받는 경우가 대부분입니다. 한국에서는 외국판결의 승인/집행에 대해서 체결한 국제조약이 없으므로 외국판결을 그대로 한국에서 집행하는 것은 원칙으로써 불가능합니다.

제 2 절 상사중재

1 상사중재의 개념

상사중재는 양당사자 및 중재인에 의한 일종의 사적재판으로 국가에 의해서 하는 소송과 방법이 다릅니다.

상사중재는 분쟁을 제3자인 중재인의 결정에 위임하며, 일종의 사적재판인 상사중재에는 중재판단의 방법에 몇 가지 형태가 있습니다.

① 미국형

중재장소가 양당사자 간에 결정지을 수 없는 경우, 쌍방이 주재하는 중재협회에 일임합니다. 각 중재협회는 중재위원을 임명하고, 그 밖의 중재협회로부터 제3의 위원을 의장으로 하여, 총 3명으로 합동중재위원회를 구성합니다. 여기에서 결정된 중재장소 및 결정이 당사자에게 적용됩니다. 중남미, 인도, 파키스탄 등은 이 형태입니다.

② 러시아형

단순 피고지주의로, 동유럽, 태국 등은 이 형태입니다.

③ 영미형

중재장소가 당사자 간에 특정 지을 수 없는 경우, 중재제기를 수리한 날로부터 28일 이내에 당사자가 합의하지 않은 경우, 중재장소는 피고국가가 됩니다. 한국은 이 형태입니다.

중재는 양자의 합의가 원칙입니다. 상대가 이행하지 않으면 무의미한 것입니다.

중재의 결과 얻어진 중재판단에는, 재판소의 최종판결과 동일한 효과가 있습니다. 단, 중재는 당사자합의에 기초하여 행해지는 사적분쟁해결방법으로, 상대방이 따르지 않을 경우 국가제도의 재판소판결과 달리 아무 의미 없게 됩니다.

따라서 미리 거래를 개시하기 전에 계약서 작성단계에서 중재에 의한 분쟁해결조항을 준비하는 것이 중요하며, 중재로 판단이 내려진 경우 상대방 당사국가와 거래실행국가에서 외국중재판단이 어떻게 결론지어질지를 연구하고, 중재결정이 이행되도록 노력해야 합니다.

외국중재판단을 자국에서 승인하고 집행시키는지 여부는 각국의 자유판단에 위임할 문제입니다. 외국중재판단의 승인/집행을 할 경우에 재판소에 집행판결을 구해야 하지만 국내에서 외국의 중재판단이 집행된 예는 거의 없었습니다.

중재절차, 판결의 효력에는 각국의 법률에 의한 인지가 필요합니다. 각국은 국제중재에 관한 협력으로써, 타국에서 행해지는 중재판단의 효력을 일정조건 아래 승인하는 사법협력체제를 취하고 있습니다. 제네바의정서, 제네바조약, 뉴욕조약에 가입함과 동시에 2국 간 통상조약의 체결에 의해 체결국으로의 중재판단에 효력을 인정하고 있습니다.

대부분의 국가에서 국내법은 민사소송법에서 외국중재판단의 승인/집행에 집행판결을 재판소에 구해야 한다고 정하고 있습니다. 각 조약규정의 공통사항이 되는 그 요건에는 ①당사자 쌍방에 적절한 통고와 방어의 기회가 주어진 것 ②중재기관의 구성과 절차가 정당한 것으로 중재지국가의 법령에 따른 것 ③중재판단이 확정된 것 ④중재판단 내용이 미풍양속에 반하지 않을 것 등이 있습니다.

② 조정과 중재의 차이

중재에는 법적구속이 있지만, 조정에는 구속력이 없습니다. 조정은 제3자가 당사자를 중개하여 화해를 통해 분쟁해결을 위한 노력을 하는 것입니다. 조정위탁합의에 기초하여 당사자가 선임한 조정인이 쌍방의 주장을 듣고, 관계서류를 조사하여 조정안을 제시하지만 구속력은 없습니다. 그러므로 당사자 일방이 거부하면 조정은 성립하지 않습니다. 각종 조정기관 외에 UN상거래법위원회가 1980년, 조정기관에 의존하지 않고, 분쟁당사자가 자주적으로 조정할 수 있도록 조정규칙을 작성하고 이용을 권장하고 있습니다.

그에 반해, 중재는 법적인 구속력을 가지며, 그 전제로서 미리 매매계약 중 '분쟁이 발생한 때에는 중재에 의해 해결한다'라는 '중재조항'을 계약서에 삽입해야 합니다. 계약서에 이러한 조항이 없는 채로 분쟁이 발생한 때에는 '중재위탁계약'을 체결해야 합니다. 중재를 유효한 것으로 하기 위해서 미리 계약서에 중재조항을 규정해 둡니다.

중재는 당사자 간 계약에 기초하여 행해지는 사적판단으로, 당사자자치의 원칙에 따라 중재가 이루어지므로 전제조건으로 중재범위, 중재장소, 중재기관, 중재인선임, 중재절차, 중재판단에 관한 합의가 성립되어 있어야 합니다.

중재합의에는 ①매매계약서에 미리 중재약관을 삽입하고, 만일 거래상 분쟁이 발생하는 경우에는 중재에 위탁한다고 합의해 두는 방법과 ②실제로 분쟁이 발생하면 당사자가 중재에 위탁하기로 합의하는 위탁계약을 맺는 방법이 있습니다.

분쟁이 발생한 후에 스스로 불리하게 된 당사자는 중재위탁에 동의하지 않는 것이 보통입니다. 그리하여 상설중재기관 등이 권장하는 표준중재조항을 미리 주문서 및 주문청구서 이면에 인쇄해 두거나 계약마다 삽입하는 것이 일반적입니다.

3 중재인의 신청

양 당사자 간에 합의가 원칙으로 몇 가지 방법이 있습니다. 중재인 선정에는 원칙으로 당사자 간 합의가 필요합니다.

① 국제상사중재협회

신청서수리통지로부터 15일 이내에 당사자가 합의하지 않은 경우에는 중재인 1명을 선임하게 되고, 15일 이내에 그 1인이 당사자 사이에 정해지지 않으면 협회가 지명합니다. 당사자 주장과 협회의 인정에 의한 중재인이 3명이 되는 경우도 있습니다.

② 국제상업회의소중재재판소(파리)

1명 또는 3명을 선임하는데 당사자가 스스로 각 1명의 중재인을 선정하고, 그 중재인이 제3중재인을 선정하여 재판소의 확인을 얻는 것도 가능합니다.

③ 국제연합국제상거래법위원회(UNCITRAL)

이 중재규칙에서는 중재인 수가 1명 또는 3명입니다. 1명의 경우에는 어느 쪽이든 한 당사자가 1명 이상의 후보자를 상대방에게 제안하고, 30일 이내에 합의가 얻어진다면 쌍방이 합의한 기관에 의해 선임합니다. 3명의 경우에는 당사자가 각 1명을 지명하고, 선택된 2명이 제3중재인을 선정합니다.

4 중재제도의 장단점

구속력을 가지고 있기에 중재인의 선정이 가장 중요합니다.

① 장점

중재의 최대이점은 중재재판이 재판소의 도움을 빌리는 일 없이 현실적으로 구속력을 갖고 있으며, 정황에 정통한 전문가를 스스로 중재인으로 선임할 수 있다는 점입니다. 또한, 중재절차도 당사자 자치에 의해 미리 자유롭게 결정하는 것이 가능합니다. 보통 상소를 더 할 수 없으므로 1심으로 판단이 확정되며, 절차가 비공개로 진행되어 비밀사항과 노하우가 외부로 유출될 우려가 적습니다.

② 단점

많은 경우 중재인이 법률 비전문가이므로 쟁점의 법률적 파악이 미숙하고, 법적 타당성 면에서 판단에 의문이 남는 것과 비공개이기 때문에 선례를 규범으로 하는 것도 불가능합니다. 또한 중재인은 쌍방의 이익대리인 성격을 띠기 때문에 선임이 순조롭게 진행되지 않는 경우가 많이 있습니다.

제 3 절 국제기구에 의한 중재

1 ICC에 의한 중재

국제상업회의소의 중재는 국제상관습과 거래관행의 중시가 특징입니다.

파리에 본부를 둔 상설 국제조정/중재기관인 ICC(International Chamber of Commerce, 국제상업회의소)는 국제통상개선, 무역거래의 관습/법칙의 국제적 통일, 국제상사분쟁의 조정 등을 목적으로 1920년에 발족되었습니다. 그러나 구속력이 없는 조정만으로는 실효가 없기 때문에 1922년 파리에 중재재판소를 발족시켰습니다.

그 외에도 상설국제중재기관으로는 런던중재재판소, 미국중재협회가 있지만 ICC는 국제중재만을 취급하며, 한국을 포함한 세계 40개국 이상에 국내위원회를 준비해 두고, 독점적 권위를 자랑하는 런던을 대신하여 가장 많이 이용되고 있습니다.

이 중재재판소는 각각의 분쟁에 대해서 ICC의 중재규칙을 계약에 넣고 있는 경우, 또는 당사자 쌍방이 중재에 합의한 경우에 중재를 실시합니다.

② 2국 간 조약과 제네바조약

중재판결을 집행할 때에는 2국 간 조약에 의한 집행보증이 필요합니다. 민사소송법의 '중재절차'에도 많은 외국과 마찬가지로 외국중재판단에 대해 규정은 없습니다. 그리하여 중재판단이 외국에서 집행되면 다국간 또는 2국 간 통상조약에 의해 각각의 국가가 중재재판의 효력을 승인하며 그 집행을 보증하는 것이 필요하게 됩니다.

중재는 역사가 길지만 개념규정, 규정의 방법이 다양한 제도로, 국제적인 통일 시도의 시작은 1923년 '제네바의정서'입니다. 다만 이것은 2국 간 당사자가 장래의 분쟁에 대비하여 중재계약의 효력을 인정하고, 그것에 기초하여 중재판단을 가맹국은 집행해야 한다는 것으로, 중재판단의 승인/집행의 기준이 되는 규정을 준비해 두지는 않았습니다. 따라서 1927년 제네바조약에서는 중재장소도 조약을 체결한 국가 내에 존재해야 한다는 요건을 덧붙여 외국중재판단의 승인/집행을 용이하게 하였습니다.

③ 뉴욕협약

중재의 판결과 집행의 요건을 명확하게 한 것으로 현재 가장 진보된 중재법입니다.

1927년 성립된 제네바조약에서는 집행을 보증하는 중재판단의 범위가 한정되어 집행을 위한 요건이 불명확했었습니다. 그 개선안으로서 1958년 국제상사중재회의에서 성립된 것이 '외국중재판단의 승인 및 집행에 관한 조약'(통칭 뉴욕협약)으로, 현재 가장 진보된 중재법이라 여겨지고 있습니다.

뉴욕협약에서는 중재판단의 승인과 집행이 요구되는 국가(패소자의 거주국가) 이외의 국가에서 내려진 중재판단에 대해서 그 승인과 집행요건이 갖춰져 있는지 아닌지 입증책임이 중재판단의 패소자에게 있습니다. 그것만으로도 외국의 중재판단집행이 용이하게 됩니다.

이와 같이 국제무역의 분쟁에 있어서 뉴욕협약을 채택하고 있는 이유는 전세계 모든 국가를 강제 구속시키는 국제적인 사법제도가 아직 없기 때문입니다. 이는 무역은 법역을 달리하는 국가 간의 상거래이므로 분쟁이 발생할 경우 어느한 국가의 법률에 의한 분쟁해결 시 타국의 대상에 대한 강제집행의 한계성이 있기 때문입니다.

법원 판결의 국제적 효력은 각국의 법률에 따라 다릅니다. 우리나라의 경우에는 법률질서에 적합할 수 있는 일정한 요건을 갖춘 경우에만 제한적으로 그 효력을 인정하고 있습니다.

국제무역에 있어서는 매매계약서상에 분쟁 발생 시 국제 상관례에 기초를 두고 있는 국제상사중재원의 상사중재규칙에 따른다고 명시하는 것이 일반적입니다. 또한 상사중재원의 판정은 뉴욕협약상 양 당사자를 구속하게 됩니다. 다만 뉴욕협약 가입국이 아닌 경우에는 강제 구속력이 없습니다.

무엇보다 중요한 것은 뉴욕협약에 따른 중재판정의 효력은 법원의 확정판결과 동일한 효력을 가진다는 것입니다. 그러나 강제집행을 위해서는 별도로 법원의 집행판결로 중재판정의 적법성이 선언되어야만 강제 집행력이 부여됩니다.

Chapter

27

전자무역

제 1 절 무역환경의 변화

최근 전자상거래, 특히 인터넷을 이용한 전자상거래는 자유무역원칙을 내건 WTO체제하에서 국가경쟁력 제고라는 명제와 결부되어 더욱 중요한 이슈로 부각되고 있습니다. 이에 따라 미국 등 선진국에서는 이미 수년 전부터 정부, 학계, 기업 등이 전자상거래의 정착을 위해 다각적인 노력을 기울이고 있습니다.

특히 WTO, OECD, UNCITRAL, APEC 등의 국제기구들도 잇따라 전자상거래의 국제규범화와 관련하여 활발한 움직임을 보이고 있습니다. 현재 미국 등 선진국의 경우 중소기업들이 자신의 취약한 홍보와 마케팅 능력을 보완하기 위해 인터넷을 이용하는 경우가 기하급수적으로 증가하고 있습니다. 이러한 경향은 국가 간 거래로 크게 확산될 것이고, 결국에는 국제 간 무역거래에서도 전자상거래가 차지하는 비중이 엄청나게 증대할 것입니다. 이에 따라 국내에서도 인터넷을 이용한 무역을 지칭하는 '전자무역 또는 인터넷무역'의 시대가 열리고 있습니다.

전자무역은 기존의 전통적인 무역을 대체하고 있는 것이 아니라 단지 무역업무 처리방식의 폭을 넓혀 주는 도구로써 인식되고 있습니다. 무역업무 처리방식은 60년대 신용장 통일규칙과 Incoterms의 제정으로 대표되는 무역서식의 표준화로 간소화되기 시작하였습니다.

그 이후 70~80년대에는 가능한 현존의 무역절차를 간소화하기 위하여 각국의 대표가 참석하는 국가별 무역절차 간소화위원회를 구성한 바 있습니다. 이러한 위원회를 통하여 무역 업무에서 사용되는 각종 무역서식의 표준을 바탕으로 규제완화를 통한 무역절차의 간소화를 도모하였습니다. 그리고 80년대 중반 이후 이미 제정되어 있는 국제표준을 활용하여 EDI를 이용한 무역업무의 자동화를 시도하기 시작하여 전자무역의 기반을 마련하였습니다.

이러한 EDI 기반이 2000년대 새로운 정보통신기술인 인터넷과 접목하면서 무역업무의 사이버화로의 단계적으로 변화하고 있습니다.

농업혁명, 산업혁명에 이어 인류의 삶 자체를 바꿀 것으로 평가되는 제3의 혁명인 디지털 혁명, 즉 인터넷은 기술의 발전속도와 그 이용의 확산속도가 과거 어떠한 매체에서도 찾아볼 수 없는 경이로운 속도로 진행되고 있습니다.

정보통신기술의 급속한 발전과 함께 세계경제는 인터넷 기반의 디지털 경제 시대로 이행 중입니다. 특히, 인터넷 사용의 확산은 기업 활동의 글로벌화를 가속화하고, 무역거래 방식과 관행을 근본적으로 변화시킴으로써 무역의 패러다임 변화를 초래하고 있습니다. 마케팅/상담/계약/원자재조달/운송/대금결제 등 제반 무역 업무를 가상공간(cyber space)을 통해 시간과 공간의 제약 없이 처리하는 새로운 무역거래 형태, 즉 전자무역이 일반화되고 있습니다.

제 2 절 전자무역의 중요성

전자무역은 재화 또는 서비스의 국가 간 거래인 무역행위의 본질적 업무를 인터넷을 포함한 IT수단을 활용하여 전자적/정보 집약적 방법으로 수행하는 무역활동으로 정의할 수 있습니다. 무역거래는 일반적인 재화나 서비스의 거래와는 달리 다양한 거래주체 간의 길고 복잡한 프로세스로 구성됩니다. 즉, 무역거래 기회의 탐색에서 시작하여, 당사자 간 협상 및 거래계약, 그리고 계약이행 단계에서 거래당사자는 물론이고, 금융, 보험, 세관, 물류기업 등 간에 다양한 정보와 재화, 그리고 거래대금의 이동이 이루어집니다.

전자무역은 이러한 일련의 무역 프로세스에서 발생하는 모든 정보를 전자적 방식으로 처리함으로써 무역거래의 효율성과 신뢰성을 획기적으로 개선하는 것을 목표로 하고 있습니다. 특히, 전자무역은 단순히 기존의 무역거래방식을 인터넷으로 전환하는 것은 물론, 더 나아가 새로운 기술에 기초하여 기존의 프로세스와 방식을 근본적으로 개선하는 과정 및 그 결과를 포함합니다.

구조적 측면에서는 전자무역은 전자무역을 주도하는 행위주체로서의 전자무역기업은 물론, 전자무역 프로세스의 기술기반을 구성하는 정보기술 인프라, 프로세스상의 여러 관련 기업 및 산업의 커뮤니티인 전자무역 관련 산업, 그리고 프로세스를 뒷받침하는 법/제도 등 기반 요소 등으로 구성됩니다.

전자무역은 기존의 전통적인 무역방식과는 여러 측면에서 다른 특징을 가지고 있습니다.

이러한 차이의 종류 및 정도는 전자무역의 발전 정도에 따라서 달라질 수 있습니다. 예컨대, VAN/EDI에 의한 무역자동화시스템의 경우 여러 종류의 종이서류를 작성하여 이를 거래당사자 간에 직접 교환함으로써 이루어지던 전통무역에서의 프로세스를 보다 표준화된 전자문서로 대체하였는데, 이 경우에는 무역 프로세스의 근본적인 변화라기보다는 무역 프로세스의 진행방식에 변화를 가져온 것으로 파악할 수 있습니다.

그러나 최근에 도입되는 있는 시스템의 경우에는 기존 종이신용장(L/C)을 전자신용장으로 대체하는 것은 물론이거니와, 신용장의 발행 및 유통, 결제에 이르는 프로세스 자체의 단순화, 그리고 이 과정에서의 은행의 역할변화 등 본질적인 프로세스상의 변화를 가져오고 있습니다. 또한, 전자무역이 이제 비로소 성장단계에 있다는 점을 감안한다면 현재 우리 눈으로 파악 가능한 모습만이 아니라 향후 예상 가능한 전자무역의 모습까지도 고려하여 파악할 필요가 있습니다.

첫째, 전자무역은 인터넷 및 관련 정보통신기술을 기반으로 비대면 방식으로 거래가 이루어집니다.

둘째, 전자무역은 효과적으로 이루어질 경우 기존의 무역 프로세스를 상당 정도 단축함으로써 효율성을 제고할 수 있습니다.

셋째, 결과적으로 무역 프로세스에서 가장 중요한 세 가지 흐름, 즉 정보, 물류, 결제대금의 흐름에서 정보와 결제대금의 흐름은 완전히 전자적인 방식으로 처리될 수 있습니다.

따라서 전자무역의 특성을 요약하면 ①거래관습의 변화 ②거래당사자의 다양화 ③전자적 무체물 및 서비스무역 ④해외시장 개척수단의 변화 ⑤무역업무 처리방식의 자동화라고 할 수 있습니다.

1단계는 정보단계로 무역거래 대상제품에 대한 광고 및 거래상대방에 대한 탐색과정입니다. 2단계는 거래관련 의사교환과정을 말하는데, 이 과정에서는 거래대상품목의 자세한 내용, 가격, 대금지급방법, 운송방법, 보험 등 각종 거래조건 등에 대해서는 거래당사자 간 합의가 이루어지는 계약단계입니다. 3단계인 이행단계에서는 거래 쌍방 간 합의된 각종 거래조건의 내용이 법률적 구속력을 갖추고 확정하게 됩니다.

전자무역은 무역을 구조적으로 혁신함으로써 기업과 경제, 나아가 국가경쟁력을 획기적으로 개선할 수 있는 국가적 차원의 핵심전략입니다. 전자무역은 단순히 기존의 무역거래방식을 전자적으로 전환하는 것이 아니라, 국민경제 전반의 구조와 프로세스를 혁신함으로써 기업과 산업의 효율성을 획기적으로 개선할 수 있습니다.

PART

06

무역의 미래

삶의 변화에 무역이 끼친 공헌은 지대하다 할 것입니다.

미국의 세계적 미래학자인 **앨빈 토플러(Alvin Toffler)**는 35년 전 「제3의 물결」이라는 책을 통해 오늘날의 지식기반 사회의 도래를 예견하였습니다. 이제 그는 제4의 물결을 예견하고 문화와 문명이라는 좀 더 커다란 구조 속에서 우리 생활 곳곳에 영향을 미치는 부가 어떻게 형성되고, 어떻게 변화하며, 또 어떻게 이동하는지, 우리의 삶에 어떤 변화를 몰고 올 것인지를 제시하고 있습니다.

21세기 들어 4차 산업혁명이라는 단어가 더 이상 낯설지 않습니다.

4차 산업혁명이란 인공지능, 사물인터넷, 빅데이터, 모바일 등 첨단 정보통신기술이 경제 · 사회 전반에 융합되어 혁신적인 변화가 나타나는 차세대 산업혁명을 의미합니다.

이러한 4차 산업혁명이 무역에는 어떤 영향을 미치는지 살펴보고 이에 대해 대비해야 할 것입니다.

제6부에서는 다음과 같이 '앞으로 어떻게 무역을 할까?'에 대해 살펴봅니다.

세계무역환경의 변화

제 1 절 세계경제의 동향

2008년 서브프라임 모기지 사태로 미국·유럽에서 금융위기가 촉발하여, 모기지 대출과 연관된 파생금융상품의 부실화와 이로 인한 금융기관의 부실이 급증함으로써 신용경색 우려, 투자자의 위험기피 성향 강화로 주가 급락 및 국채수익률이 악화되고 있습니다.

미국발 금융위기는 금융시장의 글로벌화로 인해 글로벌 금융 불안으로 급속히 확산되면서 글로벌 실물경제로 전이하면서 자산 가격 폭락, 신용경색 심화, 신흥시장국 전염효과, 불안심리 확산으로 글로벌 실물경제의 성장세 둔화가 가속화되고 있습니다.

미국발 글로벌 금융위기는 저금리에 따른 유동성 확대, 모기지회사의 과당경쟁에 따른 방만한 대출, 과도한 레버리지, 금융감독 및 규제의 미흡 등 복합적인 요인이 작용하여 발생한 것입니다.

미국은 금융위기 극복을 위한 대규모 유동성 공급 및 공적자금 투입, 경기부양을 위한 대규모 조세감면 및 재정지출로 경제의 파탄은 모면하였으나, 재정건전성 악화, 과잉유동성 공급이 심각한 수준에 이르고 있습니다.

특히 민간부문(기업, 가계, 금융기관)의 high leverage로 야기된 문제를 정부의 high leverage 위험으로 대체함으로써 정부의 거시관리능력이 낮아져 거시 안정성이 저하할 뿐 아니라, 위기 대응능력도 심각히 저해되어 앞으로 또 다른 위기 발생 시 대처능력이 우려됩니다.

세계 전체로 볼 때 흑자국은 적자국의 시장을, 적자국은 흑자국의 잉여자본을 필요로 하는 상호니즈의 합치현상은 당분간 유지될 것으로 전망되지만, 글로벌 불균형이 지속되면 달러의 위상이 약해져 달러의 국제기축통화로서의 위치가 위협을 받게 되는 등 국제금융시장의 혼란이 야기될 것입니다.

또한 가계부문 과다부채로 인한 소비회복 지연, 기업투자 저조, 재정건전성 악화 등으로 인해 세계경제성장률이 위기 전 수준을 회복하기는 당분간 어려울 것으로 예상되며, 과도한 가계부채는 금융위기 충격으로 가계의 부채상환 부담을 가중하여 소비회복을 지연시킬 우려가 있습니다.

이는 글로벌 과잉유동성 공급, 주요국의 거시관리능력 저하, 글로벌 불균형

심화 등으로 세계 경제성장의 변동성(경기 급등락)과 인플레 위험이 커질 것으로 보입니다. 또한 경기회복과 달리 약세로 향후 국제 원자재 가격의 지속적인 상승이 예상됩니다.

또한 위기 회복과정에서 글로벌 금융위기의 영향 차이 등으로 인해 경제 성장률의 지역 간 편차가 더욱 커지고, 글로벌 불균형도 확대될 것이며, Geo-economic Power Shift와 함께 장기적으로는 국제통화질서 개편도 불가피한 상황에서 IMF 등 기존 국제금융기구가 미국주도체제에서 다극체제로 전환되고 있으며, 특히 중국의 영향력이 급신장하게 될 것입니다.

제 2 절 세계무역환경의 변화

1 WTO체제와 새로운 무역질서

1995년은 WTO가 정식 출범한 해입니다. 이후 WTO체제의 정착과 새로운 세계무역질서의 형성이 더욱 가속화되고 있습니다. WTO는 우루과이라운드 협상결과를 이행하는 국제교역에 관한 UN으로서, 21세기에 본격적으로 전개될 새로운 세계무역질서를 규율하는 핵심기구로서의 역할을 담당할 것입니다.

결국 WTO의 출범은 세계경제를 하나의 교역규범(WTO협정)과 하나의 국제기구(WTO)로 통일함으로써 세계경제를 하나의 시장경제권으로 변화시켰습니다. 이에 따라 세계경제는 소위 말하는 무한경쟁시대에 돌입함은 물론 경쟁과 협력이 공존하는 독특한 교역환경으로 이행하였습니다.

그러나 이와 같은 WTO가 체제의 안정 및 정착에 대한 노력이 의외로 부족한 상황으로 오히려 지역주의와 쌍무적인 통상마찰이 더욱 확산되고 있습니다.

물론 WTO의 출범으로 배타적 지역경제블럭의 강화에 대한 우려는 어느 정도 완화되었지만, 세계경제환경의 변화에 대응하기 위한 지역주의는 오히려 광역화되고 있습니다.

지역무역협정에 대한 WTO의 규정이 불명확하고, 불충분하여 특정 지역무역협정이 WTO 규정에 합치하는지를 판단하는 것은 현재로서는 매우 어려운 실정입니다. WTO 지역무역협정위원회(CRTA: Committee on Regional Trade

Agreements)를 중심으로 지역무역협정에 관한 WTO규정을 명확히 하고 보완하기 위한 협상이 진행되고 있으나, 논의 속도는 매우 부진한 편입니다.

② 지역주의의 광역화

FTA로 대표되는 지역주의(regionalism)는 세계화와 함께 오늘날 국제경제를 특징짓는 뚜렷한 조류가 되고 있으며, WTO 출범 이후 오히려 확산 추세에 있습니다. 자유무역협정(Free Trade Agreement, FTA)은 특정국가 간에 배타적인 무역특혜를 서로 부여하는 협정으로서 가장 느슨한 형태의 지역 경제통합 형태이며, 지역무역협정을 포함하고 있는 분야는 체약국들이 누구인가에 따라 상당히 다른 양상을 보이고 있습니다. 전통적인 FTA와 개도국 간의 FTA는 상품분야의 무역자유화 또는 관세인하에 중점을 두고 있는 경우가 많습니다.

FTA를 포함한 지역무역협정의 이익은 가시적이고 직접적인 반면, 역기능을 억제하기 위한 다자적인 감시기능이 제대로 작동하기 어려운 상황에서 지역주의는 앞으로도 확산될 것으로 전망됩니다.

이러한 지역주의의 광역화와 지역 간의 경제협력 강화 또는 자유무역권의 형성은 사실상 전 세계적으로 무역자유화가 확대되는 데 기여할 것입니다.

그러나 최근 WTO 체제의 출범(1995년)을 전후하여 FTA의 적용범위도 크게 확대되어 대상범위가 점차 넓어지고 있습니다. 상품의 관세 철폐 이외에도 서비스 및 투자 자유화까지 포괄하는 것이 일반적인 추세라고 하겠습니다. 그 밖에 지적재산권, 정부조달, 경쟁정책, 무역구제제도 등 정책의 조화부문까지 협정의 대상범위가 점차 확대되고 있습니다. 다자간 무역협상 등을 통하여 전반적인 관세수준이 낮아지면서 다른 분야로 협력영역을 늘려가게 된 것도 이같은 포괄범위 확대의 한 원인이라고 할 수 있습니다.

③ 새로운 통상이슈의 확산

WTO 체제가 정착됨과 더불어 UR에서 중점 논의되었던 이슈들을 넘어서 새로운 통상이슈들 – 대표적으로는 환경, 노동, 경쟁, 신투자규범 제정 등 – 이 대두되고 있으며, 협상이 전개되기에 앞서 관련 논의가 활성화·구체화되고 있습니다.

UR까지의 통상이슈가 주로 제품의 교역 시 국경에서 취해지는 각종 조치들에 초점이 맞추어져 온 반면, 새로운 통상 이슈는 각국이 처한 국내적 여건, 즉 환경적, 경쟁적, 노동 여건 등을 논의 및 협상의 대상으로 삼고 있다는 점이 특징입니다.

④ 경제활동의 범세계화 진전

70년대 이후 자본과 생산의 국제화 진전 및 통신기술의 발달에 따라 경제활동의 범세계화가 급속히 진전되고 있으며, 이에 따라 세계경제의 상호의존성이 심화되고 있습니다.

지구촌 경제시대에 기업은 전 세계를 상대로 자본, 노동, 기술 및 경영요소를 최적으로 결합하여 생산·판매하는 세계적 규모의 생산 및 판매조직화가 확산되고 이에 따라 세계직접투자가 세계무역보다 빠른 속도로 증가하고 있습니다. 또한 다국적 기업의 매출액이 이미 세계의 교역총액을 능가하고 있고, 이러한 추세는 앞으로도 더욱 가속화될 것으로 예상됩니다.

또한 현재 진행되고 있는 정보기술의 급속한 발전과 이에 따른 정보의 폭발적 확산은 세계의 정치, 경제, 사회, 문화 등 모든 분야에 혁명적인 변화를 초래할 것으로 예상되고 있습니다. 정보화는 기업이 전 세계에 걸쳐 생산요소 투입, 공정분할, 판매, 유통 등에서 기업활동의 글로벌 네트워크 구축을 가능하게 함으로써 기업활동의 범세계화를 더욱 촉진할 것입니다. 이에 따라 앞으로 세계경제의 상호의존성은 더욱 심화될 것으로 보입니다.

국가경제 간 상호의존성이 심화되면 한 국가의 경제적 변화가 즉각적으로 다른 국가의 경제에 영향을 미치게 됨으로써, 폐쇄적인 경제운영이 어렵게 되며, 폐쇄적으로 경제를 운영하는 경우 외국의 심한 비판에 직면하게 될 것입니다.

⑤ 미국과 중국의 무역전쟁

G2란, 세계 경제질서와 안보 등 세계의 주요 이슈를 이끌어 가는 영향력 있는 두 나라라는 의미로, 미국과 중국을 가리킵니다.

G2란 용어는 2006년 무렵 미국 학계에서 처음 대두되었으며, 버락 오바마 행정부의 외교정책에 상당한 영향력을 행사한 **즈비그뉴 브레진스키**가 G2 회의를

주창하면서 주목받기 시작했습니다.

특히, 2009년 4월 런던에서 개최된 G20 정상회의에 참석했던 **버락 오바마** 미국 대통령과 **후진타오** 중국 국가주석이 만나 연례 전략대화를 열고 모든 차원에서 관계를 강화하기로 합의를 하면서 G2론이 더욱 부각되었습니다.

세계경제의 양대 축인 미국과 중국이 서로 관세 폭탄을 주고 받는 무역전쟁에 본격 돌입하면서 이미 겹악재에 시달리던 글로벌 경제가 더 큰 충격을 앞두고 있습니다.

그 가장 큰 이유로는 주요 2개국(G2)의 경제뿐 아니라 글로벌 기업활동을 위축시키고 금융시장에 충격을 가해 세계경제에 미치는 악영향이 가장 클 것이라는 우려 때문입니다.

경제분석기관 옥스퍼드 이코노믹스는 보고서에서 미국이 500억 달러 중국산 제품에 25% 관세를 부과하고 중국이 1대1 수준의 보복관세를 물리면서 미·중 모두 2018년과 2019년 경제성장률이 0.1~0.2%포인트 하락할 것으로 전망했습니다.

이 기관의 **루이 카위스** 아시아 책임자는 "대단치 않은 수치이나 정말 중요한 문제"이며, "불확실성·리스크 증대가 기업 확신가 투자, 그중에서도 국가 간 투자를 짓눌러 세계 경제에 민감한 시기에 중국과 미국, 다른 국가들의 성장률에 충격을 줄 것"이라고 지적했습니다.

당장 중국의 성장 둔화에도 빨간불이 들어왔습니다. 블룸버그 등 기관들도 중국의 2018년 성장률을 하향 조정했습니다.

트럼프 미 행정부가 미국 경제를 보호하겠다는 명목하에 추친 중인 무역 정책이 오히려 미국 경제에 손실이 될 수 있다는 지적도 나오고 있습니다. 보호무역정책의 미국 무역수지 개선 효과보다 수입가격 상승에 따른 물가 부담과 기업 심리 악화, 보복 관세에 따른 수출 타격, 금융시장 불안 등이 경제에 미칠 악영향이 더 클 것이라는 전망입니다.

무엇보다 불안감이 커진 이유는 경제 하방 압력이 동시다발적으로 가해지는 와중에 무역전쟁이 불거졌기 때문입니다.

이는 비단 미국과 중국만의 문제가 아닙니다.

무역전쟁에 따른 풍파의 한가운데 있는 미국과 중국의 정상이 2019년 1월 1일 수교 40주년을 맞아 수교 후 40년 동안 양국관계가 냉전시대 소련을 견제·봉쇄하기 위한 전략적 협력자에서 글로벌 패권을 겨루는 경쟁상대로 변모하며 신(新)냉전 양상을 보이기 시작한 가운데 두 정상이 무역전쟁 휴전의 와중에 보인 또 하나의 유화 메시지입니다. 다만 이미 첨예한 경쟁구도가 형성된 양국관계를 근본적으로 바꾸기는 힘들다는 분석이 지배적이어서 수교 40주년을 맞은 2019년도 미중관계는 가시밭길이 될 것으로 예상됩니다.

미중 양국은 개혁개방을 선언한 **덩샤오핑** 중국 주석이 지난 1979년 1월 미국을 방문해 **지미 카터** 대통령과 악수하며 서방에 죽의 장막을 열었습니다. 이후 양국관계는 미소가 냉전종식을 선언한 1989년 중국 톈안먼 사태를 계기로 악화하면서도 협력적 관계를 이어왔습니다. 하지만 국력이 커진 중국이 군사적 영향력을 확대하고 국가 주도로 육성한 첨단기술 분야에서 미국을 앞서기 시작한 상황에 '미국 우선주의'를 앞세운 **트럼프** 정권이 출범하자 미중관계는 지난 수십 년 이래 최악의 상태로 치닫고 있습니다. 개혁개방 40년에 걸쳐 미국과 어깨를 나란히 하는 주요 2개국(G2)으로 부상한 중국의 도약에 위협을 느낀 **트럼프** 행정부는 중국을 '전략적 경쟁자'로 선언하고, 무역전쟁을 통해 중국에 대한 본격 견제와 압박에 나서고 있으며, 중국도 이에 팽팽히 맞서 양국 갈등은 전방위 패권 경쟁 양상을 보이고 있습니다.

6 슬로벌라이제이션[10]

21C들어 급속도로 진행되던 세계화가 이제 정체 수준에 이르렀다는 진단이 나왔다. 재화의 이동비용이 더 이상 하락하지 않고, 다국적 기업이 고전하며 서비스산업이 더욱 강조되기 때문이다.

세계화가 느릿느릿 진행되는 새로운 시대를 맞이했다고 지적했다. 이에 따라 재화·서비스무역·중개무역·총자본회전·다국적 기업의 이익·해외직접투자·해외여행대출이 급감한 것으로 나타났다. 세계화의 이와 같은 둔화를 globalisation에 빗대어 slowbalisation으로 불렀다.

---

10) 영국 이코노미스트, 2019년 1월 29일 기사 발췌

Chapter

29

무역과 문화

문화라는 것은 각 나라가 가지고 있는 고유한 풍습 및 예절 등을 지칭하는 말입니다. 이러한 문화가 글로벌시대인 요즈음에는 이전과는 많은 변화를 겪게 되었는데 그러한 변화의 요인 중 하나가 무역과의 연관성입니다. 이는 과거의 무역이 국가 간에 물품을 사고 파는 것에서 요즈음은 무역으로 인해 상대국의 물품은 물론, 용역 내지는 문화가 들어오고 이것이 자국 문화에 큰 영향을 주고 사회적 현상으로까지 발전하는 것을 볼 수 있습니다.

제 1 절 무역의 정의

무역이란, 재화(상품이나 자본)와 용역(기술, 노동, 운임, 보험 등)의 국가 간 이동현상을 말합니다. 초기의 무역은 서로의 산물을 교환하는 것에 국한되었으나 현재 우리가 사용하고 있는 넓은 뜻의 무역은 단순한 상품의 교환과 같이 보이는 무역(visible trade)뿐만 아니라 기술 및 용역과 같이 보이지 않는 무역(invisible trade) 및 자본의 이동까지를 포함하고 있습니다.

이와 같이 현재 우리가 사용하고 있는 무역이란 개념은 단순히 특정 상품의 효용가치가 적은 곳에서 효용가치가 높은 곳으로 이전시킴으로써 재화의 효용 및 경제가치를 증가시킬 뿐만 아니라 모든 재화의 생산요소, 즉 원료 · 서비스 · 운송 · 여객 · 노동 및 자본의 이동까지도 포함시키는 것으로 이해되어야 합니다.

1 무역의 특징

무역은 토질이나 기후 등의 자연적 조건과 언어 제도 관습 등의 사회적 조건 등에 따라 다음의 특징을 가지고 있습니다.

① 무역의 해상의존성
② 무역의 기업위험성 – 상품에 관한 위험, 물품 대금의 결제 및 금융에 관한 위험, 상품 가격 및 환율의 변동에 관한 위험
③ 무역의 산업연관성
④ 무역의 국제관습성

② 무역의 종류

① 중계무역

중계무역은 외국으로부터 상품을 수입하여 그것을 일부 가공하거나 또는 원형 그대로 제3국으로 재수출하여 무역 차익을 획득하는 무역형태를 말합니다. 중계무역은 일종의 재수출의 형태로 주로 홍콩, 싱가포르 등의 중계무역항을 통하여 이루어집니다.

② 통과무역

통과무역은 수출상품이 수출국에서 수입국으로 운송되는 과정에서 부득이 제3국을 경유해야 할 경우 통과하는 국가의 입장에서 본 무역형태를 말합니다. 이때 제3국은 이에 따른 운임, 보험료, 노임, 통과수수료 등을 수입으로 얻을 수 있습니다.

③ 중개무역

중개무역은 수출과 수입에 따른 양 당사국 외에 제3자(국)이 끼어들어 수출국과 수입국을 중개하는 무역형태를 말합니다. 이 경우 물품과 결제는 수출입국 간에 이루어지고 제3국은 이에 따른 중개수수료만 받게 됩니다.

④ 우회무역

우회무역은 무역거래에서 외환 통제가 심한 경우 이를 피할 목적으로 외환 통제가 없는 제3국을 통하여 우회적으로 무역을 할 수 있는 무역형태입니다.

⑤ 스위치무역

모든 거래과정은 정상적으로 수출상과 수입상이 행하지만, 대금결제만은 제3국의 업자가 개입되어 간접적으로 이루어지는 무역형태입니다.

⑥ 삼각무역

삼각무역이란 두 나라 사이의 무역이 일방적인 수출 또는 수입으로 인하여 수출과 수입이 심각한 불균형 상태에 있는 경우, 문제 해결을 위해 제3국을 개입시켜 3국 간의 협정에 의해 무역의 균형을 유지하는 무역형태입니다.

⑦ 연계무역

연계무역은 현금 이외의 방식에 의해 대금의 전부 또는 일부가 결제되는 거래를 말하며, 일반적으로 물물교환, 선구매, 구상무역, 대응구매, 제품환매, 상계무역 등 다양한 방식이 존재합니다.

⑧ 위탁판매무역

수출품의 소유권을 수출상이 가진 상태에서 외국의 수탁자에게 무환으로 수출하여 그 물품이 판매된 범위 내에서 수입상의 수수료를 제하고 수출대금을 회수하는 방식의 무역형태입니다.

⑨ 수탁판매무역

수입업자가 수출상에게 물품 판매의 위탁을 받아 수출업자의 위험과 비용으로 물품을 무환으로 수입한 후 이를 자국 내에서 판매하고 그 대금을 송금함으로써 수수료를 받는 형태의 무역입니다.

⑩ 녹다운 방식 무역

녹다운 방식 수출은 고율의 관세가 부가되는 것을 피하기 위하여 사용되는 것으로 선진국과 후진국의 거래에 있어 신진국이 후진국의 시장을 확대하는 데 효과석인 방법입니다.

녹다운 방식 수출은 수입국의 규제를 피하기 위하여 완제품이 아닌 부품이나 반제품의 형태로 수출하여 실제 수요지에서 완제품으로 제조하도록 하는 현지 조립 방식의 수출하는 것을 말합니다.

⑪ 플랜트수출 무역

플랜트수출(plant exporting)은 산업설비수출이라고도 하며, 각종 공장설비를 위한 중요설비, 기계, 부품 등을 수출하는 것을 말합니다.

⑫ OEM(Original Equipment Manufacturing) 방식 무역

OEM 방식이란 수출자가 자기의 상표를 부착하여 수출하지 않고 수입자가 요구하는 상표를 부착하여 수출하는 것으로 주문자상표부착 방식 수출이라고도 합니다.

⑬ 위탁가공무역

위탁가공무역은 대상 원자재의 전부 또는 일부를 외국의 거래 상대방에게 무환으로 수출하여 이를 가공한 후 가공제품을 위탁자나 그 밖의 지정하는 자에게 수출하는 거래를 말합니다.

⑭ 수탁가공무역

수탁가공무역이란 가공임을 얻기 위하여 외국의 거래 상대방으로부터 대상 원자재의 전부 또는 일부를 수입하여 가공한 후 그 가공품을 원래의 위탁자에게 수출하거나 위탁자가 지정하는 자에게 수출하는 방식의 무역입니다.

제 2 절　문화의 정의

문화는 예절, 의상, 언어, 종교, 의례, 법이나 도덕 등의 규범, 가치관과 같은 것들을 포괄하는 '사회 전반의 생활 양식'이라 할 수 있습니다. 가치관, 행동 양식 등의 차이에 따라 다양한 관점을 가진 이론 기반에 따라 여러 가지 정의가 존재합니다. **에드워드 버네트 타일러**는 1971년 그의 저서 「사회인류학」에서 "문화 또는 문명이란 제 민족의 양식을 고려할 때 한 사회의 구성원이 갖는 법, 도덕, 신념, 예술, 기타 여러 행동 양식을 총괄하는 것이다"라고 정의한 바 있습니다. UNESCO는 2002년 "문화는 한 사회 또는 사회적 집단에서 나타나는 예술, 문학, 생활양식, 더부살이, 가치관, 전통, 신념 등의 독특한 정신적, 물질적, 지적 특징"으로 정의하였습니다.

문화는 다음과 같이 여러 기준에 의해서 분류되고 있습니다.

① 종교적 구분

한 사회의 대다수가 믿는 종교에 따라 문화를 구분하는 방법으로 이슬람 문화, 기독교 문화, 불교 문화 힌두교 문화 등으로 분류합니다.

② 언어적 구분

사용되는 언어에 따라 문화를 구분하는 방법으로 영어 문화권, 프랑스어 문화권, 스페인어 문화권, 포르투갈어 문화권, 아랍어 문화권 등으로 분류합니다.

③ 지역적 구분

역사적 정치적 의미에 의해 동아시아 문화, 중동 문화, 유럽 문화와 같이 지역을 기준으로 분류합니다.

④ 생활양식에 따른 구분

생활양식에 따라 농경 문화권, 유목 문화권 등으로 분류합니다.

제 3 절 무역문화의 인식

국제 간 교류는 지구촌 각국의 문화 이해로부터 출발됨을 자각하여 서로의 문화를 존중하는 가운데 세계의 다양한 문화를 소개함으로써, 회원과 시민의 국제문화 감각과 이해에 도움을 주며, 자국의 우수하고 다양한 문화를 세계 각국에 보급, 소개하는 사업 등을 하고 있는데, 이를 문화교류 혹은 문화전반에 걸친 무역이라 할 수 있습니다.

1 상호문화성의 세계

사람들마다 주관은 다르지만 사람들 사이에 공통된 주관성이 존재하듯이, 각각의 문화들은 독특한 개별성을 가지고 있지만 문화들 사이에도 공통된 보편성이 존재합니다. 동·서양의 문화와 세계의 문화들을 통합하여 21세기의 새로운 세계문화를 형성하기 위해서는 '이것도 저것도 함께'라는 절충주의가 아니라, 문화들의 '상호문화성(Interkulturalitat)'을 발견하는 일이 공동의 세계문화를 창조하는 데 중요합니다. '상호문화성'은 다른 문화 간의 접촉이나 교류의 차원을 말하는 것이 아니라 문화들 속에 내재해 있는 보편적 성격과 문화들 사이에 존재하는 깊은 유대감과 내적인 연관성을 드러내는 개념입니다.

2 지역문화 · 민족문화 · 세계문화

지역문화들과 민족문화들의 차별성과 특수성에도 불구하고 앞으로 다가올 미래에는 소위 말하는 '세계문화'가 지금까지보다 훨씬 중요한 역할을 하게 될 것입니다. 지금까지 하나의 국가가 문화적 주도권을 가진 것으로 여겨졌다면 앞으로는 국가를 넘어선 국가 간의 연합(대서양연합, 태평양연합, 혹은 2개 이상의 결합 등)에 의해서 문화의 주도권이 행해질 것입니다. 그리고 문화는 지식과 기술의 발전, 교육과 재능의 신장, 정보교환과 매스컴의 발달로 사회기능적인 측면에서 가장 중요한 자리를 차지하게 될 것입니다.

　이제 민족문화에 대한 찬양과 집착보다는 문화들의 상호보완성과 문화들의 종합과 통합의 기능이 강조되어야 합니다. 과거의 위대한 민족문화들, 즉 중국문화, 인도문화, 스페인문화, 프랑스문화, 독일문화 등은 다른 문화요소들을 통합해서 새로운 문화적 통합을 이루어 냈기 때문이고, 다른 한편으로 열려진 세계 속으로 전파되어 다른 민족들의 미래적인 삶을 형성하는 데 대한 어떤 새로운 전망을 가져다주었기 때문입니다. 세계문화는 폐쇄된 종족이나 민족문화와 비교될 수 있는 것이 아닙니다.

　민족문화는 하급문화에서 생활문화를 거쳐 상급문화로 성장하고, 문화의 각 차원에서 다소간에 같은 양식적인 요소들을 가지고 있는 반면에, 세계문화는 문화의 각 차원에서 같은 방식으로 나타나지 않습니다. 세계문화는 무엇보다도 매스컴에 의한 대중문화의 차원에서 먼저 눈에 띄고 학문과 사유의 높은 문화차원에서 두드러지게 나타나게 됩니다.

제 4 절　문화와 문화산업

　21세기는 문화시대로 문화산업은 엄청난 부가가치를 창출하며 국부의 새로운 원천으로 떠오르고 있습니다. 문화산업(cultural industry)이라는 개념이 처음 사용되기 시작한 것은 1940년대로, 학문적 용어로 사용되기 시작한 것은 독일의 **호르크마이어**와 **아도르노**에 의해서였습니다.

　문화산업에 대한 관심이 본격화된 것은 1980년 이후로 최근 문화산업분야에서 다국적기업이 등장하고, 국가 간 문화적 지배와 종속, 문화정체성, 문화산업을 통한 무역이 증대되면서 국가정책의 주요 관심사항으로 등장하였습니다.

　문화산업의 발전은 직접적으로 관련 분야의 고용창출뿐만 아니라 문화상품 개발의 원천이 되는 문화 · 예술활동의 활성화와 함께 관련 산업에 대한 간접 고용유발효과를 가져오게 됩니다.

제 5 절 문화의 무역화

21세기는 문화와 경제가 하나가 되는 문화경제의 시대가 될 것이며, 두뇌강국이 세계를 지배하게 될 것입니다. 경제와 문화와의 관계에서 경제는 무한한 욕망과 유한한 수단을 적합시키는 인간 집단의 의도적 노력에 의해서 형성되는 사회질서라 할 수 있습니다. 여기서 무한한 욕망이라는 것은 소비와 관계가 있는 일이며, 유한한 수단이라는 것은 생산과 관련되는 일이라 할 수 있습니다. 그런데 이 소비와 생산을 연결시키는 시스템이 경제조직이 됩니다. 이 경제조직을 효율적, 합리적으로 운영하는 인간집단의 생활능력을 경제문화라고 하는 것입니다.

무역과 문화를 연결해서 생각해 보면 우리는 전략적 차원에서 무엇보다도 수출상품의 고부가가치화를 노리는 문화가 담긴 제품을 연상하게 됩니다. 즉 상품의 개발, 디자인, 생산 및 판매 등에 문화를 가미하여 세계시장을 확보해 나갈 수 있는 방안을 추진해 나가는 것으로 이와 같은 전략은 무역을 첨단기술과 엮어서 생각하자는 발상과 상통하면서 결국 무역을 좀 더 질적으로 성장시키자는 기본정책을 반영합니다.

무역을 단순히 한 지역에서 다른 지역으로 상품이나 용역을 이동시킴으로써 발생하는 이윤을 최대화하고자 하는 노력으로 본다고 해도, 이를 위해서는 어느 한쪽의 장점 내지 특색이 다른 한쪽의 필요 또는 기호에 잘 맞아떨어져야 합니다.

그런데 아직 의·식·주를 비롯하여 인간적 사회적 기본수요조차 충족시키지 못한 지역 또는 국가가 아니라면 무역으로 표현되는 욕구는 문물이라는 말이 그렇듯이, 정신적인 요소를 포함할 수밖에 없습니다. 이는 결국 상대방의 마음을 사는 길을 찾는 것인데, 이를 위해서는 상대가 스스로는 쉽게 표현할 수 없는 스스로의 행동을 관찰에 의해 확인하는 문화인류학적 접근과 진정한 감정을 확인하는 미학적 발상이 요청됩니다.

우리나라의 수출패턴을 보면 1970년대는 가격을 통한 차별적 우위를 가지고 수출을 해 왔습니다. 그러나 국내 여건의 변화로 가격에 의존한 전략은 더 이상 세계시장에 있어서 우위를 갖기 힘들게 되었습니다. 따라서 앞으로 다른 상품에 비하여 경쟁적 우위를 갖기 위해서는 상품의 문화적 배경이 뒷받침되어야 합니다.

우리 민족은 오랜 역사를 통해 시대마다 각각 신명, 힘, 꿈 그리고 심지어는 슬픔이라는 정서를 특색 있게 살려내는 한편, 실용에 부응하되, 무기교의 기교로 대표되는 자연과의 교감과도 무관하지 않은 멋을 하나의 기조로서 유지해 오고 있습니다. 그런 점에서 상대에 가장 잘 어울리면서 우리 자신의 특색을 살려 낼 수 있는 원천을 풍부하게 지니고 있습니다.

따라서 이러한 오랜 경험을 바탕으로 해서 그 원천을 현대생활에 알맞게 활용하고 상품화하여 수출할 수 있는 능력이 요청되고 있습니다.

문화의 상품화를 위해서는 문화적으로 주변에서 볼 수 있는 전통의 도구들을 활용하여 기본적으로 좋은 물건(goods)을 만들어야 하며, 이를 위해서는 다음과 같은 것을 염두에 두어야 합니다.

첫째, 문화적 상품은 보는 사람들로 하여금 고급스러운 감각을 줄 수 있어야 합니다.

둘째, 상품을 통하여 우리의 인간성이 우리 자신에게는 물론 다른 문화의 사람들에게 미적 가치와 갈등을 줄 수 있는 힘이 있어야 합니다.

셋째, 상품에서 충실함과 본분을 지키는 선량한 인간성, 품행이 단정함(well-behaved)을 느낄 수 있어야 합니다.

넷째, 상품 속에는 우리가 타고난 진성(眞性)과 순종이 표시되는 진짜의(genuine) 감각이 존재하여야 합니다.

다섯째, 상품을 통하여 행복감, 즐거움, 기분 좋은 느낌을 느낄 수 있어야 합니다.

제 6 절 문화의 상품화

■ 문화상품의 개념

모든 상품은 문화를 지닙니다. 생명을 유지하기 위한 절대 필수품인 식량조차도 지역에 따라 주식이 쌀, 밀, 조 등으로 분류되듯 문화를 배제하기 어렵습니다. 그러므로 시장에서 거래되는 상품마다 그것을 만든 나라의 문화가 배어 있고, 그것이 집결되어 그 나라의 이미지를 형성하게 되고, 그 이미지는 상품의 가격형성에도 보이지 않는 영향을 끼치고 있습니다. 최선을 다하여 만든 고품질의 상품은 고유의 가치 외에도 문화적 가치를 창출하므로 모든 일류제품은 곧 문화상품인 것입니다.

그러나 일반상품과 구별하여 '문화상품'으로 지칭되는 것은 기본적인 삶의 욕구를 충족시킨 다음 단계의 상품을 말합니다. 즉 생활에 필요한 특정기능을 발휘하되 삶의 질을 향상시키는 상품으로, 궁극적으로 인간의 문화적 욕구를 충족시키는 상품을 일컫는 것입니다. 이는 결과적으로 '문화'가 가치로서 기능하는 상품이며, 자연 고유의 기능 외에 문화적 가치가 부가됨으로써 상대적으로 고부가가치의 상품이 됩니다.

문화상품은 비물질적인 상품(non-material product)으로, 일반적으로 소비재와 같은 명확한 효용성을 갖기보다는 심미적(esthetic)이며, 표현적(express)인 속성을 가지고 있습니다. 또한 문화상품은 직접적인 효용을 목적으로 구입하기보다는 여가의 필요나 감성적인 필요로 구매하며, 유행이나 취미에 의하여 소비자를 만족하는 것이 특징입니다.

② 문화상품의 특성

문화상품은 생존의 기본적인 조건이 충족된 이후에 그 구매가 발생하는 일종의 여유적 상품(餘裕的商品)의 성격을 지닙니다. 없어서는 안 될 필수품이라기보다 경제적인 여유에서 구매가 가능해지는 고부가가치의 상품이라는 점이 일반적인 인식입니다. 그러나 현대사회에서 문화생활이 일반화되고 있는 추세인 만큼 문화상품은 질 위주의 고급상품, 즉 일등품으로서의 문화상품과 필수품으로서의 문화상품으로 분류되고 있습니다.

1) 문화무역의 사례

한류(韓流)가 하나의 대중문화현상이 아닌 사회적인 이슈로 떠오르기 시작한 것은 대략 2000년부터입니다. 사실 그보다 몇 해 전 2인조 남성 댄스 가수 클론이 대만에 상륙하면서부터 한류는 예감되기 시작했고, 드라마가 중국을 비롯해 대만, 홍콩 등 중국어 문화권 시청자의 이목을 집중시켰으며, 2001년 한 해

동안도 그 열기는 식을 줄을 몰랐습니다. 거기에다 영화·게임·음식·헤어스타일은 물론 성형수술 분야에 이르기까지 '한류'가 퍼져 가고 있습니다.

여기까지가 전부라면 한류는 하나의 단순한 대중문화 현상이지 사회적인 이슈까지는 못 됐을 것입니다. 문제는 바로 한류가 만들어 낼 수 있는 엄청난 부가가치에 있습니다. 한류 스타를 모델로 한 광고가 매출액을 몇 배로 증가시키는 효과를 내는가 하면, 직접 스타를 보겠다고 한국을 찾는 중국계 청소년들 덕분에 관광업계가 분주해지고 있으며, 덕분에 한국 브랜드를 가진 상품들의 가치도 덩달아 올라가고 있습니다.

2) 문화무역의 문제점

2004년 동남아시아에 몰아친 한류 열풍은 한국의 대중문화만이 아닌 한국관련 모든 상품의 선호현상까지 한류 열풍이라는 단어로 대변되었습니다. 한류란 '한국 문화의 흐름 또는 바람'의 뜻으로 한국 대중문화를 표현하기 위해 2000년 2월 중국 언론이 붙인 용어로 알려져 있습니다. 한국 드라마의 중국 방영을 시작으로 동남아 국가들에 방영에 이어, 화려한 댄스 가수들의 세련미까지 가세해 한류열풍의 분위기를 한층 고조시켰습니다. 긍정적인 면으로 열풍은 동남아 젊은 이들의 문화생활에 영향을 미치고, 한국 대중문화에 친밀감을 느끼게 한 것도 사실입니다.

그러나 한류 열풍에 대한 평가가 실제보다 과장되고 주관적인 면이 부각되었다는 비판적인 소리가 높은 것도 사실입니다. 우선 긍정적인 면으로는 한류의 확산으로 아시아인들은 한국을 새로운 각도로 인식하는 계기를 마련하였으며, 드라마 속에 나타난 한국 문화는 미국 문화와 일본 문화의 융합의 내면에 짙게 깔린 한국적인 사고방식이라는 신선한 충격을 제공했습니다. 베트남의 경우 월남전 참전을 이유로 한국을 싫어하고 배척해 왔으나, 한국 스타들의 사진을 담은 티셔츠를 입고 다니거나, 헤어스타일, 액세서리, 화장품까지도 유행하고 있는 것으로 알려져 있습니다. 또한, 중국은 조선족 학생들에게 한국 가수의 음악 테이프와 포스터가 최고의 선물이 되고, 한국 학생들과 펜팔을 하려는 학생들이 늘고, 그들의 한국 상품 소유욕으로, 중국보다 5배 이상 비싼 한국 상품의 구입은 최근의 '사드사태'가 있기 전까지 계속 증가하고 있었습니다. 이는 중국 음악에 비해 파격적이고 활력이 넘치는 한국 댄스가요는 중국 신세대들의 응어리진 욕구를 말

끔히 씻어 주고, 중국 가요 시장에 돌풍을 일으키고 있다는 평가를 받았습니다.

　이러한 한류 열풍의 확산은 광범위하게 작용하여 수익을 창출하려는 관련 산업체들의 한국 연예인을 활용한 관광상품까지 등장하는 등, 외국 관광객 몰이로 스타가 하나의 관광상품으로 부상하였습니다. 중국 네티즌을 상대로 조사한 결과, 한국을 가보고 싶은 나라라는 응답자는 61.78%에 달했으며, 한류 열풍을 겨냥한 해외관광객 유치 상품과 중국 팬들과 아시아권 음악 팬들을 겨냥한 원정 관람 등으로 해외 방문객수도 점차 늘어 호황을 누리고 있습니다.

　그러나 이러한 한류 열풍은 아시아 - 일본 제외 - 국가들에는 유효한 결과를 이끌어 냈지만 미국, 유럽 등의 해외시장으로 확대하기에는 역부족입니다. 아시아에 영향을 파생시키는 한류 열풍에 대해 국제적인 내막을 들여다보면 중국은 사회주의적 이데올로기로 문화적 역할 수행에 문제가 있고, 홍콩은 중국 본토 편입 이후 문화적 경쟁력 퇴보로 연예계의 중심이 할리우드로 옮겨져, 실질적 아시아인들의 문화와는 거리가 멉니다.

　따라서 이러한 한류 열풍을 열풍이 아닌 문화로서 세계시장에 도전하려면 다음과 같은 점을 극복해야 합니다. 우선 한류 열풍의 연예인은 극히 한정적이라는 점입니다. 이 같은 연유로 한류 열풍에 인기를 얻는 연예인들은 몇 명 되지 않으며, 이들이 출연하는 일부 드라마, 영화에 국한되어 문화상품이 수출되고 있습니다. 게다가 이 같은 드라마의 경우 일본의 NHK를 제외한, 메이저 민방들의 한국 드라마의 구입과 편성에 적극적인 경우는 많지 않으며, 이는 한국 문화의 총괄적인 위상을 반영한다기보다는 소수 연예인들이 일시적으로 일으키는 단편적인 붐으로밖에 볼 수 없습니다.

　이러한 단편적이고 일시적인 한류 열풍을 넘어 세계를 주무대로 우리 문화 상품을 수출하기 위해서는 국제 마케팅 실정에 해박한 지식이 있는 기업들이 나서야 합니다. 외국의 언어나 문화에 정통한 직원, 현지 법률 전문가 미비로, 외국 기획사에 사기 당하고 불법 복제 음반에 큰 피해를 당하여도 이에 대비하거나 이를 해결할 방안이 거의 없다는 점을 해결하기 위해서도 기업이 앞장서야 합니다.

Chapter

30

국제협상

제 1 절　협상

　　협상은 외교관이나 세일즈맨들만이 하는 전문적 행위가 아닙니다. 다양한 이해관계자와 의견을 조율해야 하는 우리의 일상생활은 협상행위의 연속입니다. 또한 협상은 단순히 물건을 싸게 사거나 자신에게 유리한 계약을 하는 등의 경제적 행위에 한정되지 않습니다. 역사적으로 볼 때 협상을 잘하면 전쟁까지도 막을 수 있습니다. 우리 역사에서 가장 성공적인 협상사례는 고려시대 서희 장군과 거란과의 협상을 들 수 있습니다.

🔳 협상의 개념

　　리처드 셸(Richard Shell)은 협상을 다음과 같이 정의하고 있습니다. "협상이란 자신이 협상상대로부터 무엇을 얻고자 하거나 상대가 자신으로부터 무엇을 얻고자 할 때 발생하는 상호작용적인 의사소통과정이다."

　　또한 모란과 해리스(Moran, R & Harris, P.)는 "협상이란 상호이익이 되는 합의에 도달하기 위해 둘 또는 그 이상의 당사자가 서로 상호작용을 하여 갈등과 의견의 차이를 축소 또는 해소시키는 과정이다"라고 정의하고 있습니다.

🔳 협상의 특징

　　레위키(Lewicki)에 의하면 협상은 다른 경제행위나 정책행위와 비교해 다음과 같은 4가지 특징을 가진다고 합니다.

1) 상호의존관계에 있는 둘 또는 그 이상의 당사자

　　당사자는 개인이거나 기업, 정부, 국제기구일 수 있습니다. 이 같은 당사자가 협상을 한다는 것은 상호의존적 관계가 있다는 것을 의미합니다. 예를 들어 한국정부와 페루정부 간에 통상협상을 하더라도 상호의존성은 그리 크지 않습니다. 그러나 한미 간에 통상협상을 할 때는 상호의존성이 아주 큽니다.

　　그러므로 한국정부가 페루정부와 협상하는 태도나 전략은 미국정부와의 그것과는 아주 다를 것입니다. 거꾸로 당사자 간에 상호의존성이 없으면 협상행위

자체가 이루어지지 않습니다. 예를 들면 한국정부는 아무런 통상관계가 없는 아프리카의 차드나 르완다와 통상협상을 하려 들지는 않을 것입니다.

2) 보다 나은 성과를 기대한 자발적 행위

당사자가 서로 협상테이블에 앉았다는 것은 현 상태보다 보다 나은 성과를 얻기 위한 자발적 행위입니다. 만약 이라크가 UN의 사찰을 협조적으로 받아들이고 미국정부와 진지하게 협상했다면 2003년 이라크 전쟁은 일어나지 않을 수도 있었을 것입니다.

한국의 S전자에서 전자부품을 구매하기 위해 온 외국의 바이어가 첫 대면에서 실망해 나가버린다면 협상 자체가 이루어지지 않습니다. 그러나 아무리 가격 차이가 크더라도 외국 바이어와 협상이 이루어진다면 이는 서로 간에 보다 나은 성과를 얻기 위한 자발적 행위인 것입니다.

3) 협상자 간의 상호작용

청중 앞에서의 연설은 일방적 행위입니다. 그러나 협상은 상대방과 밀고 당기는 쌍방적 행위입니다. 이는 협상전략을 아무리 잘 짜더라도 상대방의 입장, 협상경험, 협상목적, 대응전략 등에 따라 전혀 다른 결과가 나올 수 있기 때문입니다. 협상의 이 같은 상호작용 때문에 기업이나 국가의 다른 행위와 비교해 협상의 결과나 성과를 예측하기가 아주 어렵습니다.

4) 갈등 해소과정

협상이란 이해당사자 간의 갈등을 해소하는 과정이라고 볼 수 있습니다. 협상의 특징은 문화적 차이가 큰 외국과의 국제협상에서 특히 두드러집니다. 해외에 공장을 세워 생산활동을 할 때 현지노동자나 현지정부와 문화적 차이 때문에 많은 갈등과 마찰이 발생하기도 합니다. 이 같은 문화적 갈등 해소를 위한 협상은 글로벌기업의 중요한 일 중 하나입니다.

제 2 절 국제협상

1 국제협상의 종류

협상은 국내협상과 국제협상으로 나눌 수 있습니다. 국내협상이란 말 그대로 한 나라에서 경제주체 간에 벌어지는 다양한 협상을 말합니다. 고객과 상인 간의 가격협상, 구매업체와 납품업체 간의 구매협상, 노사 간의 임금협상, 변호인과 고객 간의 협상, 지방자치단체와 주민 간의 협상 등 다양한 형태의 협상이 있습니다.

국제협상은 다른 국가 또는 다른 문화권에 속한 협상자 간의 협상이라고 정의할 수 있습니다. 학자에 따라서는 국가와 문화권의 개념을 구분해서 국제협상을 다루기도 합니다. 한 나라에도 여러 개의 문화권이 존재할 수 있기 때문입니다. 예를 들어 캐나다는 영미문화권에 속하지만 프랑스어를 쓰는 퀘벡주는 프랑스 문화권에 속합니다. 따라서 국제협상을 문화권에 중점을 두고 다문화 간 협상이라고 정의하기도 합니다.

이 같은 국제협상은 크게 다음과 같이 3가지로 대별할 수 있습니다.

첫째, 국제정치관계협상은 미/소 핵감축 협상, 중동 협상, 남북핵문제 협상과 같이 국제정치, 군사, 외교상의 협상이슈를 국가 간 또는 국제기구 간에 분석하는 것입니다. 이는 주로 국제정치나 국제관계를 전공하는 학자들에 의해 연구되고 있습니다.

둘째, 국제통상협상은 한미 자동차 협상, 우루과이라운드 협상과 같이 협상당사자가 모두 정부 또는 국제기구인 경우를 말합니다.

셋째, 국제경영협상은 한쪽 당사자만 국제기업이면 상대가 누구인가를 가리지 않습니다. 상대가 외국기업이나 해외투자기업의 외국인 근로자일 수도 있고, 외국정부나 국제기구일 수도 있습니다. 예를 들어 인도네시아에 투자한 한국기업이 현지 노조와 임금협상을 한다거나 조세감면을 받기 위해 인도네시아 정부와 협상하는 것 등이 모두 국제경영협상의 범주에 속합니다.

❷ 국제협상과 국내협상의 차이점

국제협상을 연구하는 거의 모든 학자들은 국내협상보다 국제협상이 더 어렵다고 말합니다. **레위키**(Lewiki)는 "다른 문화권과 협상하는 것은 국내협상보다 훨씬 더 복잡한 절차이다"라고 지적합니다. **살라쿠제**(Salacuse)는 국제협상이 국내협상보다 더 어려운 이유로 정치·법률적 다원성, 국제경제적 요인, 외국정부의 존재, 불안정성, 이데올로기, 문화 등의 여섯 가지를 꼽고 있습니다.

여기서는 **살라쿠제**(Salacuse)와 **하비브**(Habib)가 정리한 국제협상의 특징을 국제통상협상과 국제경영협상의 측면에서 다음과 같이 여러 가지로 요약해 봅니다.

1) 불확실성

협상행위 자체가 불확실한 상황에서 전개되지만, 국제협상은 다음과 같은 이유에서 국내협상보다 더 큰 불확실성을 가지게 됩니다.

첫째, 정치적 불확실성입니다. 한국과 투자협상을 하는 외국기업의 최대 관심은 북핵위협에 대한 한국의 불확실성입니다. 동서독의 통일에서 시작해 인도네시아 수하르토정권의 몰락에서 보듯이 국제협상에서는 상대국 정부의 정치적 불확실성을 고려하지 않을 수 없습니다.

막강한 영향력을 발휘하는 수하르토 대통령 일가의 지원으로 현지의 에너지 개발사업에 참여하는 협상을 하던 기업에게 수하르토 대통령의 갑작스런 하야는 커다란 충격이었습니다. 또한 협상대상국 정권이 쿠데타 등에 의해 전복되면 기업이 상당한 정치적 리스크를 부담하게 됩니다.

둘째, 환율변동에서 오는 불확실성입니다. 1994년 멕시코 페소화위기나 1997년 아시아 금융위기에서 보듯이 급격한 환율변동은 국제협상의 기대이익에 큰 영향을 미치게 됩니다. KIKO사태는 이를 잘 보여 주고 있습니다.

셋째, 상대국 정부의 자의적 정책변화에서 오는 불확실성입니다. 한국정부와 협상하는 미국정부나 외국기업의 최대 불만 중의 하나는 "한국정부의 정책이나 제도가 투명하지 못하고 일관성이 없어 예측 가능성이 낮다"는 것입니다. 말하자면 한국정부가 갑자기 정책이나 제도를 바꾸어 상대방이 협상하는 데 예측하지 못한 상황이 발생한다는 것입니다. 이 같은 형태의 불확실성은 제3세계 국가나 러시아, 중국 등 정치·사회적 발전 수준이 높지 않은 나라에서 더 크게 나타나고 있습니다.

2) 문화적 차이

국제협상에서 문화적 차이는 협상과정과 협상행위에 커다란 영향을 미칩니다. **그레이엄**(Graham)의 연구에 의하면 많은 경우 다른 문화권과의 협상이 같은 문화권과의 협상보다 더 적은 협상성과를 산출한다고 합니다. 문화적 차이에 따른 각종 장벽과 의사소통의 문제가 다른 문화권과의 협상을 어렵게 하는 것입니다.

3) 국내반응

흔히 국제협상자는 외국정부나 외국기업과 협상을 잘하면 되는 것으로 이해합니다. 따라서 외국 협상상대만 의식하고 그들의 요구나 전략에만 관심을 기울이면 된다고 생각합니다. 그러나 **레위키**와 **슈나이더**에 의하면 국제협상 테이블에 앉은 협상자는 외국기업이나 정부와의 협상에서 내린 자신의 결정이 국내에서 좋은 평판을 받기를 원한다고 합니다. 따라서 외국에 나가 협상을 하면서도 협상자는 끊임없이 본국의 반응에 민감하게 주의를 기울입니다. 한 걸음 더 나아가 국내 미디어에 대한 홍보를 통해 자신의 협상이 국민들에게 성공한 협상으로 비춰지길 원하게 됩니다.

4) 법률제도의 다원성

모든 국가는 자신의 고유한 법률제도를 가지고 있습니다. 따라서 이 같은 나라마다의 법률제도의 차이를 잘 알고 국제협상을 해야 합니다. 예를 들어 미국기업과 군사적으로 사용될 가능성이 높은 기술이전을 받고자 협상을 한다면 아무리 당사자 간에 합의가 이루어져도 법적으로 유효하지 않게 됩니다. 미국정부가 군사기술의 해외수출을 법률적으로 금지하고 있기 때문입니다.

실제로 미국정부는 **크레이**(Cray)사가 슈퍼컴퓨터 시스템을 인도정부에 수출하려 하는 것을 이 같은 이유로 금지한 바 있습니다. 중국과 인도에 자동차공장을 세우려고 협상을 하는 서구기업은 현지법의 구속을 받게 됩니다. 두 나라 정부가 100% 외국인 투자를 인정하지 않고, 합작투자만을 인정하고 있기 때문입니다.

과테말라 등 중미 국가에 투자하기 위해 협상을 하는 국제기업은 현지노동법규를 고려해야 합니다. 이들 국가는 개도국임에도 불구하고 미국의 앞선 노동법 체제를 그대로 받아들여 엄격한 근로자 보호제도를 실시하고 있습니다. 조세제도의 차이, 계약법제도의 차이 등도 국제협상에 중대한 영향을 미치는 법적 요인입니다.

5) 정치·외교적 다원성

외국의 정치제도나 외교정책은 국제협상에 중대한 영향을 미칠 수 있습니다. 2003년 이라크 전쟁의 전후 복구사업에 참여하고자 하던 기업은 미국과 프랑스의 외교정책에 크게 영향을 받았습니다. 시라크 대통령의 반전 때문에 프랑스기업은 이 복구사업 참여협상에 어려움을 겪은 반면 이라크전에 적극 찬성한 영국과 필리핀 기업들은 복구사업 참여협상에서 유리한 고지를 점령할 수 있었습니다.

마하티르 수상은 정치적으로 반(反)유럽, 특히 반영국적 색채를 띠고 있는데 이는 유럽기업이 말레이시아에 진출하기 위한 국제협상에 커다란 영향을 미치고 있습니다. 예를 들어 공산주의 정치체제에서 뼈대가 굵은 러시아나 중국과 협상을 하는 외국정부나 기업은 그들이 가지고 있는 경직되고 전사적인 협상태도 때문에 애를 많이 먹고 있습니다.

전통적으로 국제무대에서 중국을 정치/외교적으로 적극 지원하던 독일이나 프랑스기업이 중국시장 진출을 위한 협상을 미국기업보다 유리하게 진행할 수 있는 것도 이러한 이유가 있습니다.

6) 현지국정부의 존재

외국정부는 글로벌기업의 국제경영활동에 다양한 형태로 개입하기에 이들과의 협상도 매우 중요합니다. 예를 들어 정부가 개입주의적 특성을 가진 한국, 일본, 프랑스에서 거래를 하고자 하는 글로벌기업은 협상에 이들 정부와 현지 부품사용 의무, 까다로운 환경규제 등에 관한 어려운 협상을 해야 합니다.

반대로 비개입주의적 성격이 강한 영미계 국가에서는 외국정부가 기업 간의 협상에 거의 관여를 하지 않습니다. 예외적인 경우는 공공부문이 통신, 자원개발 같은 많은 주요 산업부문을 통제하고 있을 경우입니다. 이때 외국정부와의 협상이 현지 시장진출의 성패를 판가름하게 됩니다.

제 3 절 국제협상의 단계

1 국제협상의 2단계

국제협상은 1단계 대외협상과 2단계 대내협상의 두 단계로 구분할 수 있습니다. 1단계는 잠정적 합의에 도달하기 위한 양측 협상대표 간의 대외협상이며, 2단계는 이 대외협상안에 대한 국내비준/동의를 받기 위한 국내 사회세력 및 이익집단과의 별도의 협의, 즉 내부협상입니다.

현실적으로 FTA의 경제적 이익이 국민경제의 모든 부분에 균등하게 배분되는 것이 아니므로 혜택을 보는 승자는 FTA를 지지하는 사회적 세력으로, 불이익을 보는 패자는 반대세력을 형성하여 국민여론을 통해 정부의 FTA정책에 중대한 영향을 끼치고 있습니다. 한/칠레 FTA가 교착상태에 빠졌던 주요 이유도 칠레와의 대외협상(1단계 게임)의 실패 때문이 아니라, 칠레와의 협상안에 대하여 농민단체의 조직적인 저항 등으로 인하여 국내적 동의를 못 얻었기 때문이었습니다.

2 내부협상에 영향을 미치는 요인

퍼트남에 의하면 국제협상의 2단계, 즉 내부비준/승인에 영향을 미치는 요인은 다음과 같은 4가지라고 합니다.

첫째, 협상사안의 성격입니다. 협상사안이 동질적이면, 즉 내부집단에 균등한 영향을 미치면 내부협상이 아주 용이합니다. 평화안보협상이 이의 좋은 예라고 할 수 있습니다. 반면에 협상사안이 이질적이면, 즉 FTA로 이익을 보는 승자와 손해를 보는 패자가 확연히 나누어지면 내부협상이 아주 어렵습니다.

둘째, 내부집단의 반응입니다. 내부집단의 반응이 대칭적이면 다시 말해서 패자와 승자의 반응이 똑같으면 내부협상이 용이합니다. 이는 설사 손해를 보는 패자집단이 크게 반발을 하더라도 승자집단이 정치적으로 정부를 지지해 주므로 내부협상이 용이해지는 것입니다. 하지만 내부집단의 반응이 비대칭적이면 내부협상이 어려움을 겪게 됩니다. 왜냐하면 손해를 보는 패자집단은 시위 등을 통해 정부를 정치적으로 압박하는 데 반해서 승자집단은 침묵하며 FTA의 무임승차를 기대하기 때문입니다.

셋째, 협상사안의 정치 이슈화입니다. 협상사안을 정치 이슈화하면 정치가가 정치적 이해관계를 가지고 국제협상의 국내 비준에 개입하려 합니다. 일반적으로 정치가는 자신의 정치적 기반을 강화하든지 선거 시 득표와 관련하여 2단계 게임에 개입하므로 이 같은 경우 내부협상은 아주 어려워지게 됩니다. 반대로 정치 이슈화하지 않으면, 내부협상은 상대적으로 용이하게 됩니다.

넷째, 정치적 리더십입니다. 내부협상은 정부의 정치적 의지에 중대한 영향을 받으므로 "정부가 내부집단의 반응을 얼마나 정치적으로 의식하는가?"의 문제로 요약해 생각해 볼 수 있습니다. 즉 정부가 약체이거나 선거를 앞두고 있어 내부협상에 대한 정치적 의지가 약해 정치 지도자(대통령)가 강한 정치적 리더십을 발휘하지 못하면, 내부협상이 아주 어려워집니다. 반대로 강한 정치적 리더십을 발휘하면 내부협상이 아주 쉽게 해결될 수 있습니다.

🗿 내부협상의 난이도

대외협상안을 국내적으로 비준/승인받는 2단계 내부협상이 가장 용이한 경우는 협상사안이 동질적이고, 내부집단의 반응이 대칭적이어서 승자집단이 패자집단의 정치적 반발에 맞서 정부를 지지해 주며, 협상을 국내적으로 정치 이슈화하지 않으며, 결정권자가 강한 정치적 리더십을 발휘하는 경우입니다.

반면에 가장 어려운 경우는 협상사안이 이질적이어서 승자집단과 패자집단에 미치는 경제적 효과에 큰 차이가 나며, 내부집단의 반응이 비대칭적이어서 패자집단의 반발을 정부가 홀로 맞서야 하며(승자집단은 무임승차를 기대), 협상을 정치 이슈화하여 패자산업에 지역구를 둔 국회의원들이 정치적 동기를 가지고 개입하며, 최고 의사결정권자가 내부협상에 대하여 정치적 의미를 가지지 않아 강력한 정치적 리더십을 발휘하지 않는 경우 등을 들 수 있습니다.

Chapter

31

무역규칙

제 1 절 무역거래관습

상관습이란 특정한 집단에 속하는 상인들 간의 상습적 행위나 전통적 행동 양식으로서 장기간에 걸쳐 거래관계에서 널리 인정됨으로써 상호 간에 인정하고 준수하려는 상거래양식을 의미합니다. 이같은 상관습이 무역거래에서 국제 간에 관용되고 있는 경우 이를 국제상관습 또는 국제무역관습이라 합니다.

국제 간의 무역거래는 국내에서의 일반상거래와는 달리 언어, 관습, 법률, 제도 등이 상이한 국가 간의 거래이므로 매매 당사자 일방의 국내법을 양 당사자 간의 거래에 적용시키기에는 무리가 있습니다. 따라서 매매 당사자 간의 거래관계의 균형을 유지하고 계약의 체결·이행·분장의 해결에 있어서 판단의 기준이 되는 것이 국제무역관습입니다.

국제무역관습은 계약 당사자가 올바르게 이해하지 않고 있거나 당사자 간에 그 관습의 내용에 대한 의견이 일치하지 않을 경우 유효하게 이용할 수 없을 뿐 아니라 손실 또는 위험을 초래할 가능성이 있습니다. 이 같은 사태를 고려하여 무역거래의 안전과 발달을 도모하고 거래관습의 이용을 효과적으로 하기 위하여 국제상업회의소, 거래소, 동업자조합 등 국제단체의 협의에 의하여 제정된 것이 국제무역규칙입니다.

제 2 절 무역규칙

오늘날 국제무역거래가 빈번해질수록 각 국가의 법은 많은 불편을 초래하고, 심지어는 거래의 성립을 방해하기도 합니다. 이러한 문제를 극복하기 위해 다음과 같은 노력이 꾸준히 진행되어 왔습니다.

첫째, 국제사법의 원칙에 따라 개별거래의 준거법을 정하는 것입니다. 그러나 각국의 국제사법 규정이 동일하지 않으므로 어느 나라에서 재판이 진행되느냐에 따라 준거법 결정원칙이 달라지는 경우가 많습니다.

둘째, 일정한 유형의 무역거래에 대하여는 각국의 법을 통일시키는 것입니다. 20세기 들어 국제상업회의소(ICC), UN국제무역거래법위원회(UNCITRAL), 사법통일을 위한 국제협회(UNIDROIT) 등의 단체와 정부 간 기구를 중심으로 해상법, 무체재산법, 매매법 분야에서 괄목할 만한 성과가 있었습니다. 국제무역거래규범을 통일하기 위해서는 국가 간에 조약을 체결하거나 국제기구를 중심으로 통일규칙 또는 표준계약서를 제정하여 실시해 오고 있습니다.

셋째, 통일조약이나 법규정을 만드는 데에는 시간이 걸리고 모든 나라가 이를 채택하는 것도 아니므로 권위 있는 국제기구가 모델법을 만들어 각국에 채택을 권고하는 방법이 많이 시도되고 있습니다. 특히 1980년 제정되어 1988년부터 발효된 국제물품매매계약에 관한 UN협약(UN Convention on Contracts for the International Sale of Goods, CISG)은 국제 무역거래의 성립과 분쟁해결을 위한 중요한 법원으로 등장하였습니다.

그러나 세계 각국은 아직도 국제무역거래의 많은 부분에서 각국이 공통적으로 적용할 수 있는 통일법을 제정하지 못하고 있습니다. 이는 법이라는 것이 강행규범으로서 강제되어야 하는 속성을 가지고 있어서 세계 어느나라도 국제무역거래에서 야기되는 개인 간의 다툼을 법을 통해 해결하지 않으려는 의도 때문입니다. 물론 개인간의 국제거래를 다루는 국제사법재판소가 있지만 특별한 경우를 제외하고는 국제거래 당사자간에 거의 이용하지 않고 있습니다.

따라서 국제무역거래에서 발생하는 여러 가지 문제를 해결하려면 어느 특정국가의 국내법을 인용하는 경우가 발생하는데, 이를 국제무역거래의 준거법이라 합니다. 이렇게 어느 특정국가의 국내법이 국제무역거래의 준거법으로 사용되는 경우에 그 법은 더 이상 국내법이 아닙니다. 그렇다고 국제법도 아니기에 국제무역거래규칙의 범주에 포함하는 것이 옳다 할 것입니다.

이 장에서는 국제무역 관련규칙을 크게 5가지로 구분하여 살펴보고자 합니다.

1 무역계약 관련 규칙

국제무역 관련 규칙 중 무역계약 관련 규칙으로서 가장 오래된 것이 영국의 국내법인 물품매매법(Sales of Goods Act)입니다. 동 법은 1894년부터 시행되어 오다가 1979년에 영국귀족원의 동의를 얻어 전면적으로 개정한 후 1980년 1월 1일부터 발효되어 오늘에 이르고 있습니다. 현재 가장 널리 사용되고 있는 국제무역계약 관련 법규는 UN에 의해 제정된 국제물품매매계약에 관한 협약(UNCISG: 일명 비엔나협약)이며, 이 외에도 국제법협회(ILA)가 제정한 CIF계약에 대한 와르소-옥스퍼드 규칙, 국제상업회의소(ICC)가 제정한 무역거래조건에 관한 ICC규칙(일명 Incoterms) 등이 있습니다. 인코텀스(Incoterms)는 1936년 제정된 이후 7차의 개정을 통하여 현재는 Incoterms 2010을 사용하고 있습니다. 한편 1996년 UNCITRAL 총회에서는 전자상거래와 관련하여 전자상거래모델법(UNCITRAL Model Law on Electronic Commerce)을 제정하였습니다.

② 무역운송 관련 규칙

국제무역운송 관련 규칙 중 해상운송과 관련한 규칙으로서 가장 대표적인 것은 1924년 국제법협회(ILA)가 제정한 헤이그규칙(Hague Rules)입니다. 헤이그규칙은 선하증권에 관한 규칙의 통일을 위한 국제협약(International Convention for the Unification of Certain Rules relating to Bills of Lading)이라고도 하며, 이후 컨테이너 운송의 출현 등에 따라 헤이그규칙의 일부내용을 개정하여 1968년에 헤이그-비스비규칙(Hagure-Visby Rules)으로 개정하였습니다. 이후 UN에 의해 1978년에는 함부르크규칙(Hamburg Rules)으로 불리우는 해상화물운송에 관한 UN협약(United Nations Convention on the Carriage of Goods by Sea)이 제정되었습니다.

또한 복합운송이 발달함에 따라 UN이 1980년 제정한 국제화물복합운송에 관한 UN협약(United Nations Convention on International Multimodal Transport of Goods)과 국제항공법전문가위원회가 국제항공운송에 관한 통일조약으로 제정한 국제항공운송에 관한 일부 규칙의 통일을 위한 협약(Convention for the Unification of Certain Rules Relating to International Transport by Air: 일명 바르샤바조약)이 있으며, 1990년 국제해사위원회(CMI)가 전자적 거래에 대비하고자 해상화물운송장에 관한 통일규칙(Uniform Rules for Sea Waybills)과 전자식 선하증권에 관한 규칙(Rules for Electronic Bills of Lading)을 제정하였습니다. 1988년에는 UN무역개발위원회(UNCTAD)와 국제상업회의소(ICC)가 함께 복합운송서류에 관한 UNCTAD/ ICC규칙(UNCTAD/ICC Rules for Multimodal Transport Document)을 제정하였습니다.

③ 해상보험 관련 규칙

국제해상보험 관련 규칙으로서 최초의 법규는 영국이 1906년에 국내법으로 제정한 해상보험법(Marine Insurance Act, MIA)입니다. 이보다 앞선 1877년에는 국제법협회(ILA)가 공동해손(general average)을 구성하는 손해 및 비용에 관한 국제통일규칙으로 공동해손에 관한 요크-앤트워프규칙(YAR : York and Antwerp Rules)을 제정한 바 있습니다. YAR은 그 후 수차의 개정을 거쳐 1994년 국제해사위원회(CMI)가 새로운 공동해손규칙을 제정하였습니다.

이 외에도 런던보험자협회(ILU)가 협회적화약관(Institute Cargo Clause)과 협회기간약관(Institute Time Clauses-Hulls)을 제정하였습니다.

④ 무역대금결제 관련 규칙

국제무역대금결제와 관련한 최초의 규칙은 영국의 국내법인 환어음법(Bills of Exchange Act)으로 1882년 8월 18일 제정되었습니다. 국제무역거래의 대금결제방식은 주로 추심에 의해 대금결제가 이루어지고 있습니다. 추심방식은 어음을 전제로 하며, 어음은 약속어음과 환어음이 사용됩니다. 특히 국제무역거래에는 환어음이 주로 사용되는 바 추심방식 이용에 따른 혼란을 방지하고 각국의 상이한 해석으로 인한 불확실성을 제거함으로써 무역을 활성화하는 것을 목적으로 국제상업회의소(ICC)가 상업어음에 관한 통일규칙(Uniform Rules for the Collection of Commercial Paper, URC)을 제정하였습니다. URC는 최근인 1996년 1월 1일부터 개정하여 시행하고 있습니다.

국제무역대금결제가 신용장에 의해 이루어지는 경우와 관련해서 가장 널리 사용하는 규칙으로는 1933년 국제상업회의소(ICC)가 제정한 화환신용장통일규칙 및 관례(Uniform Customs and Practice for Documentary Credits, UCP)입니다. UCP는 이후 수 차의 개정을 거쳐 현재는 UCP 600을 사용하고 있습니다. 사실 신용장거래의 준거법으로 적용가능한 최초의 규칙은 미국의 국내법이자 성문법인 미국 통일상법전 제5편 신용장(Uniform Commercial Code-Article 5 Letters of Credit)입니다.

최근에는 전자거래를 위한 국제적 통일규칙의 필요성에 따라 국제상업회의소(ICC)가 2001년 eUCP 즉, 전자적 제시를 위한 화환신용장통일규칙 및 관행의 보칙 1.0(Supplement to the Uniform and Practice for Documentary Credits for Electronic

Presentation-Version 1.0)을 제정하였으며, 제1차 개정으로 eUCP 1.1버전을 2007년 7월부터 시행하고 있습니다. eUCP는 신용장거래에서 국제무역대금결제가 전자적 기록에 의해 독립적으로 행하여지거나 또는 종이서류와 함께 이루어지는 경우를 수용하기 위하여 UCP 600을 보충하는 보칙으로서의 국제규칙을 말합니다.

사실 국제무역대금의 결제는 은행 간에 이루어지는 것이 일반적입니다. 이를 위한 국제규칙으로서 국제표준은행관습과 보증신용장에 관한 UN협약, 그리고 국제환어음과 약속어음에 관한 UN협약 등이 있습니다.

5 무역거래분쟁 관련 규칙

국제무역거래와 관련한 분쟁에서는 일반적으로 중재제도가 이용되고 있습니다. 이러한 중재제도의 이용을 촉진하고 단일화된 상사중재제도의 제정의 필요성에 따라 1958년 유엔경제사회이사회와 국제상업회의소(ICC)를 중심으로 외국중재판정의 승인과 집행에 관한 UN협약(United Nations Convention on the Recognition and Enforcement of Foreign Arbitral Awards : 일명 뉴욕협약)을 제정하였습니다.

이후 UN국제무역거래법위원회(UNCITRAL)는 각국 중재법의 표준이 되는 모델법으로 1985년 표준국제상사중재법(Model Law on International Commercial Arbitration)을 제정하였습니다. 이에 앞서 국제상업회의소(ICC)는 1923년에 산하기관으로 중재재판소를 설치하고, 1975년에는 국제상사분쟁의 우호적인 조정과 중재에 적용할 국제상업회의소의 임의적 조정규칙(ICC Rules of Optional Conciliation) 및 국제상업회의소의 중재규칙(ICC Arbitration Rules)을 제정하였습니다. 그 후 1986년 조정규칙을 전면적으로 개정·시행하였으며, 1988년 1월 1일부터는 그중에서 중재규칙만을 개정·시행하여 오늘에 이르고 있습니다.

이들 국제무역규칙들을 종합해 보면 다음의 〈표 31-1〉과 같습니다.

| 표 31-1 | 국제무역규칙의 종류 |

구 분	국제무역규칙의 명칭	제정기관
국제무역계약 관련 규칙	인코텀스	국제상업회의소(ICC)
	비엔나협약	UN국제무역거래법위원회(UNCITRAL)
	국제상거래계약의 원칙	사법통일을위한국제연구소(UNIDROIT)
	영국물품매매법	영국상원(House of Lords)
	미국무역정의	전미국무역회의(National Foreign Trade Convention)
	와르소-옥스퍼드규칙	국제법협회(ILA)
	전자상거래 모델법	UN국제무역거래법위원회(UNCITRAL)
국제무역운송 관련 규칙	헤이그규칙	국제법협회(ILA), 국제해사위원회(CMI)
	함부르크규칙	UN국제무역거래법위원회(UNCITRAL)
	바르샤바협약	국제항공운송협회(IATA)
	헤이그의정서	항공법회의(ICAO)
	복합운송에 관한 UN협약	UN무역개발위원회(UNCTAD)
	복합운송서류에 관한 규칙	UN무역개발위원회(UNCTAD), 국제상업회의소(ICC)
	CMI규칙	국제해사위원회(CMI)
국제해상보험 관련 규칙	해상보험법	영국상원(House of Lords)
	I.C.C. 협회운송약관	영국런던보험자협회(ILU)
	협회기간약관(선박)	영국런던보험자협회(ILU)
	요크-앤트워프규칙	국제해사위원회(CMI)
국제무역대금결제 관련 규칙	신용장통일규칙	국제상업회의소(ICC)
	전자신용장규칙	국제상업회의소(ICC)
	국제표준은행관습	국제상업회의소(ICC)
	보증신용장에 관한 UN협약	UN무역개발위원회(UNCTAD)
	미국통일상법전 5조	미국상원(United States Senate)
	추심에 관한 규칙	국제상업회의소(ICC)
	은행 간 신용장대금상환에 관한 규칙	국제상업회의소(ICC)
	영국환어음법	영국상원(House of Lords)
	환어음과 약속어음에 관한 UN협약	UN국제무역거래법위원회(UNCITRAL)
국제무역거래분쟁 관련 규칙	뉴욕협약	UN경제사회이사회(UNECOSOC), 국제상업회의소(ICC)
	상사중재에 관한 UN모델법	UN국제무역거래법위원회(UNCITRAL)
	UN상사중재규칙	UN국제무역거래법위원회(UNCITRAL)
	조정과 중재에 관한 ICC규칙	국제상업회의소(ICC)

우리나라무역의 과제와 전망

한 국가가 강력한 경제를 완성해 나가는 과정에서 가장 중요한 것은 그 국가의 과거 경제 흐름을 객관적으로 판단하고, 그러한 흐름의 발생 원인에 대해 타당한 근거를 제시하는 일입니다.

경제원칙이란 가장 적은 비용을 들여 가장 큰 수익을 얻으려는 경제상의 원칙을 말합니다. 이러한 비용우위는 교역국가에 비교우위를 갖고 수출을 하게 됨으로써 이익을 발생시킬 수 있습니다. 자원 빈곤국인 우리나라는 외국과 교역을 통해서 경쟁해야 하며, 더욱이 세계는 개인이든 기업이나 국가든 국제 경쟁력을 갖추지 않고는 살아남을 수 없는 냉혹한 현실을 맞고 있습니다. 변화에 앞서 변신을 시도하는 기업은 살아 남지만, 적응하지 못하면 도태할 수밖에 없는 것이 오늘날의 경제환경입니다.

이같은 개방화 · 탈국경화 시대에서 생존하려면 무엇보다도 탁월한 국제감각과 해외 개척정신의 면모를 보여 준 우리나라 역사의 장보고 같은 전략과 혜안이 필요합니다. 장보고는 리더십 · 탈기획력 · 탈자금동원력 · 탈섭외력 등을 갖춰 고대사회에서 일찍이 동북아를 주름잡았던 국제 무역상이었습니다.

장보고는 당나라의 신라방에 흩어져 있는 한민족 경제공동체에 대하여 '아웃소싱'과 '윈-윈'을 추구하고 무역에 필요한 정보화를 위해 무역상단을 연결한 네트워크를 구축했습니다.

육의전에 앉아 편히 장사하는 시전상인의 안일함이 아니라 빗 하나, 장신구 하나라도 더 팔기 위해 커다란 보따리를 짊어지고 전국 방방곡곡을 누비던 보부상들은 소비자들이 원하는 생필품을 팔고 대신 식량 등 필수품을 사주었습니다. 마찬가지로 장보고가 3국 간 해상무역을 장악할 수 있었던 것도 중국 동부연안을 돌아다니며 생필품을 수집, 판매하는 재당 신라인 출신 행상과 선박 및 선원들을 보유한 해운업자, 연안 무역업자들을 연계했던 네트워크 덕분이었습니다.

이러한 장보고의 해상활동에는 오늘날의 인터넷 무역시대에 맞는 네트워크 시스템 경영의 개념을 내포하고 있습니다. 뿐만 아니라 중개무역 활성화, 해외동포와 연계된 무역 네트워크 구축, 동북아 경제권 구축, 세계화 대응전략, 국제무역의 진흥방안 등 한국 경제의 난제를 해결할 지혜와 교훈을 찾을 수 있을 것입니다.

이제 다음과 같이 우리나라 무역의 과제와 전망을 통해 우리의 글로벌무역 경쟁력을 강화해 나아가야 하겠습니다.

제 1 절 우리나라 무역의 과제

1 우리나라 무역의 역동성

첫째, 세계경제의 글로벌화 · 디지털화에 맞추어 우리 산업 · 기업 · 수출상품의 경쟁력 강화와 세계일류화를 추진해야 할 것입니다. 이를 위해서는 개별산업의 장기적인 발전비전과 전략을 수립 · 추진함으로써 상품의 고부가가치화 및 질적 고도화를 추구하는 것이 필요합니다. 또한 세계 최고의 기술경쟁력과 시장성을 갖춘 일류상품과 IT · BT · NT 등 신기술에 바탕을 둔 차세대 수출주력품목을 발굴 · 육성해야 할 것입니다. 세계 일등 부품 · 소재 개발을 위해 독자적 기술기반을 구축하고, 부품 · 소재산업의 수출산업화 및 외국인투자 유치를 촉진하는 것 역시 그런 노력의 일환입니다.

둘째, 혁신주도형 성장전략의 추진과 지식서비스산업의 육성을 통한 안정적인 성장기조의 확립해야 합니다. 즉 기술혁신, 생산성향상, 디자인개발, 규격인증 등의 혁신전략 추진으로 지속성장을 위한 새로운 성장엔진을 창출할 수 있어야 합니다. 또한 서비스산업 등 지식서비스산업을 적극 육성하여 차세대 수출을 주도할 새로운 수출주력산업화를 추진해야 합니다. 이러한 제조업과 서비스산업의 선순환을 통해 고기술, 고부가가치, 고생산의 질적 성장체계 구축 및 경제구조 다변화를 실현할 수 있을 것입니다.

셋째, 시장경제원리와 글로벌스탠더드와의 적합성을 제고하여 기업하기 좋은 환경을 조성해야 합니다. 동북아 비즈니스 중심지로의 부상과 연계하여 지식, 기술, 입지 등 새로운 경영전략요소를 확충, 외국인투자를 적극 유치해야 합니다. 또한 시장경제원리에 부합하는 방식으로 금융, 기업, 공공부문의 선진화를 추진하여 가장 기업하기 좋은 경영환경을 제공하는 노력도 필요합니다. 이 과정에서 경제부문의 투명성 제고와 선진경제체제를 확립해야 합니다.

넷째, 사회적 환경변화에 부응하는 새로운 경제시스템을 정착시켜야 합니다. 먼저 인구고령화 및 노동공급증가율 감소에 따른 노동공급구조의 변화, 근로시간 단축 등 선진복지사회로의 이행에 따른 수요 다양화, 여가증대 등을 안정적으로 수용할 수 있어야 합니다. 나아가 시장과 정부가 조화를 이루는 새로운 파트너십 관계를 구축해야 합니다. 이를 통해 산업 및 경제 전반의 경쟁력을 업그레이드하는 계기로 활용해야 합니다.

다섯째, 무역대국의 위상에 부합하는 신무역인프라를 확충해야 합니다. 즉 물류기반의 선진화, 전문무역인력의 양성, 선진국 수준의 국내전시산업 육성으로 무역거래비용을 절감해야 합니다. 또한 월드컵, 아시안게임 등을 통해 높아진 국가·상품·기업 이미지를 체계적으로 관리하고 무역거래의 선진화를 통해 수출경쟁력 제고를 실현해야 할 것입니다

② 대외경제협력의 강화

첫째, 다자·양자 간 협력체제 구축과 적극적 국제협력으로 통상이익의 극대화를 실현해야 합니다. 한 예로 우리 기업의 경제적 실익을 담보할 수 있는 DDA협상 대응전략을 마련·추진하고, 교역확대, 우리 기업의 글로벌화 및 현지화를 위해 지역별 거점국가와의 FTA 체결 추진을 들 수 있습니다. 뿐만 아니라 중국의 WTO가입에 따른 동북아시장의 확대, 세계 전역으로 확산되고 있는 지역블럭화 및 통상마찰에 대비하여 전략적인 동북아 경제협력을 전개해야 합니다.

둘째, 수출과 투자, 기술협력 등을 연계한 복합무역의 전개, 전자무역의 확산으로 무역의 외연을 지속적으로 확대해야 합니다. 이를 위해 수출일변도의 무역진흥활동에서 탈피하고 무역, 통상, 투자, 기술협력 등 전방위적 비즈니스 관점의 복합무역을 전개하여 교역의 확대균형에 바탕을 둔 수출증진을 도모해야 합니다. IPO(국제구매담당자)를 통한 다국적기업의 아웃소싱, 우리기업의 해외직접투자와 연계한 수출확대의 모색 또한 중요합니다. 이렇게 전자무역의 실현을 위한 기업 간·산업 간 네트워크체제를 구축해 나간다면 수출기회와 수출저변의 확대로 신무역대국으로 부상할 수 있을 것입니다.

제 2 절   우리나라 무역의 나아갈 길

① WTO 이후 대책 수립

한국무역의 여건은 상품수출단계에서 자본수출단계로 넘어가는 전환기적

시점에 있으며, 특히 세계무역이 WTO 체제로 전환하고 있는 현실을 직시해야 합니다.

우선 무역의 카테고리를 상품무역 중심에서 서비스무역과 기술무역까지를 포함하는 넓은 교역의 범위로 확대하여 다루어야 합니다. 오늘날 경제가 선진화할수록 상품무역보다는 서비스무역이나 기술무역에 더욱 큰 중점이 놓여지고 있는 추세입니다. 특히 서비스무역의 자유화가 급속히 진행될 것이 틀림없고, 그 경우 서비스무역에서의 수지적자 가능성에 대한 대책을 미리 수립해 놓아야 할 것입니다. 앞으로 서비스무역의 개방과 더불어, 특히 금융, 증권, 외환부문에서의 자유화가 가져올 영향을 가능한 한 최소화해야 한다는 점에서도 이러한 대책은 매우 중요하다고 할 것입니다.

둘째로 상품무역의 경우에서도 지금까지와 같은 수출중심주의로부터 인식을 전환할 필요가 있습니다. 지금까지의 공산품 수출의 중요성 못지않게 앞으로는 천연자원으로서의 1차산품, 특히 그중에서도 식량이나 공업용 원료로서의 농산물의 수입이 더욱 중요해질 것입니다. 쌀, 쇠고기 등 기초 농축산물의 수입이 앞으로 자유로워진다면, 한국의 농업 내지 농촌사회의 변화는 급격할 것 같으며, 그로 말미암은 산업구조의 현저한 변화는 물론, 사회구조 전반에도 변혁을 가져오게 될 것입니다. 이러한 변혁의 영향을 최소화하기 위해서는 국내 농업도 경쟁력을 가져야 하며, 이를 위해서는 농업자체의 구조개편은 물론이고, 경제전반으로 구조조정작업이 불가피하게 요구될 것이며, 이에 대한 대책을 수립해야 합니다.

셋째로 글로벌화시대에 있어서의 국제경쟁력 개념이 바뀌어야 할 필요가 있습니다. 종전의 특정 공산품이나 산업개발을 위한 경쟁력 개념으로부터 이제는 농업이나 서비스업을 모두 포괄하는 총체적인 나라 전체의 대외경쟁력 개념으로 바뀌어야 합니다. 즉, 무엇보다도 자국상품의 수출증대를 위한 수출경쟁력 개념으로서만이 아니라, 외국의 상품이나 서비스의 유입에 어떻게 대처할 것인가 하는 의미에서의 수입대항 경쟁력 개념을 더욱 강하게 인식해야 합니다. 또한 상품수출과 서비스수출, 그리고 해외직접투자까지도 상호 긴밀한 보완적인 유대관계를 가지면서 통일적으로 추진할 필요가 있습니다.

2 통상마찰과 무역불균형의 해소

지금까지의 한미 간 통상마찰은 주로 미국의 슈퍼 301조 발동에 따른 한국의 대비 공산품 수출, 그리고 거꾸로 미국의 한국에 대한 농산물 수출을 대상으로 한 것이 주류를 이루었습니다. 그리고 그 문제의 제기나 해결방안도 원칙적으로 미국 측의 일방적인 요구의 관철로 귀결되는 방식이었습니다. 그러나 앞으로의 통상마찰은 상품교역에서보다 서비스 부문에서 더욱 첨예하게 나타날 것입니다. 앞으로 WTO 체제하에서는 미국이 쌍무적인 상품무역관계에 있어서는 종전과 같은 무역보복조치를 함부로 취할 수는 없을 것입니다. 그대신 미국은 서비스 부문에서 금융시장 개방이나 지적재산권의 보호 등을 더욱 강력하게 요구하고 나설 것으로 보여집니다. 따라서 한미 간의 통상마찰은 상품무역의 영역을 넘어서 서비스시장 개방과 관련한 기술 및 지적재산권 등 서비스 무역영역에 있어서 한층 더 심화될 것입니다.

또한 대일무역 불균형문제와 관련하여 본다면 대일무역의 역조는 한국의 무역동향이나 국제수지 동향과는 상관없는 체질적인 구조입니다. 이것은 한국경제의 대일의존적인 재생산구조의 성격 자체가 바뀌어야만 비로소 해결될 수 있을 것입니다. 문제해결의 관건은 어떻게 일본에 대한 기술적 종속성을 탈피할 수 있느냐 하는 것입니다.

3 남북한 경제교류의 확대

1948년 분단 이후 남북한 무역은 간접교역방식에 의존하는 식이었으나, 지난 80년대 말부터는 다시 물자교류의 물꼬가 트이기 시작했습니다. 남북교역에서의 가장 큰 특징은 연도별로 계속 반입이 반출보다 훨씬 많은 반입초과현상을 보여 주고 있다는 것입니다. 반입물품은 대부분 금속광물을 포함한 광산물이나 농수산물등 1차산업으로 구성되고 있으며, 반출물품은 섬유류 및 화학제품을 비롯하여 대부분이 공산품으로 이루어져 있습니다. 또한 특기할 만한 점은 소위 위탁가공에 의한 교역방식이 크게 늘어나고 있다는 것입니다. 대체로 봉제, 섬유, 신발 등 일반 소비재의 경우 남측 민간기업의 대북진출 요구와 북측의 체제적 위협이 없는 외화벌이 및 물자확보의 요구가 맞물려 상당히 빠른 속도로 늘어나고 있습니다. 형식적으로는 간접교역방식에 의거하는 셈이나 실제적으로는 직접교역방식이라고 할 이 위탁가공형태의 교역이 앞으로의 남북교역에서 중요한 역할을 담당하게 될 것입니다.

그러나 남북한 경제교류의 확대, 발전은 한반도를 둘러싼 주변정세에 비추어 결코 남북한 당사자 간의 관계로서만은 풀리기 어렵다고 하는 자세와 인식이 필요합니다. 따라서 국제적인 다각적 공동 교류·협력의 확대방안을 모색해야 합니다. 장기적인 관점에서는 이러한 남-북한 간의 다각적 내지 다국 간 교류의 확대방안은 이 지역 공동의 경제권 형성에 기여하는 방향으로 추진되어야 할 것입니다.

또 한 가지 중요한 것은 무엇보다도 현재와 같은 간접교역방식을 조속히 직교역으로 바꿔나가야 한다는 점과 아울러, 또한 남북 간 직접교류방식의 경우에도 위탁가공형태의 이른바 수직적 분업체계를 발전시켜 나가야 한다는 것입니다. 결국 남북 간의 기본적인 협력모델은 남한의 시설재 및 원자재 등과 북한의 저렴한 양질의 노동력 간의 결합이라는 일종의 수직적 분업체제의 형성에 입각해야만 할 것입니다.

④ 무역정책의 질적 변화

이제까지의 한국의 무역정책은 한마디로 유통면에서의 무역업에 대한 지원시책에 치중되었으므로 생산기반 확충과 기술혁신을 생산면에서의 지원을 경시했다는 비판을 면키 어렵습니다. 그리하여 수출가격과 국내가격 간의 격차만 넓히고 국내 인플레이션 압력만 가중시켰다는 부정적인 평가를 불러오게 하였습니다.

이는 과거와 같은 수출산업에 대한 직접적인 지원 대신에 수출보험과 같은 간접적인 지원방식으로의 전환과, 또한 유통단계에서의 지원으로 전환됨으로써 수출에 대한 직접적인 특혜가 없더라도 세계시장에서 경쟁할 수 있는 실질적인 경쟁력 배양에 정책의 초점이 놓여져야 할 것이 우선적으로 강조되는 시점에 와 있습니다.

경쟁력이란 기본적으로 기술축적에 바탕을 둔 상품의 품질향상과 마케팅능력을 통해서만 가능하게 된다고 하는 점에서 무엇보다도 정부 수준에서의 총체적인 기술 및 연구개발에 대한 투자지원이 강화되어야 할 것입니다. 일본의 경우, 전통적인 생산함수론에서는 외생변수로 취급되는 이 기술문제에 있어서까지, 자국의 생산기술 수준이 후진적이라고 함을 일찍이 인정하고, 보다 효율적인 최신기술을 적극적으로 도입하고 소화해 내는 전략을 강력히 추구한 결과가 오늘의 일본경제를 있게 한 것이라고 할 때, 이러한 일본의 경험은 우리에게 하나의 타산지석이 아닐 수 없습니다.

우리나라도 첨단산업개발을 위한 연구개발투자를 확대하고, 신규 기술도입과 응용에 대한 지원을 대폭 확대해야 할 것입니다. 그 밖에도 지적소유권 보호 등 제도개선을 통한 기술혁신의 유인과 연구개발에 필요한 인력의 확충, 자본재와 부품산업의 수출산업화를 위한 금융·세제·기술 및 행정적인 모든 지원시책을 무역정책과 접목시키는 일 등을 강화해야 할 것입니다. 기술 향상에 따른 생산성의 제고가 생산단가를 인하시켜 국제시장에서 경쟁력을 높일 수 있게 됨은 너무도 자명한 일이 아닐 수 없습니다.

둘째로는 자본재와 내구소비재 양 부문에서의 동시적인 기술축적을 통해서만 궁극적으로 국산품의 질의 향상과 나아가 수출확대 및 수입대체를 동시적으로 가능하게 해야 합니다. 이를 위해서 우선 대기업 중심의 비교우위산업에 대해서는 생산단계에서의 지원확대를 하고, 중소기업 중심의 비교우위산업에 대해서는 수출단계에서의 지원확대라고 하는 이원적인 지원을 고려해 보아야 합니다. 또한 수출확대와 내수확대가 동시적으로 이루어질 수 있는 방향으로 생산구조 및 무역구조의 성격이 바뀌어야 하며, 나아가 성장의 원동력 자체를 수출시장과 내수시장의 복합적인 체계 속에서 찾게 되는 선진형 성장기반을 이룩해야 합니다. 이와 같은 무역 본질에 대한 조치뿐만 아니라 전자무역의 장점인 편리하고 신속하며, 무엇보다도 인터넷이라는 수단·방법 성격상 최고·최다의 무역 정보를 수집할 수 있는 DB를 활용하여야 합니다. 전자무역은 기존 무역과 단절된 새로운 무역의 태동이 아니라, 무역 활동에서 컴퓨터를 선택이 아닌 필수적 조건으로 추가한 무역 역사의 진화이므로 전자무역을 활성화하여 저비용을 꾀하고 무역의 폭을 깊게 하여 21세기의 새로운 무역 패러다임에 부응해야 할 것입니다.

5 세계무역환경 변화에 대응

최근 미국, 일본, 유럽연합(EU) 등 우리의 주요 교역상대국들이 국내산 반도체, 자동차, 철강, 조선 등에 대해 반덤핑 조치를 비롯한 다양한 형태의 수입규제 조치를 시행하고 있습니다. 부당한 수입규제 등에 대해서는 WTO를 활용해 해결하는 한편 역내 국가 간 지역주의에도 적극 동참, 지역별 공동대처를 통해 해결해 나갈 수 있는 방안을 모색해야 합니다.

　　정부는 제9차 아시아태평양경제협력체(APEC) 회의에서 WTO 다자 간 뉴라운드를 출범시키고 2012~2020년 역내 무역자유화를 실현시킨다는 합의에 동참했습니다. 그렇지만 급변하는 세계 통상질서에서 지역이기주의에 대응하기 위해 WTO 다자통상체제, APEC에 참여하는 것만으론 만족스럽지 못합니다. 뉴라운드 조기 출범이 쉽지 않을 것으로 예상되고, 특히 APEC의 경우 회원국들 간 발전격차, 산업 구조의 이질성, 유럽과의 대조적인 문화규범 차이로 법적 구속력이 결여된 상태에 있습니다. 따라서 우리는 우선적으로 동남아국가들과의 지역협정 체결에 보다 적극적이고 전향적인 관심을 기울여야 합니다. 이는 역내 지역 통합 실현이 비단 역내 분업을 극대화할 뿐 아니라 효율적인 정책조정과 함께 중장기적으로 확대 심화되고 있는 지역이기주의에 대한 협상력을 제고할 수 있기 때문입니다.

　　그러나 무엇보다도 근본적인 대처방법은 수출산업 경쟁력을 향상시키는 것은 물론 정부와 기업 차원에서 수출물량을 적절히 조절하고 수출 품목 및 시장의 다변화 등 통상구조를 전략적으로 운용하는 것입니다. 분쟁의 실마리가 되는 것은 아예 초기에 제거할 수 있도록 예방조치를 취하고, 개방화 정책과 함께 관련 제도 및 법규를 정비하며, 구조조정도 지속적으로 추진해 대외적으로 투명성을 확보해야 합니다.

6 4차 산업혁명 대비

1) 4차 산업혁명의 파급효과[11]

　　대통령 직속 '2기 4차 산업혁명위원회'는 오는 2030년까지 4차산업혁명으로 경제유발효과가 630조 원이 촉발될 수 있도록 '데이터 산업 활성화와 이를 위한 규제혁신' 등을 최우선 과제로 추진하기로 했다.

　　1기에 이어 2기를 이끌게 된 장병규 4차산업혁명위원장은 2018년 12월 10일 서울 중구 KT광화문빌딩에서 열린 첫 회의 모두발언에서 "4차산업혁명은 막대한 경제가치를 창출할 것으로 기대되지만, 대응이 늦어지면 성장이 절반 이하로 감

---

11) 2018.12.10. 신문기사 발췌

제6부 | 무역의 미래

소한다"면서 "2기 위원회는 좀 더 속도감 있게 대응전략을 마련해 내년 상반기까지 대정부 권고안을 제시할 계획"이라고 밝혔다.

이 날 회의에서는 '4차산업혁명 대응전략 2.0'을 의결했다. 이는 지난해 마련했던 '혁신성장을 위한 사람중심 4차산업혁명 대응계획(1.0)' 후속으로 마련된 것이다. 대응전략 2.0은 4차산업혁명으로 인한 변화하는 국내 산업구조와 경제가치, 일자리 등을 추정해 담았다.

4차산업혁명이 가져올 국내 경제효과는 오는 2030년까지 630조 원에 달할 것으로 추산됐다. 신규 지능화 산업 창출로 240조 원, 기존 산업활동 개선으로 390조 원이 창출될 것으로 보이며, 산업별로는 △의료 150조 원 △제조 150조 원 △도시 105조 원 △금융 80조 원 순으로 파급효과가 전망된다. 또 4차산업혁명으로 창출될 일자리는 2030년까지 최대 730만 개에 달할 전망이다.

2기 4차위는 '대응전략 2.0'에서 이 같은 전망을 토대로 의료, 제조, 도시, 금융 등 4차산업혁명 파급효과가 큰 산업을 중심으로 국가 인프라와 법제도 개선방안, 인력양성 방안을 도출할 방침이다.

아울러 이 날 회의에서는 '4차산업혁명 기반 헬스케어 발전전략'을 마련해 의결했다. 앞서 1기 4차위에서는 제품을 개발해 놓고 규제 때문에 시장에 출시하지 못한 당뇨렌즈 등 정보통신기술(ICT) 융복합 헬스케어 분야에서 의미 있는 규제개선 합의를 이끌어냈다. 2기에서는 이 같은 1기 활동결과를 토대로 미래 헬스케어 산업의 발전을 위한 추진방향을 논의했다.

또 '로봇제품 시장창출 지원방안'에서는 로봇제품을 인공지능(AI) 등과 결합해 국방, 물류, 의료 등 다양한 분야에서 사용할 수 있도록 제품의 개발·사업화를 본격 지원하고, 이를 위한 금융 지원과 규제 혁신, 실증 지원 등을 통해 국내 로봇 전문기업의 경쟁력을 제고하는 방안도 제시했다.

장 위원장은 "내년부터는 5세대(5G) 이동통신 상용화로 4차산업혁명이 본격화 될 것"이라면서 "위원회는 4차산업혁명에 보다 적극적으로 대응할 수 있도록 과감한 규제개선, 제도개혁을 할 수 있는 방안을 마련하겠다"고 말했다.

2) 새로운 비즈니스모델 발굴

또한 4차 산업혁명의 파도를 넘기 위해서는 제4차 산업혁명기를 주도할 새로운 성장동력을 찾아야 합니다. 이는 어느 기업 할 것 없이 급변하는 산업변화기에 숙명처럼 떠안은 과제입니다. 국내 주요 기업들은 제4차 산업혁명기에 뒤처지지 않기 위해 핵심 기술 개발은 물론 이를 서비스에 연계시켜 소비자의 만족도를 높이기 위해 노력하고 해야 합니다. 기업들이 관심을 갖고 주력하고 있는 분야는 인공지능(AI)·사물인터넷(IoT), 증강현실 등입니다. 이런 핵심 기술 개발을 위해 국내 기업은 과감한 시설 투자와 함께 이미 이런 분야에서 앞선 기술력을 갖고 있는 해외 기업들과 손을 잡아야만 합니다.

지금 세계경제는 새로운 기술 개발이 빠르게 이뤄지고 있기도 하지만, 저성장과 불확실성이 심화되고 있는 시기이기도 합니다. 세계 소비 경제의 기둥 역할을 해온 미국도 자국 산업의 보호를 위해 보호무역주의 카드를 꺼내들고 있습니다. 특히 미국의 경제전략 변화에 기업 대부분은 어느 때보다 심각한 리스크에 노출돼 있는 상황입니다. 그러기 때문에 이전과는 다른 차원의 대비가 필요합니다.

2018년 1월 한국무역협회 국제무역연구원이 발표한 '우리 기업의 인공지능(AI)을 활용한 비즈니스 모델' 보고서에 따르면 무역업계가 가장 주목하는 4차 산업혁명 기술은 다음과 같습니다.

이에 따라 최근 우리 기업들이 생산, 마케팅, 유통 등에 대한 의사결정에 AI를 도입하면서 비즈니스 모델의 근본적인 변화를 더욱 촉진시키고 있습니다. 특히 AI를 활용한 데이터 기반 의사결정은 경영자의 경험과 직관을 기반으로 한 전통적인 방식을 빠르게 대체하고 있습니다. 데이터의 축적과 활용이 제품 기술력

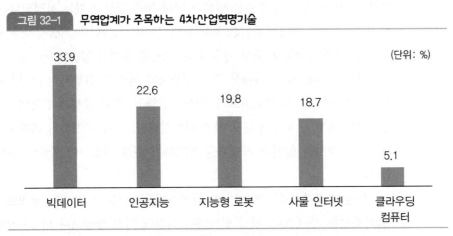

그림 32-1　무역업계가 주목하는 4차산업혁명기술

(단위: %)

- 빅데이터 33.9
- 인공지능 22.6
- 지능형 로봇 19.8
- 사물 인터넷 18.7
- 클라우딩 컴퓨터 5.1

주: 연간 수출 50만 달러 이상인 기업 600개사 대상, 2017년 9월 시행
자료: 한국무역협회

못지않게 중요해지면서 자금 등 경영자원이 집중적으로 투입되고 있습니다. 또한, 고객의 개별 니즈를 반영한 맞춤형 마케팅과 서비스도 AI기술을 통해 시현되고 있습니다.

의료 및 헬스케어 분야에서는 AI가 각종 의료데이터를 종합적으로 분석하여 개인별 치료방법을 제안하고 의료진의 진단을 보좌하고 있으며, 개인별 발병확률과 건강관리 방법을 제안하고 있다.

제조 분야에서는 머신러닝 기법으로 수많은 불량 사례를 학습하며 불량률 감소 및 품질 제고가 가능해졌으며, 물류 분야에서는 AI가 특정시점과 특정구역의 혼잡을 미리 파악하여 최적경로를 제시해 주고 있습니다.

마케팅 분야에서는 개인별 행동패턴을 축적하고, 이를 분석하여 1대1 맞춤형 서비스를 제공하는 데 활용되고 있으며, 법률, 금융, 교육 등 전문 분야에서도 사람이 분석할 자료의 가공과 정리시간을 단축해 주고 있습니다.

자율주행 분야에서는 단순한 자율 운송단계를 넘어 자동차 자체가 비즈니스 플랫폼이 되는 모빌리티 서비스로 진화하고 있습니다.

이렇게 AI와 관련된 산업규모는 빠른 속도로 확장되고 있으나, 국내 기술수준은 주요 선진국과 큰 격차를 보이고 있습니다.

세계 인지·인공지능 시스템 시장규모는 2016년 80억 달러에서 2020년 470억 달러에 이를 것으로 예상되고 있습니다. 한국의 AI 산업 규모도 2016년 5.4조 원에서 2020년 11.1조 원으로 연평균 19.7% 성장하는 등 급격하게 팽창할 것으로 예상되지만 기술 수준은 일본과 미국 등을 밑돌고 있는 실정입니다. 우리의 AI 기술 수준은 미국(100 기준, 2016년)의 73.9로, 2.2년의 기술격차를 보이고 있습니다. 거의 중국과 비슷한 기술 수준(71.8)을 보이고 있습니다.

이는 우리는 AI 분야에서 주요 선진국과 달리 범정부적 마스터플랜을 갖고 있지 않아 대규모 AI 프로젝트의 수행이 힘들고, 인력 양성과 전문연구센터 설립 등에서도 초보 단계에 머물고 있기 때문입니다. 이를 타개하기 위해서는 선진국과의 기술격차를 줄이고 기술력을 제고하기 위한 산업기반 확충이 절실한 실정입니다.

한편 세계경제포럼(WEF) 4차 산업혁명센터장을 맡고 있는 **무라트 손메즈**는 "블록체인은 지난 20여 년간 인터넷이 세상에 미친 영향보다 더 큰 잠재력을 가지고 있다"라고 말하고 있습니다. 즉 인터넷이 몰고 온 3차 산업혁명보다 블록체인의 파급효과가 더 클 것이라는 예측입니다. 그럼에도 불구하고 블록체인은 가상화폐에 적용된 기술이라는 이유로 부정적인 이미지가 강합니다. 하지만 거래장부의 분산 저장을 통해 신뢰성과 투명성을 획기적으로 높여 주고, 중개자 없이 거래가 가능하여 시간과 비용을 대폭 줄일 수 있다는 점에서 세계무역계는 블록체인 기술에 주목하고 있습니다.

IT의 큰 흐름은 '연결성(Connected)'인데, 연결과 공유가 안고 있는 보안성 과제를 해결하는 데에는 블록체인 기술의 유용성이 크게 주목받고 있습니다.

글로벌 해운회사인 머스크는 IBM과 손을 잡고 물류시스템에 블록체인 기술을 활용하여 비용은 줄이고 안전성은 높이는 시도를 하고 있습니다. 공급망 각 단계에 있는 회사들이 실시간으로 디지털화한 정보를 주고받을 수 있어 문서 처리 비용이 절감되고, 각종 정보가 암호화되어 분산 저장되기 때문에 보안성은 높아질 수 있게 됩니다. 우리나라의 삼성SDS도 해운물류 블록체인 컨소시엄을 구성하여 물류IT를 중심으로 블록체인 확산에 나서고 있습니다. 또한 중국의 글로벌 전자상거래기업인 알리바바 역시 블록체인 기술을 활용한 금융서비스를 상용화한다는 계획에 있습니다.

이처럼 블록체인은 다양한 분야에서 응용되고 있습니다. 거래대상이 상품이든, 화폐이든, 문서이든 상관없이 거래과정이 투명하고 간편하다는 장점 때문입니다. 이런 까닭에 무역부문에도 블록체인 기술이 다양하게 응용될 수 있을 것입니다.

수출계약의 단계에서는 전 세계의 누구든 블록체인 노드(참여자)로 등록하여 자유롭게 계약을 체결하고, 계약서를 상호 분산 저장하고 있어 분쟁의 가능성이 낮아 보증보험의 필요성을 낮출 수 있게 됩니다. 또한, 신용장 방식의 수출거래 및 수출대금채권 매입 등에 있어 수출자와 수입자, 매입 및 지급은행 등이 관련서류를 공동 작성, 보관하고 있어 위변조 가능성이 낮아지고, 업무처리 시간과 비용이 크게 줄어들 수 있습니다. 또한, 핀 테크 기반의 블록체인 기술의 활용으로 안전한 무역대금결제가 가능해질 수 있습니다. 뿐만 아니라 통관물류 프로세스에도 변혁을 가져와 IoT(사물인터넷)와 블록체인의 융합으로 수출상품의 위치, 상태, 이력 등의 추적을 쉽게 하여 물류 프로세스의 가시성과 투명성을 높여 줄 수 있습니다. 또한 수출국과 수입국이 블록체인 기술로 연계될 경우 국가 간 통관업무의 자동화까지도 기대할 수 있게 됩니다.

블록체인은 디지털 변화의 중심에 있습니다. 이 변화의 소용돌이에 무역이 결코 예외일 수 없습니다. 그러기에 무역 프로세스 전반에 걸쳐 블록체인과의 융합이 필요한 부분을 찾아내고 접목해 가는 과정이 필요합니다. 이제 블록체인 융합을 통한 첨단 무역플랫폼으로의 변화를 통해 무역 2조 달러 시대를 준비할 때입니다. 세계 각국도 이러한 블록체인의 가능성을 인식하여 과감하게 투자하고 있습니다.

7 북방교역의 확대[12]

정부가 2022년까지 러시아, 몽골, 중앙아시아 지역에 상하수도 등 환경 인프라 수출 1조 원을 달성한다는 목표를 세웠다. 이 북방 지역에 대한 농기자재 수출 약 1100억 원(1억 달러) 달성, 식량 100만 톤 확보도 추진할 예정이다.

대통령 직속 북방경제협력위원회는 2018년 12월 12일 3차 회의를 개최하고 이같이 결정했다.

구체적으로는 환경산업 수출 1조 원 달성의 경우 △러시아 폐기물 관리 정책 및 시스템 협력 △몽골 대기개선 관련 협약 강화 △한-북방 환경정책포럼 개최를 통한 환경 네트워크 구축 등을 기본 축으로 할 예정이다.

러시아의 폐기물 재활용률이 7%에 불과하고, 몽골이 인구 대다수가 거주하는 게르의 난방연료로 대기오염이 극심한 점에 착안한 것이다. 우리 환경기술의 판로를 개척하고, 현지 환경을 개선하는 '윈-윈' 형식의 진출 방향이다.

북방위 관계자는 "우리나라는 종량제, 분리배출 등 폐기물을 관리하기 위한 정책과 시스템이 발달되어 있다"며 "폐기물, 상하수도 등 환경관련 인프라 기술도 우수하여 북방지역 국가들은 우리나라와의 협력을 강력하게 희망하고 있다"고 설명했다.

농기자재 수출 1억 달러 및 식량 100만 톤 확보는 △스마트팜 · 종자 등 선진기술의 농기자재 수출 확대 △흑해지역 신흥 국제곡물시장 진출 △수산물류가공 복합단지 등 수산투자 성공모델 개발(단기) △양식업 · 수산기자재 산업투자 확대 △극동지역의 해외 수산식량 기지화(장기) 등을 축으로 한다.

농업의 경우 먼저 러시아 및 중앙아시아에 현지 맞춤형 K-스마트팜 모델을

---

12) 2018년 12월 12일 신문기사 발췌

개발한다. 우수 품종을 개발 및 보급해 농기자재 수출을 확대한다는 복안이다. 스마트팜 수출연구사업단 연계, 테스트베드 구축, 스마트팜 혁신밸리 내 실증단지 조성도 추진한다.

흑해지역에는 국내 기업의 곡물수출터미널 확보를 측면지원한다. 현재 국내 기업이 우크라이나 미콜라이프항에 곡물수출터미널(연간 곡물 250만 톤 저장 및 선적시설)을 확보하는 프로젝트가 진행 중이기도 하다.

수산업의 경우 수산 물류기업이 극동러시아 수산 자원을 활용해 블라디보스톡 나지모프 곶에 냉동창고·부두·가공공장·유통기능이 통합된 복합단지를 조성하는 게 추진된다. 러시아 측에서 수산물류가공복합단지와 관련해 우리 기업들에게 투자 방식 등에 대한 협의를 요청하고 있다고 북방위는 밝혔다. 한러 간 합작어업도 활성화해 수산자원을 안정적으로 확보해 나갈 계획이다.

북방위 관계자는 "그간의 북방지역 농업진출은 연해주를 중심으로 농기업들이 콩, 옥수수 농장개발을 추진해 왔으나, 기후와 물류인프라 등 여건이 불리하고 낮은 인구밀도로 시장이 작아 현지정착에 애로가 많았다"며 "진출지역을 중앙아시아·흑해로 확대하고 스마트팜·곡물터미널 등 분야를 다각화하여 농산업의 새로운 성장동력을 마련하고자 한다"고 밝혔다.

❶ 제1부와 제2부의 내용 중 많은 부분들을 인터넷 자료를 이용했음을 밝힙니다.

❷ 제2부의 무역이론은 제4부의 무역이론과 중복되기도 합니다.

❸ 찾아보기에서 인명은 모두 한글로 정렬하였습니다.
부족한 영문 찾아보기는 앞으로 개정 시 반영하겠습니다.

❹ 교수자를 위한 자료는 출판사에 문의하시기 바랍니다.

저자소개

강흥중

〈학력사항〉
- 건국대학교 졸업(상학사)
- 건국대학교 대학원 석사과정 수료(상학석사)
- 건국대학교 대학원 박사과정 수료(경제학박사)

〈직책 및 경력사항〉
  현) 건국대학교 경제통상학전공 교수
      한국관세학회 이사장
      대한상사중재원 중재인
  전) 한국관세학회장
      한국무역교육학회장
      한국무역교육인증원장
      (주)금성화섬
      (주)서조무역 기획실장
      (주)소망무역 대표이사

〈저서〉
  무역거래관습론, 무역영어, 국제통상관계법, 국제무역규칙,
  무역학개론, 무역대금결제론 등

무역학 오디세이

초판 1쇄 발행	2019년 3월 2일
지은이	강흥중
펴낸이	안종만
편 집	배규호
기획/마케팅	김한유
제 작	우인도 · 고철민
펴낸곳	(주)**박영사**
	서울특별시 종로구 새문안로3길 36, 1601
	등록 1959. 3. 11. 제300−1959−1호(倫)
전 화	02)733-6771
f a x	02)736-4818
e−mail	pys@pybook.co.kr
homepage	www.pybook.co.kr
ISBN	979-11-303-0744-2 93320

copyright©강흥중, 2019, Printed in Korea

정 가	35,000원